中华传统文化知识廿六讲

ZHONGHUA CHUANTONG WENHUA
ZHISHI NIANLIU JIANG

刘斌 著

中国政法大学出版社

2021·北京

# 目　　录

**第一讲　中华民族的形成与发展** ………………………………………… 1

一、中华民族的起源／1

二、中华民族的形成／2

三、华夏民族的融合与发展／6

四、各民族的谓称及族源／8

五、各民族的分布及特点／12

六、中华民族的精神特质／13

**第二讲　古人的姓名字号**………………………………………………… 15

一、古人的姓与氏／15

二、古人的名与字／17

三、古人的号／19

四、古人的自称、互称与避讳／21

**第三讲　汉字的渊源嬗变**………………………………………………… 24

一、汉字的起源／24

二、字体的演变／26

三、汉字的"六书"／27

四、汉字的孳乳生成／30

**第四讲　俗语的特征与智慧**……………………………………………… 33

一、俗语的形成／33

二、俗语的渊源／34

三、俗语的特征／39

四、俗语凝结着民间智慧 / 42

第五讲　书籍的类型及其演变 …………………………………………… 45

一、甲骨书 / 45

二、青铜书 / 47

三、玉石书 / 48

四、竹木书 / 50

五、帛　书 / 51

六、纸质书 / 52

第六讲　古代的天文地理历律 …………………………………………… 55

一、天文知识 / 55

二、地理常识 / 59

三、古代的历法 / 62

四、古代的乐律 / 67

第七讲　古代的行政区划与职官科举 …………………………………… 72

一、行政区划 / 73

二、职官制度 / 77

三、科举制度 / 84

第八讲　古代的婚姻家庭制度 …………………………………………… 89

一、古代婚姻的形式与程序 / 89

二、古代婚姻的禁忌与消亡 / 93

三、古代的家庭制度 / 96

四、古代的继承制度 / 98

第九讲　古代的礼仪规范 ………………………………………………… 100

一、礼仪的起源及"三礼" / 100

二、吉　礼 / 101

三、凶　礼 / 104

四、嘉　礼／106

五、宾　礼／108

六、军　礼／109


## 第十讲　古代的法律制度 ………………………………………… 112

一、立法概况／112

二、刑罚制度／114

三、狱讼制度／115

四、行政及民事法规制度／117

五、中华法系及传统法律文化的精华／120


## 第十一讲　古代的科学技术 ……………………………………… 125

一、农　学／125

二、算　学／127

三、冶铸与纺织／129

四、四大发明／131

五、其　他／135


## 第十二讲　中华医学气功 ………………………………………… 137

一、中医的诊断／138

二、药物针灸／139

三、名医及流派／141

四、气功的发展与分类／142

五、练功的要领与布气／145


## 第十三讲　儒学源流 ……………………………………………… 148

一、儒家学派的形成／148

二、先秦之儒／149

三、汉唐之儒／151

四、宋明理学／153

五、明清之儒／155

六、儒家经典 / 157

**第十四讲　佛教世界** ················································· 161

一、佛教的创立 / 161

二、佛教的基本内容 / 162

三、佛教在中国的流传和发展 / 164

四、佛寺佛塔佛像 / 166

五、僧尼生活和佛事活动 / 170

**第十五讲　道教境域** ················································· 172

一、道家与道教 / 172

二、道教的基本信条 / 173

三、道教的渊源流派 / 175

四、道教的修行方法与戒律清规 / 179

五、道教的神仙谱系与名胜经藏 / 183

**第十六讲　古典文学** ················································· 186

一、诗　　词 / 186

二、散　　文 / 190

三、小　　说 / 192

四、戏曲文学 / 195

**第十七讲　史学典籍** ················································· 199

一、史籍的发展与分类 / 199

二、纪传体史书 / 201

三、编年体史书 / 205

四、纪事本末体史书 / 207

五、典志体史书 / 208

六、杂　　史 / 210

**第十八讲 古代的书法绘画** ………………………………………………………… 215

　　一、书法艺术 / 215

　　二、书坛名家 / 217

　　三、绘画艺术 / 219

　　四、画坛名家 / 224

**第十九讲 古代的造型艺术** ………………………………………………………… 228

　　一、工艺美术 / 228

　　二、建筑艺术 / 232

　　三、雕塑艺术 / 235

**第二十讲 传统节日习俗** …………………………………………………………… 239

　　一、农事节日 / 239

　　二、庆贺节日 / 241

　　三、祭祀节日 / 244

　　四、游乐节日 / 246

**第二十一讲 古代宫廷内幕** ………………………………………………………… 250

　　一、皇位的继承 / 250

　　二、皇子的早期教育 / 253

　　三、帝王的起居朝会 / 255

　　四、后宫的嫔妃 / 256

　　五、外戚与宦官 / 259

**第二十二讲 古人的饮食习俗** ……………………………………………………… 263

　　一、烟 / 263

　　二、酒 / 265

　　三、茶 / 269

　　四、食 / 273

**第二十三讲　古人的休闲娱乐** ·············· 278

　　一、琴棋书画 / 278

　　二、体育游戏 / 282

　　三、歌舞戏剧 / 286

　　四、曲艺杂技 / 288

**第二十四讲　古代的江湖文化** ·············· 291

　　一、江湖上的各类人群 / 291

　　二、江湖上的各类组织 / 296

　　三、江湖的言语文化 / 300

　　四、江湖的精神文化 / 303

　　五、产生"江湖"的根源 / 305

**第二十五讲　古代的卜卦相巫** ·············· 308

　　一、占卜算卦 / 308

　　二、看相看风水 / 311

　　三、符咒与巫术 / 317

　　四、鬼神与禁忌 / 320

　　五、祭　祀 / 323

**第二十六讲　古代的文化交流** ·············· 325

　　一、与东亚诸国的文化交流 / 325

　　二、与东南亚诸国的文化交流 / 327

　　三、与南亚次大陆诸国的文化交流 / 331

　　四、与西亚及阿拉伯诸国的文化交流 / 332

　　五、与欧、美、非洲诸国的文化交流 / 334

　　六、中外文化交流的特点 / 336

　　**后　记 / 338**

# 第一讲　中华民族的形成与发展

## 一、中华民族的起源

中华民族是起源于中华大地的土生土长的民族。根据旧、新石器时代考古学和人类学的发现与研究成果，中华民族并非单一地起源于黄河中下游地区然后向四周扩散，而是既有中原民族向四周辐射，又有多元区域性的发展和向中原汇聚的情形。考古已发现旧石器时代早、中、晚各个时期的地点约300处，分布在全国27个省市自治区。迄今所知生活在中华大地上的最早居民是距今约170万年的"元谋人"（云南省元谋县），而在陕西省蓝田县发现的"蓝田人"，其生存年代距今约70万年，在北京房山县周口店发现的"北京人"生存年代距今约50万年。到了距今3万年到1万年前后，中华大地上的古人类普遍进入了旧石器晚期文化时代，尤其是北京周口店的山顶洞人，代表了原始黄种人，而中国人、美洲印第安人、因纽特人都是他们的后裔。

新石器时代，中华民族多区域不平衡发展，其中具有代表性、影响最大的是以关中、晋南、豫西地区为中心的黄河中游文化区和以泰山为中心、山东地区为主的黄河下游文化区。长江流域也是中华民族的一个重要的起源区域，大致分为以太湖平原为中心的长江下游文化区和以江汉平原为中心的长江中游文化区两大区域。此外，以燕山为中心的燕辽文化区、黄河上游的甘青文化区、以鄱阳湖至珠江三角洲为中心轴的华南文化区等也都是中华民族繁衍的重要区域。新石器时期的中华大地上还有诸多文化区域，所有这些区域都是以土著文化为基础、在与相邻的区域互相渗透而形成和逐渐发展起来的。由于受地理环境的影响，古老的中华民族逐渐形成了三个发展带：一是秦岭—淮河以南的稻作农业为代表的水地农业区，二是秦岭—淮河以北以粟黍为代表的旱地农业区，三是秦长城以西、以北的草原游牧区和狩猎区。中华民族在起源阶段逐渐形成的这三个带状经济区域，对我们民族的形成和发展产生了深远的影响。

据考古发现，华夏族是黄河流域的最早居民（现代分子人类学也有证明），从文化遗迹来看，远祖先民留下裴李岗文化（河南新郑一带，距今8000年）、仰韶文化（黄河中游地区，距今约7000年至5000年）、大地湾文化（甘肃天水一带，距今约6000年至4800年）、大汶口文化（山东泰安一带，距今约5000年至4000年）、龙山文化（黄河中、下游地区，距今约4600年至4000年），由于迄今为止所发现的这些文化遗址主要是在黄河流域，所以今人将黄河称为中华民族的"母亲河"。

## 二、中华民族的形成

中华民族的形成经历了一个曲折、漫长的演变过程，多数民族在形成初期都经历了由血缘关系向地缘关系转化的过程，民族形成的过程就是各民族不断融合、吸收、同化的过程。有人认为，中华民族的始祖母是华胥氏，在古史文献里，她颇具神话色彩，"蛇身人首，有圣德"。华胥氏可能是我国上古时期母系氏族社会中最早的部落首领（约8000年前，一说10000年前），传说她是伏羲和女娲的生母，是炎帝、黄帝和蚩尤的祖先。2019年4月7日在西安蓝田县华胥镇还举行了"己亥年全球华人恭祭华胥氏大典"。

据传说，中华民族经历过"三皇五帝"时期。关于"三皇"，《补史记·三皇本纪》的说法是天皇、地皇、人皇，《尚书大传》的说法是燧人、伏羲、神农，《春秋运斗枢》的说法是伏羲、女娲、神农，《三字经》的说法是伏羲、神农、黄帝。现代通行的说法是指燧人、伏羲、神农，三人被尊称为燧人氏、伏羲氏、神农氏，这里的"氏"是神祇之意。关于"五帝"，《大戴礼记》的说法是黄帝、颛顼、帝喾、尧、舜，《战国策》的说法是伏羲、神农、黄帝、尧、舜，《吕氏春秋》的说法是太昊、炎帝、黄帝、少昊、颛顼，《资治通鉴外纪》的说法是黄帝、少昊、颛顼、帝喾、尧，伪《尚书序》的说法是少昊、颛顼、帝喾、尧、舜，因其经书地位之尊，以后史籍皆承用此说。

据古史记载，炎、黄二帝时期发生过两次大战：一是阪泉之战，这是黄帝征服中原各族的过程中，与炎帝两部落联盟在阪泉进行的一次战争，也是中国历史上有记载的最早的战争。据《史记·五帝本纪》记载："炎帝欲侵陵诸侯，诸侯咸归轩辕。轩辕乃修德振兵，治五气，艺五种，抚万民，度四方，教熊罴貔貅貙虎，以与炎帝战于阪泉之野。三战，然后得其志。"汉代贾谊《新书》云："炎帝者，黄帝同父母弟也，各有天下之半。黄帝行道，而炎帝不听，故战涿鹿之野，血流漂杵。"《列子·黄帝》曰："黄帝与炎帝战于阪泉之野，帅熊、罴、狼、豹、貙、虎为前驱，雕、鹖、鹰、鸢为旗帜。"阪泉之战炎帝败得心服口服，甘愿称臣，发誓不再与黄帝抗衡，黄帝成为黄河中下游地区大部落联盟的首领。阪泉之战对于开启中华文明史、实现中华民族第一次大统一有着重要意义。二是涿鹿之战，传说居于东夷的蚩尤率领九黎 81 个部落向西进入华夏集团分布地区，目标可能是豫中地区，炎帝当时居于豫东。因为蚩尤率领的部落联盟武器制作精良，士兵勇猛善战，炎帝部落无法抵挡、节节败退，在蚩尤大军的扫荡下，居地全失。炎帝于是求救于黄帝，引发了涿鹿之战。涿鹿之战不同于阪泉之战，它是在两个部族集团之间进行的，因而打得分外激烈，也留下很多神话传说，如黄帝与蚩尤九战九不胜，蚩尤作大雾弥漫三天三夜，黄帝之臣风后在北斗星座的启示下，发明了指南车，才冲出大雾。战斗过程中，双方先由巫师作法，希望借助自然力量征服对方，黄帝呼唤有翼的应龙蓄水，以便淹没蚩尤军队，蚩尤也请风伯、雨师相助，一时风雨大作，黄帝军队再次陷入困境。危急中，黄帝只得请求天女女魃阻止风雨，天气突然晴霁，蚩尤军队惊诧万分，黄帝乘机指挥大军掩杀过去，取得了最后胜利。

从传世文献看，夏、商、周三代都奉黄帝为祖先，春秋战国时期诸夏蛮夷都自称出于黄帝一系，一些少数民族自古以来也有奉黄帝为始祖的认同传统。相传黄帝姬姓，有子昌意、玄嚣（青阳）。昌意有子颛顼（高阳），其后代有舜、禹、老童（楚人先祖）；玄嚣有子娇极，孙帝喾（高辛），重孙放勋（帝尧）、挚、契（商人先祖）、稷（周人先祖）等。

传说尧做首领时，曾设官掌管时令、制定历法，将敌对的浑敦、穷奇、梼杌、饕餮四个民族部落赶走。在向南方发展的过程中，与三苗族等氏族部落进行了激烈的长期战争。同时尧咨询四岳，推选舜为其继任人，在对舜进行 3 年考核后，命舜摄位行政。舜姓姚，名重华，号有虞氏，曾耕于历山，渔于雷泽，陶于河滨，巡行四方，他对三苗采取分化瓦解的策略，将其首领驩兜流放到崇山，将其余氏族合并到自己的部落中来。尧去世后舜继位，又咨询四岳，挑选贤者治理民事，并选拔治水有功的禹作为继承人。禹姓姒，号夏后氏，领导人民疏通江河，兴修沟渠，发展农业，在治水 13 年中，三过家门而不入。舜死后禹担任部落联盟领袖，曾铸造九鼎。这些传说当然不能作为信史看，尧、舜、禹相继以禅让方式成为大部落联盟首领，实际上反映了当时是以推举的方式确立部落联盟首领，反映了黄河流域东西两个部落融合为大部落联盟的过程。

夏的起源，孟子认为来自西夷，目前考古界以分布在豫西的二里头类型和分布在晋南的东下冯类型为探索夏文化的重要对象，一般认为夏的兴起是以嵩山为中心的颍水上游及伊洛平原，发展达于晋南汾水、涑水平原。商的起源，《诗经·商颂·长发》云"有娀方将，帝立子生商"，《玄鸟》篇云"天命玄鸟，降而生商"，说明商属于以玄鸟为图腾的东夷部落集团的分支，这在甲骨文中可以得到印证。商的先祖传说为契，一般认为商族起源于幽燕地区，至上甲微之后南下发展于河济泰山之间。商人常以"西邑夏"称夏朝，说明商族的活动范围可能在夏族之东。商灭夏后，东西对峙的两大势力进一步融合。据《国语·周语上》记载，周族的起源是从山西南部西迁的一支夏人，兴起于戎狄之间，但据《诗经》的许多篇目来看，周族的始祖母名叫姜嫄，"姜"通"羌"，盖周人的祖先系从羌族分化而来。其父系的始祖名弃，又称后稷，活动于泾、渭流域的上游，后代在与戎狄的争战中多次迁徙，定居于渭水中下游岐山、周原一带。

夏、商、周三族祖先来源不同，最初发展的地区各异，但据古史记载，三代的文化制度大同小异，所以孔子说"殷因于夏礼，所损益可知也；周因于殷礼，所损益可知也"。经过长时间的交往、渗透、征战，最后西周武王联合西土庸、蜀、羌、微、卢、濮、彭等部族及其他诸侯一举灭商，建立起西周王朝，黄河中下游的两大系统及夏、商、周三支主要来源于是融为一体，华夏民族的雏形初步形成，并以中国最早的王朝夏为族称（史称"诸夏"，也称"诸华"或将"华夏"连称），而"中国"这一名称至迟在西周成王时即已出现，当然它的内涵不尽相同，亦非今天意义上的"中国"。

在古老的中华大地上，除华夏外，周边穿插夹杂活动的还有许多少数民族，这些少数民族在甲骨文中称"方"，如羌方、蜀方、鬼方、土方等；而有的先秦典籍则将其统称为戎、狄、夷、蛮，即四夷或四裔。"华夏"和"四夷"，并不是互不相干的独立体，彼此不但有共同的渊源关系，而且"华夏"和"四夷"互相之间由于地域相连，不断地相互吸收和交融，因而你中有我、我中有你。华夏族本身也是夏、商、周族与戎、狄、蛮、夷等民族通过杂居、通婚、文化交流等形式融合而成的。因此，"诸夏"和"四夷"共同构成了中华民族的祖先。

诸夏在当时与四夷经常发生冲突和战争，但这种冲突或战争不能理解为对国外的冲突与战争，因为从很早的古代起，中国就是一个由诸多民族结合而成的国家，如"成汤革命"和"武王革命"就有所谓"万方""万姓"

"百诸侯"及庸、蜀、羌、微、卢、彭等民族参加；再如《左传》记载的鲁昭公九年晋国梁丙率领阴戎侵犯属于周王所有的颍地，周景王使詹桓伯责备晋国说："我自有夏以后稷，魏、骀、芮、岐、毕，吾西土也；及武王克商，蒲姑、商奄，吾东土也；巴、濮、楚、邓，吾南土也；肃慎、燕、亳，吾北土也。"可见，当时周疆域的概念并不限于封域，是包括周边各族的地盘在内的。

夏、商、周各个王朝相继更迭，商族进入夏族的地方，周族又进入商族的地方，形成杂居，如周公就曾将兄弟、子侄、姻亲、功臣分封到商族的旧地，同时又把一些商族人分配给各地的周族贵族做奴隶；夏、商、周族不断发展，又进入到戎狄蛮夷的一些地区，形成了与戎狄蛮夷杂居的情形，如周朝有些贵族就在齐国及其以东地区与东夷杂居。各民族杂居在一起，生活交往日趋密切，开始互通婚姻，如周襄王娶狄族隗姓女子为后，这种情形在民间当会更多，这不仅促进了血缘的混合，也促进了风俗习惯乃至语言等方面的融合；此外频繁的战争使一些民族互相结成联盟，战后又各自分开，如炎黄两族的联盟，庸、蜀等族与周族的联盟，三苗族与夏族的联盟等。各民族之间不断发生的分化与组合，促进了民族之间的互相融合。

春秋时期，中原华夏诸国的四周，分布着上百个少数民族部落和方国，在北方有活动在今陕西、晋北、冀西北、内蒙古及其以北地区的狄族，活动在今冀东北到内蒙古及东北地区的山戎、北戎。在西方有西戎诸族，其中最大的是活动在陕、甘、青、藏的诸多羌族部落。秦在此间大举扩张，占领了西周的故地，由于戎狄在秦国占有相当大的比例，故当时诸夏将其看作"狄秦""戎狄之国"。在南方的江汉流域，南蛮族系的楚国日益强大，自称王号的熊渠即宣称："我，蛮夷也，不与中国（即中原地区）之号谥"。在东方的江淮流域和今山东半岛，有莱夷、东夷、淮夷、群舒等部落和方国，其中莱夷与齐国来往颇多，淮夷等则与楚国有较多的交往；在长江流域的下游，兴起了由周族的一支与南蛮族共同组成的吴国和主要由南越形成的越国。当中原诸夏大国互相争霸的时候，戎狄蛮夷都积极向中原扩张，力量日益壮大，形成了对中原诸夏各国的严重威胁。在这种情况下，齐国的管仲提出"尊王攘夷"的口号，齐桓公采纳了这一主张并以此为旗号，经过多次战争，终于坐上了春秋第一位"霸主"的交椅。激烈兼并战争的结果是春秋初年 140 余个不同族别的国家到战国时期只剩下秦、楚、燕、赵、韩、魏、齐七国，而原被视为戎蛮的秦、楚与其他五雄同称"中国"与"华夏"。

### 三、华夏民族的融合与发展

大约从东周时期之后，我国的古籍文献上开始并称"华夏"。《尚书·武成》篇早已亡佚，传世的"武成"篇有"华夏蛮貊，罔不率俾"的记载，意即中原华夏民族和四夷各民族无不遵从。华、夏两字在上古同音，相互通用，所以《左传·定公十年》有"裔不谋夏，夷不乱华"一语，华和夏同义反复，华即夏。华夏为古汉族的自称，其先民们分为许多部落，主要活跃于黄河中下游地区，自黄帝时统一为华夏部落联盟。在先秦的典籍中多称为"夏"或"诸夏"，以区别东夷、南蛮、西戎、北狄四夷。

东周时期（春秋战国）激烈的兼并战争过程同时也是民族异化、同化、融合的过程，民族异化、同化、融合的结果是形成了包括蛮、狄、夷、戎的华夏民族共同体。中华民族历史上的这一次大融合，不仅标志着华夏民族的形成，而且也为统一的多民族国家的形成与发展奠定了坚实的基础。秦统一前，战国时期的七国基本上华夏化了。

秦统一全国后，"一法度衡石丈尺，车同轨，书同文字"。汉承秦制，在大一统的国度中，统治者在经济上通过各种政策促进中原与周边各民族的交往，对各民族的文化兼容并蓄，华夏民族的后裔汉族逐步形成，而"汉人"的名称至迟在北齐时期也逐渐使用起来。从秦统一到清朝，在漫长的封建社会中，中华民族又经历了三次较大的融合。

第一次是魏晋南北朝时期。东汉末年，分布在西北边疆地区的匈奴、鲜卑、羯、氐、羌等少数民族陆续内迁，和内地居民交错杂居，生产方式和生活方式也在华夏文化的影响下发生了很大的变化。到了魏晋时期，关中地区已经"戎狄居半"，以致统治阶级中有人提出"徙戎"的主张，以便"戎晋不杂，并得其所"。此间，汉人也有不少迁居少数民族地区。魏时，汉人有10万多户逃避战乱迁往乌桓，西晋以后又有几万户迁往辽西依附鲜卑。尤其是五胡十六国时期，民族间的战争愈加频繁和激烈，民族迁徙对流的情形也加剧。"五胡"即匈奴、鲜卑、羯、氐、羌，十六国即前凉、成汉、前赵、后赵、北凉、西凉、后凉、南凉、前燕、后燕、南燕、北燕、夏、前秦、西秦、后秦等政权，各政权之间的争斗给社会经济带来严重破坏，但也促使民族的迁徙和融合。北魏孝文帝施行三长制、均田制，效法汉民族建立封建政权，改胡服为汉装，改胡姓为汉姓，禁用鲜卑语，提倡胡汉联姻，加速了鲜卑族的汉化，而汉族人民也吸收了鲜卑族人民的畜牧经验和部分语词。与此同时，长江流域民族迁徙融合也在加速进行，"永嘉之乱"后，世居中原地区的汉族人大批南下，与东南地区的东瓯、扬瓯、百越及西南地区的苗族、蛮族等发生了广泛的接触，从十六国到隋末，大约有上百万的汉族人南迁，长江流域广大地区形成了"汉蛮杂居"的局面。经过这一次民族大融合，许多少数民族被汉民族文化同化，汉民族也不断地吸取了各少数民族的优秀文化。到隋唐时期，汉民族较之秦汉时期已有了相当大的发展，实际上已形成一个以汉族为主体的各民族人民的新的共同体。例如隋文帝杨坚、唐高祖李渊都是汉族和鲜卑族的混血儿，而大诗人元稹和白居易，一个出自鲜卑拓跋氏，一个出自"西胡"的龟兹，时人尚能指出其族别，但他们却俨然以汉胄自居，不承认自己是少数民族了。

第二次是宋、辽、金、元时期。隋朝时北面有强大的突厥奴隶制政权，唐朝击灭突厥后，回纥族又在漠北兴起，后来建立起东至室韦（今黑龙江），西到金山（今阿尔泰山）的强大的回纥汗国；在西南面（今西藏地区），松赞干布统一了分裂的吐蕃各部，唐太宗将文成公主嫁与松赞干布，增进了唐、蕃和好；唐肃宗也曾将公主嫁给回纥可汗，增进了双方的友谊。唐初南方有以乌蛮族为主建立的 6 个诏（政权），但都臣服于唐，后来唐朝帮助南诏首领皮逻阁统一了其他 5 个诏。到宋朝时，北有契丹族建立的辽政权与宋朝对峙，西有党项族建立的西夏，宋与辽多次发生战争，结果被辽打败，双方定有"澶渊之盟"，约为兄弟之国。西夏在建国前曾依附于辽，辽兴宗将兴平公主嫁与西夏王，后辽兴宗亲率 10 万骑兵进攻西夏而大败，双方议和，形成西夏与宋、辽鼎立的局面。金朝是北宋晚期由女真族建立的政权，灭辽后，金乘胜南进，于公元 1127 年攻破开封，俘虏徽、钦二宗，并于 1141 年逼迫南宋签约，以淮河至大散关（今陕西宝鸡西南）为界，向金朝称臣，每年向金朝输纳银 20 万两、绢 25 万匹，此即"绍兴和议"。1206 年，蒙古部首领成吉思汗统一大漠南北后，建立了统一的蒙古政权，之后灭金亡宋，建立起中国历史上第一个由少数民族统治全国的政权。在此期间，不仅诸多少数民族融合于汉族，而且边疆地区的大量汉族也融合于少数民族，各少数民族之间也有融合。元时的蒙古族与汉人融合更为显著，文字语言、姓氏名字、人物制度、婚姻嫁娶，渐相混合。元朝统治者虽然在政治地位上将人分为蒙古、色目、汉人、南人四等，但到了元末明初，在风俗习惯诸方面几与汉人"相忘相化"。

第三次民族大融合是在清代。公元 1627 年，后金政权的努尔哈赤去世，皇太极继位，并于 1636 年改后金为清。清政权的主体是原居东北的满族，1644 年清兵入关，推翻了南明王朝，打败了李自成、张献忠等领导的农民起义军，建立起中国历史上第二个由少数民族统治全国的政权。康熙时期，漠北喀尔喀部蒙古族归附于清朝，准噶尔部蒙古族合并了厄鲁特 4 部，占据了天山南路的各城镇，后又攻占了喀尔喀部，康熙 3 次率兵亲征，使喀尔喀部重新回到清朝的管辖之下；雍正时期，清廷派兵平息了青海的硕特部叛乱，设立土司进行统治；乾隆时期，清兵又平定了天山南北的准噶尔部，将原被拘禁的维吾尔大和卓木波罗尼都与小和卓木霍集占送回南疆，然后在伊犁、喀什噶尔等地分驻参赞大臣、领队大臣等，巩固了对天山南北两路的统治。1683 年，清军攻克澎湖，统一了台湾。此外，1652 年清顺治皇帝在北京以盛礼接待了西藏的达赖五世，封他为 "西天大善自在佛领天下释教普通瓦赤喇怛喇达赖喇嘛"，"达赖喇嘛" 的地位从此正式确定。清朝的统治对幅员广大的多民族国家的统一和巩固以及各民族人民之间经济文化交流的加强，起了积极的作用。作为清朝统治阶级的满族，早在入关前就已吸收了大量中原文化的因素，其汉化程度远远高出了过去的契丹、女真和蒙古族，因而它在进入中原后的同化过程也较之过去的少数民族更为迅速。虽然清朝统治者要竭力保持其民族特性，政治、经济、文化都力求满汉有别，并采取不与汉族通婚、习满文、练骑射等措施，但终究难以抗拒民族融合的历史潮流，而这一时期的民族大融合，奠定了今天中国的疆域和以汉民族为主体的中华民族的基础。

上述民族融合只是择其大要而言，事实上，中国历史上虽然曾经历多次分合，但中华民族的发展进程从未中断。一方面，华夏民族承继着中国传统的文化与制度，另一方面也将各少数民族的文化与制度融化渗透到其中，从而使中国古代国家制度与政治、经济、文化都呈现以中原文明为主体的多元结合特点。经过漫长的民族融合发展历程，中华民族形成独立于世界民族之林的统一的多民族的主权国家。在这个历程中，汉族始终是人数最多、文化上占据主导地位的主体民族，但其他各少数民族对中华民族的发展也都做出了不可磨灭的历史贡献，今日的中国是中华各族人民共同缔造的。

### 四、各民族的谓称及族源

中华民族是一个由多民族组成的大家庭，她自古以来就是以一个统一的多民族的国家形象出现于世界，中华各族人民共同劳动、繁衍生息在中国这块美丽富饶的大地上，共同创造了中国的悠久历史和灿烂文化。

从历史的嬗变看，中国古代的民族数量之多，难于做出一个精确的统计。自秦统一中国以来，历代最主要的民族有汉、匈奴、鲜卑、突厥、吐蕃、南诏、契丹、党项、女真、蒙古、满等。中华人民共和国建立后，确定为单一民族的共有 56 个，其称谓是：汉、满、朝鲜、赫哲、蒙古、达斡尔、鄂温克、鄂伦春、回、东乡、土、撒拉、保安、裕固、维吾尔、哈萨克、柯尔克孜、锡伯、塔吉克、乌孜别克、俄罗斯、塔塔尔、藏、门巴、珞巴、羌、彝、白、哈尼、傣、傈僳、佤、拉祜、纳西、景颇、布朗、阿昌、普米、怒、崩龙、独龙、基诺、苗、布依、侗、水、仡佬、壮、瑶、仫佬、毛南、京、土家、黎、畲、高山。

各个民族的族称来源十分复杂，其中绝大多数是以本民族的自称为族称，如蒙古族原是蒙古语族许多部落中的一个部落的自称，以成吉思汗为首领的蒙古部落统一了其他各个部落，从此各部落就以"蒙古"为共同的称呼；再如傣族自称傣，但因居住地不同而又有傣仂、傣纳、傣雅等称谓。也有的少数民族以其他称谓为族称，如黎族一般自称"筛"，也有自称"杞""俦""美孚""台"的，"黎"是汉称，原为汉人对居住在黎母山区少数民族居民的称谓。还有不少民族以地名为族称，如怒族和独龙族分别因居于怒江流域和独龙河畔而得名；门巴族是居住在"门隅达旺"地区人的族称；保安族原聚居青海省同仁县保安城、下庄、尕沙尔 3 个村庄，俗称"保安三庄"，因而得名；毛南族主要分布在广西环江县的 12 个乡中，这些地区史称"茅难""冒南""毛难"，因而得名；东乡族的族名亦是因历史上东乡人活动在"东乡"区域而来。有的民族族称与经济生活有关，如拉祜族称"虎"为"拉"，肉烤到发香的程度为"祜"，"拉祜"意即用这种方法烤虎肉，这一族称反映了拉祜人曾是勇敢的猎虎民族；再如羌族，这是一个古老的民族，在商周甲骨文中即有记载，字义从人从羊，反映了古代羌人从事畜牧业经济生活的历史；又如古代畲族人民搭棚山居，随山种畲，因而称为畲族。还有一些民族的族称与族源有关，如裕固族自称"尧呼尔"或"西拉玉固尔"，后根据其译音及汉语"富裕巩固"之意，定名为裕固族；再如云南的布朗、崩龙和佤（自称"布伦""布牢"）三族的族称，从语音上看十分相近，其意都是指"住在山上的人"，究其源与古代的濮族部落相关。此外，有的民族的族称情形较为复杂，如汉族，大约从汉魏以来边疆民族称中原人为汉人，又由于汉朝国祚长达四百余年，汉族的基本特征与文化传统也形成于两汉，久而久之便形成汉人的族称，但就目前的资料来看，官方正式确定"汉人"族称是从辽代开始的。

现代的民族都是由古代民族发展演变形成的，中国现在的 56 个民族都有各自的族源。但族源问题也是个非常复杂的问题，有的民族的族源迄今尚无定论，往往存在几种说法。如维吾尔族的族源，有人认为只能追溯到南北朝时的袁纥，有人认为维吾尔族的族源与匈奴有关，但比较通行的说法是汉代的丁零族和唐代的回纥族是维吾尔族的主要族源。丁零或称丁灵，魏晋南北朝时称敕勒，主要活动在今贝加尔湖以南地区，因与柔然族的战争，于公元 492 年部分西迁天山一带，于是分为东西两部，敕勒部中的一部称袁纥或韦纥，到 6 世纪初称回纥，公元 788 年改称回鹘，9 世纪中叶因与黠戛斯的战争，大部分迁到了西域（今新疆）地区，与当时在西域的部分突厥、焉耆、龟兹、于田及原来迁入西域的契丹、蒙古、汉人等经过长期融合，成为维吾尔族。

回族是回回民族的简称，是一个由许多不同民族的人大约在明代融合而成的民族，其族源很难找到一个或两个为主的族。大约从公元 7 世纪中叶之后，有一些阿拉伯人和波斯人来到中国经商，并逐渐定居。13 世纪初，蒙古族西征，大量中亚细亚各族人、阿拉伯人、波斯人被遣发或自动迁徙到中国，散居各地，他们大多信仰伊斯兰教，在元朝时称为回回，经过较长时间的融合与发展，最后形成回族。

关于壮族的族源，说法也不一致，较为普遍的说法是壮族与秦汉时的越族有渊源关系。当时越族有许多部，居住在长江中下游和岭南（今广东、广西等地）地区，称"百越"或"百粤"，魏晋南北朝时称两广地区的少数民族为"俚""僚"等，唐时称"俚僚"或"蛮僚"，有人考证，这些称谓都是壮族的古称。宋朝时，史书称之为"撞""僮""幢"，都读作"壮"。中华人民共和国成立后，统一改称"壮"。

藏族的族源是吐蕃，这是汉人对他们的称谓，藏语叫"播"，即蕃族。蕃族的先民据史载是汉朝时居住在西藏北部的羌族的一支叫发羌，当时羌族居住的中心是在青海、甘肃河湟一带，由于与汉人的战争迁居发羌地区。后来西藏山南地区一个叫雅隆的部落合并了羌族的另外两支部落，于公元 7 世纪初建立了吐蕃政权，所以藏族是由西藏土著的雅隆人和羌族等共同融合而成的。

蒙古族的族源有人认为系由匈奴发展而来，但也有人认为是唐朝时的

"蒙兀室韦"，宋以后又称"萌古""朦骨""蒙古里"。蒙兀室韦是室韦族中的一支，魏时分布在嫩江和黑龙江两岸，后分化为 20 余部，生活在额尔古纳河一带的那一部即蒙兀室韦。公元 7 世纪蒙兀室韦迁徙至蒙古草原，13 世纪初成吉思汗统一了塔塔尔、翁吉剌、蔑儿乞、克烈、乃蛮、汪古等许多部落，形成一个新的民族共同体，统称蒙古。

苗族的族源一说系尧舜时期的"三苗"，一说系商周时期的"髳人"，但有较充分史料可以证明的是秦汉时期的"五溪蛮"。五溪蛮包括不少民族，居住在今湖南西部和贵州东部等地区，唐宋时五溪地区的一些少数民族被称作"苗人""苗众"，南宋以后人们逐渐将五溪蛮中的瑶、僚、仡佬等族与苗族区别开来，此后苗族的名称便固定了下来。

满族的族源是"黑水靺鞨"，黑水靺鞨是靺鞨族的一支，隋唐时靺鞨族分布在松花江、牡丹江和黑龙江流域，原有许多分支，后演变为粟末、伯咄、安车骨、白山、号室、拂涅、黑水七部。渤海国兴盛时，部分黑水靺鞨人被纳入其版图，契丹灭渤海国，黑水靺鞨归属于辽朝，称"女真"。辽时女真族又分为生、熟两部，松花江以北东至大海的一部分称生女真，其中又有一支称完颜部，后建立了金国。元灭金后女真人散居黑龙江、松花江流域。明朝时生活在黑龙江依兰一带的建州女真在首领努尔哈赤的领导下统一了女真各部，公元 1635 年，清太宗皇太极废女真族名，改称满族，女真族遂变为满族。当然，也有人认为满族的族源可以追溯到商周时期的肃慎和汉晋时期的挹娄族。

就总体状况看，当代中国疆域内不同民族的族源，有如下两个特征：一是绝大多数民族都是来源于当代中国疆域内不同历史时期的古老部族，只有少部分民族的渊源产生在当代中国疆域以外的地区，例如回族就是以来自中亚和西亚地区迁入的信仰伊斯兰教的阿拉伯人和波斯人为主体、又融合了国内其他一些民族而形成的。二是古代部族与当代民族之间的渊源关系非常复杂，既有一个祖源只与当代的一个民族有历史的延续关系，如古代的吐蕃与今天的藏族、室韦与蒙古族等；也有一个祖源演变与分化形成了当代的多个民族，即几个民族系同一族源，如古代部族的五溪蛮演变与分化成当代的苗族与瑶族，古代的羌部族分化成当代藏缅语族的白、彝、纳西、哈尼、拉祜等民族，而壮族、布依族、侗族的族源都可以追溯到百越，还有的当代民族的族源是几个原始部族的混合体，如哈萨克族。

### 五、各民族的分布及特点

在中华民族这个大家庭中，汉族的人口最多，分布地区最广，遍及全国各省、市、自治区。依据全国第六次人口普查结果，汉族人口近12.3亿，少数民族10 643万，占全国人口的8.41%：其中壮族近1700万，分布在广西、云南、广东等省；回族近106万人口，主要分布在宁夏、甘肃、新疆、河南、河北、青海、山东、北京、云南、天津等地；维吾尔族约1000余万人口，分布在新疆地区；彝族870余万人口，分布在四川、云南、贵州、广西等地；苗族940余万人口，分布在贵州、湖南、云南、广西、四川等地；满族近1004万人口，主要分布在辽宁、吉林、黑龙江、河北、北京和内蒙古等地区；藏族近630万人口，分布在西藏、青海、四川、甘肃、云南等地；蒙古族近600万人口，主要分布在内蒙古、新疆、辽宁、吉林、黑龙江等地区；土家族近836万人口，分布在湖南、湖北等省；布依族约288万人口，分布在贵州等地区；朝鲜族约184万人口，分布在东北三省；侗族近288万人口，分布在贵州、湖南、广西等地区；瑶族近280万人口，主要分布在广西、湖南、云南、广东、贵州等地。此外，在云南分布着白、哈尼、傣、傈僳、佤、拉祜、纳西、景颇、布朗、阿昌、普米、怒、崩龙、独龙、基诺等少数民族，在新疆分布着哈萨克、柯尔克孜、锡伯、塔克克、乌孜别克、俄罗斯、塔塔尔等少数民族，在内蒙古和黑龙江地区分布着达斡尔、鄂温克、鄂伦春等少数民族，在甘肃和青海地区分布着东乡、土、撒拉、保安、裕固等少数民族，在贵州分布着水族、仡佬族，在广西分布着仫佬、毛南、京族等少数民族，在西藏分布着门巴、珞巴等少数民族；还有，羌族分布在四川，黎族分布在广东、海南，高山族分布在台湾、福建，畲族分布在福建、浙江、江西、广东、安徽等地。

从各民族分布的情况来看，具有如下一些特点：一是汉族虽然遍及全国各地，但汉族的主体居于内地和东部沿海地区，而许多少数民族居于边疆地区，从东北的鸭绿江起，北至黑龙江、内蒙古，西到宁夏、新疆，西南到西藏、云南，南至广西、海南及东南的宝岛台湾，在漫长的21 000多公里的陆地边防线上，几乎到处居住着少数民族；二是少数民族地区地域辽阔，山川壮丽，有着不同的自然环境，从南方热带、亚热带到北方的高寒地区，高原、盆地、海岛、峡谷、沙漠边缘都有少数民族人民在那里生息、劳动；三是少数民族居住的地区地域广大、人口稀少，仅占全国人口的8.4%左右，如西藏、青海、新疆的有些地区每平方公里平均不过一二人；四是在长期历史发展过程中各民族交错居住，汉族地区有少数民族聚居，少数民族地区有汉族居住，大杂居、小聚居，民族之间交流越来越密切，你中有我、我中有你，互不分离；五是经济、文化发展不平衡，内陆的边疆地区经济发展较为缓慢，文化较为落后，而沿海地区的经济与文化发展速度较快。

## 六、中华民族的精神特质

民族精神是一个民族赖以生存和发展的精神支撑，中华民族在长期的生息繁衍和融合发展过程中，形成了内涵深厚的民族精神，概括起来讲，其特质主要包括：

**自强不息的奋斗精神**　中国是一个有着 5000 多年灿烂文明的国家，中华民族是一个历经磨难、不屈不挠、自强不息的民族。在漫长的历史发展过程中，中华儿女奋发进取、知难而进、刚强劲健、锲而不舍、刚健有为、薪火相传，"天行健，君子以自强不息"作为一种精神，它是中华民族生生不息、继往开来的力量源泉。这种精神在不同社会发展时期、不同阶段有着不同的具体内容，尤其是鸦片战争以来，各族儿女不甘忍受耻辱，前赴后继，用血肉长城驱逐了侵略者，谱写了一曲曲悲壮的战歌。自强不息的奋斗精神已经积淀成为中华民族的内在特质，成为鞭策中华儿女不断开拓进取的精神力量。

**勤劳勇敢、崇尚奉献的品质**　中国民族是一个勤劳勇敢、崇尚奉献的民族。相传在远古时代，神农氏就"教民农作"，《史记》中有"舜耕历山"的记载，传世文献中有大禹勤勉奉公、为了治水三过家门而不入的故事，还有"盘古开天地"的勇气、"女娲补天"的艰辛、"夸父追日"的坚毅、"精卫填海"的执着、"愚公移山"的坚持，无一不是对中华民族勤劳勇敢、崇尚奉献的品质的真实写照。延续至当代，从大庆和大寨人的战天斗地到两弹一星与航天人的吃苦奉献，一代又一代中国人不惧艰难，艰苦奋斗，用辛勤的劳动和无私的奉献创造了一个又一个令世人瞩目的奇迹，充分体现了中华民族坚忍不拔、刻苦耐劳、勇于奉献的高尚境界。

**崇德尚义的价值取向**　崇尚道德、追求道义是中华民族精神的价值取向。孝顺父母、尊师敬长、谦虚礼貌、诚实守信、严己宽人、见义勇为、勤劳节俭、见利思义、敬业尽责、清正廉洁等，均是中华民族在几千年的发展历史中形成的传统美德，其核心价值理念体现为"仁、义、礼、智、信"五个要素。我们的祖先倡导"明德慎罚""敬德保民""以德配天""立德树人"

"以德服人"，表现在义利观上，中华民族向来尊崇道义，孔子云"不义而富且贵，于我如浮云"、孟子曰"舍生取义，杀身成仁"就是真实的写照。5000 年绵延不绝的中华文明不断阐释着"以义统利""先义后利""见利思义""穷不失义"的价值观，孕育出中华儿女崇德尚义的价值取向。

**兼容并蓄的合和特质** 中华民族具有兼容并蓄、讲求合和的精神特质，形成理性宽容、和谐共存的文化传统。"和"即和睦、和谐、祥和、"以和为贵"，所谓"海内合和、万世蒙福、天下幸甚""德莫大于和""天时不如地利，地利不如人和""和气生财""和衷共济""家和万事兴""四海之内皆兄弟也"。"合"即调合、联合、融合、"天人合一"。古人认为，人既要与自然合和，所谓"与天地相参""与天地合其德"，讲究"天人之合"，倡导厚德载物，像大地一样兼容并蓄万物，以宽宏博大之胸怀对待万物；同时人也要与社会融合，人与人之间更要和睦相处，求同存异，先异同后。兼容并包、共存并处、注重合和成为中国传统文化的鲜明特性。

**精忠报国的爱国情怀** 爱国情怀是中华民族精神的重心，是凝聚中华民族的强大精神力量，也是中国各族人民同舟共济的精神支柱。热爱祖国、报效祖国是历朝历代仁人志士的情怀，《左传·昭公元年》的"临患不忘国，忠也"、《礼记·儒行》的"苟利国家，不求富贵"、屈原的"长太息以掩涕兮，哀民生之多艰"、曹植的"捐躯赴国难，视死忽如归"、陆游的"位卑未敢忘忧国"、文天祥的"人生自古谁无死，留取丹心照汗青"、岳飞的"精忠报国"、顾炎武的"天下兴亡，匹夫有责"、林则徐的"苟利国家生死以，岂因祸福避趋之"等都体现出深深的爱国情怀。在近代以来爆发的鸦片战争、八国联军侵华战争、五四运动、抗日战争中，为了国家的统一，英烈们抵御外侮、前赴后继、喋血沙场；为了民族的伟大复兴，中华儿女不畏艰辛、不辞劳苦、发愤图强。爱国情怀已经积淀成为中华民族的内在气质，成为鞭策中华儿女为中华民族的伟大复兴而奋勇前进的精神力量。

# 第二讲　古人的姓名字号

　　中国古代的姓、氏、名、号是四个不同的概念，姓是代表有共同血缘关系的称号，是某一群人的族号，氏是由姓衍生出来的分支，名是某人在社会上使用的特称或符号，号则是某人的别称。此外，古人还有取"字"一说，"字"与名相表里，往往是名的解释或补充。

　　今天我们讲的"以姓氏笔画为序"中的"姓氏"，实际上等于上古时期所讲的"姓"，姓与氏的合一，那是秦汉以后的事，在先秦时期两者是有区别的。从姓氏的产生来说，"姓"的起源比较古老，一旦形成就基本稳定，"氏"相对"姓"来说是后起的，并且会因历史条件的影响而变更，所以顾炎武说："氏一传而可变，姓千万年而不变"。汉代以后，姓与氏一般不加区分，趋于合一。再从二者的作用来看，也不相同。《资治通鉴·外纪》认为："姓者，统其祖考之所自出，氏者，别其子孙之所自分。""姓"的作用主要是用来"别婚姻"的，而"氏"的作用主要是用来"明贵贱"的。

　　今天我们讲名字，通常仅指人名，但古人却是名、字分开，有的人还有号。名、字、号其实都是人的名称，不过取用时有所不同，每一个人必须有名，但不一定有字和号，而有字号者则必然有名。"名"一般是由长辈来取，"字"多数情况下也出于长辈，从名字中往往可以体现长辈对子女的意愿或期望；"号"则多是本人所起，用来表示自己的志趣或情操，不受家族或行辈的制约。

## 一、古人的姓与氏

　　姓，大概产生于母系氏族公社时期，不少古姓如姜、姬、姚、姒等都加"女"旁，这可能暗示其先民曾经历过母系氏族公社时期。中国的姓远不止百家，顾炎武根据《春秋》，考得22个姓，这大致反映了西周春秋时期的一些情况。战国之际，社会发生剧烈变革，旧贵族没落，不少还沦为奴隶，这时，用以"别贵贱"的氏已经逐渐失去存在的意义，而平民也渐次由无姓到有姓，姓与氏合二为一。东汉时应劭在作《风俗通·姓氏篇》时，罗列了500个左右的姓。北宋时期钱塘无名氏的《百家姓》收录了502个姓，但南宋时郑樵统计当时的姓已经多达1745个。清代张澍对"姓"的考查结果是5129个。中华人民共和国成立后闫福卿编撰过一部《中国姓氏汇编》，共收录5730个姓。其中单字姓3470个，双字姓2085个，三字姓163个，四字和五字姓12个。有专家认为，现代常用的姓大约400个左右。

《说文解字》对"姓"的解释是，"人所生也"，"从女从生"，由此隐约可见母姓的血缘关系。最初的"姓"如何发生，文献不足征，很难详考。有人认为起源于图腾，但据《国语·晋语》载，传说"黄帝以姬水成。炎帝以姜水成。成而异德，故黄帝为姬，炎帝为姜。"之后，其众子散居各地，分为若干姓。

古人最初确定姓的缘由或者说姓的来源主要有如下几种：一是对母系氏族社会女性的崇拜，例如姬、姜、姚、妫等；二是以封国与官爵为姓，如齐、楚、司徒、司马、王、侯等；三是以祖先族号与谥号为姓，如夏、商、周、文、武、穆、康等；四是以出生与居住地或职业为姓，如姚、东郭、南、百里、巫、卜等；五是以动物或植物为姓，如马、牛、龙、羊、梅、柳、李、叶等；六是自然界景物为姓，例如江、河、风、云、金、石等。一般说来，同姓者同出一源，但也并非有人所说的那么绝对。因为古代常有改姓的情况，例如有的是因为皇帝赐姓，如刘邦赐项伯姓刘；有因避讳、避祸而改姓，如五代时吴越王钱镠，因镠与刘同音，为避其名讳，该国的刘姓人，皆去刘字的卯头刀旁，改为金氏，另如明代黄子澄的后代因避"靖难"之祸而改姓"田"；也有因政治、地理、民族等原因而改者，如汉朝时诸县的"葛"姓迁阳都后，为区别于当地葛姓而称"诸葛"，北魏孝文帝时改"拓跋"姓为"元"等等。

"姓"的一个重要作用是"别婚姻"。"同姓不婚"在古代是男女婚姻的一大原则，它对于贵族妇女来说尤为重要。据王力先生的研究，待嫁的女子如果要加以区别，要在姓上冠以孟（伯）、仲、叔、季来表示排行，如孟姜、伯姬、仲子、叔姬、季芈等。若出嫁以后则采用下列几种方法予以区别：一是在姓上冠以所自出的国名或氏，如齐姜、晋姬、秦嬴、国姜等；二是嫁给别国的国君，在姓上冠以配偶受封的国名，如芮姜、息妫、江芈等；三是嫁给别国的卿大夫，在姓上冠以配偶的氏或邑名，如赵姬（赵衰妻）、孔姬（孔圉妻）、棠姜（棠公妻；棠是邑名）等；四是死后在姓上冠以配偶或本人的谥号；如武姜（郑武公妻）、昭姬（齐昭公妻）等。

每个人的姓是在出生前就确定好了的，在贵族阶层女子也只称姓，无论生前死后、婚前嫁后，不管怎样称呼必须带上姓；但是男子的情况就不同了，通常只称氏而不称姓。

一般认为，"氏"是"姓"的分支，带有父系氏族社会的时代烙印。古人命氏的情况比较复杂，概括而言，命氏之法主要有以下几种情形：其一，诸侯以受封国名为氏，如虞氏、夏氏、周氏等。诸侯之子称公子，公子之子称公孙，公孙之子则以其祖父的字为氏，如郑穆公之子公子騑，字子驷，其子称公孙夏，公孙夏之子则称驷氏。也有以父字为氏的，如公子遂之子归父，字子家，其后则称子家氏。其二，卿大夫及其后裔有以受封的邑名为氏，如晋国的韩氏、魏氏、赵氏、范氏、知氏，齐国的崔氏、卢氏、鲍氏。其三，有以职官为氏，如师氏、巫氏、士氏、卜氏、祝氏、陶氏、籍氏、司马氏、司空氏、中行氏、乐正氏。其四，有以所居的地名为氏，如东门氏、北郭氏、南宫氏、百里氏、柳下氏。其五，有以祖先的字或谥号为氏的，如孔丘（宋公孙嘉之后，嘉字孔父）、庄辛（楚庄王之后，庄为谥号）。

这里有两点应当指出：一是氏是可变的，有时还变化得比较频繁，一个贵族男子一生中可以有几个氏，其称谓就更加复杂多变。如春秋时期晋国有位大夫，在《左传》中就有九种称谓：会、季氏、武子、士会、士季、随会、随武子、范会、范武子。称谓中的士、随、范是氏；士，系以其祖先职官为氏；随、范系以先后受封的采邑为氏；会为名，季为排行，武为谥号。再如战国时原系卫国公室子孙的商鞅，又称卫鞅、公孙鞅。二是妇女称谓中的氏与这里所谈的氏不是一回事，如姬氏、妫氏、姜氏，这个氏是加于姓之下，与先秦古籍中的母氏、舅氏、伯氏的氏用法相当。

## 二、古人的名与字

姓与氏是公共的，名与字是个人的。上古人的取名一般很朴素，有的与时辰相关，如商王太乙、仲壬、盘庚、武丁、帝辛等；有的与生理特征或其他事件有关，如春秋时黑臀、黑肱、寤生（郑庄公）等。但东周以后取名越来越讲究，鲁桓公六年，桓公问命名应遵守的礼节，大夫申繻提出"信""义""象""假""类"五条，即"以名生为信，以德命为义，以类命为象，取于物为假，取于父为类"。据《左传·桓公二年》载，晋穆侯的夫人姜氏生二子，其一取名为仇，另一取名为成师，晋大夫师服就此大发议论，认为取这样的名不合乎礼，是国家大乱的预兆。

古人取名有的追慕先圣，如张尧、张禹、张汤、黄舜、周昌等；有的取名崇尚英武雄健，如东汉著名史学家班固、三国时期蜀汉名将马超、东晋十六国时期著名政治家王猛、元末北方红巾军将领李武等；有的取名追求长生长寿，如汉元帝时期宫廷画师毛延寿、西汉名将霍去病、南宋豪放派词人辛弃疾、南宋抗金将领赵万年等。魏晋时期玄学盛行，取名讲究清高雅致，一度盛行以"之"命名，如书法家王羲之，画家顾恺之，科学家祖冲之，史学家裴松之，文学家颜延之，将军刘牢之等，这个"之"与先秦时期虞国的宫之奇、晋国的介之推、郑国的烛之武和佚之狐等人名中的"之"不同，先秦人名中的"之"多是虚词，不含实际意义。南北朝时期佛教盛行，许多人流行以佛僧命名，如僧佑、僧智、梵童、摩诃之名比比皆是。

古人的名，多数情况下是由长辈给取的，屈原在《离骚》中自叙："皇揽揆余初度兮，肇锡余以嘉名"，意思就是说，父亲端详我气度斐然，便赐予我贞祥的美名。据《周礼》载："婚生三月而加名"，意即婴儿出生 3 个月由父亲取名，但也有本人取名或改名的情况，例如《汉乐府·陌上桑》曰："秦氏有好女，自名为罗敷。"元朝末年有个张士诚，原名张九四，是江浙一带的义军领袖，有一文人想取笑他，给他改名为"士诚"，张士诚还以此名沾沾自喜，却不知典故出自《孟子》的"士，诚小人也"之句，因而贻笑方家。

就一般情况而言，先秦时如果是兄弟和姐妹较多，常常在名字前加伯（孟）、仲、叔、季以别长幼，如伯夷、叔齐、仲尼、季路等。汉代之后逐渐在名上以同字或同偏旁等方式表示同辈关系，如宋代苏轼、苏辙兄弟共用偏旁"车"；明神宗的儿子朱常洛，朱常瀛、朱常洵等，第二字皆用"常"，第三字同从"水"旁。此外作为名，一般只有两个音节和一个音节两种情形。

"字"是在男女成年后才取，取"字"的目的是为了让他人尊重，所以古人取"字"一般限于有身份的人，尤其是同辈和属下只许称尊长的字而不能直呼其名。《礼记·曲礼》说，男子 20 岁成人，举行冠礼时取字；女子 15 岁许嫁，举行笄礼时取字。字与名相表里，往往是名的解释或补充，故有"表字"之说。取字很有讲究，有的字和名在意义上相关联，如屈原名平字原，颜回名回字子渊，赵云名云字子龙。有的名和字为近义词，如诸葛亮字孔明，岳飞字鹏举，亮与孔明、飞与鹏举意义皆相近。有的字和名为同义词，如宰予字子我，樊须字子迟，再如东汉时张衡字平子，祢衡字正平，宋代诗人陆游字务观，秦观字少游，他们名字中的衡与平、观与游都是同义词。有的字和名为反义词，如曾黯字皙，《说文》中说"黯，小黑也"，而"皙，人色白也"。再如宋代朱熹字元晦，元代赵孟頫字子昂，他们的名字中，熹与晦、頫（俯）与昂都是反义词。有的字和名相辅相成，如东汉梁鸿字伯鸾，西晋陆机字士衡，鸿与鸾是两种为人称道的鸟，机与衡是北斗中的两颗星。再如唐代诗人白居易字乐天，因"乐天"而能"居易"，宋代作家晁补之字无咎，因"补"过才能"无咎"。也有的字取于典故或成语，如建安七子之一的徐干，字伟长，取自《孔丛子》中"非不伟其体干也"；曹操字孟德，出自《荀子》中"夫是之谓德操"；元末戏曲家高明字则诚，来自《礼记》"诚则明矣"之句；清初文人钱谦益字受之，用《尚书》中"谦受益"的典故。还有的字取于排行，如管夷吾字仲，范雎字叔，鲁公子友字季，不过这种情况比较少见。

### 三、古人的号

"号"是别称，又称"别号"，在先秦时期就出现了，但是专门用来表示尊称的"号"并不常见。宋以后理学盛行，"繁文缛节"越来越多，本来对他人称"字"已经是表示尊敬，但文人墨客依据《周礼》讲的："号，谓尊其名，更为美称焉"，在对人的称呼上也"大做文章"，于是比"字"更表恭敬的"号"逐渐流行起来。这样，一个人的称呼除了名和字以外往往还有号，尤其是一些文人更是如此，如李白号青莲居士，杜甫号少陵野老，苏轼号东坡居士。宋代以后，取号更成为"时髦"，由于"号"既可自取，也可赠送，所以随意性和可变性较大，以至许多文人的别号多达十几个、几十个，如元代的倪镇、明代的傅山、朱耷等。有的人别号为后人熟知，反倒淹没本名，如郑板桥、章太炎等。别号中常见"居士""山人"，借以表示使用者的清高；有的取意颇深，如欧阳修晚号"六一居士"，即以一万卷书、一千卷古金石文、一张琴、一局棋、一壶酒，还有他本人一老翁，是谓"六一"；陆游忧世愤俗，权贵们讥其不守礼法，于是他自号"放翁"以表蔑视；南宋画家郑思肖宋亡后自号"所南""木穴国人"（木穴合而为宋），表示心向南方、不忘故宋；明末画家朱耷号"八大山人"，以"八大"连写似"哭"似"笑"，又非"哭"非"笑"，寓"哭笑不得"之意，借以抒发胸中因明亡的苦闷。直到近代以后，文人用号之风才大为减少。

作为帝王还有谥号、庙号、尊号、年号之称。

谥号据称是对死者生前事迹和品德的概括，其实不尽然。

谥号盖始于周，王力先生把谥号分为三类：其一是表扬的，如文、武、景、昭、成、康、乎、桓；其二是批评的，如灵、炀、厉等；其三是表示同情的，如哀、愍、怀等。谥号不仅帝王有，诸侯、卿大夫、大臣等死后也要由朝廷赋予谥号，如齐桓公、秦穆公、晋灵公、魏安釐王、宣成侯（霍光）、忠武侯（诸葛亮）、文忠公（欧阳修）等。

庙号是帝王死后，在太庙立室奉祀，并追尊以名号。庙号始于殷代，如太甲称太宗、太戊称中宗、武丁称高宗。从汉代起，一般说来，每个朝代的第一个帝王称太祖、高祖或世祖，以后嗣君称太宗、世宗等，如汉高祖的庙号是太祖高皇帝，汉文帝称太宗孝文皇帝，汉武帝则称世宗孝武皇帝，再如唐玄宗、宋太祖等等。

尊号是生前奉上的称号，始于唐，如李隆基的尊号为开元圣文神武皇帝，赵匡胤的尊号为应天广运仁圣文武至德皇帝。尊号可以上好几次，都是尊崇褒美之词。

年号是帝王用以纪年的名号，始于汉武帝，新君即位必须改变年号，称为"改元"。同一皇帝在位时也可以改元，例如汉武帝即位初年号称建元，后曾改元为元光、元朔、元狩、元鼎、元封、太初、天汉、太始、征和等，宋徽宗即位时年号称建中靖国，后改元为崇宁、大观、政和、重和、宣和等。

古人还有绰号，绰号一般是对人的性格、特长或生理特点等等的刻画和形容，如《水浒》中108人都有绰号，再如春秋时百里奚称"五羖大夫"，唐朝李义府称"笑中刀""李猫"；宋朝时宰相王珪在位10多年，除"取旨、领旨、传旨"外，不干他事，人称"三旨相公"等。

除上而外，史籍上还常以其他方式来代替人名，楚庄先生在一篇文章中的归纳为七种方式：有以地名代人名，如东汉孔融称孔北海，唐代韩愈称韩昌黎，柳宗元称柳河东、柳柳州，宋代王安石称王临川，苏辙称苏栾城等；有以官爵名代人名，如汉代班超称班定远，蔡邕称蔡中郎，魏晋时嵇康称嵇中散，唐代杜甫称杜工部等；有的在姓前加形容词称特定的同姓者，如大戴小戴（指汉代的戴德、戴圣叔侄）、大谢小谢（指南朝的谢灵运、谢惠连兄弟）、老杜小杜（指唐代的杜甫、杜牧）等；还有以排行代人名者，如唐诗中的《送元二使西安》《答王十二》《问刘十九》《送裴十八图南》《同李十一醉忆元九》等，再如称宋代的秦观为秦七、欧阳修为欧九、黄庭坚为黄九等。

### 四、古人的自称、互称与避讳

古人在相互言谈或书札交往中，凡需要自称时，出于礼节往往用谦称或卑称，较为常见的有"鄙人""不才""不肖""不佞"等。"鄙人"即所谓鄙俗之人，表示自己地位不高、识见浅陋，如《南史·蒯恩传》："恩益自谦损，与人语，常呼位官，自称鄙人。""不才"即不成才之人，表示自己无才无能，如《左传·成公三年》："臣实不才，又谁敢怨？""不肖"即不贤而不能继承先祖德行之人，如归有光《祭外舅魏光禄文》："重以不肖，连蹇困顿。""不佞"与"不才"意义相近，也是表示无才能，如《战国策·赵策二》："不佞寝疾，不能趋走。"

谦称中还有臣、仆、妾等词，这些词本是殷周时对奴仆的称呼，后来被用作自谦之词，一般男子自称臣与仆，女子自称妾。如司马迁《报任安书》中说"仆非敢为也"，《孟子·梁惠王下》"臣闻郊关之内"，《孔雀东南飞》"君当作磐石，妾当作蒲苇"等。帝王诸侯也有谦称，一般称"不穀""孤""寡"，《老子》曰："人之所恶，唯孤、寡、不穀，而王公以为称"。不穀即不善之意，如《左传·哀公六年》："不穀虽不德。"至于"孤""寡"则为历代侯王习称，以至"孤家"和"寡人"成为帝王的专门自称。

与谦称和卑称相反，古人在称呼对方时，往往用尊称。最早的尊称是"父"，古文字中的"父"像以手持火形，盖指司火的长者，以后遂成为男子的尊称，如后人称孔子为尼父，周王称吕尚（姜太公）为尚父，项羽尊范增为亚父。古时常用的尊称还有公、子、先生、执事等，如陈胜、吴广对起义的戍卒说："公等遇雨，皆已失期，当斩"，《孟子·滕文公上》"子之君将行仁政"，《孟子·告子下》"先生以利说秦楚之王"，《文选·杨修答临淄侯笺》"又尝亲见执事握牍持笔，有所造作"等。朝廷中也有一些专用的尊称，如臣称君王为上、陛下、殿下、阁下，君王称臣为卿、爱卿等。此外，有些应用范围很广的尊称，如"足下""君"等，既可以指职位很高的人，又可以称普通的人。

避讳是中国古代一种特有的文化现象，它规定对帝王、圣人及尊长不得直称其名，而要采取其他方法称呼。从《左传》的记载来看，周代虽有避讳，但尚无完备的制度。有人以为秦汉时避讳制度已臻完备，其实秦汉时代的讳制并不严密，如秦始皇的父亲名子楚，李斯在《谏逐客书》中并不讳"楚"字；二十四节气之一的"惊蛰"，在《左传》中作"启蛰"，刘安在

《淮南子》中避景帝刘启之讳，改"启"作"惊"；司马迁在《史记》中却或避或犯，且在《景帝本纪》中直书"立胶东王为太子，名彻"，竟不避当朝皇帝汉武帝的讳。

避讳是宗法制度的产物，也是极权政治的产物。从避讳的种类上来讲，主要有避国讳、避家讳和避先圣讳三种。国讳是指避当朝皇帝及其父、祖的名讳，这是臣民甚至皇帝本人也必须遵循的，如汉高祖名刘邦，《论语·微子》原文是："何必去父母之邦"，但汉石经残碑改作"何必去父母之国"，将"邦"改为"国"。家讳是指在家族内部避父、祖的名讳，如唐代诗人李贺因避父名"晋肃"之讳而不能考"进士"，宋代苏轼的祖父名序，其父在文章中改"序"为"引"，苏轼为人作序时又改用"叙"。另外，在与族外之人交往时，也要注意尊重别人的家讳。先圣讳是指避上古时代所谓圣人的讳，如宋大中祥符年间规定"禁文字斥用黄帝名号故事"，金代有"臣庶民犯古帝王而姓复同者禁之，周公、孔子之名亦令回避"的规定。此外，在官场上还有一种不成制度的"宪讳"，即下属官吏为逢迎讨好而避长官的名讳。

避讳的具体方法，主要有改字、空字、缺笔三种方法。

**改字**　就是遇有君王及尊者的名改用其他字代替，这种方法始于秦汉，历代不废。改字中用以替代的字，有的是音近的字，如司马迁撰作《史记》，因其父名"谈"，所以把书中的"赵谈"改为"赵同"，把"李谈"改为"李同"；陈寿作《三国志》，为避晋司马懿讳，将东汉并州刺史张懿改作"张壹"；辽代为避辽兴宗（耶律宗真）讳，改女真作"女直"。有的是意近的字，如东晋人为避晋文帝司马昭讳，改王昭君为"王明君"，把汉人作的《昭君》曲改为《明君》曲；而杨家将中的杨延昭，本名延朗，因避赵匡胤始祖玄朗讳，改名延昭。有的是意同的字，如汉文帝名恒，后人避讳改为"常"，将恒山也改为"常山"；唐高宗名治，后人改治为"理"，韩愈《送李愿归盘谷序》把"治乱不知"写成"理乱不知"。再如秦始皇名政，云梦睡虎地秦简《语书》中，几处"正"字都写作"端"，如"以矫端民心""毋公端之心"等。当然避讳的方法也有其他一些情况，这里就不再一一赘述。

因避讳而改字使得古籍上一些人名、地名、书名较为混乱，极易引起误解。如为避汉武帝刘彻讳，秦汉之际的蒯彻被改名为"蒯通"；宋朝时的文彦博，其先人本姓"敬"，后晋时因避高祖石敬瑭讳，其曾祖父改姓"文"，后汉时又复姓"敬"。再如号称六朝古都的建康，本名建业，《三国志·吴主传》载："秋九月，权迁都建业。"晋元帝司马睿都建业时，因避晋愍帝司马邺讳，改名"建康"。今湖北天门市原名景陵县，雍正四年，胤禛为避其父玄烨的陵墓名（景陵），诏令改景陵县为"天门"县。唐代司马一职原本称"治中"，唐高宗李治为避其讳，下令"改诸州治中为司马"，于是白居易在《琵琶行》中写为"江州司马青衫湿"。唐代司马贞作《史记索隐》一书，为避李世民讳，将《世本》这本书称为《系本》。清代刻印前代古书，凡是触犯本朝避讳的字一一追改，如康熙皇帝名玄烨，"玄"讳改为"元"，"烨"讳改为"煜"。

**空字**　是将所讳之字空而不书，或作某，或作□，或直书"讳"。例如，司马迁撰《史记》，避景帝刘启讳，在《孝文本纪》中写道："元年正月，子某最长，纯厚慈仁，请建以为太子。"这里的某即指刘启。唐人撰《隋书》，避李世民讳，将王世充写为"王　充"，致使《隋书》在翻刻过程中误将"王　充"连写成"王充"。南朝沈约撰《宋书》纪传刘宋史，对刘宋帝王名多以"讳"替代，如"永初元年八月戊午，西中郎将荆州刺史宜都王讳进号镇西将军。"这里的"讳"，指晋文帝刘义隆。许慎作《说文解字》对当朝安帝刘祜及上至光武帝刘秀之名，皆作"上讳"，避而不书，更不释其形音义，现在能在《说文》中见到这些字，盖为后学者所补。清段玉裁注《说文》，避玄烨、弘历讳，以"元"代"玄"，以"宏"代"弘"，并加空围"□"，今版《说文解字注》已作回改，故避讳之举不复见。

**缺笔**　一般是对所避之字的最后一笔不书，这种现象始于唐代。例如避唐太宗李世民讳时，"世"写作"丗"；避宋真宗赵恒讳，"恒"写作"恒"；避清世宗胤禛讳，"胤"写作"胤"。再如宋高宗赵构绍兴八年的《世说新语》，遇玄朗、弘殷、敬、匡胤、恒、桓等字皆缺末笔。当然，也有在今天看来不是缺末笔者，如避孔子讳，"丘"写作"𠀁"等。

纵观历代王朝的讳制或弛或密，讳制严密时如有违犯，轻则遭到舆论的谴责，重则丢官失第，甚至受到法律的严厉惩罚。例如《唐律疏议》规定，"指斥乘舆（'乘舆'指皇帝)"，要处徒刑，"情理切害者"，甚至要处斩刑。即使无意中犯皇帝亲族的讳，也要受到惩处。在讳制极盛的宋代，如果科举考试中考生犯讳，就要被申斥黜落，断送前程。讳制宽弛时，避讳有不避嫌名、不偏讳、已祧不讳之说。所谓嫌名，指与所讳之名音近或音同的字；偏讳是说所讳之名有两个字，只讳其中的一个字；已祧不讳则是指随着世系延续，礼所规定的天子祭七祖，超出七世的祖要迁入另外的庙堂，称为"祧"，凡是已祧的祖讳可以不避。

# 第三讲　汉字的渊源嬗变

汉字是记录汉语言的符号系统，汉字记载着文化，汉字本身也是文化。现在出现了一种很不好的现象，就是有些解释汉字的文章纯属望文生义，牵强附会，以想当然方式的曲解汉字的本义与引申义，严重地误导着读者。汉字是中华民族智慧的结晶，是中华文化的瑰宝，了解汉字的起源、演变、造字规律及其孳乳生成对于坚定文化自信、弘扬中华优秀文化有着重要的意义。

## 一、汉字的起源

关于汉字的起源，已经聚讼了 2000 多年，概括说来主要有三种观点：一是认为从结绳演化而来，二是认为由图画演化而来，三是认为由契刻演化而来。

《易传·系辞》："上古结绳而治"，李鼎祚《周易集解》引《九家易》："古者无文字，其有约誓之事，事大大其绳，事小小其绳，结之多少，随物众寡。"结绳与文字仅就记事这一点来说，二者确有相通之处，但无论如何文字异于结绳，这不仅因为文字是文明的标志，结绳是蒙昧的表征，更主要在于文字是记录语言的符号，它和语言密不可分，是交流思想、表达情感的工具，而结绳则只能作为帮助记忆的工具，它不具备和语言结合的条件。因此，把结绳看作文字产生前古人经过那么一个记事阶段概不为错，但把结绳视为文字的起源便迷不知正了。

图画是远古人民记事与交流思想的一种方法，早在旧石器时代人类已经能够在其所居的洞壁上画画，而且画得生动逼真，使人一看便知其意。比如要约人去狩猎，就画 1 头鹿或 1 头野牛和 1 个挂弓箭的人，作为信件送去，这样就起到交流思想的作用，所以有人把这种图画称之为"图画文字"。"图画文字"的特点在于它能够以具体的图形表达具体的事物，最初画得尽量仔细逼真，后来在人们习惯了这些表意图画之后，只要粗线条地画出轮廓，即可知晓意思了。这样，有些图画就逐渐脱离具体事物的描绘而蜕变为抽象的、一般概念的代表，后来人们将其称之为象形文字。从图画文字到象形文字，其间并没有什么绝对的界限，许多象形文字本来就是图画，关于这一点，我们可以在甲骨文、金文中得到印证。

契刻也是在没有文字的民族里所采用的一种记事方式，例如甘肃西宁县周家寨出土的仰韶期骨契，安特生《甘肃考古记》第三图的两块骨版，这些实物可能是契约、券契之类，与古代法相关，与文字关系不大，但距今 6000 年左右的半坡仰韶文化陶器口缘外的刻画便不同了，就不能说与文字无关了。20 世纪 70 年代初讨论半坡彩陶的刻画符号时，于省吾先生说："考古工作者以为是符号，我以为这是文字起源阶段所产生的一些简单文字。"郭沫若先生也说："半坡彩陶上每每有一些类似文字的简单刻划，和器物上花纹判然不同……刻画的意义至今未阐明，但无疑是具有文字性质的符号。"后于仰韶文化的龙山文化、二里头文化中也发现有类似的陶器符号，分布在中国东部的大汶口文化和良渚文化，也发现有陶器符号。李学勤先生说：这些符号"其形更接近商周文字，大汶口文化的符号比较端正、规整，有象形性，很像后来的青铜器铭文"。至于殷墟陶器上的刻画符号，其结构与同时期的甲骨文、金文一致，已经是严格意义上的陶文了，例如 1956 年《小屯·殷墟陶器》图版 61 至 63 所载的 80 例陶器符号，多数是可识的文字。

关于汉字的起源，还有认为由八卦演化而来等观点，所据不力，这里不作介绍。笔者认为，汉字的起源可能不止一个源头，可能经历了一个从多头尝试到约定俗成的历史过程，结合迄今发现的早期文字，属于象形文字的主要源于图画文字，属于指事文字的多来自刻画符号，而汉字的其他类型又多是由象形和指事这两种类型的文字孳生嬗变而来的。

说到文字的起源，不能不涉及文字究竟是谁创造的问题。这个问题在中国古代也主要有三种说法，一是仓颉造字的提法，见于《韩非子·五蠹》、《世本·作篇》、李斯《仓颉篇》、许慎《说文解字序》等文献；二是黄帝作书的提法，见于徐锴《说文系传·系述》等文献；三是笼统提圣人造字，见于明赵古则《六书本义·六书总论》、清段玉裁《说文序》注等文献。笔者认为这些提法都是不妥的，文字和语言一样，决不是一人一时的产物，它随社会的发展而发展，有一个约定俗成的历程，如果说某些所谓圣人在其中起了作用的话，那可能也只是做了组织人员对文字进行统一整理的工作。

## 二、字体的演变

依据考古提供的材料和现代学者的研究成果，仰韶文化彩陶和黑陶上的刻画符号应该就是汉字的原始阶段。但作为真正意义上的汉字，它必须具备形、音、义三个要素。就现有的资料分析推算，大概在夏代早期的汉字就形成了，到殷商时代的甲骨文已经是发达的、成体系的记录语言的符号系统了。按照汉字字体体系演变的历史，我们大致可以把汉字的发展演变分为甲骨文、金文、小篆、隶书、楷书等五个阶段。

**甲骨文**　甲骨文是刻在龟甲兽骨上的文字，它使用的鼎盛时期在殷商后期。公元 1899 年最初发现甲骨文，大量出土于河南安阳殷墟，中华人民共和国成立后在陕西周原一带又出土了西周时期的甲骨文，这和殷商文字一脉相承，属于同一个体系。目前甲骨刻辞中所见到的全部单字的总数，大约 4500字。从字形上讲，甲骨文有如下特点：一是笔画简单，二是具有图画性，三是一字多形，四是有合文，五是字形偏旁有随意性。

**金文**　金文是见于铜器上的一种古文字，又称铭文，字凹下为款，凸出为识，它使用的鼎盛期在西周。殷商时代的铜器铭文不长，只有二三个字，十多个字的铭文极少。周代铜器上铭文一开始便有长篇大作，如成王时《令彝》187 字，康王时《大盂鼎》291 字，而西周末年宣王时的《毛公鼎》长达 499 字。《金文编》共收金文单字 3771 个（包括附录）。较之甲骨文，金文有如下特点：一是由于甲骨文使用的材料是龟甲兽骨，金文使用的材料是青铜，由于甲骨文是用刀刻上去的，而金文多是在模范上弄好与器物一起铸上去的，所以金文较之甲骨文形体要大，笔画粗圆，同时也比较规范；二是不多出现新的象形字，表示象形字的产生基本停顿；三是形符逐渐定型，比如“逆”字，甲骨文形符有几种，到金文里基本上定型；四是增加了某些形符，如言部、心部、穴部、金部、厂部的字，在甲骨文中很少或几乎没有。

东周以后，中国进入诸侯割据、各自为政的局面，汉字也出现了较为复杂的情况，大体上鲁、郑、陈、宋、薛、滕等国的文字与金文相承，但几个大国如齐、晋、楚、吴、越等就有所不同了，尤其是楚、越两国，字体更与中原不同，有的字体甚至使人不能辨识，因而后世谓之异文奇字。据传世的器物，差异最大的是匋文（陶器上）、泉文（钱币上）、玺文（印信上），还有鸟虫书等等。这些文字任意繁简，越出常规，似乎不受任何约束，因此各国文字之间很难找出一个统一体例来。

　　与上述文字并行的还有所谓的籀文和古文，籀文即我们常说的大篆，《汉书·艺文志》记载有《史籀》15 篇，据王国维的考证，籀文是战国时代秦国使用的文字，因而它与金文大概属于一个系统。而所谓"古文"，是汉代人从孔子故居墙壁中发现的壁中书，王国维认为是秦始皇焚书前流行于东方各国的文字。

　　**小篆**　战国时期，天下大乱，文字也极乱，秦始皇统一中国后，六国文字仍在流行，于是丞相李斯奏请同一文字，罢其与秦文不合者，废除了大量区域性的异体字，在大篆的基础上简化改易，当时李斯作《仓颉篇》、赵高作《爰历篇》、胡毋敬作《博学篇》，后世把这种简易整齐了的字称为小篆。

　　**隶书**　隶书前人以为作于程邈，其实这是一种传说。一种字体的产生和一种文字的产生一样，是一个约定俗成的历史过程，不是一个人在一个时候所能创造出来的。郭沫若先生认为隶书是草篆的演变，并说在字的结构上初期的隶书和小篆没有多大的差别，但是从现在出土的资料看，篆书和隶书在用笔上还是有区别的，隶书变篆书的弧线为直划，变圆转为方折，同时篆字呈长方圆形，隶字则为扁平形。

　　**楷书**　楷书又称正楷、真书、正书，《辞海》解释说它"形体方正，笔画平直，可作楷模"，故名楷书。古时又称其为"楷隶"，它是从隶书和隶草演变而来的一种字体。从出土的汉代竹简（隶草）看，已经渐次有了楷书的雏形。现在所见到的早期楷书遗迹是三国时期魏的钟繇之书和吴的谷朗碑，到了东晋，楷书开始流行，一直延续至今。

## 三、汉字的"六书"

　　所谓"六书"，是根据汉字造字和用字规律总结出来的六种方法。古人对六书的称谓不尽相同，比较通行的是东汉许慎《说文解字序》的提法，即指事、象形、形声、会意、转注、假借。"六书"的概念大致形成于战国末年，但详细的叙述是从西汉末年开始的。到了东汉，许慎用"六书"来分析汉字的形体，而且为之作了义界，并各举了两个例子。许慎之后，人们并不曾对"六书"做出多少探究，直到宋朝的郑樵，才专以"六书"研究一切汉字。他在《六书略》里，把汉字按"六书"分为六大部分，同时在理论上作了较许慎更为详细的阐述。宋元之交，戴侗作《六书故》，把"六书"的研究又推进了一步。之后，有不少文字学著述讨论"六书"，到清代乾嘉时期达到鼎盛。"六书"在很大程度上反映了汉字产生的形态，作为一种理论，很值得我们重视。

**象形** 许慎给象形字下的定义是"画成其物,随体诘诎",举"日、月"为例。本文在前面讲到,汉字产生的源头之一是图画。据考古发现,在旧石器时代已有绘画,绘画与文字在新石器时代逐渐分家,殷商时期的甲骨文已是成体系的文字,在它之前应当有更接近于图画的文字,如所谓匋文、族徽文字以及尚未发现的文字材料。因为文字有一个发展历程,所以在甲骨文时代还保留了相当一部分象形文字,如牛、羊、犬、鹿、木、禾、车、女等等,这些象形字抓住物体的特征而使之形象化,或者说是把图画线条化、符号化了,使人一看就知道它所表示的某一物体。象形文字是汉字的基本字形,后来多数成为汉字的偏旁,不少汉字就是在象形字的基础上发展而来的。

**指事** 《说文叙》曰:"指事者,视而可识,察而见意,'上''下'是也。"象形字主要是表实的,但有些事物很难画出,于是古人便在象形字的基础上特别指示一下,以见其意。如"上下"二字,在甲骨文里,指示一短划的位置所在;又如"元"字,甲骨文与金文中指示的部位在头部,实际上元即首,首即头,所以《孟子·滕文公下》曰:"勇士不忘丧其元。"《左传》僖公三十三年曰:"狄人归其元。"直到现代还有"元首"一词,指国家的首脑、头领。指事是由于文字孳乳而采取了因利乘便的方法,在独体字上附加极为简单的点划作为区别,所附加的各种点划,只是起着记号的辨别作用,既不成为偏旁,也不是独体字。如刃(刀)、旦(日)、本末(木)、母(女)、太(大)、少(小)等。

**会意** 《说文叙》曰:"会意者,比类合谊,以见指㧑,'武''信'是也。"会意就是通过意会来了解字义,许慎举"武信"二字,并在正文字条中说"止戈为武","人言为信",这种解释是不对的。余永梁根据甲骨文、金文"武"字的构形说:"从行从止从戈,操戈行于道上,赶超武也。"唐兰先生也认为武从戈从止,无停止意,而为荷戈而行,有威武雄壮意。其实,武之从止,是以止代人,甲骨文中这种现象很多,如"前",甲骨文的构形是人在舟上。武从戈是象征作战,而非止息干戈之意。"信"实际上是个形声字,战国中山王壶"忠信"之信,从言身声。古文"信"字体复杂,构形不一,许慎仅就小篆立说,以为"武"和"信"是会意字,不能令人信服。汉字中的会意字很多,例如好、有、奴、休、祭、明、刪、圐等等。

**形声** 《说文叙》曰:"形声者,以事为名,取譬相成;'江''河'是也。"形声字的特点是一个字由形符和表音的声符组成。有上形下声者,如芝、箕、零；有左形右声者，如转、依、讼；有上声下形者，如劈、盂、娶；有左声右形者，如郡、刑、故；还有外形内声者，如阆、园等等。在甲骨文中，形声字占的比例还不大，充其量也不超过 20%，但到了东汉时许慎撰作《说文解字》，形声字就占到 80% 以上，这是一种滋生能力非常强的字，在今天的汉字里绝大多数是形声字。形声字产生的途径主要有二：一是各因其类而谐之以其声，这里的类就是我们通常所说的形旁，它表示字义的类属，多数是由象形文字来充当的，比如说木、水这两类，有形可象，但木类有松柏榆桦等等、水类有江河湖泊等等，不可悉象，于是便因木类而谐之以公、白、俞、华之声而成松、柏、榆、桦诸字，因水类而谐之以工、可、胡、白之声而成江、河、湖、泊诸字。因为是各因其类，所以凡从木者，都与木有关；凡从水者，都与水相涉。二是以本字为声符，加上相应的形符，以表类属、以示区别而成为新的形声字。比如昏，它的本义是日之昏（黄昏），心目之昏如日之昏，于是加心与目而为惛、睯；古代娶嫁必以昏时，于是加女而为婚。再如"戋"，加水为浅，加金为钱，加食为饯，加木为栈，加贝为贱，加竹为笺，加丝为线等等，"戋"的本义为浅小，所以凡从"戋"滋生的字多少都带有这个意思。

**转注** 《说文叙》："转注者，建类一首，同意相受，'考''老'是也。"所谓"建类一首"是指老，与耆耋皆为年老义，是为同类；耄耋诸字、其形皆从老，是老为一类之首。所谓"同意相授"，段玉裁《说文注》云："谓意旨略同，义可互受。"把话说通俗些，就是甲乙两字意思相同，部首一样，互相可以转过来注解，例如"考者，老也""老者，考也"，除"考老"外，再如追和逐、踞和蹲、刑和剄等等都属这种情形。

**假借** 随着社会的发展，人类的语言也在不断地发展，要表达的概念越来越多，但文字毕竟有限，原有的文字不够用，不足以表达新的语言概念，于是便出现了假借的现象。假借，用《说文叙》的讲法是"本无其字，依声托事"，并举"令长"二字为例。按照这个义界，假借字有两个特征：一是"本无而借于他"，二是"义无所因，特借其声"。许慎以"令长"，为假借，这与他自己为假借所做的义界是不符的。甲骨文中命、令同字，金文中的"命"，系由"令"孳乳而来，其构形象口发号，人跽伏而听。罗振玉说："古文令从𠔼人，集众人而命令之，故古令与命一字一谊。"可见，令并非本无其字。至于"长"，《说文》曰："久远也，从兀从匕……亾声。"这是错误的，以甲骨文、金文考之，长像人发之长，非从兀从匕，也与亾声无缘，长也不是本无其字。

许慎所谈的实际上是文字的另一个问题，即字义的引申、假借问题。一个汉字往往不止一种涵义，习惯上我们把这种情形称为多义词。多义词义项的产生大致有三种情形，一是该字的原始意义，二是字义与原始意义有关联的，三是与原始意义在意义上看不出什么联系，只是在读音上存在关系的，我们分别管这三种情形叫作汉字的本义、引申义、假借。譬如"校"字，今天所说的学校、校尉、校正皆非本义，校的本义是木囚，是古代用来囚禁犯人的一种木制的器械，所以从木；交在甲骨、金文中作械人手足的器具形，象形。明白了本义，就可以更好地理解引申义，所以学校就是以"学"校人，把人限制在"学"这个围子里。"校"与"正"意义相似，皆从本义而来。再如"责"字，指责、斥责、责任等等都是引申义，责的本义是"求也"，责是债的本字，后来"责"担负的责任多了，才加人字旁为债，保存本义。《战国策·齐策》："先生不羞乃有意欲为收责于薛乎？"这里用的就是本义。"责"之所以从贝，是因为古代以贝为货币，凡是从贝的汉字都与财货有关。《左传》桓公十三年"宋多责赂于郑"，即宋国向郑国要求财货。成语有"求全责备"，这里的责与求是同义词连用。汉字除了有引申义外，还有假借义，比如说"夫"，本义是男子的通称。丈夫、夫人之夫用的是本义，但是在"莫我知也夫""已矣夫""夫唯禽兽无礼""夫晋何厌之有"等话中，"夫"就无实在意义，是语气词，它与原来的本字只存在读音上的关系，而在意义上没有任何联系，或者干脆说，它是借了本字的形和音，而不涉及义。引申与假借是不同的，引申可以与本字读音上有差异，但必须在字义上有渊源关系；假借则可以在字义上与本字毫无关系，但读音必须相同。

## 四、汉字的孳乳生成

汉字的发展经历了一个由少到多的历史过程，就现有的资料看，甲骨文时代大约有四五千左右，但到了东汉时期许慎的《说文解字》，收字 9353 个；到了宋代司马光等人的《类篇》，收字 31 319 个；再到清代《康熙字典》，收字多达 47 021 个。汉字是以怎样的方式孳乳生成的呢？其中是否有规律？如果说有规律，那么这些规律又是怎样的情形呢？

本文在前面谈到，汉字在它的早期多是象形文字。这些象形文字是汉字的字根，汉字的孳乳生成就主要建立在这些字根的基础之上。它犹如一棵树，下有树根，上有树枝，树枝上又有细枝，细枝上还有树叶，我们以"火"为例对汉字的孳乳分化做一图示：

$$
火\begin{cases}
炎\begin{cases}
炭（燎）、黑\begin{cases}熏……\\黔、黝、黔、黯……\end{cases}\\
燄（焰）、黏……
\end{cases}\\
赤\begin{cases}赫、赧……\\赪、赭……\end{cases}\\
炙、炊、灰……\\
烧、燔、炮、焚……
\end{cases}
$$

火是字根，是"父辈"，由此以会意的方式孳乳出炎、赤、炙、炊等字，以形声的方式孳乳出烧、燔、炮、焚等字，这些字是字枝，是"子辈"；子又生孙，如从"炎"以会意的方式孳乳出燎、黑等字，以形声的方式孳乳出焰等字，这些字如同细枝，是"孙子辈"；孙生重孙，如从"黑"以会意的方式孳乳出熏字，以形声的方式又孳乳出黔、黝、黯等字。

仅仅清楚汉字的这种孳乳生成方式是不够的，还必须了解为什么汉字会发生这种孳乳生成的现象。概而言之，主要有两种情形：

$$
\begin{matrix}
\begin{matrix}共\\（拱）\end{matrix}\text{（本义是叉手）}\begin{cases}恭（恭敬）\\供（供奉，供给）\end{cases}\\
\\
卷\text{（本义是节之卷曲）}\begin{cases}鬈（发之曲卷）\\觠（角之卷曲）\\捲（曲而转）\end{cases}
\end{matrix}
$$

一是因本字身兼数义而分化，这种情形系由本义引申而别作它形。例如"半"字，其本义是"中分也"，后来引申为中半之半，由于半字身兼数义，所以后来又分化出叛、胖等字。二是因本字被借义所夺而孳乳出新的字。例如：然——燃、云——雲、昔——腊、方——舫，等等。这种情形是本字的本义就是孳乳字的意义。换句话说就是在本字上加一相应的形符而保存了本义，这叫"加形保义"。例如"然"，它的本义是"火始焚也"，后来借为然否之然，又为若然之然，由于本字被借义所夺，所以火然之然加火为燃。当然，上述两种情形也往往交织到一起，例如"止"，它的本义是"跖"也，象足掌指形，因为正义被其他的含义所夺，所以孳乳出"趾"字，即在本字上加一相应的形符以保存本义；又因为"止"居于一身之下，所以引申为基止，因此孳乳出"址"字。

此外，汉字部首的位置也有些特殊情况，有些字的部首不能变换位置，倘若变换，即成为另外一个字或成错字了，但是有些字的部首是可以变换位置的，或居上，或居下，如期、峰、松、谟、群等字；或居左，或居右，如豁、槪等等，虽有变换，依然是同一个字。这种变换部首位置的情形在一些人的书法作品中时有所见，当然，从汉字规范的角度讲，不应当提倡这种做法。

# 第四讲 俗语的特征与智慧

## 一、俗语的形成

俗语，是指民间广为流传的通俗的定型的语句，也称为常言、俗话，即人们口头或文学作品常见的"俗话说"和"常言道"。狭义的俗语既不同于俚语、谚语、歇后语和成语，但又介乎俚语、谚语、歇后语和成语之间，具有自己的语类特点；广义的俗语则包括大多数的俚语、谚语、歇后语、惯用语和口头上常用的成语，但不包括俗语词、方言词和书面语中的成语等。

俗语浓缩着民间智慧，是经过漫长的岁月、日积月累对社会生活的总结，它不像有些书面语言晦涩难懂，往往用一句形象顺口的语言就能简洁明了地点出一个深刻的道理，口口相传，言简意赅。俗语之所以能够广为流传，一个重要的原因是字数少，朗朗上口，浅显易懂，容易让人一目了然，熟记于心。

"俗语"一词的形成应当不晚于西汉时期，司马迁《史记·滑稽列传》的《西门豹治邺》（褚少孙补写）一文曰："民人俗语曰：'即不为河伯娶妇，水来漂没，溺其人民'云。"其后，汉刘向《说苑·贵德》曰："故俗语云：'画地作狱，议不可入；刻木为吏，期不对。'此皆疾吏之风，悲痛之辞也。"班固《汉书·路温舒传》引作"画地为狱"。"俗语"就其形成而言，绝大多数是由广大人民群众创造、在民间广为流传、约定俗成的具有口语性和通俗性的定型语句。

俗语与成语、俚语、谚语、歇后语既有联系，又有区别，但有时彼此之间的界限并不是泾渭分明。俗语是约定俗成的惯用语，广泛流行于人民群众的口头上，文字上保持着通俗的特点；成语则多用作书面语，文字上趋向典雅。例如"大鱼吃小鱼，小鱼吃虾米"与"弱肉强食"，"捡了芝麻，丢掉西瓜"与"因小失大"，"你走你的阳关道，我过我的独木桥"与"分道扬镳"，前者为俗语，后者系成语。但有些时候俗语与成语之间互相渗透，存在着交错现象，有的俗语同时也是成语或歇后语，例如"三天打鱼，两天晒网""城门失火，殃及池鱼""近朱者赤，近墨者黑""人为财死，鸟为食亡""成事不足，败事有余"等就既是俗语，也是成语；"老虎屁股摸不得"既是歇后语，也是俗语。此外，俗语与俚语、谚语有时的界限也并不分明，你中有我，我中有你，或既是俚语、谚语同时又是俗语，当然仔细考究还是有一些细微的区别。

## 二、俗语的渊源

俗语是汉语中形象精练的熟语之一，究其来源，有来自人民群众的生活实践，有来自民间传说、宗教故事和历史典故，也有些俗语与诗文名句等有关联。

**来自民众生活实践的俗语** 例如"舍不得孩子套不住狼""饱汉不知饿汉饥""吃着碗里的，望着锅里的""打肿脸充胖子""公说公有理，婆说婆有理""笑贫不笑娼""死要面子活受罪"等。我们以"兔子不吃窝边草"为例，这句俗语的字面意思无需解释，内涵的寓意是指别在自家的门口做坏事，在男女关系中不对身边的异性下手，例如同班同学、单位同事、居室邻居等。但自然界的确有一种奇怪的现象，兔子一般不吃自己窝边的草，而是跑到其他地方去吃。为什么"兔子不吃窝边草"呢？首先，窝边草是用来藏身的，吃了就容易暴露自己，会被老鹰等肉食动物或者猎人发现，窝边草是抵御天敌的天然伪装，兔子不吃窝边草主要是从维护自己的安全来考虑的。其次，兔子一般选择草木茂盛的地方打洞做窝，因为草木的根部深扎泥土，使得土壤中的水分不易流失，而且还能保护土壤层中的温度，同时对洞穴也起着防止坍塌和防止雨水灌入洞内作用，所以兔子不吃窝边草是出于本能的环境意识。最后，兔子在南方还好，对于生活在北方的兔子，到了冬天草木凋零、大雪封山，既不便去外面找草，同时也在外面很难找到草吃，这时窝边的草就可以救急，所以兔子一般会有多个窝穴，所谓"狡兔三窟"大概也有这方面的原因。此外，在社会上也流传着一个"兔子不吃窝边草"的故事，讲的是：胡雪岩为人仗义疏财，结交朋友重情重义。一次，他的一位好友落难，请求帮助照顾其妻女，但又担心胡雪岩会有不轨行为，所以就旁敲侧击的方式试探胡雪岩。胡雪岩当然明白他的意思，于是笑着对他说道："你放心，'兔子不吃窝边草'，要有这个心思，我也不会叫胡雪岩。"于是朋友放心地离开了胡雪岩，从此一去不复返。之后，友人的妻子与胡雪岩朝夕相处，日久生情，最终还是上了胡雪岩的床，不久被纳为小妾。因此，有人就调侃胡雪岩说"兔子不吃窝边草，窝边有草何必满山跑"。

**来自民间传说的俗语** 例如"不到黄河心不死""不见棺材不落泪""此地无银三百两""肥水不流外人田""狗咬吕洞宾"等。我们以"酒香不怕巷子深"为例，这句俗语的本意是说如果酒酿得好，就是在很深的巷子里，也会有人闻香知味，慕名前来品尝或购买，不会因为路途远、巷子深而却步。比喻有真本事的优秀人才或高品质的商品不会默默无闻，不会因其身处基层或地处偏远而被社会埋没或消费者遗弃。民间传说在明清时代，四川泸州南城营沟头有一条很深很长的酒巷，酒巷里有 8 家手工作坊，泸州最好的酒就出自这 8 家。其中，酒巷尽头的那家作坊也就是如今泸州老窖国宝窖池所在地，因为窖池建造的最早，酿造的酒质量最好，所以在 8 家手工作坊中最为有名，人们为了喝到美酒都不辞辛苦，要走到巷子尽头最远的那家名叫温永盛的作坊去买。清朝同治十二年，中国洋务运动的代表人物张之洞出任四川的学政，他乘船饮酒作诗，沿途来到泸州南城营沟头，闻到一股扑鼻的酒香，就让陪同的仆人给他打酒来。两个仆人一去就是一个上午，张之洞等得很不耐烦，直到中午才看见仆人抬着一坛酒小跑回来，正在生气之间，仆人打开酒坛，顿时酒香沁人心肺，张之洞小饮一口，顿觉甘甜清爽，3 盅下肚后连称好酒好酒，于是问道：你们这是从哪里打来的酒啊？仆人躬身连忙回答：小人听说营沟头温永盛作坊里的酒最好，所以就拐弯抹角，穿过长长的酒巷，到了尽头的那家温永盛作坊里买来这坛酒。张之洞点头微笑道："真是酒香不怕巷子深啊。""温永盛"是泸州老窖在清朝的商标名，在明朝时叫"舒聚源"，舒家经历了 8 代，搬迁时把窖池卖给了温家，温家又经历了 14 代，所以泸州老窖在明清两代有着 22 个掌门人的历史，直到中华人民共和国成立后的公私合营。如今，当年的那条弯曲的酒巷已经修建成宏伟的国窖广场，而酒源就在泸州老窖的国宝窖池。"酒香不怕巷子深"用来指代好的东西哪怕寻找起来十分困难，人们都会不辞艰辛地寻找到，引申为优质的产品哪怕不去做广告宣传和营销推广，消费者也会寻找到并购买它。当今社会有人把这句话作为一句营销术语，但也有人认为，商品营销"酒香也怕巷子深"，引申为东西或产品再好，不去做营销推广和广告宣传，寻找起来也十分困难。

**来自宗教故事的俗语** 例如"跑得了和尚跑不了庙""临时抱佛脚""做一天和尚撞一天钟""男戴观音女戴佛""解铃还须系铃人""不怕怒目金刚，只怕眯眼菩萨"等。我们以"不看僧面看佛面"为例，有人认为这是引用佛教典籍中的故事：韦陀菩萨是佛的护法神，佛教把他作为驱除邪魔的天神。传说韦陀手持金刚杵护持佛法，除恶扬善时比较严厉，看见行恶之人就要惩罚，前来悔过的人也往往被他惩处，这与佛家教义相违。于是佛祖就将他置于对面，意在要他在施法惩恶时看着佛祖的面，这样就会高抬贵手，放人一马，给作恶者改过自新的机会。于是有了"不看僧面看佛面"一说。中国从宋代开始在寺院中供奉韦陀菩萨，他常站在弥勒佛像的背后，面向大雄宝殿的佛祖，如果我们进到寺院中见不到一个僧人，只要看韦陀菩萨就知道这个寺院是什么等级。韦陀菩萨手中的金刚杵有四种持拿姿势：一是扛在肩上，说明这是皇家寺院，至高无上；二是杵在地上，说明这是子孙庙，可以在这里烧香拜佛，只是不供香客吃住；三是斜搭在胳膊上，说明这座寺院可供短暂的饮食但不管住宿；四是横放在胳膊肘上，说明这是个十方庙，吃住都可以在这里。所以外来游方的和尚和香客进了寺院后不需要询问僧人，只要看看韦陀菩萨手持金刚杵的姿势，就能对这个寺院一目了然。这是"不看僧面看佛面"的另一层意思。也有人将这句话演绎为一个故事：传说乾隆皇帝私下江南微服私访，有一天来到南海普陀山，只见许多和尚在山门外的路边石上或树下谈天说地，听到敲梆打板的号令，齐集斋堂应供吃饭，饭后又到外边去说笑谈天，安闲自得，优哉游哉。乾隆感叹道："百年三万六千日，不及僧家半日闲"。那些和尚一看见行人就围过来要人化缘，然后三五成群把化缘要来的钱赌博或吃喝。乾隆很是怒火，准备回宫奏明母后，发兵来捉拿这帮坏和尚，毁掉普陀山上的佛寺。母后劝他说："皇儿呀！你不能因为看见几个不具僧相的和尚，就去捉和尚、毁名山，也许他们是菩萨化现，佛的功德是不可限量，你不看僧面看佛面啊！"后来乾隆二次下江南又来到普陀山，那些和尚口中念念有词"阿弥陀佛，结结缘"，马上把他围起来要钱，化到钱后这些和尚就吆五喝六、吵吵闹闹、拖拖拉拉，烟抽得乌烟瘴气，酒喝得疯疯癫癫，全无一点出家人应有的模样。乾隆勃然大怒，回到朝廷禀报母后，准备对普陀寺大动干戈。母后劝慰他消消气，不要动嗔心、起杀念，并说没准他们是罗汉变化，有意在试探你的心，你不看僧面看佛面啊！"之后，乾隆第三次下江南又去了普陀山，这次他是带着官兵，准备若发现这帮和尚不改前非的话就一个不留进行清剿。乾隆来到寺院门口看到这帮和尚在大殿前男女混杂，打情骂俏，嗜赌如命，变本加厉，于是命令御林军把寺院围困起来捉拿这帮和尚，当乾隆带着官兵进入山门时，还看见他们说说笑笑溜进大殿，但等他们冲进大殿搜寻时连个人影都不见了，看到的只有慈眉善目的佛祖与菩萨。回京后乾隆将所见一五一十禀报母后，母后对他说："皇儿啊！那就是佛祖显灵，故意试探你的慈悲之心，以后你如果看见衣帽不整、行为不端僧人，切记不要动怒起嗜杀之心，不看僧面要看佛面啊！"

**来自历史典故的俗语** 例如"鲁班门前耍板斧""关公面前耍大刀""成者王侯败者寇""各打五十大板""宰相肚里能撑船""半路杀出个程咬金""身在曹营心在汉""三寸不烂之舌""赔了夫人又折兵"等。我们以"大意失荆州"为例，这句俗语指的是三国时期蜀国名将关羽因疏忽大意、骄傲轻敌而失去镇守的荆州三郡，常用来比喻因疏忽大意而导致失败或重大损失。三国时期，荆州位于魏国、蜀国、吴国交界的中心地带，经济活跃，水陆交通发达，逐渐成为三国政治、经济、军事、文化的交叉汇聚点。据考，关羽是在48岁左右前去镇守荆州，痛失荆州时已经60岁了。当时关羽在东吴虎视眈眈荆州的背景下率部出征曹操的地盘樊城，曹操听从司马懿的计策，一面调兵去驰援樊城，一面联合东吴孙权促使其暗袭荆州。东吴大将吕蒙一直是关羽防范的重点，关羽出征前留下重兵守护荆州，因而吕蒙难以得手。此间东吴陆逊向吕蒙献计说："关羽自恃英勇无敌，所怕的就是你。如果将军装病辞职，关羽一定中计。"吕蒙依计而行，关羽果然把布防荆州的重兵调来攻打樊城。结果吕蒙乘虚攻破荆州，关羽在魏、吴两国腹背夹攻下全军崩溃，败走麦城，被吴军俘虏并杀害。其后张飞为了给关羽报仇，匆忙上阵，大醉之后被部下所杀；刘备报仇心切，以"雪弟恨"为由尽起蜀地七十五万大军讨伐孙吴，结果被一把火烧得一蹶不振，落了个白帝城托孤的结局。为了荆州这块重地，可以说桃园结义的三兄弟或直接、或间接均因此而亡。其实，荆州之失不能单纯归罪于关羽的"大意"，这其中既有关羽的主观原因，更有诸多客观因素，荆州之失应当是势所必然。从关羽的主观原因来看：其一，诸葛亮曾一再告诫关羽"北拒曹操，东和孙吴"，但他忘记了军师的嘱咐，对外疏于与孙吴交往，对内盛气凌人，对部下颐指气使，引发糜芳、傅士仁、潘濬等部将的不满。其二，孙权曾为联合蜀国对抗曹操将小妹嫁给刘备，为巩固蜀吴联盟，孙权又提出娶关羽的女儿做儿媳，关羽非但不许亲事，反而辱骂前来求婚的使者，竟说出"吾虎女岂配犬子"的话，迫使东吴不顾联盟破裂，下决心夺取荆州。其三，关羽性格刚烈，骄傲自大，自恃有万夫不当之勇，压根儿就瞧不起东吴方面的将士，他曾亲口对儿子说："矢石交攻之际，千枪万刃之中，匹马纵横，如入无人之境，岂忧江东群鼠乎！"从客观因素来讲：荆州乃蜀、魏、吴三国军事必争的要地，刘备率部取西川使得曹操和孙权对荆州有了可乘之机；东吴的少壮派将帅吕蒙、陆逊并不看重蜀、吴联盟关系，诡计多端，使出连环计让关羽放松了对东吴的警惕；留守荆州后方的蜀将糜芳和傅士仁，在孙权兵临城下之际临阵变节，开城投降，致使东吴不费吹灰之力夺占荆州；关羽残部败走麦城时，派廖化向附近的守将刘封、孟达请求支援，但二人找借口拒绝出兵解救。当然，刘备与诸葛亮在战略部署上存在的一些问题也是注定荆州失守的一个原因。荆州之失是蜀国由盛转衰的转折点，失去荆州这一战略重地后，蜀国迅速从当时三国中的最强者变成最弱者，而"大意失荆州"也从此成为流传千古的因骄傲轻敌和疏忽大意而导致的惨败或重大损失的反面教材。

**来自的诗文名句的俗语** 例如"临时抱佛脚"源自唐代诗人孟郊《读经》："垂老抱佛脚，教妻读《黄庭》"系用其原意。后来民间广为流传的说法是："闲时不烧香，急来抱佛脚"，指平时与人不沟通交往、不做联络铺垫，有了事情才仓促求助，祈求帮忙。宋代刘攽的《中山诗话》中，有这样一段记载：宋朝宰相王安石，一日他与客人谈经论佛感慨道："我老了，该与和尚做伴去了。"并随口说出"投老欲依僧"。客人马上附和道"急来抱佛脚"。王安石听后说"我所言是句古诗"，客人又接话道："我所对的是句谚语。你上句去头（投），我下句去'脚'，'老欲依僧，急来抱佛'，岂非妙对？"众人一听，开怀大笑。再如："水至清则无鱼，人至察则无徒"，这句话出自《大戴礼记·子张问入官篇》，又见于《汉书·东方朔传》，意思是说水如果太清澈鱼就无法生存，对别人要求太严刻就会失去伙伴门徒，寓指对人或物不可要求太高，不能求全责备。"树欲静而风不止"这句话出自《孔子家语》卷二和《韩诗外传》卷九，字面意思是树想要静止，风却不停地刮得它摇动，比喻事物的客观存在和发展不以人的意志为转移，有些事情与自己的愿望相背，不能尽如人愿。"人心不足蛇吞象"的"人心"是指人的贪心与贪婪；"蛇吞象"见于屈原《天问》的"灵蛇吞象，厥大何如？"和《山海经·海内南经》中的"巴蛇食象，三岁而出其骨。"后来用来比喻人性贪婪，人心贪得无厌，就像蛇想吞食大象一样，最后会被自己的贪欲所害。又如"巧妇难为无米之炊"中的"炊"是指烧火做饭，这句话出自陆游《老学庵笔记》，意思是即使是聪明能干的妇女，没米也做不出饭来，比喻再有能力的人，做事时如缺少必要的条件也很难成功。"三心一净，四相全无"出自《金刚经》："过去心不可得，现在心不可得，未来心不可得"和"若菩萨有我相、人相、众生相、寿者相，即非菩萨"。"百善孝为先"的"孝"古已有之，许多人以为"百善孝为先"这句话出自清代王永彬的《围炉夜话》，其实早在宋代刘克庄的五言诗《别方氏长孙女》就写到"百行孝为先"，意思是说孝为做人之本，孝为百行之首。他如："女子无才便是德"出自清代张岱《公祭祁夫人文》："眉公曰：丈夫有德便是才，女子无才便是德。""人穷志短，马瘦毛长"出自《五灯会元》第十九卷："问：祖意教意是同是别？师曰：人贫智短，马瘦毛长。""醉翁之意不在酒"出自宋代欧阳修《醉翁亭记》："醉翁之意不在酒，在乎山水之间也。"而"三寸不烂之舌"的典故出自《史记·平原君虞卿列传》，讲的是公元前257年毛遂自荐的故事。

### 三、俗语的特征

俗语是对社会生活现象的高度凝练与概括，在民间广为流传，且已经定型的大众化语言，具有如下鲜明的特征。

第一，通俗直白、口语化，接地气。绝大多数的俗语都是大白话，带有一种浓郁的乡土气息。例如："不怕慢，就怕站""小巫见大巫""有钱难买早知道""好汉不吃眼前亏""哪壶不开提哪壶""大树底下好乘凉""放长线钓大鱼""肥水不流外人田""不是冤家不聚头""一朝天子一朝臣""闷头狗，暗下口""狗眼看人低，牛眼看人高""挂羊头卖狗肉""半斤对八两，针尖对麦芒""养儿方知父母恩""寡妇门前是非多""吃着碗里的，望着锅里的""公说公有理，婆说婆有理"等，这些俗语都非常接地气，语言通俗，说理直白，说起来顺口，读起来上口。

第二，俗语一般既有字面表意，又具有深层含义。多数俗语除了字面意思之外还有喻义，而且喻义才是俗语所要表达的真实意图。许多俗语是古人长期实践经验的结晶，具有很强的针对性和很大的借鉴意义。例如："甘蔗没有两头甜""雷声大雨点小""肚子疼怨灶王爷""撑死胆大的，饿死胆小的""打铁还需本身硬""车到山前必有路""上梁不正下梁歪""树倒猢狲散""饱汉不知饿汉饥""人怕出名猪怕壮""抓了芝麻，丢了西瓜""一人得道，鸡犬升天""冰冻三尺，非一日之寒""白日不做亏心事，半夜不怕鬼敲门""断了线的风筝"等，这些俗语的字面意思形象生动，其深层含义值得玩味，发人深省。

第三，语句简洁、凝练。俗语跟一般的短语或句子不同，经过民间千百年来的口头传承与锤炼，结构上具有固定性，语义上具有完整性，俗语的单句一般由5到7个字组成，语言上具有极为简洁、高度凝练的特色，字数虽然不多，但是内涵非常丰富。例如"军令如山倒""坐山观虎斗""翻脸不认人""伴君如伴虎""儿大不由娘""不打不相识""吃软不吃硬""县官不如现管""姜还是老的辣""枪打出头鸟""刀子嘴，豆腐心""丁是丁，卯是卯""得便宜卖乖""山不转水转""富不过三代""大海里捞针""隔行如隔山""胳膊肘往外扭""一山难容二虎""放长线钓大鱼""干打雷不下雨""吃不了兜着走""成也萧何，败也萧何"等。

第四，指喻深远，富于哲理。俗语的字面意思多是通俗易懂的口语，但其指喻深远，蕴含着深刻的人生哲理，通过一些简单的俗语，就能把人生的哲理、自然规律和社会现象说清、讲通、讲透。例如"枪打出头鸟""一山不容二虎""得饶人处且饶人""大丈夫能屈能伸""死要面子活受罪""兔子不吃窝边草""一个巴掌拍不响""舌头底下压死人""胳膊拧不过大腿""书中自有黄金屋""秤砣虽小压千斤""有钱能买鬼推磨""树挪死，人挪活""打虎要力，捉猴要智""水可载舟，亦可覆舟""一瓶水不响，半瓶水晃荡""穷不与富斗，富不与官争""十分聪明用七分，留下三分传子孙""好言一语暖三冬，恶言一句六月寒""贫居闹市无人问，富在深山有远亲"等。

第五，形象、生动、精辟。形象生动是俗语的鲜明特色，语义非常精辟。例如"横挑鼻子竖挑眼""破罐子破摔""狗眼看人低""狗嘴吐不出象牙""饱汉不知饿汉饥""费了九牛二虎之力""三天打鱼，两天晒网""东一榔头，西一棒子""谋官如老鼠，得官似老虎""拔出萝卜带出泥""老虎屁股摸不得""身正不怕影子斜""半路杀出个程咬金""癞蛤蟆想吃天鹅肉""鲜花插在牛粪上""背靠大树好乘凉""人心不足蛇吞象""不敢越雷池一步""眉毛胡子一把抓""心急吃不了热豆腐""被人卖了还帮着数钱"等，这些俗语集形象性、生动性、趣味性于一体，精辟传神地表达了一定的思想内容。

第六，一句俗语的出处往往有多个典故或传说。俗语多来自一些典故或传说，这些典故或传说似真非真，在历史上虽有其人而无其事，或者其故事只是依据民间善良美好的愿望演绎而成。例如"不到黄河心不死""肥水不流外人田""大水冲了龙王庙""宰相肚里能撑船""挂羊头卖狗肉"等俗语，其出处往往不止一个典故或传说，而是有多个版本或多种说法。

第七，有些俗语在流传过程中因谐音讹化而改变原意。例如"无毒（度）不丈夫""无奸（尖）不成商""春冷冻死牛（拗）""人不为（读二声、修养之意，非四声、为了之意）己，天诛地灭""不见棺材（关财、人名）不掉泪""打破砂锅问（璺）到底""三个臭皮匠（裨将），顶个诸葛亮""舍不得孩（鞋）子套不住狼""有眼不识金镶（荆山）玉""嫁鸡（乞）随鸡（乞），嫁狗（叟）随狗（叟）""狗咬（苟杳）吕洞宾，不识好人心""成事（人名）不足，败事（人名）有余"等。

第八，由上下两句构成的俗语存在并列关系、递进关系或引喻关系。并列关系的例如"拆东墙，补西墙""儿女情长，英雄气短""大王好见，小鬼难求""病从口入，祸从口出""捡了芝麻，丢了西瓜""耳听为虚，眼见为实""福不双降，祸不单行""常骂不惊，常打不怕""公说公有理，婆说婆有理""撑死胆大的，饿死胆小的""一瓶水不响，半瓶水晃荡""三十年河东，三十年河西""半斤对八两，针尖对麦芒""长他人志气，灭自己威风""吃了人家的嘴软，拿了人家的理短""害人之心不可有，防人之心不可无"等；递进关系的例如"人比人，比死人""吃着碗里的，看着锅里的""常在河边走，哪有不湿鞋""躲得了初一，躲不了十五""大鱼吃小鱼，小鱼吃虾米""丢下嘴里的肉，去等河里的鱼""不怕不识货，就怕货比货""不怕一万，就怕万一""不是鱼死，就是网破""不入虎穴，焉得虎子""不怕人不敬，就怕己不正"等；引喻关系的例如："水至清则无鱼，人至察则无徒""三个臭皮匠，顶个诸葛亮""三年清知府，十万雪花银""留得青山在，不怕没柴烧""宁拆十座庙，不破一门婚""没有金刚钻，不揽瓷器活""狗不嫌家贫，儿不嫌母丑""佛烧一炷香，人争一口气""常在河边走，哪有不湿鞋""不听老人言，吃亏在眼前""天下无难事，只怕有心人"等。

第九，有些俗语带有落后、愚昧、迷信的色彩。例如"男怕摸头，女怕摸腰""男子三八必发，女子三八必寡""好男不与女斗""好汉不娶二婚女""女子无才便是德""龙生龙，凤生凤""贫不串亲，富不串邻""白虎盖青龙，代代有人穷""家有滴泪屋，三年一场哭""吃什么补什么""两腮无肉不可交""龟背蛇腰不可交""男抖穷，女抖贱，手不扶碗霉三代""男怕入错行，女怕嫁错郎""秀才遇到兵，有理说不清""男占二、五、八，女占三、六、九"（数字表示出生的月份）"男看鼻子女看嘴，一生富贵少是非""好男有毛不鞭春，好女有膘不看灯"等，究其原因，主要是受俗语形成当时的社会背景、传统观念、科学技术与生产力发展以及认知水平等多方面因素的限制或影响。

第十，俗语具有旺盛的生命力。俗语的源头在于民间，旺盛的生命力也来自民间。每一个时代都有新的俗语产生，例如当今社会在民间就流传着诸多新的俗语："开空头支票""满嘴跑火车""生命在于运动""高不成低不就""摸着石头过河""一锤子买卖""不要把鸡蛋放在一个篮子里""不喝三酒，不近三亲""有权不用，过期作废""参谋的嘴，副官的腿""火车跑得快，全凭车头带""喝酒不开车，开车不喝酒""一人赚钱全村馋，一人致富全村拦""儿孙自有儿孙福，莫为儿孙作马牛""男人有钱就变坏，女人变坏就有钱""不比不知道，一比吓一跳""老乡见老乡，两眼泪汪汪""不听老人言，吃亏在眼前""不管白猫黑猫，抓住老鼠就是好猫""傍大款、包二奶、养小三""上午像包公，中午像关公，下午像济公""说你行你就行，不行也行；说你不行就不行，行也不行""不跑不送、降级使用，只跑不送、原地不动，既跑又送、提拔重用"等等。

俗语的流传相当广泛，虽然多为口语，但因其生动形象、精辟传神，除了在广大民众中口耳相传外，也广泛进入文学作品，甚至哲学、科技图书中也经常用到，许多著名的文学作品例如《三国演义》《水浒传》《西游记》《红楼梦》等都大量地使用俗语，宋元话本杂剧、明清曲艺杂谈更是广泛运用俗语，就是在当代小说、戏曲、影视等作品中，俗语的使用频率也极高。

## 四、俗语凝结着民间智慧

民间俗语寓意深远，代代相传，就其凝聚着广大劳动人民智慧的角度而言，大致可以分为三种类型。

第一，寓指社会现实。例如"上梁不正下梁歪"寓指领导或长辈如果行为不端、做事违背法律和道德准则，属下或子孙就会效仿，跟着做出违法乱纪、有悖社会公德的坏事；"酒香不怕巷子深"寓指有真本事的优秀人才或高品质的商品，不会因其身处基层或地处偏远而被社会埋没或消费者遗弃；"关公面前耍大刀"指的是在武圣关羽面前耍弄大刀，比喻不自量力，在比自己才能高的行家和高手面前卖弄本领；"皇帝的女儿不愁嫁"用来借喻和批评自恃某些外部条件优越而因循守旧、不思进取的现象；"笑贫不笑娼"的寓意是如果贫穷和成为"娼"相比，贫穷更加值得嘲笑；"肥水不流外人田"寓指有好处不要让给外人，有利益不要分给别人，胳膊肘不要往外拐；"鲜花插在牛粪上"常被人们用来比喻不般配的婚姻，形容靓丽貌美的女子嫁给了与她形象极不般配的男子；"兔子不吃窝边草"是指别在自家的门口做坏事，在男女关系中不对身边的异性下手；"三下五除二"由珠算口诀演变为民间俗语，用来形容做事动作敏捷、干脆利索；"各打五十大板"寓指不分青红皂白、不论是非曲直，给予争执双方同样的惩罚或责难，意谓赏罚不明和稀泥，让争执的双方共同承担责任；"清官难断家务事"寓指家庭纠纷中的事情繁琐复杂，即使是清正廉明的官吏也很难判明是非；"跑得了和尚跑不了庙"寓指纵然一时能够躲开，但由于其他无法摆脱的牵累，最后还是无法脱身；"树倒猢狲散"寓指有权势的人一旦垮台，跟随他的人就会随之散伙；"临时抱佛脚"指平时与人不沟通交往、不做联络铺垫，有了事情才仓促求助、祈求帮忙；"做一天和尚撞一天钟"形容混日子的处世态度，比喻遇事敷衍，得过且过，也有无可奈何、勉强从事的意思，有时还可以表示对事情满不在乎的心态；"三寸不烂之舌"是形容能说会道，善于辞令的口才；"死要面子活受罪"是指因顾及面子而遭受痛苦；而"林子大了什么鸟都有"是用来指代社会这么大，形形色色、各种各样的人都有，有时候这句俗语是针对着某个人说出来的话，暗讽被针对者想法非分或者行为奇葩；等等。

第二，明辨做人道理。例如"一念放下，万般自在"是指把杂念抛在脑后，心中也就澄清空明、自由自在了；"责人之心责己，恕己之心恕人"是说像责怪别人一样责怪自己，像宽容自己一样宽容别人，招来的怨恨就少了；"忍得一时气，免得百日忧"是说冲动是魔鬼，能很好地控制自己的脾气才是最大的本事；"水至清则无鱼"往往与"人至察则无徒"连用，是说水太清澈就没有鱼能生存下去，人太精明就没有人愿意与他做伙伴；"但行好事，莫问前程"是指行善不求回报才是真的善良，若是动机不纯，那就与恶无异了；"不食人间烟火"是喻指一个人超凡脱俗太清高，与社会脱节，与人群隔离，不近人情，不谙事理；"身在曹营心在汉"指的是虽然身处对立的一方，但心里想念的还是自己原来所在的那一方，用来比喻坚守节操，忠贞不贰；"大丈夫能屈能伸"意谓做人要学会审时度势，失意时能收缩忍耐，得志时能大展宏图，能屈能伸，能刚能柔；"宰相肚里能撑船"是形容一个人心胸宽广，大人有大量，豁达大度，宽宏大量，不斤斤计较，待人处事仁慈；"新官上任三把火"是喻指官员在新上任期间首先要做几件有影响的事，以显示自己的才能和胆识；"少壮不努力，老大徒伤悲"是指年轻力壮的时候不奋发图强，到了老年悔之莫及，再悲伤也没用了；"量小非君子，无毒（度）不丈夫"是说度量小就不能称之为君子，心胸不宽广、没有度量就不能算作男子汉；等等。

第三，蕴涵深刻哲理。例如"到什么山上唱什么歌"反映的是矛盾具有特殊性，具体分析矛盾特殊性是正确认识矛盾的重要前提；"看菜吃饭，量体裁衣"反映的是具体问题要具体分析，具体问题具体分析是正确解决矛盾的关键；"有意栽花花不发，无心插柳柳成荫"讲的是凡事要顺其自然，可能就会有意想不到的收获；"一寸光阴一寸金，寸金难买寸光阴"是说光阴似箭，日月如梭，时不我待，要珍惜时间；"井水不犯河水"用来比喻界限分明，各管各的，互不相犯，互不干扰；"人心不足蛇吞象"比喻人性贪婪，人心贪得无厌，就像蛇想吞食大象一样，最后会被自己的贪欲所害；"坐山观虎斗"比喻对双方的争斗采取旁观的态度，等到两败俱伤的时候，再从中下手获取利益；"赔了夫人又折兵"比喻便宜没占到，反而遭受双重损失；"好汉不吃眼前亏"寓意聪明人能识时务，暂时躲开不利的处境，免得吃亏受辱；"穿新鞋走老路"比喻形式上翻新，内容还是老一套，换汤不换药；"大意失荆州"比喻因疏忽大意而导致失败或重大损失；"巧妇难为无米之炊"寓意再有能力的人，做事时如缺少必要的条件也很难成功；"舍不得孩子套不住狼"寓意要达到某一目的必须付出一定的代价；"真金不怕火炼"，寓意意志坚定的人能够经受得住任何考验，本色不变；"不到黄河心不死"寓意不到无路可走的地步不肯死心，不达目的绝不罢休；"树欲静而风不止"寓意事物的客观存在和发展不以人的意志为转移，有些事情与自己的愿望相背，不能尽如人愿；"太岁头上动土"则是隐喻人们的行为处事如果不当，会得罪权贵恶霸，招来灭顶祸患；等等。

# 第五讲 书籍的类型及其演变

书的本意是写，甲骨文中的"书"像手执笔形，《墨子·尚贤》"书之竹帛"用其本义。后来由书写之义引申为文字、字体，如《易·系辞下》："上古结绳而治，后世圣人易之以书契"，《周礼·周官·保氏》："八岁入小学，保氏教国子，先以六书"等。再到后来才引申为书籍之义，如《论语·先进》："何必读书，然后为学"，《说文叙》："著于竹帛谓之书"。

书籍的一个最基本的要件是文字，文字产生在书籍之前，经历了一个漫长的时期，我们的远古祖先最初别说是使用文字了，就是连语言也不怎么丰富，随着人类的进化和人们彼此之间的交往，慢慢产生了表述思想、交流经验的语言，从鲁迅先生描述的"吭唷吭唷"喊号子，到会说"话"，再到通行的语言。在文字还未产生之时，人们之间的交际只能以语言作为工具，但是语言交际有它难以避免的缺陷，它不能逾越时间这道障碍，同时人的记忆也并不是无限的，口耳相传，免不了要变样，人们便想办法来解决这个问题，于是出现了"结绳记事""契画为识"，而后又产生了文字。文字的发明具有极为重大的意义，它标志着人类由婴儿进入童年，从蒙昧时期进入了文明时期。文字被写在各种各样的材料上，如印度人用过棕榈树叶和树枝，巴比伦人和亚细亚人用过泥板，小亚细亚人用过羊皮。从广义的角度谈，这就是书籍的起源。

任何事物都有它的内容和形式，书籍也是这样。书籍的内容要依赖文字、图片以及它附着的物质材料来表现，本篇所谈的古今书籍是仅就其物质形式而言。如果我们依据书籍的物质材料来给书的形式分类的话，那么大致可以分为甲骨书、青铜书、玉石书、竹木书、缣帛书、纸质书、电子书等。

## 一、甲骨书

甲骨的甲，是指龟的腹甲和背甲；骨是指牛的肩胛，也有羊、猪等骨。

刻在甲骨上的文字，我们称之为甲骨文，董作宾在《新获卜辞写本后记》曾提到发现刻有"册六"二字的龟版，且有穿孔，这意味着可能在殷代就有了把许多刻有文字的龟片串连成"册"的"书"。在这里，我们把甲骨及其上面的文字称之为甲骨书。

**甲骨书的发现**　清代末年，河南安阳县小屯村一带在"春令"集市上出卖用"龙骨"磨制成的"刀尖药"，后来竟成为名贵的药卖到北京。1899 年清代国子监祭酒、古文字学家王懿荣患病，《老残游记》的作者刘鹗在王家作客，他看到药方上开有"龙骨"一味，寻索到后发现上有契刻文字，于是拿给王看，两人"相与惊讶"，认定上面所刻是古文字，于是重金购买。据说凡甲骨有字者，每字白银 2 两，而官方收购时加价为 2 两 5 钱。同时，天津的穷秀才孟定生、王襄也发现了甲骨书，只是没有重金购求。后来，罗振玉等人多方寻索，终于在河南安阳小屯找到了甲骨的出土地点。此后，进行了多次不同规模的发掘，后来在郑州、洛阳、山西、陕西等地也发现了甲骨书。起初，刘鹗在罗振玉的建议下，从所得的 5000 片甲骨中选出 1058 片于 1903 年拍照后石印出版，名为《铁云藏龟》，是为第一部甲骨墨拓之书。随着甲骨的不断出土，之后又有许多此类的书问世，其中以中华书局出版的《甲骨文合集》收集甲骨拓片最多，达 41956 片。

**甲骨书的制作**　商周时期由于时代的局限和生产力发展水平的限制，古人迷信巫术，遇到疑难事情便求神卜问。占卜所用的材料是甲骨，根据甲骨上的兆纹来断可否、定吉凶。占卜之前，先要将甲骨刮削整治，然后在背面凿上许多梭形的槽，再在各槽的一边钻上圆槽，但不钻透。占卜时，把要问的事向上天讲清，再在钻凿的坑上用木火棒烧灼，于是甲骨正面就出现了"卜"字形的裂纹，称为"兆"，而后根据裂纹的粗细、长短、曲直、横竖、隐显等来判断吉凶。占卜完毕，把占卜的次数、时间、卜人的名字、所卜的事情、结果以及是否应验，用刀刻在正面，是为卜辞，其行款大致是逆着卜兆而刻。一条完整的卜辞，主要包括叙辞（占卜的日期、卜人）、贞辞（卜问的事情）、占辞（对卜兆吉凶的判断）、验辞（验证的情形）等部分。

**甲骨书的内容**　根据现有的甲骨文资料，卜辞大致包括问卜卜辞和记事卜辞两大类，前者居多。其内容相当广泛，依据《甲骨文合集》的分类，包括奴隶和平民、奴隶和贵族、官吏军队、刑罚、监狱、战争、方域、贡纳、农业、渔猎、畜牧、手工业、商业、交通、天文、历法、气象、建筑、疾病、生育、鬼神崇拜、祭祀、吉凶梦幻、卜法、文字等等，基本上覆盖了社会生活的各个方面，它为我们研究商周时期的军事战争、阶级关系、社会生产、经济文化、意识形态和其他情况，提供了较为可靠的原始资料。

## 二、青铜书

青铜是铜锡合金的旧称，现称锡青铜，用这种合金铸造的器物称之为青铜器，在青铜器上铸有铭文的，我们称之为青铜书。

青铜的冶炼和铸造，在中国有着悠久的历史。据传说，"禹铸九鼎"远在公元前 2200 多年，到商代后期，我们的祖先把文字铭铸在青铜器上，这种现象一直延续到西汉，青铜器上的这些文字通称铭文或金文。青铜器的出现是中国古代文化史上的一件大事，它代表着一个时代。青铜器的种类繁多，大致可分为食器、炊器、酒器、容器、水器、乐器、兵器等，后来这些器物用于祭祀典礼，成为统治权力的象征，所以称为"重器"。《左传》襄公十九年记载，臧武仲对季孙说："大伐小，取其所得，以作彝器，铭其功烈，以示子孙，昭明德而惩无礼也。"杜预注："彝，常也，谓钟鼎为宗庙之常器。"《礼记·祭统》曰："夫鼎有铭，铭者自铭也，自铭以称扬其先祖之美，而明著之后世者也。""铭者，论撰其先祖之有德善、功烈、勋劳、庆赏、声名，列于天下，而酌之祭器，自成其名焉，以祀其先祖者也。"因而铭文中多有"子子孙孙永宝用"及"子孙永宝用勿坠"之类的语言。

春秋战国时，凡是要消灭一个国家，则必"毁其宗庙，迁其重器"。由于青铜器受到如此珍视和保护，所以凡有重要文件需长期保存或有重大事件需作永久纪念的，就铸造一件器物，并把文件或事件记载在上面。因此，青铜书对于我们研究当时社会的政治、经济、军事、法律、文化艺术等等，有着极为重要的意义。

铜器铭文绝大多数是铸上去的，从现有的上万件青铜器看，殷商时代的铭文很少，间或有几个字也多半刻在器物较隐蔽的地方。周初的铭文渐多，西周后期铭文尤其长，宣王时的毛公鼎铭文长达 499 字。大约到了唐代，人们开始墨拓铭文，但对铭文本身的价值并没有予以足够的重视。宋代的刘敞好古，收藏集录了很多古器，在嘉祐年间（公元 1056 年—1063 年）辑成《先秦古器记》，因欧阳修正在撰作《集古录》，于是刘敞就把收录的铭文都送给他。此外，还出现了王俅的《啸堂集古录》、薛尚功的《历代钟鼎彝器款识法帖》等摹写款识、考释铭文的书。其后，青铜器不断出土，而编纂其书的历代都有，举其要者，如清代高宗敕编的《西清古鉴》《西清续鉴》，阮元的《积古斋钟鼎款识》，近人罗振玉的《三代吉金文存》等。20世纪80年代初，我国台湾地区出版了严一萍先生编纂的《金文总集》，收集器铭8000多件，后来中华书局陆续出版的《殷周金文集成》，共收历代出土有字铜器上万件。

铜器铭文的字体与甲骨文不同，遣词造句、语法上亦与甲骨文有异，而与传世文献《尚书》相似。另外，甲骨书主要是问卜，青铜书则主要是记事，加之它的铭文较长，因而较之卜辞更具有史料价值，成为考订古史，研究古代社会的珍贵资料。

## 三、玉石书

1965年，在山西侯马晋国遗址中发现3000多件盟书，其中三分之一是写在玉片上，它记载的是春秋后期（公元前497年—前489年）晋国赵鞅为了联合友党、共同对敌而订立的盟约誓词，我们将其称之为玉书。此外，又有以石头为材料的石书。石上刻画本来是原始人的风气，《墨子》中有"镂于金石"之言，在战国时期的石刻可能像铭文一样流行。

流传至今最早的石头书要算石鼓文了。石鼓共10个，唐初在陕西天兴县（今凤翔）发现，元和十五年（公元820年）中书侍郎郑余庆将石鼓移入凤翔府孔庙，五代战乱，石鼓散失。到宋朝时天章阁侍制司马池多方寻索，找到9个；皇佑四年（公元1052年）向传师又在民间求得遗失的那个石鼓，但是上端已凿成米臼。大观年间石鼓由凤翔迁入汴京（今开封）辟雍，后移入保和殿。金人南下，官方抢运石鼓到燕京。元代先将石鼓安放在大都路学，皇庆元年（公元1312年）迁入国子监大成门左右，直至清末。1933年石鼓南运上海，中华人民共和国成立后运回北京，1958年陈列于故宫博物院旧箭亭内。石鼓书为四言诗，内容是歌颂田猎宫囿的美好，字体属籀文，原有600多字，传世既久，几经流落，字多漫灭，惜不能见其全文。

战国以来，刻石渐多，以书刻文字者而言，有碑、帖、碣、摩崖、阙、柱、墓志、经幢等等。西安的碑林，可称之为石书库，限于篇幅，这里只介绍几部重要的石经。

石经之立，是因为当时的书籍都靠手抄，难免有谬误衍脱，而当时学风，读书人严守师承的文本，一旦发生分歧，便各执一词，自以为是。经书是官方规定的必修课本，为了避免经文差谬、贻误后学，因而有人便把经文细加校正，书刻于石碑。最早的石经始刻于东汉灵帝熹平四年（公元175年），故又称"熹平石经",有《周易》《尚书》《鲁诗》《仪礼》《春秋》五经，别有《公羊传》《论语》，由蔡邕丹笔隶书，陈兴等人镌刻于 46 块石碑上，刻毕都立于太学门前。这个标准的文本受到当时学界的极大重视，每天前来抄写的人络绎不绝，太学门前一时车水马龙，道路为之堵塞。"熹平石经"刻石残毁已久，东魏时迁邺，北周迁返洛阳，隋开皇年间复运入长安，唐初竟用为柱础，被魏征抢救了一部分，后来亦遭毁坏。1923 年，马衡等人在洛阳购得出土残石 60 余块，尔后罗振玉等人续有所得，巨者为《周易》残石，上截归文素松，今未详所在，下截被于右任得后而移赠西安碑林。"熹平石经"以马衡《汉石经集存》为最，汇集拓片，并附释文，计收集大小残石 500 多块，共 8000 余字。

魏石经刻于三国时曹魏齐王芳正始初年（公元 240 年—242 年），故又称"正始石经"。又因为经文的每一字都是用古文、篆文、隶书三种字体书写，所以又称"三体石经"。魏石经的书写者是竹林七贤之一的嵇康，内容有《尚书》、《春秋》和《左氏传》，刊立于正始二年，共 35 石，三体总约 147 000 字。魏石经在唐以前即毁，民国时洛阳曾出土残石，其巨者一面为《尚书》，一面为《春秋》。

唐石经刻于唐文宗开成二年（公元 837 年），故称开成石经，由郑覃楷书。内容有《易》《书》《诗》《周礼》《仪礼》《礼记》《左传》《公羊传》《谷梁传》《论语》《孝经》《尔雅》十二经，又以唐张参《五经文字》和唐玄度《九经字样》为附丽，立于长安太学内，明嘉靖年间因地震有断裂损字者，有人按旧文集其缺字别刻小石立其旁，但多纰缪。清康熙时巡抚贾汉复补刻《孟子》，是为十三经，现存西安碑林。

蜀石经刻于五代蜀（后主孟昶）广政元年至廿八年（公元 938 年—965 年），内容有《易》《书》《诗》《周礼》《仪礼》《礼记》《论语》《孝经》《尔雅》九经，《左传》刻了前 17 卷。北宋皇祐年间田况补刻《公羊传》和《谷梁传》，宣和时席贡又补刻《孟子》。蜀石经在宋末损毁，只存残拓，曾经归刘体智所有，有影印本。

此外尚有"北宋国子监石经""南宋高宗御书石经""清乾隆石经"，单行的石经以唐玄宗天宝四年所立御注《孝经》为最为著名，现存西安碑林。以上石经都是儒家经典。

佛经刻石的形制有摩崖、碑石、经幢之别，摩崖以北齐为盛，以山东、河北、山西、河南最多，其著名者如泰山经石峪大字《金刚经》。碑石以北京房山的《大藏经》最著名，北京法源寺陈列室有部分拓片及原石。经幢多刻《陀罗尼经》，以唐刻为多，清叶昌炽广收拓本，号称"五百经幢馆"。

道经刻石以老子《道德经》为多，其中唐景龙二年（公元708年）龙兴观《道德经》为最古。此外还有《阴符经》《常清净经》《消灾护命经》等，但为数远不及佛经。

## 四、竹木书

严格说来，以甲骨、青铜、玉石为物质材料的书还不能称作当代意义的书。中国最早的正式书籍是用竹片或木板制作的，用竹片写成的书称"简策"，用木板写成的书叫"版牍"，这种制度称作"简牍制度"。

**简策** 一根竹片叫做"简"，它是一部竹书的基本单位，类似于我们今天书的一页，许多根简编连一起，叫做"策"，"策"即"册"，系简成册的绳带称为"编"，编的质料有麻、丝、皮（韦）等。《史记·孔子世家》中说："孔子……读《易》，韦编三绝。"说的就是孔子读用皮绳系简成册的《易经》，由于多次翻阅，以致皮绳几次使折断。汉代王充在《论衡·量知篇》里说简策的制作是"截竹为简、破以为牒，加笔墨之迹，乃成文字。"、刘向在《别录》里说得更清楚："新竹有汁，善朽蠹，凡作简者，皆于火上炙干之……以火炙简，令汗，去其青，易书，复不蠹，谓之杀青，亦曰汗简。"简的长度不一，似有定制。《后汉书》卷六十九记载："周磐临终，命编二尺四寸简，写《尧典》一篇。"又卷六十五曰："撰次天子，至于庶人，冠、婚、吉、凶，终始制度，以为百五十篇，写以二尺四寸简。"汉桓宽《盐铁论·诏圣篇》："二尺四寸之律，古今一也。"但据王国维《简牍检署考》，战国时的简最长二尺四寸，其次一尺二寸，又次八寸；两汉时期最长二尺，另有一尺五寸、一尺、五寸等制。各简的字数无定，通例为22至25字，最少的仅二字，每简通常一行，但汉简却有五六行的。在简策时期，一策（册）就是一篇文章，有时在每策的开头加两根空白简，称为"赘简"，背面写书名或篇名，这便是后来书籍封面的起源。一篇或一部书写完后，以尾简为中轴，卷成一束，这便是书卷的雏形。为了避免错乱，同一简策常用"帙"或"囊"装起。

**版牍** 一块木板称"版"，写上字的叫"牍"。版牍的制作文献上也有记载，王充《论衡·量知》曰："断木为椠，析之为版、力加刮削，乃成奏牍。"一尺见方的牍称"方"。版牍与简策的功用稍异，《仪礼·聘礼》："百名以上书于策，不及百名书于方。"这是说简牍在书写文字方面有长短之别；牍的行数较之简要多，但一般是四五行。版牍的主要用途是写录物名或户口，故称之为"籍"或"簿"；其次是用来画图，尤其是地图，因此古人常以"版图"代表领土；另外是用于通讯，因而后世有把信件称"尺牍"的。

　　**简牍的使用**　简与牍用途各有侧重，但是在没有竹子的地方也可以用木条代替竹片，所以也有木简。简牍上面的字是用毛笔写的，有墨色、有朱色，这叫"笔"；写错了便用刀刮去，这叫做"削"。简牍的使用在中国历史上延续了很长的时间，《尚书》云："惟殷先人，有册有典，殷革夏命。"这说明早在商代就可能有简策了，但是简牍的盛行期是从春秋到东汉末年之际（公元前8世纪至2世纪），直到东汉末年才逐步以纸代替了简。简书历代都有发现，举其著者如汉武帝时在孔子旧宅墙壁里发现的以古文写成的《尚书》《论语》《孝经》等古文经；西晋武帝时，河南汲县一个叫不准的人盗掘魏襄王墓，得竹简十几万根，后来荀勖等人据此整理成《竹书纪年》《国语》《穆天子传》等16部书；再如20世纪30年代西北科学考察团在内蒙古额济纳河流域的居延故地发现1万多根木简，这批汉简的内容主要是汉代屯戍边塞所遗留下来的文书。新中国成立后，出土的简牍更为可观，其中最值得我们注意的是临沂银雀山汉简、云梦睡虎地秦简和江陵张家山汉简。银雀山汉简的内容主要是兵书和法律史料，有《孙子兵法》《孙膑兵法》《尉缭子》《晏子》《六韬》《守法守令十三篇》等；睡虎地秦简所反映的时代是战国晚期到秦始皇时期，其内容包括《编年纪》《语书》《秦律十八种》《效律》《秦律杂抄》《法律答问》《封诊式》《为吏之道》《日书》等共10种，绝大部分是法律文书；张家山汉简的内容以汉律为主，其中律令26种共540枚简，另有关于议罪案例的《奏谳书》等。这些竹木书的出土，大大丰富了古代文化史研究的资料，同时也丰富了我们对简策制度的知识。

## 五、帛　书

　　帛是丝织品的统称，帛书就是写在丝织品上的书。帛又有缣、素之称，所以古人也称帛书为缣书、素书。

　　帛书至迟在春秋时即已出现，战国时较为流行。《晏子春秋》记齐景公的一次谈话："昔吾先君桓公，予管仲狐与谷，其县十七，著之于帛，申之以策，通之诸侯。"《墨子·明鬼》："故书之竹帛，传遗后世子孙"，又有"书之竹帛，镂之金石，琢之盘盂"之言，《韩非子》也说"先王治理于竹帛"，可见帛书与简书在春秋战国时是并行的，帛书的使用直到三国以后，才逐渐为纸书所替代。

帛书较之竹木书有携带收藏方便、易于翻阅书写等优点，但由于帛的产量不多，因而作为书籍材料成本太高，《后汉书·蔡伦传》便有"缣贵不便于用"的说法。古代一匹帛一般是幅宽二尺二寸，长四丈，它可以根据文章的长短来剪裁，所以《字诂》说："古之素帛，依书长短，随事裁绢。"

帛书的形式一般是把一篇文章截成一段，然后卷为一束，称作一卷，因而后来就把一篇完整的文章称为一卷。帛书发展到汉代，有专门为写书而用的绵帛，上面织有（或画有）朱色或墨色界行，是为今日稿纸的滥觞。据记载，东汉时有个叫襄楷的人，得到一部《太平清领书》，共170卷，其形制为"素书、朱界、青首、朱目"，这是说以白绢为材料，红色界行，护首为青绢，标题用红笔书写。可见帛书是非常讲究的，至于帛画那就更讲究了。

帛作为书籍材料，流传至今的实物非常少。战国时的长篇帛书迄今尚未见到，1973年长沙马王堆汉墓中出土了一大批汉代帛书，内容有《老子》《战国策》《易经》以及天文、阴阳、五行、历书等等，共约20多万字。其中《老子》有甲乙两种写本，书中次序与今天流传的本子不同，都是德经在前，道经在后，还有四篇佚文，据考证为先秦法家著述《黄帝四经》。另外《战国策》比今本多10 000余字，《易经》比今本多4000余字。这些帛书的发现，不仅给我们提供了新资料、提出了新问题，而且也为我们提供了帛书的实物形式。

## 六、纸质书

纸的发明，不仅在中国文化史上，而且在世界文化史上也具有重大的意义。中国古代由于造纸原料不同，因而对纸发明的时间的解释也不同，传统的讲法是以蔡伦为中国第一个用多种植物纤维造纸的人，这是公元105年的事；1933年在新疆罗布淖尔发现了西汉末年时的"麻纸"，被测定为公元前49年左右的遗物；1957年，在西安坝桥工地发现了汉武帝时的"麻纸"，据分析应当是公元前140至88年的产物；此外，在陕西扶风发现了西汉宣帝时的麻类纤维古纸，在内蒙古额济纳河附近和甘肃滩坡工地也发现了东汉时的古纸。这些纸都早于蔡伦所造的纸，但有人以为这只是纸的前身，称之为"原始纸"。依据考古发现，我们至少可以这样说，纸不是蔡伦一个人发明创造，但蔡伦的功绩是卓著的，他集前人经验之大成，进一步提高了技术，为造纸工艺的发展开辟了广阔的道路。蔡伦是"用树肤、麻头及敝布、渔网以为纸",此后纸的品种日益增多,质量也不断提高,出现了汉唐时麻纸、藤纸,宋以后的棉纸、毛边纸、竹纸,明清以后的宣纸等等。以下从装帧形式来谈谈纸质书的演进。

**卷轴式** 卷轴形式的书是把一幅幅纸粘成长幅,以略比卷子宽度长些的木棒(或其他质料)为轴,粘于最后一幅纸上,以此为中心,从左至右卷成一幅,是为一卷。构成长幅的每幅纸上都要划上边栏和界行,颜色有红有黑,称为乌丝栏、朱丝栏。卷轴的长短不一,少则两幅,多则几十幅,每幅纸又叫枚或幅。三国以后,卷轴又有所谓褾、带、签、帙等构件,褾是卷子右端用来保护卷子的一部分,又称"包头";带是用来捆缚卷子的绳或丝带;签是系在带的末端的横签,质料有骨有玉,作用是插入带内以固定卷子;帙是卷轴的外套,后来不同颜色的帙签成为卷分类的标志。组成卷轴的纸一般要用黄檗汁浸染,这种方法称"入潢",其目的是为了防止虫蛀。入潢的纸呈黄色,故称黄纸。有时还在纸的背面再裱一层纸或丝织品,称为"褙"或"装背",这是为了不使纸卷断裂。涂改错处,是用雌黄这种矿物,故《颜氏家训·勉学篇》说:"观天下书未遍,不得妄下雌黄。"卷子有时长达几丈,检索使用很不方便,于是卷轴制度大约到唐代末期发生了很大的变化,逐渐向册页制度过渡。在这个过渡时期,书籍的装帧主要有以下三种形式:一是龙鳞装,这种装帧是用素纸先裱成手卷,取较厚的纸两面书写,四周均留出空余套边,在每页右边空出一部分不写而粘在手卷上,贴时依内容次序从左向右,逐页缩短,形如鳞次,卷时从右向左。这样里面积叶成册,外表形似手卷,但舒展开后"逐页翻飞,形若旋风,鳞次相积"。二是经折装,是把一幅长卷一反一正折叠起来,成为长方形的一叠,然后在这叠书的前面和后面各加一张大小相同的硬纸以便保护。在使用时,要查阅哪一页,可以直接翻出,无须把全卷展开,这较之卷轴更便于使用。三是旋风装,这种装帧也是将长卷折叠起来,不过经折装前后是用两张纸,而旋风装则用的是一张大纸,一半贴在前面的第一页,一半把书的最后一页粘起来。换句话说,是用一张整"封面"把书包起来,使首页、书背、尾页相联缀。

**册页式** 是把散页装订成册,称之为册页式。这种制度大约出现在五代至北宋之间,其主要形式有三种:一是蝴蝶装,是把书页有字的一面相对折叠,而后将中缝的背口依次粘连在一张裹背纸上,开卷时书页相对展开,状如蝴蝶双翅,故名。蝴蝶装盛行于宋代,其优点是克服了经折、旋风等形式书口外露易损的缺点，但翻阅不大方便，单页又易于脱落。二是包背装，是把书页有字的一面正折（蝴蝶装是对折）、积页成册，再用线捻穿订（最初只是将散页粘连在包背纸上），外裹书面，用浆糊包背粘连，不露书脑。这种装帧形式在元代很盛行，其优点是克服了蝴蝶装单页易于脱落的缺点，但长久翻阅背脊易于损散。三是线装，是把书页有字的一面依中缝正折，积页成册，理齐书口，前后加封面，在挨近书背处打眼穿线装订（一般打四眼或六眼），尔后切齐毛边，有时为了保护书籍，还要加上书套，称作"函"。线装盛行于明清两代，是中国刻版书籍的主要装帧形式，一直沿用到近现代。

今天我们最常见的书籍是在借鉴线装书的装帧形式，单页正反双面印刷，最后装订成册。

# 第六讲  古代的天文地理历律

要了解中国的传统文化，离不开阅读古代文献，古代文献中有不少地方涉及天文、地理、历法和乐律方面的知识，这四者在某些方面又有着密切的关系，因此本篇将其放在一体分别阐述。

## 一、天文知识

《史记·天官书》："北斗七星，所谓璇玑玉衡，以齐七政。杓携龙角，殷衡南斗，魁枕参首。"这段话中包含了许多天文知识，如果不懂天文，就很难理解这段话的意思。

首先是北斗，北斗是由天枢、天璇、天玑、天权、玉衡、开阳、摇光七星组成，属于大熊星座。七星相连，很像古代舀酒的斗形，又因为在北天上空，离北极星不远，故称北斗。枢、璇、玑、权四星组成斗身，称为魁；其余三星象斗柄，称为杓。人们可以根据初昏时斗柄所指的方向来认定季节，总结出"斗柄指东、天下皆春，斗柄指南、天下皆夏，斗柄指西、天下皆秋，斗柄指北、天下皆冬"的规律。另外把璇、枢两星连成直线并延长约五倍的距离，便可以找到北方的标志——北极星。

其次是七政，七政是指金、木、水、火、土五星再加日、月二星，又称七旭。金星古称明星，又名太白，是全天空中最亮的星，黎明见于东方叫启明，黄昏见于西方叫长庚。所以《诗·小雅·大东》说："东有启明，西有长庚。"木星古称岁星，古人认为岁星 12 年绕天一周，每年行经一个特定的星空区域，因而据此纪年。水星一名辰星，但先秦文献上谈天象时所讲的"水"不是指行星水星，而是恒星中的定星，即廿八宿中的室宿，《左传》庄公二十九年"水昏正而栽"即此。火星古称荧惑，但先秦时也并非指行星中的火星，而是指恒星中的大火，即廿八宿中的心宿，《诗经·豳风·七月》中"七月流火"即指此星。土星古称镇星（或填星），古人测得它 28 年运行一周天，每年恰好行经廿八宿之一宿，好像镇守着廿八宿星区一样，故称。

《史记·天官书》中"杓携龙角"一句中的"龙角"，是指廿八宿中的角宿。廿八宿是古人观测天象时在黄道带和赤道带（黄道是古人想象的太阳周年运动轨道，即太阳在恒星之间运行的轨迹；赤道是地球赤道面和天球相交的大圆圈，即地球赤道在天球上的投影。）的两侧绕天一周，选取能够说明七政运行所到位置的廿八组星宿，分为东方苍龙、北方玄武（龟蛇）、西方白虎、南方朱雀四大区域，每一物象包括七组星宿，它们分别是：

苍龙：角亢氐房心尾箕；
玄武：斗牛女虚危室壁；
白虎：奎娄胃昴毕觜参；
朱雀：井鬼柳星张翼轸。

廿八宿从角宿开始，由西向东排列，与日、月视运动的方向相同，因其物象，故名"四象"。以东方苍龙为例：把从角宿到箕宿诸星连贯并加以想象就构成一条龙，尾宿诸星像龙尾，心宿为其心脏，氐房二宿诸星像龙身，亢宿诸星像龙颈，角宿诸星像龙角，这就是"杓携龙角"的龙角。此外，《天官书》中"殷衡南斗，魁枕参首"二句中，"衡"是指北斗七星中的玉衡，"南斗"指廿八宿北方玄武七宿中的斗宿六星，"参"指西方白虎七宿中像虎头的参宿，而"魁"则是指北斗七星中的枢、璇、玑、权四星。

与廿八宿相关及性质相似的是"三垣"，这是把环绕北极和接近头顶上空的恒星群分成紫微、太微、天市3个大区，它们既是星官的名称，又是天区的名称。紫微垣为三垣的中垣，位于北斗以北，有星15颗，以北极为中枢，分2列，成屏藩形状，东藩八星、西藩七星，合为一区，它包括中国黄河流域一带常见不没的天区。太微垣为三垣的上垣，在北斗之南，南方朱雀七宿中的轸、翼等宿之北，有星10颗，以五帝座为中枢，东藩四星、西藩四星、南藩二星，合为一区，它大体相当于现在西方的室女、狮子、后发等星座的一部分。天市垣为三垣的下垣，在东方苍龙七宿中房宿和心宿的东北，有星22颗，以帝座为中枢，成屏藩状，东十一星，西十一星，合为一区，名曰天市垣。

与廿八宿有关系的还有"十二次"，古人为了度量日、月、行星的位置和运动，把黄道带按照由西向东的方向分为12个部分，叫做"十二次"，每

次都有廿八宿中的若干星宿作为标志，其名称及与廿八宿的对应关系略如
下表：

表1　十二次与廿八宿对应表

| 十二次 | 星纪 | 玄枵 | 诹訾 | 降娄 | 大梁 | 实沈 |
|---|---|---|---|---|---|---|
| 廿八宿 | 斗牛女 | 女虚危 | 危室壁奎 | 奎娄胃 | 胃昴毕 | 毕觜参井 |

| 十二次 | 鹑首 | 鹑火 | 鹑尾 | 寿星 | 大火 | 析木 |
|---|---|---|---|---|---|---|
| 廿八宿 | 井鬼柳 | 柳星张 | 张翼轸 | 轸角亢氐 | 氐房心尾 | 尾箕斗 |

　　"十二次"是等分的，但廿八宿的范围却广狭不一，所以出现了有些星宿跨属相邻两个次的现象，如女、危、奎等宿。划分十二次的用途主要有二：一是指示一年之内太阳所在的位置，以说明节气的变换，一个次一般交两个季节，如"析木，初，尾十度，立冬；中，箕七度，小雪；终于斗十一度。星纪，初，斗十二度，大雪；中，牵牛初，冬至；终于婺女七度……"等。第二个用途是说明岁星（木星）每年运行到的位置，并据以纪年，这叫岁星纪年法。如古文献中的某年"岁在星纪""岁在玄枵"等。

　　古人又有"十二辰"的概念，这是把黄道带的十二等份由东向西配以子、丑、寅、卯、辰、巳、午、未、申、酉、戌、亥十二辰，但是岁星是由西向东运行，"十二次"也是把黄道由西向东划分的，因而十二星辰与"十二次"划分的方向（岁星运行的方向）正好相反，于是古人便设想出一个叫做"太岁"（又称岁阴、太阴）的假岁星，让它和真岁星"背道而驰"，这样便和十二辰的方向顺序一致了。于是在古代文献中常见到"太岁在寅""太岁在卯"的提法。关于太岁年，还有一套专用的名称，如摄提格、单阏等，我们把太岁年名、岁星所在和太岁所在的对应关系表解如下：

表2　太岁年名、岁星所在和太岁所在对应表

| 太岁年名 | 岁星所在 | | 太岁所在 | |
|---|---|---|---|---|
| | 十二次 | 十二辰 | 十二次 | 十二辰 |
| 摄提格 | 星纪 | 丑 | 析木 | 寅 |
| 单 阏 | 玄枵 | 子 | 大火 | 卯 |
| 执 徐 | 诹訾 | 亥 | 寿星 | 辰 |

续表

| | | | | |
|---|---|---|---|---|
| 大荒落 | 降娄 | 戌 | 鹑尾 | 巳 |
| 敦牂 | 大梁 | 酉 | 鹑火 | 午 |
| 协洽 | 实沈 | 申 | 鹑首 | 未 |
| 涒滩 | 鹑首 | 未 | 实沈 | 申 |
| 作噩 | 鹑火 | 午 | 大梁 | 酉 |
| 阉茂 | 鹑尾 | 巳 | 降娄 | 戌 |
| 大渊献 | 寿星 | 辰 | 诹訾 | 亥 |
| 困敦 | 大火 | 卯 | 玄枵 | 子 |
| 赤奋若 | 析木 | 寅 | 星纪 | 丑 |

清楚了太岁年名等天文知识，就对诸如屈原《离骚》中的"摄提贞于孟陬兮"等文献语言好理解了，这里的"摄提"，即太岁年号，意思等于说"岁在星纪"和"太岁在寅"，如果用十二辰来说，那就是寅年。

古代天文理论中与"十二次"相关联的还有一个很重要的概念，这便是"分野"。在古人观念里，天与地是对应的，所以司马迁在《史记·天官书》说"天有列宿，地有州域"。古人既把上天分为"十二次"，那么就以地上的州国与之相对应，说某星是某国、某州的分星。分野的观念大概形成于春秋时代，见于《左传》《国语》等文献。最早的分野划分大体以"十二次"为准，战国以后也有用廿八宿来划分的，西汉以后这二者逐渐协调起来。建立星宿分野的目的主要是为了观察天象的"機祥"，因为地上的邦、国、州、郡与天上一定的区域相对应，所以该天区发生的天象也就预兆着地上各对应地区的吉凶。如《论衡·变虚篇》讲到"荧惑（即火星）守心（即心宿）"时说："荧惑，天罚也；心，宋分野也。祸当君身。"十二次、廿八宿与州、国分野的对应情况略如下表：

表3 十二次、廿八宿与州、国分野对应表

| 十二次 | 星纪 | 玄枵 | 诹訾 | 降娄 | 大梁 | 实沈 | 鹑首 | 鹑火 | 鹑尾 | 寿星 | 大火 | 析木 |
|---|---|---|---|---|---|---|---|---|---|---|---|---|
| 廿八宿 | 斗牛女 | 虚危 | 室壁 | 奎娄胃 | 昂毕 | 觜参 | 井鬼 | 柳星张 | 翼轸 | 角亢氐 | 房心 | 尾箕 |

续表

| 分野 | 州 | 扬州 | 青州 | 并州 | 徐州 | 冀州 | 益州 | 雍州 | 三河 | 荆州 | 兖州 | 豫州 | 幽州 |
|---|---|---|---|---|---|---|---|---|---|---|---|---|---|
| | 国 | 吴越 | 齐 | 卫 | 鲁 | 赵 | 晋魏 | 秦 | 周 | 楚 | 郑 | 宋 | 燕 |

## 二、地理常识

阅读古代书籍，常常要碰到有关地理方面的知识，不了解这方面的知识，就容易闹笑话或产生误解。有人登上八达岭，对着长城感慨秦始皇的伟业，其实，这段长城并非秦长城，而是明朝时修筑的，秦始皇时蒙恬率众修筑的长城远在八达岭以北 200 里。有人以为京杭大运河是隋炀帝时凿成，其实北京与杭州运河的贯通晚在元代（公元 1293 年）。以下择要叙述一些古代地理概念。

**九州** 相传在四五千年前，发生过一次特大洪水，人们被迫迁徙到山顶和高地，后来夏禹采取疏导河道的方法，治服了洪水，并把天下分作九个区域，后人称之为"九州"。据《尚书·禹贡》记载，这九州是冀、兖、青、徐、扬、荆、豫、梁和雍。后来的《吕氏春秋》记载："河汉之间为豫州，周（东周）也；两河之间为冀州，晋也；河济之间为兖州，卫也；东方为青州，齐也；泗上为徐州，鲁也；东南为扬州，越也；南方为荆州，楚也；西方为雍州，秦也；北方为幽州，燕也。"九州后来成为中国的别称，例如贾谊《过秦论》："序八州而朝同列"，秦居雍州，加上八州即九州；陆游的《示儿》："死去元知万事空，但悲不见九州同。"九州即中国。

**十二州** 相传舜时分天下为十二州，即除九州之外，又从冀州分出并、幽二州，从青州分出营州。在先秦文献中，九州、十二州不尽相同，后人划分的依据、称谓以及区域大小也都不一样。夏代的情形只是传说，商代的情形现在也难下结论，但是从西周起有史可据。西周实行分封制，将"普天之下，莫非王土"的"中国"分出上百个诸侯国来，如秦、魏、曹、宋、梁、鲁、薛、中、蔡、郑等。

**五服** 据传世文献上所载，先秦时期的行政区划还实行五服制。所谓"五服制"，是以王都为中心向四周扩展，分为甸、侯、绥、要、荒五服。王都 500 里内叫"甸服";甸服外四方 500 里称"侯服",这是诸侯的封区;侯服外四方 500 里称"绥服",介于中原与少数民族地区之间;绥服外 500 里称"要服",要服外 500 里称"荒服"。这种制度可能在西周时实行过,但到战国就消亡了。

**中原** 又称中土、中州,狭义的中原指今河南省一带。广义的中原指以洛阳至开封一带为中心的黄河中下游地区,是华夏文明和中华文明的发祥地,也是华夏民族的摇篮,同时也是元代以前中国历史的核心区域,所以群雄要"逐鹿中原",中原始终是必争之地。诸葛亮《出师表》"今南方已定,兵甲已足,当奖率三军,北定中原",陆游《示儿》"王师北定中原日,家祭无忘告乃翁",即指整个黄河中下游地区。

**百越** "百越"是一种地理称呼,是众多族群的一种泛称,也是秦汉时期中原人对长江中下游及以南地区各种民族的泛称。公元前 333 年,楚威王兴兵伐越,大败越国,尽取吴越之地,从此文献中便出现了"百越"这一个新的称谓。"百越"之名最早见于《吕氏春秋·恃君览》,《汉书·地理志》颜师古注引臣瓒曰:"自交趾至于会稽,七八千里,百越杂处,各有种姓。"这些种姓互不所属,或称"吴越"(苏南—浙北)、或称"东瓯越"(浙南—闽北)、或称"闽越"(闽南)、或称"扬越"(江西—湖南)、或称"南越"(广东)、或称"西瓯越"(广西)、或称"骆越"(越南北部—广西南部)等,故而又称"百越"。"百越"区域包括从今江苏南部沿着东南沿海的上海、浙江、福建、广东、海南、广西及越南北部这一长达七八千里的半圆圈内,零散的分布地区还包括今湖南、江西及安徽境内的一些地区。

**五湖四海** 古代文献中所讲的"五湖",并非今天人们熟悉的鄱阳湖、洞庭湖、太湖、巢湖、洪泽湖,而是泛指太湖流域的湖泊。《史记·河渠书》:"于吴,则通渠三江五湖",裴骃《史记集解》注释曰:"五湖,湖名耳,实一湖,今太湖是也,在吴西南。""四海"也非今人熟悉的渤海、黄海、东海和南海,而是泛指全国和天下。古人以为中华大地四境有海环绕,各按方位为东海、南海、西海和北海,《孟子·告子下》:"禹之治水,水之道也,是故禹以四海为壑。"《尔雅·释地》则曰:"九夷、八狄、七戎、六蛮,谓之四海。"古人一般以"四海"泛指中华大地,如贾谊《过秦论》"有席卷天下,包举宇内,囊括四海之意"。《赤壁之战》:"遂破荆州,威震四海。"《阿房宫赋》:"六王毕,四海一。"《五人墓碑记》:"四海之大,有几人欤?"还有以"四海"泛指天下,如"放之四海而皆准""四海之内皆兄弟也"等。

**六合与八荒** "六合"在古代地理意义上是指东西南北四方和上下，即天地四方，泛指天下。例如《史记·秦始皇本纪》曰："六合之内，皇帝之土。"贾谊《过秦论》："及至始皇……吞二周而亡诸侯，履至尊而制六合。"李白《古风》："秦王扫六合，虎视何雄哉！"《海外南经》："地之所载，六合之间，四海之内"。"八荒"又称八方，指东、西、南、北、东南、东北、西南、西北八面方向，后来泛指四面八方遥远的地方，犹称"天下"。《汉书·项籍传》："并吞八荒之心。"颜师古注："八荒，八方荒忽极远之地也。"贾谊《过秦论》"囊括四海之意，并吞八荒之心"、梁启超《少年中国说》"纵有千古，横有八荒"中的八荒皆泛指"天下"。

**江东与江南** 因长江在安徽境内向东北方向斜流，古人常以此段江水确定东与西，江东所指的区域也有大小之分，既可指今天的南京一带，也可指苏南、浙江及皖南部分地区，如《史记·项羽本纪》中的"纵江东父兄怜而王我，我何面目见之"、李清照《夏日绝句》中的"至今思项羽，不肯过江东"即指后者。再如"江南"，《史记·货殖列传》中的"江南豫章长沙"系指今天的湖南、江西一带，而今天的江南《史记》却称江东，江南所指地域因时而异，白居易的"江南好，风景旧曾谙"、王安石的"春风又绿江南岸，明月何时照我还"则是泛指长江以南。

**山东与关东** 先秦两汉文献中的"山东"并非专指现在的山东省，"山"一般是指崤山，系秦岭东段支脉；"东"则是指崤山以东，区域面积远大于今天的山东省。班固《汉书》"山东出相，山西出将"，贾谊《过秦论》"山东豪俊，遂并起而亡秦族矣"，这里的"山东"便是指位于河南洛宁县西北崤山以东的燕、赵、韩、魏、齐、楚六国，地域远比今天的山东省大。"关东"的"关"在古代是指位于河南省三门峡市灵宝市的函谷关和位于陕西省渭南市潼关县的潼关，这两个关口距离相近，雄踞秦、晋、豫三省要冲之地，例如曹操《蒿里行》："关东有义士，兴兵讨群凶"。"关东"的"关"到近代以来，则多是指明洪武十四年（公元1381年）建关设卫、位于河北省秦皇岛市东北的山海关。

阅读古籍，与地理知识相关的还有两个问题需要注意：一是要注意后人使用古名和别名，如明代的李贽，是泉州晋江人，但他的著作上却署名温陵李贽。泉州称温陵，自古未有，温陵只是文人为了附庸风雅而为泉州取的别名。再如，宋元之后在诗文中常常出现金陵、广陵等地名，金陵是南京在先秦时的古称，广陵是扬州在唐以前的古称，到宋元时期已经不这么使用了。所以，在阅读古籍时不能看到一个地名或行政区名就认为是作者当时通行的名称或制度。二是要注意同地异名的情况，尤其要注意不能拿今天的地理概念去套古代。地理有沿有革，词义有伸有缩，例如"江河"，在古代是长江和黄河的专名，今天则是泛指一切河流。至于古代文献中出现的具体地名，不同时代指不同地点的现象极为普遍，譬如"桂林"，秦时指今广西贵县南，三国时指今梧州市，西晋时指今柳州市东，而南北朝及唐五代的桂州、明清时的桂林府，才是指的今天的桂林市。古代文献中同名异地、同地异名的情况也比较复杂，阅读古籍文献时，可参考商务印书馆的《中国古今地名大辞典》或《辞海·地理分册（历史地理）》分册这两本工具书。

### 三、古代的历法

中国的历法与天文一样，有着悠久的历史。《尚书·尧典》有"乃命羲和，钦若昊天，历象日月星辰，敬授人时"和"期三百有六旬有六日，以闰月定四时成岁"等记载，《尧典》篇可能是后人所托，但对于农事活动来说，"年"确实是重要的周期。

年在甲骨文中像人扛禾，是会意字。《说文》曰："年，熟谷也。"可见年的概念最初大概是因庄稼成熟的物候而形成的。中国古代纪年法最初可能是按王公即位的年次纪年，如《春秋》这部编年史就是按照鲁国国君隐、桓、庄、闵、僖、文、宣、成、襄、昭、定、哀十二公的先后顺次，以元、二、三等序数递记，直到旧君出位为止。大约到春秋战国之交，出现了星岁纪年法，与前一种方法并行，之后从汉武帝起开始用皇帝的年号纪年，一直到清末。

古人将一年分为春、夏、秋、冬四时（季），同时又根据季节更替和气候变化的规律把一年分为二十四个节气，每一个节气都与农事息息相关。这里介绍一首节气歌诀，以助记忆：

> 春雨惊春清谷天，夏满芒夏暑相连。
> 秋处露秋寒霜降，冬雪雪冬小大寒。

二十四个节气中每一节气开始的日子阳历上几乎年年不变，一般是上半年的每月六日和二十一日，下半年每月的八日和二十三日。

中国先秦时的历法主要包括夏历、殷历和周历三种，称之为"三正"。三者的区别在于岁首的月建不同，夏历即后世的农历，以建寅之月为正月；殷历以建丑之月（即夏历的十二月）为正月；周历通常以冬至所在的建子之月（即夏历的十一月）为正月。周历较之殷历、殷历较之夏历各早一个月，三正的岁首不同，四季也就随之而异，因此在阅读涉及历法的古代文献时应当首先搞清楚使用的是哪种历法。关天"三正"之说，现在有些学者提出异议，并以"四分历"否定"三正说"。此外，一般认为秦用的是颛顼历（有人考证说颛顼历是东汉人的伪托），这种历法以建亥之月（即夏历的十月）为岁首正月，纪月的方法通常是在四季之前冠以孟、仲、季，这完全是按照夏历来分的。12个月依次为孟春、仲春、季春，孟夏、仲夏、季夏，孟秋、仲秋、季秋，孟冬、仲冬、季冬。为了更加明了，下面将夏、殷、周、秦四历的月、季作一表解：

**表4　夏、殷、周、秦历法对照表**

| | | 寅 | 卯 | 辰 | 巳 | 午 | 未 | 申 | 酉 | 戌 | 亥 | 子 | 丑 |
|---|---|---|---|---|---|---|---|---|---|---|---|---|---|
| 夏历 | 月 | 正 | 二 | 三 | 四 | 五 | 六 | 七 | 八 | 九 | 十 | 十一 | 十二 |
| | 季 | 春 | | | 夏 | | | 秋 | | | 冬 | | |
| 殷历 | 月 | 二 | 三 | 四 | 五 | 六 | 七 | 八 | 九 | 十 | 十一 | 十二 | 正 |
| | 季 | 春 | | | 夏 | | | 秋 | | | 冬 | | 春 |
| 周历 | 月 | 三 | 四 | 五 | 六 | 七 | 八 | 九 | 十 | 十一 | 十二 | 正 | 二 |
| | 季 | 春 | | 夏 | | | 秋 | | | 冬 | | 春 | |
| 秦历 | 月 | 四 | 五 | 六 | 七 | 八 | 九 | 十 | 十一 | 十二 | 正 | 二 | 三 |
| | 季 | 夏 | | | 秋 | | | 冬 | | | 春 | | |

这里应当注意的是，古人心目中的"岁"和"年"是不同的，岁是从今年的某一时节到来年的同一节气，共365日余，即阳历的一年；而年是从正月初一到来年的正月初一，平年12个月，6个大月各30天，6个小月各29天，共354日余，即阴（农）历的一年。年的日子少于岁，于是古人便以闰月的方式来解决，并且逐渐完善了置闰制。所以《尚书·尧典》曰："以闰月定四时成岁"，《尚书大传》解释道："一岁有余十二日，未盈三岁足得一月，则置闰焉。"

在一个月内，古人根据月象又给一些日子加以专名，每月最后一日叫

"晦"，最初一日叫"朔"，朔日又称"初吉""吉"（古以日月交会为吉日），又称"既死魄"（古人以月精为魄），朔日的后一天（即初二）称"旁死魄"（靠近既死魄之义），朔日之后两天月始生，故称"哉生魄"，又称"月出"。每月十五日月圆称"望"，别称"既生魄"；十六日称"既望"，别称"旁生魄"；十七日称"哉死魄"。初一（朔）与十五（望）相对，其他有关月象也取其相对。

纪日的方法主要是干支法，干是天干，即甲乙丙丁戊己庚辛壬癸；支是地支，即子、丑、寅、卯、辰、巳、午、未、申、酉、戌、亥。以十天干依次配十二地支组成六十个名称，称为"六十甲子"。每个名称代表一天，六十个名称周而复始。这种方法大概始于夏代，在殷商卜辞中非常盛行，这从《甲骨文合集》编号 37986 牛胛骨刻辞可以得到印证，这片干支表刻辞是我国目前所能见到的最早实物日历：

表 5 干支纪日表

| 甲子 | 乙丑 | 丙寅 | 丁卯 | 戊辰 | 己巳 | 庚午 | 辛未 | 壬申 | 癸酉 |
|---|---|---|---|---|---|---|---|---|---|
| 甲戌 | 乙亥 | 丙子 | 丁丑 | 戊寅 | 己卯 | 庚辰 | 辛巳 | 壬午 | 癸未 |
| 甲申 | 乙酉 | 丙戌 | 丁亥 | 戊子 | 己丑 | 庚寅 | 辛卯 | 壬辰 | 癸巳 |
| 甲午 | 乙未 | 丙申 | 丁酉 | 戊戌 | 己亥 | 庚子 | 辛丑 | 壬寅 | 癸卯 |
| 甲辰 | 乙巳 | 丙午 | 丁未 | 戊申 | 己酉 | 庚戌 | 辛亥 | 壬子 | 癸丑 |
| 甲寅 | 乙卯 | 丙辰 | 丁巳 | 戊午 | 己未 | 庚申 | 辛酉 | 壬戌 | 癸亥 |

另外古代还有以天干配地支的方法来纪年，将十天干与十二地支依次相配纪年，也形成了 60 年一个轮回，简称"干支纪年法"。这种纪年方法大概是从东汉元和二年（公元 85 年。一说东汉建武三十年，即公元 54 年。）开始正式使用，官府以命令的形式在全国推行，农历（阴历）一直沿用至今。此外，十二地支又与十二生肖可以对应，形成子鼠、丑牛、寅虎、卯兔、辰龙、巳蛇、午马、未羊、申猴、酉鸡、戌狗、亥猪 12 个称谓。另外古人有记日只记天干不记地支的，如《楚辞·哀郢》："出国门而轸怀兮，甲之朝吾以行"。后来又有记日只用地支的情况，如《礼记·檀弓》"子卯不乐"等。

至于一日之内，古人也划分时辰，这主要是根据天色把一昼夜大致分为若干个阶段：日出之时称"旦"，又称"朝、晨、大采"；日入之时为"夕"，又称"暮、昏、晚、小采"；正午叫"日中"，日西斜叫"昃"。古人一日两餐，朝食在日出之后，称"食时"；食时之后，日中之前叫"隅中"；夕食在昃后夕前，称"晡时"。《尚书·无逸》"自朝至于日中昃不遑暇食"，即是说从日出到日西斜都来不及吃饭。夕之后称黄昏，黄昏之后称人定，《孔雀东南飞》中写刘兰芝"举身赴清池"的时间就是在"奄奄黄昏后，寂寂人定初"。人定以后是夜半，夜半之后是鸡鸣和昧旦，然后就又到旦时了。这样一日之内就分为旦、食时、隅中、日中、昃、晡时、夕、黄昏、人定、夜半、鸡鸣、昧旦12个时辰。另外一种划分方法是把一日从夜半开始分为子、丑、寅、卯、辰、巳、午、未、申、酉、戌、亥12个时辰，如午时相当于日中，未时相当于昃时等。

古代历法中也涉及一些节日，本书有专门章节叙述，这里只做简要介绍：

元旦在农历正月初一，亦称"元日""端日"，是中国最隆重的节日，民间要在这一天"家家饮宴，笑语喧哗"，举行庆祝活动，近代普遍使用阳历以后，多把阳历的一月一日叫做"元旦"，而把阴历的正月初一叫做"春节"。

人日在农历正月初七，每逢这一天，古人要剪彩为人，或镂金箔为人，戴在头上，叫做"人胜"。

上元是指农历正月十五日，又称"元宵""元夕"等。这个节日源出道教，中古以后，中国元宵有张灯观赏的风俗，故又称"灯节"。

社日是古人春天祭祀社神（土地神）以祈求丰收的日子，一般为立春后的第五个戊日，约在春分前后。汉代以前只有春社而无秋社，汉以后始有春秋二社。秋社在立秋后第五个戊日，即秋分前后。

寒食在清明前二日，这个节日的由来相传起源于春秋时晋国，晋文公为了纪念功臣介子推被火烧死而定。古人从寒食起禁火，只吃冷食，到清明节重新起火，另外男女成人举行冠礼、笄礼也在寒食节这一天。

清明是二十四节气之一，在阳历四月五日前后。清明节这一天，古人要到郊外踏青游玩，祭扫坟墓，一直延续至今。

端午在农历五月初五，又称"端阳""重五"。关于端午的传说很多，据《荆楚岁时记》说，屈原在五月初五投汨罗江而死，人们在这一天划船竞渡，表示要拯救他，同时还包粽子、佩香囊、饮雄黄酒，在门上悬挂菖蒲和艾以避邪。

七夕是指农历的七月七日夜，据古代神话传说，牛郎和织女因忤犯天条，被隔在天河两边，每年七夕才可以通过鹊桥相会。七夕在民间是妇女的一大节日，每逢七夕，妇女都要进行对月穿针线等游戏，向织女乞求智巧。

中元在农历七月十五日，道教认为这一天是中元地官的生日，是地宫"赦罪之辰"；佛教传说是释迦牟尼的十大弟子之一目连在这一天作盂兰盆会以救其母。后代把中元看作鬼节，佛、道要举行宗教活动以超度亡魂，民间要祭祀祖先、施舍饿鬼。

中秋在农历八月十五日，古人认为这天晚上的月亮最亮，是全家团圆赏月的佳节。

重阳在农历九月九日，古人以九为阳数，这一天月、日都逢九，故名"重阳"。古代每逢重阳，人们都登高、赏菊、饮酒、佩戴茱萸，据说可以避邪去恶。王维《九月九日忆山东兄弟》："遥知兄弟登高处，遍插茱萸少一人。"

腊日在农历十二月八日，"腊"是古代祭祀之名，《左传》僖公五年："虞不腊矣"。《说文解字》："冬至后三戌为腊，祭百神也"，传说腊日这一天，民间要击细腰鼓、作金刚力士以逐疫。后来人们把腊日和"腊八"视为一天，腊八是释迦牟尼成道日，民间有食腊八粥的风俗。

除夕是农历一年中最后一天晚上，"除"是除旧布新的意思。民间在这一天家家洒扫门闾、去尘秽、净庭院，户户祭祖祀宗、换门神、贴春联，尤其是儿童终夜不睡，燃放爆竹，辞旧迎新，以待天明，叫做"守岁"。

上述节日并非一时一事的产物，而是历朝历代积累下来的。此外，古人还对历法进行了总结归纳，编撰成诸多历书，除《大戴礼记·夏小正》《三统历》《乾象历》《皇极历》《大衍历》《大统历》《崇祯历书》等历书外，还有几部重要的历法：

**太初历** 西汉初年仍然沿用秦朝的《颛顼历》，但该历法有一定的误差。元封六年（公元前104年），经司马迁等人提议，汉武帝下令改定历法，由天文学家落下闳、邓平等人主持制订了《太初历》。这部历法是西汉武帝太初元年到东汉章帝元和二年（公元前104年—公元85年）间实施的历法。太初历规定以没有节气的月份为闰月，第一次把二十四节气订入历法，还首先记录了五星运行的周期和日、月食的周期。

**大明历** 南朝时祖冲之编制，是南朝梁天监九年至陈后主祯明三年（公

元 510—589 年）实施的历法。该历法的最大贡献是在制历时把岁差（45 年
11 个月差一度）计算在内，使冬至太阳所在的位置逐年变动；其次规定一回
归年为 365.2428 日，把过去十九年七闰改为 391 年 144 闰。同时该历法求出
的"交点月"为 27.21223 日，与现代观测所得的数据相比较，只差十万分
之一日。

**授时历**　元朝时郭守敬、王恂等人编制，从至元十八年（公元 1281 年）
实施，直至清初改用时宪历，共施行了 364 年。授时历以 29.530593 日为一
朔望月，规定一回归年为 365.2425 日，距近代观测值 365.2422 仅差 25.92
秒，精度与公历（指 1582 年《格里高利历》）基本一致，但比其早了 300 多
年。由于授时历吸取了前代历法的优点，又注意实测，因而它的精确度很高，
成为中国古代最精确的历法。后来明代颁行的大统历，基本上是授时历的
延续。

## 四、古代的乐律

中国古代的乐学与律学初期融为一体，并未分别称"学"。明末朱载撰
作《乐学新说》与《律学新说》以前，历代史籍一般把乐学史料汇集于"乐
志"，把律学史料汇集于"律书"或"律历志"中，《史记》《汉书》《后汉
书》等正史及《淮南子》《吕氏春秋》等典籍均有乐律史料记载。

奏乐先须定调，"调"用今天的术语说即音阶。古人以宫、商、角、徵、
羽为音阶，这就是"五声"，它大致相当于现代阶谱中的 1、2、3、5、6，后
来再加上变宫、变徵，共为七声，这样就形成了类似今天阶谱中的七个音阶，
其顺序是：宫、商、角、变徵、徵、羽、变宫。"五声"和"七声"在古代
也称"五音"和"七音"，另外古书中还常提到"八音"，如《尚书·舜典》
"八音克谐"，但这里所谓的"音"与五音之"音"的所指不同，五音是五
种调，八音是指八类乐器，是指金（钟、镈、铙）、石（磬）、土（埙、
缶）、革（鼓、鼗）、丝（琴、瑟）、木（柷、敔）、匏（笙、竽）、竹（管、
箫），所以《周礼·春官·大司乐》说："文之以五声，播之以八音。"

定音必须依律，所以《国语·周语下》云："律以平声。"律，本来指用
来定音的竹管，蔡邕《月令章句》曰："截竹为管，谓之律"，只是到了后
来，律管才改为铜制。古人用十二个长度不同的律管吹出十二个标准音，以
定乐音的高低，称之为"十二律"。十二律是用"三分损益法"把一个八度
分为十二个不完全相等的半音，相当于把现代使用的传统七声音阶分为十二

个"律"。所谓"三分损一"等于乘以三分之二,"三分益一"则等于乘以三分之四,其律名从低到高依次为:黄钟、大吕、太簇、夹钟、姑洗、仲吕、蕤宾、林钟、夷则、南吕、无射、应钟。十二律管的长度都有一定的比例,黄钟最长,九寸;应钟最短,为四寸二十七分寸之二十,长管发音低,短管发音高,因而十二个标准音的音高也有一定的比例。

十二律有阴阳之分,依其从低到高的次序,凡奇数者为阳律,故有"六律"之称;凡偶数者为阴律,阴律又名"吕",故又有"六吕"之称。十二律还可以与七声相配,凡与七声中的宫相配者,称之为"宫",因而有"十二宫"之名;其余六声与十二律相配者,称之为"调",所以又有"七十二调"之称。宫与调合称宫调,于是十二律与七声相配便在理论上可以产生"八十四宫调"。

以宫为乐调起点的是宫调式,意即以宫作为该乐曲旋律的主音;以商为乐调起点的是商调式,意即以商作为该乐曲旋律的主音,其余以此类推。各种调的高低不同,轻重有异,因而就产生不同的音乐效果,所以在古代往往在不同的场合奏以不同的宫调。如《史记·刺客列传》写到荆轲刺秦王临行前时有这样一段场面描写:"高渐离击筑,荆轲和而歌,为变徵之声,士皆垂泪涕泣。又前而为歌曰:'风萧萧兮易水寒,壮士一去兮不复还。'复为慷慨羽声,士皆瞋目,发尽上指冠。"这里所说的变徵之声就是变徵调式,羽声就是羽调式。

古人受生产力发展水平的限制,对乐律的某些认识也缺乏科学性,因而时有牵强附会的现象,比如以五声配五方、五行、四季等。(见表6)

表6　五声相配表

| 五声 | 宫 | 商 | 角 | 徵 | 羽 |
|---|---|---|---|---|---|
| 五方 | 中 | 西 | 东 | 南 | 北 |
| 五行 | 土 | 金 | 木 | 火 | 水 |
| 四季 | 季夏 | 秋 | 春 | 夏 | 冬 |

不仅相配,而且还强为之释。《礼记·月令》郑玄注:"春气和,则角声调。"《吕氏春秋·孟春纪》高诱注:"角,木也,位在东方。"故以角配东、木、春。还有把十二律和十二个月拉上关系的。《礼记·月令》曰:

> 孟春之月，律中太簇；仲春之月，律中夹钟；
>
> 季春之月，律中姑洗；孟夏之月，律中中吕；
>
> 仲夏之月，律中蕤宾；季夏之月，律中林钟；
>
> 孟秋之月，律中夷则；仲秋之月，律中南吕；
>
> 季秋之月，律中无射；孟冬之月，律中应钟；
>
> 仲冬之月，律中黄钟；季冬之月，律中大吕。

所谓"律中"，按郑玄的解释就是"律应"，律应是怎么得出来的？据说采取的是"候气之法"，依《后汉书·律历志》的解释，就是在一个严密封闭的屋子中，用葭莩的灰塞在律管里，待某个月份到了，其候气便使和它相应的律管里的葭灰飞动起来。杜甫《小至》："吹葭六馆动飞灰"，意即冬至到了，律中黄钟，黄钟管的葭灰飞动起来。韩愈《忆昨行》："忆昨夹钟之吕初吹灰"，是以夹钟表示仲春二月的。当然这种方法是不科学的。

总体而言，中国古代的乐律学主要是围绕着律、调、谱、器四者阐述，而古代的乐器大致可以分为弹拨、拉弦、打击、吹奏四大类型。这里择其要介绍弹拨乐器中的古琴和琵琶，拉弦乐器中的胡琴，吹奏乐器中的埙、笙、笛、箫以及打击乐器中的鼓与编钟等。

古琴又称"瑶琴""玉琴"，传说是伏羲所作，也有说是神农"始作五弦之琴"，还有黄帝造琴、唐尧造琴等传说。《诗经》中有许多有关琴的诗句，例如《关雎》篇："窈窕淑女，琴瑟友之"，《常棣》篇："妻子好合，如鼓瑟琴"等，说明琴在周朝时期官府和民间已经广为流行，师旷、列子、伯牙等均是当时著名的琴人，孔子还曾向师襄学琴，对琴十分推崇，能弹唱《诗经》三百首。古琴造型优美，一般长约三尺六寸五，象征一年三百六十五天；琴身与凤身相应（一说与人身相应）有头、颈、肩、腰、尾、足。古琴的声音是非常独特，其散音松沉旷远，泛音清冷入仙，按音余韵悠长，在古代众乐器之中，"惟弦为最，而琴为之首"，因而古代诸多有关音乐的故事均来自古琴。

琵琶是中国历史悠久的主要弹拨乐器，被称为"弹拨乐器之王"。最早被称为"琵琶"的乐器大约在秦朝时就出现。琵琶又称"批把"，系根据它演奏的特点而命名，向前弹出称作"批"，向后挑进称作"把"。其形制由"头"与"身"构成，头部包括弦槽、弦轴、山口等。身部包括相位、品位、音箱、覆手等部分。音箱呈半梨形，上装四弦，白居易在《琵琶行》中形象地描述了琵琶演奏及其音响效果："大弦嘈嘈如急雨，小弦切切如私语。嘈嘈切切错杂弹，大珠小珠落玉盘。"

胡琴又名"二胡"，之所以称"胡"，大概这一乐器最初是由中国西、北部传入内地，而当时中原地区的汉人称这些地区的人为"胡人"；之所以称"二"大概是因为胡琴是两根弦。其基本构造包括琴筒、琴皮、琴杆、琴轴、琴弦、琴弓等。胡琴的表现力很强，既适宜表现深沉悲凄的内容，也能抒发气势磅礴的意境。胡琴是中华民族乐器家族中主要的擦弦乐器之一，在唐代开始流行。

埙是中国最古老的吹奏乐器之一，大约有 7000 余年的历史。最初的埙是用石头和骨头制作，后来是用陶土烧制，形状有扁圆形、椭圆形、球形、鱼形和梨形等多种，其中以梨形最为普遍。埙是开口吹奏乐器，其音孔从 1 个发展到 3、5、6、8、9 个音孔，音色朴拙抱素，犹天籁之音，在世界原始艺术史中占有重要的地位。

笙是中国古老的簧管乐器，也是唯一能够吹吸发声的乐器。其音色清晰透亮，音域宽广浑厚，感染力很强。《诗经·小雅·鹿鸣》有"我有嘉宾，鼓瑟吹笙"的记载。其形制由笙簧、笙笛、笙斗三个部分组成，一般用 36 根长短不同的竹管制成，吹奏时由笙簧振动引起笙笛内的空气振动而发音。

笛子的历史悠久，可以追溯到新石器时代，1986 年在河南舞阳县贾湖村东新石器时代早期遗址中发掘出 16 支竖吹骨笛，据测定距今已有 8000 余年历史。笛子一般由竹管做成，里面去节中空成内膛，外呈圆柱形，音孔由五孔至八孔不等，其中以七音孔居多。如果以音高分类，可以分为曲笛（笛身较为粗长，音高较低，音色醇厚，多分布于中国南方）、梆笛（笛身较为细短，音高较高，音色清亮，多用于中国北方各戏种）和中音笛（形状与发音特点介于曲笛和梆笛之间）。笛子是中国传统乐器中最具民族特色和代表性的吹奏乐器。

箫的历史可以追溯到远古时期，考古发现距今 7000 多年的"骨哨"系河姆渡文化遗物，现存浙江博物馆。箫一般由竹子制成，也有用玉或铜制的箫。唐代以前一般为多管箫，即"排箫"；其后多为单管箫，称"洞箫"。单管箫与笛子的主要区别在于，笛子横吹有膜孔，箫竖吹且没有膜孔，但有后音孔。箫的种类很多，其音色圆润轻柔，非常适合吹奏悠长恬静的抒情曲调，表达幽静典雅的情感。

鼓的起源很早，甘肃省天水秦安大地湾遗址出土的陶鼓距今大约有五千余年的历史，鼓是在圆桶形的鼓身的一面或双面蒙上一块拉紧的皮膜，用手或鼓槌敲击皮膜发出声音。鼓的应用范围非常广泛，不仅用于祭祀、乐舞，它还用于战前鼓舞士气，且是报时、报警的工具。鼓的品种较多，有腰鼓、大鼓、同鼓、花盆鼓等。

编钟是古代大型的打击乐器，可能在殷商时期就出现，但盛行于东周列国和秦汉。编钟用青铜铸成，由大小不同的扁圆形钟按照音调的高低依次排列，悬挂于钟架上，编成一组或几组，而后用丁字形的木槌和长形的棒分别敲打钟体，每个钟的音调不同，发出的乐音也不同，钟体小一般音调就高，音量也小；钟体大音调就低，音量也大。1978 年湖北随州南郊的一座战国时代的曾侯乙墓出土的编钟，是迄今为止所发现的成套编钟中最引人注目的一套。

# 第七讲　古代的行政区划与职官科举

　　阅读古代书籍，常常要碰到有关行政区划的地理知识，不了解这方面的知识，就容易闹笑话或产生误解。比如"中国"这个概念，它的古今含义有很大的差异，《诗·大雅·民劳》："惠此中国，以绥四方。"《毛传》解释说："中国，京师也。"《史记·五帝本纪》："夫而后之中国，践天子位焉"，南朝时裴骃的《史记集解》解释说："帝王所都为中，故曰中国。"又《诗·小雅·六月序》："小雅尽废，由四夷交侵，中国微矣。"《礼记·中庸》："是以声名洋溢乎中国，施及蛮貊。"这里"四夷"是指南蛮、北狄、西戎、东夷四方少数民族；"貊"是指北方少数民族，而"中国"是指华夏汉族区域，也就是古书上常说到的"中土""中原""中州"。"中国"一词就最初而言系指今河南及其附近区域，后来黄河中下游一带也称"中国"，再后来到唐朝时长江流域、珠江流域等地也包括在"中国"的范围之内，再后来到十九世纪中叶，"中国"才专指现在我们国家的全部版图。因此，只有弄清楚"中国"的地理沿革，才会在阅读古代文献时不至于把今天的中国与春秋时或唐宋时的中国搅混。

　　阅读古代文献时还经常会遇到职官与科举这两方面的问题，例如《新唐书·柳宗元传》："柳宗元……第进士、博学宏词科，授秘书郎，调兰田尉。贞元十九年，为监察御史里行……擢礼部员外郎……叔文败，贬邵州刺史，不半道，贬永州司马。"在这段话中，秘书郎、尉、监察御史里行、员外郎、刺史、司马等都是职官名；第进士、博学宏词科则是科举术语。职官是指在官府中担任一定职务的官吏，科举是指以考试为主要方式的一种选官制度。涉及职官就既要了解它的称谓，又要清楚它的职权范围和品级地位；涉及科举就不仅要知道有关术语，至少还应懂得科举的形式、方法以及它与职官的联系。

## 一、行政区划

**先秦时期**　这一时期大致从公元前21世纪起，至公元前221年秦统一，包括夏、商、西周、春秋战国等历史时期，以行政区划的特点而论，可以称之为"州服制"。

相传在四五千年前，发生过一次特大洪水，人们被迫迁徙到山顶和高地，后来夏禹采取疏导河道的方法，治服了洪水，并把天下分作九个区域，后人称之为"九州"。据《尚书·禹贡》记载，这九州是冀、兖、青、徐、扬、荆、豫、梁和雍。后来的《吕氏春秋》记载："河汉之间为豫州，周（东周）也；两河之间为冀州，晋也；河济之间为兖州，卫也；东方为青州，齐也；泗上为徐州，鲁也；东南为扬州，越也；南方为荆州，楚也；西方为雍州，秦也；北方为幽州，燕也。"又相传舜时分天下为十二州，即除九州之外，又从冀州分出并、幽，从青州分出营州。在先秦文献中，九州、十二州不尽相同，后人划分的依据、称谓以及区域大小也都不一样。夏代的情形只是传说，商代的情形现在也难下结论，但是从西周起有史可据。西周实行分封制，将"普天之下，莫非王土"的"中国"分出上百个诸侯国来，如秦、魏、曹、宋、梁、鲁、薛、中、蔡、郑等。

据传世文献上所载，先秦时期还实行"五服制"。所谓"五服制"，是以王都为中心向四周扩展，分为甸、侯、绥、要、荒五服。王都五百里内叫"甸服"；甸服外四方五百里称"侯服"，这是诸侯的封区；侯服外四方五百里称"绥服"，介于中原与少数民族地区之间；绥服外五百里称"要服"，要服外五百里称"荒服"。这种制度可能在西周时实行过，但到战国就消亡了。

**秦汉六朝**　按照谭其骧先生的观点，秦汉六朝这一阶段从公元前221年至公元538年，可以称之为"郡州制"。这一阶段又约略分为前后两期。前期秦汉约四百年，基本上实行郡县两级制；后期魏晋南北朝，也约四百年，是州、郡、县三级制。

郡县之制自秦始。《周礼》载："遂人掌邦之野，以土地之图，经田野，造县鄙形体之法，五家为邻，五邻为里，四里为酂，五酂为鄙，五鄙为县，五县为遂，皆有地域沟树之，使各掌其政令刑禁，以岁时稽其人民而授之田野，简其兵器，教之稼穑。"又《周礼·小司徒》："乃经土地而井牧其田野，九夫为井，四井为邑，四邑为丘，四丘为甸，四甸为县，四县为都，以任地事而令贡赋。"戴侗《六书故》卷十"县"的解释也说："小司徒之法，井地之法也；遂人之法，居民之法也……周衰……楚灭诸国，皆以为县。晋之县亦大，楚有县公，晋有县大夫。"《春秋左传》载"赵鞅誓师曰：上大夫受县、下大夫受郡。"可见秦之前，已有郡县制的萌芽。公元前221年，秦始皇完成了统一大业，分全国36郡，郡下设县，以郡统县，在全国正式实施郡县制，到秦亡之际增加到40多个郡，统管着约1000多个县。

刘邦建汉，以侯王的名义封爵，把有些郡分封给功臣，是为王国。起初这些王国可以领有几个郡，景帝、武帝以后，定制各个王国只管一郡，同时为巩固专制集权的统治，撤销了诸侯王在这些分封国的统治权，其官吏也由朝廷直接派遣。这样的郡国与行政区划的郡县制度实际上已无区别，不过郡国的赋税收入仍旧归诸侯王享受。两汉后期，全国有103个郡、国，到东汉中叶，在边境少数民族地区又设置了几个属国，其规模性质与郡大致相同，这样，全国共有105个郡、国和属国。当然，这些郡、国、属国较之秦代的郡要小，尤其是内地。

此外，州这一提法在两汉并没有废止，两汉时期一方面沿用"九州"、"十二州"中的说法，一面又有所变更，这就是将原来的梁、雍二州改称益州和凉州，取消了"十二州"中的营州，增加了朔方、交趾二州。同时在三辅（京兆、左冯翊、右扶风）、三河（河内、河南、河东）及弘农七郡设置了与州同级的司隶校尉，主管京师周围，这样全国共有十四个州。西汉的州基本上是监察区，每州为一个刺史部，故又称十四部，统辖七、八个或十几个郡，但刺史只管纠察地方官，不负责地方行政，所以到东汉建武十一年（公元35年）将朔方划入并州，同时改司隶校尉为直隶州，是为十三州。其后王莽、曹操取代朝政，改变行政区划，结果弄得"州郡交错，莫知所从"。

魏晋南北朝是这一阶段的后期，之所以与秦汉予以区分，是因为在这一时期出现了高于郡县的一级行政区——州。州在汉时本是监察区，后来逐渐转为行政区，到三国时，这种州、郡、县三级制基本上固定下来了。三国时，魏有十二州，吴有四州，蜀据一州，各国州的大小当然不一。司马氏结束三国鼎立的局面，建立西晋王朝，统一之初，共有19个州、173个郡国，西晋末年又增设二州。东晋十六国时，州所统的地盘逐步缩小，而州的数量渐次增加。南北朝时的疆域与西晋相仿，但州却由前期50多个增加到末期的300多个，而郡则多达600余个，一个州平均管辖二个郡，一个郡又平均管辖二三个县，加上南北朝的州级刺史和县级令长到任理事，而夹于中间的郡级长官太守只领薪水，并不理事，所以州、郡、县三级制仅存其名，实际上成为州、县二级制了。

**隋唐宋辽金** 隋唐到辽金从公元583年到1276年，这一阶段谭其骧先生称之为"道路阶段"。隋朝的建立结束了南北对峙的局面，但隋王朝仅存在了37年，文帝开皇三年（公元583年）撤销了郡，开皇九年灭陈，将州县二级制推行于南方。但随之而来的便是中央直接管辖多达近300个州的麻烦，于是隋炀帝模仿汉武帝时建制，又把州改为郡，并设置若干监察吏分部巡察。

唐太宗贞观元年（公元627年），将全国分为关内（治今陕西凤翔）、河南（治今开封）、河东（治今山西永济西）、河北（治今河北大名东北）、山南（治今湖北襄阳）、陇右（治今青海东部）、淮南（治今扬州）、江南（治今苏州）、剑南（治今成都）、岭南（治今广州）十道。道在汉代就有了，设于少数民族聚居的地域，系行政特区。唐代的道实际是监察区，玄宗开元廿一年（公元733年）又把全国分为十五道，并置采访处置使，其职权与汉武帝时刺史相当。天宝年间，由于边境重兵驻扎，因此又设具有军事行政性质的十节度使，节度使所辖区也称道，下辖若干州，这样便形成道、州、县三级行政制。安史之乱后，唐分全国为40多个道，各道大小不一，多则统辖十几个州，少则仅有二三个州。唐代作为行政区划的道，与藩镇割据密切相关。

宋太祖赵匡胤接受唐的教训，采取"杯酒释兵权"的措施，尔后宋太宗又在州上设置路。路的性质介乎行政区和监察区之间，它既不同于唐代采访使的道，又不同于节度使的道，各路的军、政、财、法四权分立，直属中央。路设安抚使，分掌军权；设转运使，分掌财权；设提点刑狱，分掌司法权；还有提举常平等官，分掌该路的粮储等。这些机构并非州以上一级的行政机构，它只能在自己的职权范围内举劾地方官，州级下设的一些机构往往是既属州又属路的某一部门双重领导。至于州级行政长官，一般直属中央领导。北宋太平兴国年间（公元976年—984年）全国先后有二十一路或十九路，至道三年（公元997年）分全国为十五路，神宗熙宁七年（公元1074年）改分为二十三路，徽宗宣和年间（公元1119年—1125年），又改为二十六路，路在州、县之上，所以宋代的行政区划似乎是三级制；但路作为行政区名实不符，所以宋代又是二级制，整个宋代的地方行政区划制度介乎这二级与三级之间。

从隋唐到辽金的700年间，道、路以下的区划，绝大多数的情况是以州统辖县，当然也有特殊情形，一是改州为郡，第一次是在隋炀帝大业三年到唐高祖武德元年（公元 607 年—618 年），第二次是唐玄宗天宝元年到唐肃宗乾元元年（公元 742 年—758 年）；二是改州为府，这主要限于一些处于特殊地位的州，如玄宗开元年间首都长安所在的雍州改称京兆府，东都洛阳所在的洛州改称河南府，北都晋阳所在的并州改称太原府等等；三是关于州级行政区的地位与种类，唐代的州级行政区只有府、州两级，宋代增加军、监二种，不过地位略低于州。辽代全境分五道，州一级行政区有府、州、军、城四种；金代全境分二十多个路，州一级行政区初期有府、州、军三种，后来只留府、州二种。因此，总体说来，唐宋辽金是以道、路统辖州、县的时代。

**元明清时期**　这一阶段从公元 1276 年至 1911 年，行政区划的特点是以省统辖路、府、州、县等。

省，本是官署的名称，行省之名至迟在魏晋时就出现了。隋朝文帝时，在寿春设置淮南行台省，并以晋王杨广为尚书令。金朝末年，外侵内乱，中央需要不断派出大员到各处镇压防守，当时的中央政府称尚书省，地方上也设置了许多行尚书省。蒙古人进入中原，学用金朝一套，也设立行尚书省。元世祖以后，改以中书省总领政务，所以地方上也改为行中书省。但所谓行尚书省和行中书省只是中央在外阜的临时派出机构，并非正式的、经常的地方行政区划。据谭其骧先生的研究，完成省由中央政府向地方政府称谓转变的时期，大约是在元朝的平宋之初。行省的全称叫某某等处行中（尚）书省，简称某某行省、某某省。元代初年行省的辖境较大，其增减也较频繁，直到中叶以后才趋于稳定，除边远地区外，分全国为一个中书省直辖区和 10 个行中书省。行省之下是路、府、州、县。

朱元璋建立明朝之后，先是取消行省，改为承宣布政使司，尔后裁撤中书省，废宰相，独揽中央政务。宣宗宣德（公元 1426 年）以后，明代在全国分设 13 个布政使司，另有京师、南京两个直隶区，是为常制。明以布政使司替代元的行中书省，但在民间仍习称行省。行省之下是府、州、县。

清初因袭明制，到康熙六年（公元 1667 年），改明朝的十五省为十八省，直至鸦片战争，此即所谓的"内地十八省"。另外在东北、新疆、西藏、青海、外蒙古、内蒙古等边远地区分别设置将军辖区和办事大臣。到光绪年间，在边疆地区改建省，清代末年除内蒙古、外蒙古、西藏、青海等地，共有 22 省。省之下是府、厅、州、县，直到宣统末年始废府。

这里有一点应当说明，元明清时期在省之下、县之上还保留了道，不过道在这个阶段只是省的派出机构，而非一级正规的地方行政区划了。历代行政区划的具体情形非常复杂，这里只能勾勒出一个大致的轮廓，理出一条沿革的线索来，至于各个时代的详细情形，要去读专门著述。

## 二、职官制度

按照史学界的传统讲法，人类社会的第一种形态叫原始社会，那时的氏族、部落大概也是有头领的，到原始社会晚期，由部落酋长组成部落联盟来处理各部落之间彼此的利害关系和共同事务，通过民主评议的形式，任免专职人员和联盟首领。传说中的尧、舜、禹时期便是这样，但那时的"官"与我们今天所讲的官有着很大的区别。

随着社会生产力的发展，人类由原始社会进到所谓的奴隶社会，国家的雏形也相应地出现了，中国的夏朝可以认为是这种情形。但是可供研究夏朝职官的史料太少了，传世文献中虽有一些零星的记载，然而又多系传说。根据现有的史料，夏代国家管理机构的组织系统中最高领导人称"王"（一说称"后"），王的左右有四辅臣，以备顾问咨询，另有秩宗主管礼仪祭祀，乐师主管音乐舞蹈，羲和掌管四时历法；政务方面有后稷掌管农业，共工主管百工营建，司徒主管教化，士（或大理）主管刑狱诉讼，师掌管军队，司空掌管水土治理，虞人掌管山泽畜牧。此外，还有宣令之官道人以及管贡赋的啬夫，管车辆的车正，管王室膳食的庖正等等。

商代的国家管理机构较之夏代要完善庞杂得多。根据传世文献的记载和甲骨卜辞，商代的中央职官大致可以分为五个系统：行政机关有执政的卿事，有辅弼之臣尹（有点类似后来的"相"），其下属有臣正、多臣、多辟臣等，另有主力役之征的司徒，主刑罚的司寇和管理工奴的司工（即司空）等等；军事机构中有多马（掌驯养马匹）、多亚（掌狩猎）、多射（掌弓箭武器）、多戍（掌军队、戍边和征伐）和卫（可能是保卫商王及王宫的卫戍武官）等等；宗教部门有卜、巫等，卜官是占卜之官，巫是祭祀之官；事务机关主要有史、吏、乍册等，史掌管记录国家大事、年岁，吏即使，是王朝派出官员，乍册负责制作和宣读册命；另外还有王室内廷官，其中以宰和小臣权力最大。商代的地方官大致分为邦境内、邦边境、邦境外三种，邦境内设多尹、多君等官；邦边境设侯甸、多甸等官；邦境外设邦伯等官。商代的国家机构又有内服、外服之分。所谓内服，是指商王左右的中央政府官员，即《尚书·酒诰》中所说的"百僚、庶尹、惟亚、惟服、宗工越百姓、里君"。所谓外服，是指商王朝所属各部落的首领，也包括地方官员。

周代的最高统治者称"王",也称"天子""后"等。在其左右有太师、太傅、太保,是王的辅佐和最高顾问;朝廷的办事机构称"太史寮",有太史掌历法和起草文书、记载史事,有内史掌册命,御史管档案,宗伯管祭祀礼仪,太祝掌"社""稷",太卜负责占卜吉凶,乐师负责音乐教育等等;中央政府机构称卿士寮,有司徒掌土地赋役,司马掌军政车马,司空负责营建修缮,司寇掌司法刑狱,大行人负责礼宾等等;周王的宫廷事务由太宰(冢宰)总管,下有负责王室膳食的膳夫,负责王室衣服的缀衣,负责王室车马的走马,负责王室警卫的师氏等等。太史寮和卿士寮等机构的官员之下均有若干属官。西周时期分封诸侯,诸侯的领地称之为"诸侯国",执政的卿也由周天子策命,并世袭,其职官设置大致与周王室相同。诸侯封国在西周时期一定程度上起着屏藩王室的作用,因而具有更多的地方机关属性。春秋战国时期,随着周王室的衰落,诸侯国的权力越来越大,不过行政管理机构的职官大致与周王朝的设置相同。

公元前221年,秦王嬴政统一中国,国君始称皇帝,这种称谓一直延续到封建社会的结束。但有些少数民族的国家,国君称谓与中原有别,如匈奴称"单于",乌孙称"昆莫",高车称"侯娄匐勒",吐蕃称"赞普",鲜卑、柔然、突厥、回纥、契丹、蒙古等则称"可汗"。从秦到清末的中央职官,总的来说是分属于中枢、行政和监察三个机构,其职官和建制,史书上称为"三公九卿"制和"三省六部"制。

**三公九卿制** 三公系指主管行政的丞相、掌军政的太尉和掌监察等职的御史大夫。九卿系指奉常、郎中令、卫尉、太仆、廷尉、典客、宗正、治粟内史和少尉,其中廷尉、典客、治粟内史是政务官员,其余六卿则为宫廷事务官员。

**丞相** 此官是主管政事的最高行政长官,其职务是辅佐帝王总揽国政,统率群僚。这个官职的前身称"宰"或"相"等,其源至少可以追溯到春秋时期,早在齐桓公、秦穆公时便设置相,战国时这个官职在各大国普遍设置,只是称谓不一。秦统一后,正式称"丞相",有时分左右,以右为上;宦官担任丞相,称"中丞相"。西汉末年丞相改称"大司徒",东汉末年董卓、曹操恢复丞相之称。魏晋南北朝时期的丞相之职,分属尚书、中书、门下三省。隋唐两代,三省及其长官名称多有改动,但丞相的职权大致仍由三省长官行使。北宋神宗以前100多年,三省长官"不预朝政",以同中书门下平章事为丞相的正式官衔,参知政事为副相;元丰改制后,丞相的官称又几经改变。

南宋宁宗以后，丞相多兼枢密使，行政权与军事权集于一身。辽代的国家机构分为南北两个系统，南面官治理汉人，官制仿唐；北面官治理契丹本部，最高政务机关为北宰相府与南宰相府，北面官权任重于南面官系统。金代只设尚书省，以尚书令、左右丞相、平章政事为宰相官。元代则只设中书省，分左右丞相。明代废丞相等官职，其权由内阁大学士充任，武宗以后，其权操于司礼监秉笔太监之手。清代改建内三院（国史、秘书、弘文）为内阁，内阁大学士的地位由明代正五品提高到正一品，而实权较之明代要轻，实际行使相权的是康熙时"南书房行走"和雍正以后的"军机大臣"。丞相位处一人之下，万众之上，权势显赫。然而纵观中国古代丞相制度的沿革，丞相一职变化极为频繁，既无定职，又无定称，也无定员，之所以会产生这种现象，主要原因是帝王独裁专制造成。一方面帝王离不开丞相这样的"管家"，另一方面相权一旦太重，有危及皇权的可能，那么皇帝便会毫不犹豫地取消、分散或转移相权。

　　**太尉**　此官在秦朝时是全国最高的军事长官，汉初沿袭秦制，武帝元狩四年（公元前 125 年），设置大司马，位同太尉；昭帝幼年即位，由霍光辅政，授"大司马大将军"之职，集军政大权于一身。东汉时又将大司马改回称太尉，与司徒、司空总称三公。魏晋以后，特殊情况下也有置大司马的，后来的兵部尚书也通称大司马。

　　**御史大夫**　此官系秦代始置，主弹劾、纠察及掌管重要文书图籍，兼有皇帝的秘书长和朝廷的监察长职权。东汉时改以太尉、司徒、司空为三公，御史大夫实际上转变为执政的一员，其名也废止。此后多以御史中丞为御史之长，直到隋代才恢复大夫之名，唐代也在御史台置御史大夫。唐以后的御史大夫名重权轻，至宋代又缺而不补，金、元时徒存虚名，明、清时干脆废去此职，而在都察院改设都御史、副都御史等官。

　　**奉常**　在秦朝职掌管宗庙礼仪，兼选试博士。常是祭祀的旗帜，奉常即主祭之意。汉代改为太常，所属有五经博士，为传授学术之官。之后，学术之事并非太常专职，但名义未改。至隋唐立国子监，太常专掌礼乐、郊庙、社稷等事，清末废。

　　**卫尉**　在秦汉时掌管警卫。宫城四面，每面有二卫候司马，称为"八屯"，系卫尉所属。八屯扎于门下，稽查出入之符籍。魏晋南北朝多设置，唐时称"卫尉卿"，仅掌宫廷仪仗帷幕等，明清废。

　　**太仆**　置于春秋，主要职掌为传达王命，侍从出入。秦汉沿置，掌皇帝车马与马政，南北朝不常设，北齐始设太仆寺卿，以后历代沿置，至清末废，以其职归陆军部。

**郎中令**　其职为宫殿门口守卫。汉武帝时改称"光禄勋"，为宫廷宿卫和侍从官员的长官。东汉末年复称郎中令，魏晋则又改称"光禄卿"。以后或废或置，南朝梁时定名为"光禄卿"，以皇室膳食为专职，后历代沿袭此制，与秦汉制度完全不同。

**宗正**　系秦朝始置，汉代沿置，掌皇室亲属事务。南朝梁时称"宗正卿"，唐宋时设宗正寺，但宋又别设大宗正司，以亲王为知宗正司事。辽称特里衮，金改为大睦亲事，元称扎鲁忽赤，明清设宗人府机构，置左、右宗正各一人，位在宗人府最高长官宗人令、宗令之下。

**少府**　系战国始置，秦汉相袭，掌管山海池泽的税收。少府在汉时掌御衣、宝货、珍膳。魏晋之后，少府仅掌工艺制造及钱币之事等，隋唐宋置少府监，掌百工技巧之事。元始废，明初一度复设，旋又归并工部，清代则归内务府。

**廷尉**　系秦始置，汉景帝时改称"大理"，武帝时复称廷尉，掌管司法刑狱。东汉以后，或称廷尉、或称大理、或称廷尉卿，从北齐至明清皆称"大理寺卿"。

**典客**　系秦始置，掌诸侯及各部族首领朝见礼仪。汉景帝时改称"大行令"，武帝以后称"大鸿胪"，王莽时改为"典乐"，南朝的宋以后渐变为赞襄礼仪之官。

**治粟内史**　系秦始置，掌管租税钱谷盐铁和国家的财政收支。汉景帝时改称"大农令"，武帝时称"大司农"，北齐时称"司农寺卿"，唐一度称"司稼"，掌管仓储，金元置大司农司，明初置司农司，不久并入户部。

中央职官除三公九卿外，还有一些散官，三公九卿之下，各有若干属官，且历代增减沿革不一，兹不赘述。

**三省六部制**　三省是指中书省、门下省和尚书省。三省同为最高政务机构，一般说来，由中书省决策，经过门下省审议，然后交尚书省执行。

**中书省**　系魏晋始设，是秉承皇帝旨意、掌管机要、发布政令的机构。其长官在魏晋时为中书监和中书令，隋只存中书令一职，唐曾改称"右相""凤阁令""紫微令"，下属有中书侍郎、中书舍人等官。元代废门下、尚书二省，以中书省总领百官，明洪武十三年（公元1380年）又革去中书省，废丞相，六部直属皇帝。

**门下省** 在晋代始正式称名，南北朝沿置，权力逐渐扩大。唐代一度改称"东台""鸾台""黄门省"，南宋合并中书、门下二省，辽金则继续沿置，元以后废。门下省原为皇帝的侍从机构，北朝时政出门下，成为中央政权机构的重心。隋唐时负责审查诏令，签署奏章，有封驳之权。宋初，门下省仅管朝仪之事，神宗改革官制，恢复审驳之权。其长官有侍中、纳言、左相、黄门监等称，因时而异；下属有黄门侍郎、给事中、散骑常侍、谏议大夫、起居郎等官。

**尚书省** 在东汉时称"尚书台"或"中台"，南北朝时始称"尚书省"，下分各曹，是朝廷执行政务的总机构。尚书省在唐代一度称"文昌台""都台""中台"，元时尚书省时废时置，明清时废。其长官为尚书令，是事实上的宰相，副职为左右仆射，所辖有吏、户、礼、兵、刑、工六部。

六部之称隋代始定，各部的长官称"尚书"，副职称"侍郎"。部下设司，司的首长称"郎中"，副职称"员外郎"，属官有都事、主事等。六部尚书的职务在秦汉时为九卿分掌，魏晋后尚书分曹治事，由曹渐变为部。元代六部改属中书省，明太祖时废宰相，六部直属皇帝。清末改制，以内阁总理国家事务，所辖有外务、民政、度支学、法务、陆军、海军、邮传、农工商、理藩等十部，各部长官皆为国务大臣。六部之职，可以溯源于先秦，《周礼》有六官，其职权范围大致与后来的六部相仿。以下我们将隋以后的六部及其职权范围与《周礼》六官的关系作一表解：

表7 隋以后之部与《周礼》六官职权范围对应表

| 六部 | 职 权 范 围 | 《周礼》六官 |
|---|---|---|
| 吏部 | 官吏任免、考课，升降，勋封等 | 天官大（冢）宰 |
| 户部 | 土地、户口、赋税、钱粮、财政等 | 地官大司徒 |
| 礼部 | 礼仪、祭祀、科举、学校等 | 春官大宗伯 |
| 兵部 | 军事行政，武官选用等 | 夏官大司马 |
| 刑部 | 司法、狱讼、刑罚等 | 秋官大司寇 |
| 工部 | 工程、营造、交通、屯田、水利等 | 冬官大司空 |

历代地方官制较之中央官制更为复杂，限于篇幅，这里只能作些简略介绍。

西周实行分封制，诸侯的封地称"国"，大夫的封地称"邑"，其封国封邑内的行政管理大致模仿周王朝。春秋时期地方行政单位有邑有县，其长官称谓不一，如鲁与卫叫"宰"，晋称"大夫"，楚名"令尹"。战国时期有郡有县，郡的长官称"守"或"太守"，以掌军事为主；县的长官称"令"，以掌民政为主。

秦统一中国，地方行政实行郡县二级制，郡的长官称"太守"，万户以上的县称"令"，万户以下的县称"长"。汉袭秦制，但列侯所食县叫"国"，太后、皇后、公主所食县叫"邑"，其行政长官称"相"。诸侯的封地是郡级，也称国，机构设置略如中央。京师所在的郡，秦置内史，西汉分为京兆尹、左冯翊、右扶风，是为三辅，在郡之上。汉武帝初，在全国还设置了13个监察区，每个监察区设刺史一人，西汉末改称"牧"，东汉之后称谓屡因屡变。魏晋南北朝时期地方行政是州、郡、县三级制，其长官郡称"太守"，州称"刺史"，县称"令"。隋初废郡，炀帝时又曾置郡，但地方行政基本上是两级制，州郡实际上没有多少区别，其长官称谓依同前代。

唐在州县两级之上又设道，起初是监察性质，中唐以后成为行政区。每道设观察使（按察使、采访使），后来把设于边镇的军政长官节度使制推行于内地，这样节度使便集军、行政、监察三职为一身。至于州县两级，其长官称谓袭旧。

宋代实行路、州、县三级制。县令、刺史有名无实，因为往往朝廷派官去作"知某县事"，简称"知县"（知是主持之意）。州级也由朝臣为其行政长官，称"权知某军事"，简称知州。与州同级的还有府、军、监，府分京府和次府，军多设于要塞之地，监多设于矿区，其长官分别称"知府""知军""知监"。路级机构及长官大致分为经略安抚司，掌军事及民政，称"帅司"；转运司，掌财赋及粮物转运，称"漕司"；提点刑狱，掌刑法和监察，称"宪司"；提举常平司，掌平仓及贷放钱谷，称"仓司"。上述长官与机构统而简称"帅""漕""宪""仓"。

元明清三代地方行政实行的是行省制，元代在行省之下有路、州、县三级，行省的长官大致与中书省相同，有丞相、平章、左右丞、参知政事等；路设总管府，置达鲁花赤（监临官）和总管各一人，掌管该路的军事民政；州的长官称州尹或知州，县的长官称县尹，此外还有与州同级的散府等等。

明的行省叫"承宣布政使司"，每司设左右政使各一人，同时设都指挥使掌管军事，设提刑按察使掌监察。明初，中央常派出大员，称"总督"

"巡抚"，到明中叶逐渐成为一省或数省总揽行政、军事、监察三权的最高地方长官。省下一级为府，长官称"知府"，京府称"府尹"，县的长官称"知县"。另在省与府之间也设道，其性质是省的分治机关，其长官称"守道""巡道"。

清代的省级以总督或巡抚为最高长官。总督辖一省或二、三省，综理军民要政，兼兵部尚书及都察院右都御史，别称"制军""制宪""制台"。巡抚的地位略次于总督，总揽一省军事、吏治、刑狱等，别称"抚台""抚军""抚院"。此外，有布政使掌一省的财赋、人事，按察使掌一省的刑名、监察。乾隆时期，省府之间设分守、分巡道，通称"道员"，别称"道台""观察"。至于省以下的府（直隶州）、县（散州），与明制同。另外清代还在新开发地区建置厅，长官为同知或通判。

历代职官是一个相当复杂的问题，这里只是极为粗略地勾画了一个轮廓，其他如武官、监官、史官、学官以及中央、地方各机构的属官等等，为数很多，且历代沿革繁琐，难于在此细述，读者可参阅清代黄本骥编的《历代职官表》。但与职官密切相关的品、阶、勋、爵需要进行解说。

**品**　是指官的等级。同一职官往往等级不同，西周时，官有九命之别，九命最高，一命最低；汉代以禄秩多寡为官位等级的标志，禄秩以石为单位，如刺史和太守一般是 2000 石（月俸为 120 斛），县令是千石到 600 石。曹魏时实行九品中正制，以上上品为最高，下下品为最低。北魏时每品又各分正从，自正四品起，正从品又分上下两阶，共 30 个等级。隋及，元明清保留正、从品，而无上下阶之分，共 18 个等级。隋唐时九品以内的职官称为"流内"，不入九品的称为"流外"。流外官经过考铨转授流内官，这种情形唐称之为"入流"，明清时称没有列入九品之内的官为未入流。

**阶**　即阶官，又称"散官"，宋朝称"寄禄官"，是用来表示官员实际等级和阶位的称号。汉以前，官的等级与所任者的实际等级一般情况下是一致的，魏晋以后有些官称有名无实，只作为领取俸禄和享受某些特权的依据，因而在隋朝便把有职务的官称为"职事官"，把没有职务的官称为"散官"。唐朝把散官的名号加以整理和补充，并定出品级，作为官员身份级别的称号，名为"散阶"或"本品"。散阶又有文武之分，文散阶 29 级，如从一品称开府仪同三司，正二品标特进，从二品称光禄大夫等等；武散阶 45 级，如从一品称骠骑大将军，正二品称辅国大将军等等。唐宋时散官与职事官的品级不一定相符，如散官高于职事官，则在职事官前加"行"字；若散官低于职事官，则在职事官前加"守"字；散官若比职事官低二品，则加"试"字。明代的阶官与职事官已逐渐接近，清代则职居几品即授几品阶官，但也可以特授较高的阶官。

**勋** 是为奖赏有功人员而所定的称号，始于北周，至唐定制，共有 12 级，又称"十二转"。依次为上柱国、柱国、上护军、护军、上轻车都尉、轻车都尉、上骑都尉、骑都尉、骁骑尉、飞骑尉、云骑尉、武骑尉，第一级上柱国是正二品。明代勋分文武，武勋 10 级，第一级为左右柱国，其余仿唐；文勋 10 级，依次为左右柱国、柱国、正治上卿、正治卿、资治尹、资治少尹、赞治尹、赞治少尹、修正庶尹、协正庶尹，文武勋的第一级都是正一品。清代的勋官则归并于爵位。

**爵** 是用来表示社会地位和物质待遇的一种荣誉称号，多是根据与皇帝血缘亲疏或功劳大小来授予，而且多数情况下可以世袭。旧说周朝时有公、侯、伯、子、男五等爵位，爵位与官称基本一致。战国时的爵位一般有君、侯、卿（分上、亚、客）、大夫（分五大夫、上大夫、大夫）等，爵位与官职大多分离。此外，秦国为奖励军功专设 20 等爵，而执圭则是楚国特殊的爵位。汉代宗室的封爵为王侯二等，皇子封王，相当于先秦诸侯，所以通称"诸侯王"；汉初异姓也封王，后来"非刘姓不王"，异姓受封者通称"列侯"；武帝时另设武功爵 17 级，不久即废。魏晋以后，宗室封爵以王，功臣封爵多以公侯伯子男为号，其始封者，前面多加"开国"二字，有的朝代还有一些特殊的荣誉称号，如宋朝的推忠、佐理、协谋等等，明朝的开国辅运推诚、奉天靖难推诚等。此外，皇帝的亲属、大臣的母亲与妻等等也大都有封号，其义略同爵位。

### 三、科举制度

古代官吏的产生大致以隋朝为界，可以分为选举和科举两大阶段。隋以前总的特点是选，隋以后总的特点是考，以下按历史朝代简略作些叙述。

**原始社会——"选贤与能"**

关于原始社会选举情况，史书记载甚少，《礼记·礼运》所说："大道之行也，天下为公，选贤与能，讲信修睦。"按照范文澜先生的解释，所谓选贤与能，就是酋长公选。原始社会由于生产力低下，当时人们共同劳动、共同消费，部落联盟的组织者、管理者由集体推选，工作若不称职，大概民众可以通过会议罢免；另一方面，部落联盟的首领也具有民主作风，据说尧对鲧并不信任，但由于"四岳"的极力举荐，他只得让鲧去治水。从传说中对尧、舜等人的描写来看，我们可以推测在原始社会选举首领是重德重才的。《礼记·礼运》上所谓"选贤与能"正是指国家产生前原始社会民众选举首领的情况。

### 夏商周——"世袭"与"举贤才"

根据传世文献和出土的甲骨文、金文，夏商周三代官职的取得，多数情况下是按照血缘关系世袭的，尤其是君主左右任职的巫史和宗室贵族，基本上是实行世袭制，但家臣则是在奴隶中挑选，如汤举荐伊尹、武丁举荐傅说等。西周时期大夫以上的官职仍是世袭制，为了避免这种制度的寄生和腐朽性，统治者在大夫以下的低级职官挑选位卑者来担任，"三礼"中所谓的"乡举里选"大概指的就是这种情形，而在古籍中往往称之为"举贤才"。这批人是统治者的最底层，又是军队中的骨干，他们经过策命，取得"士"这样一个低级爵阶。选士的方法一般是由所居乡里荐举，被荐者称"秀士"，尔后再由诸侯献于天子，入大学学习，学成后经考核授予官爵。

### 战国——"招贤纳士"

春秋以来，社会大动荡，政局大改组，在贵族后裔和庶民百姓中涌现出许多有知识、有才能的"士"，这些人活跃于政治、经济、军事、思想等舞台，形成一种不可忽视的力量。以致有"好士者强，不好士者弱"之说，因而一些明智的诸侯莫不"礼贤下士"，进而形成一种社会风尚，美其名曰"招贤纳士"。如战国时齐国的孟尝君、魏国的信陵君、赵国的平原君、楚国的春申君，门下纳士各有几千，甚至一些鸡鸣狗盗之徒也侧足于士的行列。在这批人中，一些佼佼者一跃而为国家将相，如秦孝公下令求贤，商鞅去魏入秦，导演了一场大变法；燕昭王筑黄金台礼聘天下贤士，乐毅应聘，后率五国联军伐齐，立下赫赫战功。再如苏秦、张仪长于政论，善于外交，在当时各国之间纵横捭阖。他如孟子、庄子、荀子、韩非子等人，著书立说，提出各种思想和政治主张，对当时社会及后代的思想产生了巨大的影响。

### 两汉——"察举"与"征辟"

秦始皇之所以能统一中国，与他的用人政策分不开，在统一战争中，他废除分封制和贵族特权，注重选拔有实际经验的人才，"宰相必起于州郡，猛将必发于卒伍"，并实行"王者不却众庶"的政策；秦朝之所以短命，也与用人有关系，如对士采取消灭的政策，依靠狱吏来进行统治等等。

至汉，形成了一套较为完整的选拔官员制度，其方法之一是察举。察举是由诸侯国和州郡等地方长官在所辖区内随时考察、选取人才，推荐给中央以备录取。察举的科目很多，常见的有贤良方正（品德贤良、行为端正）、能言极谏（敢于批评、建议）、孝廉、明经等，其考核的方式有策问、对策、射策等。策问类似口试，对策是将有关政事或经义方面的问题提出范围，写在简策上让应举作答，射策类似抽签考试，被考核者用矢投射写有问题的简策，然后解答射中的简策上的问题。汉代选拔官员的另一种方法是征辟，征是皇帝征聘社会知名人士到朝廷充任要职，辟是中央宰相级（司徒、司马、司空）或地方政府刺史级的官僚可以征聘属吏，然后向朝廷推荐。此外，在东汉时期，光武帝诏令按"四科取士"，"一曰德行高妙，志节清白；二曰学通行修，经中博士；三曰明达法令，足以决疑，能案章覆问，文中御史；四曰刚毅多略，遭事不惑，明足以决，才任三辅令，皆有孝悌廉公之行。"

### 魏晋南北朝——"九品中正制"

两汉时期的察举制到了东汉末年，已为门阀士族所操纵和利用，滋生出种种腐败的现象，曹操当权后求贤若渴，唯才是举。延康元年（公元220年）曹丕继为魏王，采纳吏部尚书陈群的建议，建立"九品官人法"，史称"九品中正制"。九品是上中下三类又各分上中下三品，中正是推选朝宫中"贤有识鉴"者担任州郡的"中正"，负责对士人品级的评定。九品中正制上承两汉时期的察举制，下启隋唐时期的科举，在中国古代政治制度史上占有十分重要的地位。晋代以后，中正的职权把握在大小豪门士族手中，因而九品中正制也就逐渐转化为巩固门阀特权的工具了，以致形成后来的"上品无寒门，下品无士族"的局面。

### 隋唐之后——科举制度

鉴于上述情形，隋朝在统一全国后废除了九品中正制，隋炀帝大业二年（公元606年）正式设立进士科，实行"开科取士"，即通过公开考试的方式来录取任用官员，这种制度一直延续到清光绪二十七年（公元1903年），其特点在于把读书、应考和做官紧密地联系为一体。隋代的进士不同于前代的"孝廉""秀才"，进士先由州郡策试，再由朝廷策试，以其成绩作为录取的标准；而孝廉、秀才则以"德行"及门第为重，考试成绩并非录取与任用的唯一标准。

唐代发展了隋代制置的科举制度，其考试大致可以分为常举和制科两大类。常举每年举行，科目包括秀才、明经、进士等50多种，其中秀才科较难考，每年只录取一、二人；明经科是考死背硬记；进士科要考时务策，高宗时还加试"杂文"。进士要比明经等科难考，所以时人把考中进士比作"登龙门"，谚有"焚香礼进士，彻幕待经生"之语。其他各科的考试，也都各有不同的规定。制科类是皇帝临时设置的科目，有贤良方正直言极谏科、才识兼茂明于体用科等百余种。唐代考生的来源主要有三：一是国子学、太学及各地学校的学生，称"生徒"；二是不在学馆，经所在郡县考试合格者，称"乡贡"；由乡贡到尚书省参加考试者，称"举人"；三是皇帝诏令考核的那些知名人士。在唐代，州县级的考试称"解试"，尚书省（礼部）的考试称"省试"，省试在春季举行，故又有"春闱"之称。进士及第的第一名称状元，凡进士要做官还需经吏部"选试"，选试的内容有"身"（相貌端正）、"言"（言词清楚）、"书"（字迹遒美）、"判"（明断争讼）等。此外，唐代还有以诗赋取士的制度。

宋代更重视科举，太祖时正式建立了殿试制度，因而宋代的考试分为解试（州府）、省试（礼部）、殿试（皇帝）三级。南宋以后，殿试第一名称"状元"，第二名称"榜眼"，第三名称"探花"。宋代的科举尤重进士科，进士又分为三等，一等称进士及第，二等称赐进士出身，三等称赐同进士出身。王安石变法后，规定进士要考四场，一大经、二兼经、三论、四策。考试内容和方式就总体而言是注重阐明经义，同时，宋代科举取士较之唐代数量要大，授官也多。

元代科举分乡试（行省）、会试（礼部）、御试（殿试）三种，明显地与前代不同者是实行左右两榜考试。元代将人分为四等，蒙古人最尊贵，其次是色目人，这两种人考中后列一榜，称"右榜"；汉人（灭金后收服的人）和南人（灭宋后收服的人）考中后另列一榜，称"左榜"。两榜考试内容的难易、录取以及授官都有很大的差别。

明代科举实行四级考试制，即院试、乡试、会试、殿试。院试是省、府所在地方书院的考试，院试及格者称"生员"，俗称"秀才""相公"；乡试三年一考，每逢子、卯、午、酉年举行，考期在秋八月，故有"秋闱"之称，考中者称"举人"，其第一名称"解元"；会试在乡试的第二年，考期在春二月，故又称"春闱"，应考者为乡试考中的举人，考中者称"贡士"，其第一名称"会元"；殿试由皇帝主持考策，试后分三甲出榜，称谓大致同于宋代。明代考试最主要的特点在于以"八股取士"，八股文的格式非常呆板，规定由破题、承题、起讲、入手、起股、中股、后股、束股八个部分组成，每一部分的句数、句型也都有一定的规定。这种固定的模式、僵化的格调贻害极大。

　　清代的科举基本上沿袭明制，与明制相异者正与元相似，即分满汉两榜取士。一般说来，状元授翰林院修撰，榜眼、探花授翰林院编修，其余进士再经朝考，分别授各部职员和知县等职。

# 第八讲　古代的婚姻家庭制度

　　婚姻与家庭是社会学与法学研究的重要课题，它与其他社会关系不同，本身具有自然属性。两性差别及其固有的性本能，是婚姻的生理基础；父母子女、兄弟姐妹等家庭成员又有着血缘上的联系，而繁衍后代又是家庭的重要功能。但是一定的婚姻家庭形态总是与一定的社会发展阶段相适应，婚姻家庭的产生、发展、变化以及在社会中的地位、作用，都要受到社会其他关系不同程度的制约和影响，因此，婚姻与家庭又具有社会性。这里需要特别说明的是：中国古代的婚姻家庭从一个侧面反映着中国古代文化，同为一种形态的婚姻家庭也会因时代、民族、地域的不同而有所差异，本篇只是就中国古代婚姻家庭制度的总体情况而言，并不排除其特殊性和差异性。

## 一、古代婚姻的形式与程序

　　所谓婚姻，在古人看来是合男女之谓也。用《礼记·昏义》的话说就是"婚姻者，合二姓之好，上以事宗庙，下以继后世。"而婚姻的形式，主要是指嫁娶的方式，在原始社会虽然有所谓群婚、血缘婚、亚血族婚等婚俗，但很难谈得上现代"婚姻"意义上的形式。中国从进入奴隶社会以后，婚姻的形式主要是聘娶婚，同时伴有劫夺婚、交换婚、收继婚、招婿与童养等方式。

　　**聘娶婚**　这种形式的婚姻至迟产生于周代，它的形成必须有父母之命，经过媒妁之言，而后按照一定的仪式成婚。其特征有二：一是包办，所以《诗经·南山》曰："取妻如之何？必告父母"，"取妻如之何，匪媒不得"；二是买卖，《礼记·曲礼》径言："非受币，不交不亲"，《唐律疏议》也说："聘礼先以聘财为信……虽无许婚之书，但受聘财亦是。"依照礼制，聘娶婚的完整程序要经过"六礼"：一为纳采，即男方请媒人沟通，然后以雁等物为贽，行正式采择之礼；二是问名，即询问了解女子的家世、身份、出生年月等等；三是纳吉，即求神问卜，若是吉利，便请媒人告知对方；四是纳徵，即向女方家中交纳聘财；五是请期，即双方议定聘娶的具体日期；六是亲迎，即新郎去迎娶新妇。"六礼"具备，婚姻关系始告成立。但妇至夫家，尚有同牢、合卺、见舅姑等仪礼，方才成妻。"六礼"是礼制的要求，在具体的娶聘过程中无论是当时还是后代，不一定严格履行，而且后来的朝代对"六礼"的具体内容也有增删调改。

聘娶婚的仪式在周朝以前并不热闹，《礼记·郊特牲》："婚礼不用乐，幽阴之义也；婚礼不贺，人之序也。"《礼记·曾子问》亦云："娶妇之家，三日不举乐。"汉代以后，婚礼渐次奢靡，据《潜夫论·浮侈篇》《盐铁论·国疾篇》等记载，汉朝时有钱人家的婚礼要鼓乐大作，盛摆席宴，而婚仪的车队往往数里，奴仆拥遮道路。到唐代民间亦竞相铺张，《新唐书·韦宙传》："初俚民婚，出财会宾客，号破酒，昼夜集多至数百人，贫者犹数十。力不足，则不迎，至淫奔者。"其间，虽有敕令禁止聚众奢侈，然而令行不止，愈演愈烈，尤其是宋朝以后，豪门富户的婚礼更是变本加厉。至于聘娶的细节，虽因时代和地区不同而有异，但重其仪式这一点是相同的，兹以《东京梦华录》所载宋代婚仪为例：

凡娶媳妇……前一日女家先来，挂帐铺设床卧，谓之铺房。女家亲人有茶酒利市之类。至迎娶日，儿家以车子或花檐子发，迎客引至女家门，女家管待迎客，与之彩缎，作乐，嫁妆上车、檐。从人未肯起，吵咬利市，谓之起檐子，与了然后行。迎客先回至儿家门，从人及儿家人乞觅利市钱物花红等，谓之拦门。新妇下车子，有阴阳人执斗，内盛谷豆钱果草节等，咒祝望门而撒，小儿辈争食之，谓之撒谷豆，俗云厌青羊等杀神也。新人下车檐，踏青布条或毡席，不得踏地，一人捧镜倒引，引新人跨鞍、蓦草及称上过门，于一室内当中悬帐，谓之坐虚帐，或只径入户中坐于床上，亦谓之坐富贵。其送女客急三盏而退，谓之走送。众客就筵，三杯之后，婿具公裳花月生簇面，于中堂升一榻、上置椅子，谓之高坐。先媒氏请，次姨氏或妗氏请，各斟一杯饮之，次丈母请，方下坐。新人门额用彩一段，碎裂其下，横抹挂之，婿入房，即众争扯小片而去，谓之利市缴红门。婿于床前请新妇出，二家各出彩缎，绾一同心，谓之牵巾，男挂于笏，女搭于手，男倒行出，面皆相向，至家庙前参拜毕，女复倒行，扶入房，讲拜男女各争先后，对拜毕就床，女向左、男向右坐，妇女以金钱彩果撒掷，谓之撒帐。男左女右留少头发，二家出匹缎、钗子、木梳、头须之类，谓之合髻。然后用两盏以彩结连之，互饮一盏，谓之交杯。酒饮讫，掷盏并花冠子于床下，盏一仰一合，俗云大吉，则众贺喜。

**劫夺婚** 这种婚姻是用抢夺的方式强娶女子。《易经·归妹》中"乘马班如，泣血涟如，匪寇，婚媾"反映的就是这种婚姻。据史籍记载，古代社会有不少是借助战争的手段掠夺妻妾，如周幽王伐褒氏而娶褒姒，春秋时晋献公伐骊戎而娶骊姬，三国时曹操破邺后夺袁熙妻为儿媳，元朝时太祖出征亦难察汗而占其妻为已有，明朝时宪宗征蛮俘纪氏为后，清朝时高宗平定回疆掠某酋长妃为妃。也有的是依仗权势夺人妻妾，如春秋时卫宣王、楚平王及后来的唐玄宗夺儿媳为已有，三国时吴国孙皓夺冯纯妻，元朝时太祖夺也速干皇后之姐而杀其夫等。民间的劫夺婚更是屡见不鲜，《左传·襄公二十五年》载，郑国一小贩在晋国遇迎亲者，劫其新娘为妻；《北史·高昂传》载，高昂协助其兄高乾夺崔氏女为妻；《新五代史》载，刘智远为军卒时，牧马晋阳，劫李姓女子为妻等等。至于富豪人家，纨绔子弟强夺良家妇女为妻妾者，那更是不胜枚举。

**交换婚** 即双方家长互相交换其子女而结成夫妻，这种婚姻形式由来已久。早在西周时，姬姜两姓世代为婚。《宋书·后妃传》载：孝武帝之姑嫁王偃，生子名藻，生女名宪源，孝武帝娶宪源为皇后，同时将其妹临川长公主许配藻。辽、金、元时，世代交换婚颇为普遍，辽的公主都嫁萧家，而萧家女子多为辽的后妃。《元史·公主表》载，弘吉剌氏特薛禅父子战功卓著，皇帝圣旨："且约生女为后，生男尚主，世世不绝。"古代民间交换婚亦常有之，不过与上层统治者把交换婚作为巩固和扩大势力范围的政治手段不同，多是由于经济上的原因，一方家长以其女许对方之子，同时娶对方之女为媳，这种婚姻形式直到新中国建立初期在落后贫穷的农村仍留有遗迹。

**收继婚** 这是子或弟在父或兄亡故之后，娶庶母及嫠嫂为妻的一种婚姻，当然也包括兄收弟妻的现象。例如春秋时诸侯国经常出现的"蒸""报"行为，再如隋炀帝收其父爱姬宣华、容华二夫人为己有的情形。收继婚姻盛行于中国古代以游牧为业的少数民族，汉朝时匈奴、西羌、乌桓，宋时女真，元朝时蒙古族都实行过这种婚姻，例如和亲匈奴的王昭君在呼韩邪单于死后，为躲避收继婚的厄运，上书要求返归故土，但汉成帝却令她"从胡俗"，因而被呼韩邪单于的长子收继为阏氏。在民间兄收弟媳、弟继兄妻的现象相习为风，《明律集解·附例·户婚门》规定："兄亡收嫂、弟亡收弟妇者，各绞。"清律也有类似的规定，这也从另一面说明这种婚姻的存在。与收继婚相近者还有续嫁婚，这是指姐亡之后，其妹续嫁于姐夫，如《三国志·蜀志》卷四载：张后去世，后主续娶其妹为后。这种婚姻形式在中国古代上层及平民社会均习以为常。

**招婿**　所谓招婿，是指在男尊女卑的古代，男到女家落户的婚姻。据《史记》载："淳于髡者为齐之赘婿也。"淳于髡是春秋时期的人，可见这种婚姻至迟在春秋时即出现。《汉书·贾谊传》："家贫子壮则出赘"，出赘即指男到女家落户。这句话也告诉人们，招赘婚的出现与男方家庭的贫穷是紧密相关的。在招赘婚中，男方被称为"赘婿"，很是被人蔑视，唐宋时期径称"疣赘"，元朝时分赘婿为四等：一曰养老，二曰年限，三曰出舍，四曰归宗。明代《户律》附例亦云："凡招婿，须凭媒妁，明立婚书，开写养老或出舍年限。"养老是指奉养岳父母至死；年限是指婿到妻家一定年限，至期仍回男家；出舍是指虽招为婿，但与妻家析居；归宗则是讲在年限期满或妻亡的情况下，离异归宗。招婿婚因时代和地区的差异而有差异，有改从妻姓者，有单独继承妻家财产者，也有与妻家嗣子均分财产者等等。至于招赘之婿与生父家的关系，有的视为出家入道因而断绝家族关系，有的则仍具有继承权。与招婿婚中的某些种类形式上相近的还有所谓"服役婚"，这种婚姻是男子以劳务代财货，在妻家服劳役若干时间，作为娶妻的代价。如《新唐书·北狄传》载：室韦人嫁娶，男到女家服役3年，然后分得一定财产，偕妻回归男家。《大金国志》载，金人旧时风俗：成亲后男在女家做仆役，侍奉妻家尊长，3年后携妻回男家。

**童养婚**　是指女方未及婚龄，儿童时即过门，长大后成婚的一种婚姻。孩童时过门的女子称"童养媳"，这种称谓一般认为起于宋代，元、明、清乃至中华人民共和国成立前，童养婚自上而下遍及全社会。如《宋史·后妃传》载：周贵妃4岁时即进宫，长大后被仁宗宠幸而为贵妃。较之童养婚更为严重的是所谓"指腹婚"，《后汉书·贾复传》载，光武帝为表彰贾复战功，因而宣布"闻其妇有孕，生女邪，我子娶之，生男邪，我女嫁之"。这方面的记载史不绝书，元、明、清虽有禁止这种陋习的法律，然而令行不止，就是到了现代史上的张作霖和曹锟，二人言和时还以指腹为婚相约。

除上而外，中国古代的婚姻形式还有招夫（丈夫死去或生前无力，再招一夫共同生活）、典妻（将妻作为物品典与他人，期满赎回）、虚合（未婚夫亡，未婚妻仍过门终身守节）、冥婚（未婚男子死去后，亲属为之娶鬼妻），上层统治者中还有选婚（挑选良家女子纳入后宫）、赐或赠婚（将搜刮来的民女或罪犯的妻女赐或赠予臣下或宗室子弟）等强制性的婚姻形式。

## 二、古代婚姻的禁忌与消亡

中国古代对婚姻非常重视，因而其禁忌亦多。从时间上来看，在诸多的忌禁中，有永久性的，有临时性的；就内容而言，多数是受礼制的束缚而形成的愚昧禁戒，也有些是合乎科学的。如果把这些禁忌概括起来，大致有以下几类：

**同姓不婚**　姓是同一血统的标志，《礼记·婚义》说："婚姻者，合二姓之好"，《礼记·曲礼》也说："娶妻不娶同姓"，都是讲禁止同一血统的男女互相通婚。之所以同姓不婚，主要是基于两方面的原因：一是遗传方面，《左传》曰："男女同姓，其生不蕃"，《国语》亦云："同姓不昏，惧不殖也"。二是伦理方面，《春秋传》说："不娶同姓者，重人伦，防淫泆耻与禽兽同也"，《白虎通》也说："同姓不得相娶，皆为重人伦也"。同姓不婚在古代法律上也有明文规定，如唐、宋户婚律中规定，同姓相婚，处徒刑二年；若同姓同宗则加重处罚，以奸治罪。明、清律例也规定：同姓为婚，各杖六十，勒令离婚；同宗无服亲者杖一百，若娶缌麻以上亲者，以奸论罪，处刑自徒刑三年至绞、斩。据考，同姓不婚始于西周，但在春秋时，有些贵族已经突破这种禁忌，如鲁哀公娶同姓女为妃，卢蒲癸娶同姓女子做妻。后代同姓相婚也屡见不鲜。

**良贱、官民不婚**　良贱不婚的实质是讲究"门当户对"，这种情形在汉朝时并不怎么禁止，北魏时渐严其禁，规定凡皇族贵戚及士民之家与百工伎巧卑姓为婚者加罪。《唐律》规定："诸与奴娶良人为妻者，徒一年半，女家减一等，离之。其奴自娶者亦如之……即妄以奴婢为良人，而与良人为夫妻者，徒二年，各还正之；诸杂户不得与良人为婚，违者杖一百。"宋承唐制，金朝时稍有放松，但元代又严其禁，明清时与唐略同，不过处刑有所减轻。官民不婚的情况大概始于唐朝之前，所以《唐律·户婚》规定："诸监临之官娶所监临女为妾者，杖一百，若为亲属娶者亦如之，其在官非监临者减一等，女家不坐。"此后历代皆有此禁，明、清法律还规定："文武官吏娶乐人妓者杖六十，离异归宗，财礼入官。"

**宗亲不婚**　这主要是从伦理的角度着眼的，《唐律》规定："娶尝为同宗无服亲及袒免亲之妻者，各杖一百；娶缌麻之妻如族伯叔祖母、族伯叔母、族兄弟妻、堂侄孙妇，曾侄孙妻，各徒一年；娶小功、大功、期亲之妻，以奸论；妻妾中之侄妇，小功中之伯叔祖母、堂叔伯母，各绞；娶堂兄弟妻、再从兄弟妻、堂侄妇、堂孙妇，各徒三年。"明、清律例也规定：收伯叔母、各斩立决；收兄弟妻者，绞决；若为亲属之妾，则各减妻罪二等；娶被同宗亲属逐出或因夫死曾改嫁的妇女为妻妾者，各杖八十。尽管法律如此严格地限制宗亲婚，但限制归限制，执行归执行，社会中上述现象依然频频出现。

**中表及其他亲属不婚**　姑舅姨表兄弟姐妹之间的通婚在宋代之前习见，如汉武帝娶其姑之女陈氏为后，刘宋孝武帝的文穆皇后亦其姑之女，梁文帝之张氏系其从姑之女，唐长乐公主嫁其母之侄长孙冲，宋苏洵以其女嫁内侄程之才等等，但是《宋刑统》将中表不婚定为律例，规定"中表为婚，各杖一百，离之"。其后，明、清也有"若娶己之姑舅两姨姐妹者，杖八十"的律条，对中表为婚予以限制。同时，法律还对其他亲属如异父同母的兄弟姐妹之间的婚姻也加以禁止，《唐律疏议·婚姻》："若外姻有服属……及娶同母异父姐妹……亦各以奸论。"明朝正统十二年还颁令禁止异母异父兄弟姐妹间的通婚。中表为婚与近亲为婚，从遗传学的角度讲，是不利于人种繁衍的，唐、宋之后的法律禁止这些婚姻，有其科学的一面，但在实际生活中，并没有得到禁止，例如大诗人陆游的前妻即其舅的女儿。

除以上各种禁婚之外，《公羊解诂》还有"五不娶"之说："丧妇长女不娶，无教戒也；世有恶疾不娶，弃于天也；世有刑人不娶，弃于人也；乱家女不娶，类不正也；逆家女不娶，废人伦也。"另外，还有奸逃不婚（不许有通奸关系的男女结婚，不许与在逃的女子结婚）、僧道不婚等禁婚规定，以及值帝王崩、居尊亲丧、直系尊亲被囚等短期情形不得娶嫁的规矩习俗。

**婚姻的消亡**　婚姻的消亡主要有两种情况，一是自然消亡，即夫妻一方死亡、出家为僧尼或拟作死亡的失踪；二是离婚。在自然消亡中，皇家贵族妻死一般由其他妃嫔递补，称为"继室"，如《左传》载："惠公元妃孟子卒，继室以声子，生隐公。"《宋书·后妃传》载："孝穆后殂，孝皇帝聘后为继室。"在民间，妻死再娶的妇人称"填房""续弦"等。如果是夫死，情况便有所不同了，《礼记·郊特牲》曰："一与之齐，终身不改，故夫死不嫁"；《列女传》提倡"避嫌别远，终不更二"；《女诫》主张"夫有再娶之义，妇无二适之文"。不过，这种限制并不严格，例如春秋时孔子的儿子伯鱼死后，其妻虽生子思，仍改嫁于卫；汉末蔡文姬先嫁卫仲道，卫死改嫁匈奴左贤王，生有二子，后被曹操赎回，又嫁董祀。唐时历朝公主夫死寡居再嫁者达二十七人，其中四人分别嫁过三次；大儒韩愈的女儿先嫁李氏，李死又嫁樊宗懿等等。严格说来，反对寡妇改嫁的社会风气是在宋代程朱理学的大肆渲染下才愈演愈烈的，程颐不仅宣扬"饿死事极小，失节事极大"，反对寡妇改嫁，而且反对男人娶寡妇，他说："若娶失节者以配身，是己失节也。"朱熹继续宣扬这些观点，以致在人们的观念中形成了寡妇改嫁是奇耻大辱。此后，历代王朝对守节寡妇也大加褒奖，《元典章》曰："今后举节妇者，若三十以前夫亡守志至五十以后晚节不易、贞正著明者，听各处邻佑社长明具实迹，重甘保结申复。"明清会典中也有"民间寡妇三十以前夫亡守志、五十以后不改节者，旌表门闾，免除本家差役"的规定，这样，"不嫁二男""从一而终"的思想就牢牢禁锢着人们的头脑。

古代并无"离婚"这个词，离婚在古代称为休妻、出妻、弃妻、放妻、逐妻、黜遣等等，从这些词的字面上我们也可以看出离婚是夫家的专有权，礼制上把形成离婚的理由称作"七出"或"七去"，这种规范见于《大戴礼记》："妇有七去：不顺父母，去；无子，去；淫，去；妒，去；有恶疾，去；多言，去；窃盗，去。"《大戴礼记》对"七去"的解释是："不顺父母者，为其逆德也；无子者，为其绝世也；淫僻者，为其乱族也；嫉妒者，为其乱家也；恶疾者，不可与共粢盛也（按：粢指供祭祀之谷，其器曰盛，粢盛系指代祭祀）；多口舌者，为其离亲也；窃盗，为其反义也。"可见，这些规范是围绕家族的利益而言，并非从夫妻感情的角度着眼。当初"七去"只是礼制方面的规范，但"法出于礼"是中华法系的一个重要特点，因而到唐代"七去"之条便纳入法律之中。其后，宋、元、明、清的法律都有这些规定，只不过次序和用词略有差异而已。

在古代的离婚中，有一种是属于法律强制离异，称为"义绝"。"义绝"最早见于唐律，《唐律疏议》解释"义绝"适用于下列情况：其一，夫妻间互殴对方的祖父母、父母，及杀害对方的外祖父母、伯叔父母、兄弟、姑、姐妹；其二，夫妻祖父母、外祖父母、伯叔父母、兄弟、姑、姐妹之间互相杀害；其三，妻与夫之缌麻以上亲奸，或夫与妻母奸；其四，妻欲害夫。如果夫妻间发生上述情况之一，则表明情义断绝，应当自动解除婚姻关系，否则便强制离异，并给以惩罚。

在漫长的古代社会，有关离婚的社会风俗和法规律令基本上是维护夫家利益的，只是在元代，法律在离婚方面对妇女的权益多少作过一些保护，规定在逼妻为娼、典妻与人、妻之近亲被夫强奸或妻被夫父强奸的情况下，官府断离。

## 三、古代的家庭制度

中国古代的家庭既是生活单位，又是生产单位，人们以家庭为单位进行小生产，同时每个家庭成员又在家庭中取得生活资料，合家福祸同当，荣辱与共。古人推崇大家庭，尤其是豪门巨富，累世同居，见于史者，最高纪录有超出 20 几世的。据《嘉泰会稽志》载："平水云门之间有裘氏，自齐梁以来七百余年无异爨……盖二十四五世矣。"又《宋会要》载："青阳县民方纲……家属七百口，居舍六百区，每旦鸣鼓会食。"足见家庭规模之大。

**家庭中的家长**　在家庭中家长具有绝对权威，掌握祭祀、经济、与外界交往以及管理家庭每名成员的全权。居于家长之位的必须是家中最尊长者，尊长虽也包括女性，但在古人眼里，"牝鸡无晨，牝鸡之晨，惟家之索"，如果让女人管家，那么将家运索然。因此一个两代的家庭，父亲是当然的家长；一个三代的家庭，祖父是当然的家长；若家中最长辈的男子去世，则由下一代男子继任。《谷梁传·隐公二年》说："妇人在家制于父，既嫁制于夫，夫死从长子，妇人不专行，必有从也"即此之谓。在敦煌的西凉户籍中也发现不少是由家有祖母、母亲的小男儿充任户主，有的小男孩年仅九岁即为"家长"。当然，女性做家长的事例也有，但那必须是在家庭中无男子的情况下，这样的家庭称为"女户"。

**家庭中的财产**　对于家庭的财产，虽然家庭成员都有受益权，但无处分权，只有家长才具有这种权力。《礼记·内则》："子妇无私货、无私畜、无私器、不敢私假、不敢私与。"《唐律疏议》："凡是同居之内必有尊长，尊长既在，子孙无所自专，若卑幼不由尊长，私辄用当家财产者，十匹笞十，十匹加一等，罪止杖一百。"《清律·户役·田宅》还明确规定："一户以内所有地粮家主为之，所有粮财家长专之。"对于父祖未亡，子孙别籍异财的现象，中唐以后的法律都视为犯罪，唐、宋时期要判处三年徒刑，明、清虽然改轻，也要杖一百。家长还有惩戒家庭成员的权利，对违反意愿的子孙，要行使权威教训，或诉诸武力惩戒。《颜氏家训》："笞怒废于家，则竖子之过立见。"《郑氏家训》云："卑幼不得抵抗尊长，其有出言不逊、制行悖戾者，诲之不悛者则重垂之。"家教如此，国法如《唐律·斗讼》也规定"即有违反教令，依法决罚"，可见家教是有国法作后盾的。家长还有包办子女婚姻的权利，即所谓的"父母之命"，子女对此必须无条件地服从，不得违抗；

对已过门的子孙媳妇，只要家长不满意了，也有权责令他们离异。《礼记·内则》有一段话很能反映这种权力："子甚宜其妻，父母不悦，出；子不宜其妻，父母曰是善事我，子行夫妇之礼焉，没身不衰。"这就是说儿与媳非常和睦，但父母不高兴就得离弃；儿对媳感情再不好，但只要父母喜欢，终身不得离异。

**父母与子女的关系**　古代家庭中父母与子女的关系较之现代要复杂得多。从子女的角度而言，唐朝有三父八母之说，宋朝有四父六母之说，明朝《吏学指南》则有五父十母之说，并解释说："五父：亲（谓生我身之父也）、养（谓继立我之父，遗抱者同）、继（谓父亡母再嫁者）、义（谓受恩宠结拜之类）、师（谓受业之师也）；十母：亲（谓亲生我身也）、出（谓生我之身为父离异者）、嫁（谓亲母因父亡改适者）、庶（谓母非正室而生我者）、嫡（谓我以妾所生故，以父正室曰嫡）、继（亲母已亡再娶者）、慈（谓妾无子及妾子之无母而父命为母者）、养（谓出继他人为子者）、乳（谓曾乳哺我身者）、诸（谓伯叔母之类通称）。"对父母的称谓不同，表示和己身的亲疏远近不同。

从父母的角度讲，子女有嫡子（正妻所生之子）、庶子（妾所生之子）、奸生子（非婚生子）、嗣子（过继与他人以承其嗣之子）、义子（彼此因恩义而结成的养亲子）、螟蛉子（收养的他人之子）、养女（为补充家务劳动或将来招婿、或养大出卖贪利的女子）等等称谓，父母要对子女的成长尽抚育保护之责，子女则必须对父母尽孝道，绝对服从父母的意愿。在古人看来，子女的身体和生命也都是父母的私有财产，所以《礼记·祭统》说："身也者，父母之遗体也，父母全而生之，子全而归之。"《孝经》也讲："身体发肤，受之父母，不敢毁伤，孝之始也。"同时，子女不能与父母争辩是非，任何时候、任何情况下父母都是正确的，所谓"天下有不是的儿女，无不是的父母"是也。因此不孝在古代被视为极大的犯罪，《孝经》训："五刑之属三千，而罪莫大于不孝。"所谓"不孝"，《唐律·名例》解释它包括检举、揭发祖父母、父母的犯罪行为，背后诅咒祖父母、父母，谩骂祖父母、父母，祖父母、父母在世期间另立户口、私聚钱财，对祖父母、父母等尊长不尽侍养职责，父母丧期三年内娶妻出嫁与寻欢作乐或提前脱去丧服，得知祖父母、父母丧亡隐瞒不报或谎报祖父母、父母丧亡的等等，这些都是不孝，都要受到法律严厉的制裁。至于殴打和杀害尊者的则处以最严厉的刑罚。此外，法律还规定不得弃亲就任，不得犯父祖名讳就任，不得冒哀求仕。

**夫妻关系** 古代虽留下"相敬如宾""举案齐眉"的典故，虽有"在天愿作比翼鸟，在地愿为连理枝"的理想，但夫妻关系，一直是"夫为妻纲"。《仪礼·丧服传》"夫者妻之天也"道出夫妻地位的天壤之别，《白虎通·嫁娶》也说："夫者扶也，以道扶接也；妇者服也，以礼屈服。"女子一旦出嫁，连姓名谥号都要依附于夫，所谓"妇人无名，系男子之为姓；妇人无谥，用夫之爵以为谥"，即言此情。在家庭中，丈夫与妻子的关系极不平等，丈夫可以把妻子作为财产随意处分，在古代留传下来的契约中，卖妻典妻的屡见不鲜。从法律上看也同样是维护夫权，妻对家庭财产既无处分权，又无继承权，《明令》还规定妇女没有诉讼权利。若是丈夫责打妻子，法律认为是理所当然的事，如果妻不堪虐待而自杀，被认为是"自寻短见"，《大清律集解》总注说："家庭闺阃之内，妻妾之过失不论大小，本夫殴非折伤也得勿论，自愿轻生，何罪之有？"

**妻妾与公婆关系** 在古代家庭中，妻与公婆是尊卑关系，《礼记·内则》对妻侍奉公婆是这样规定的："下气怡声，问衣燠寒疾痛苛痒而敬仰搔之；出入则或先或后而敬仰扶持之；进盥，少者奉槃，长者奉水，请沃盥，卒授巾，问所欲而敬进之，柔色以温之"。"有命多应唯敬对，进退周旋慎齐，升降，出入揖游，不敢哕、噫、嚏、咳、欠伸、跛倚、睇视，不敢唾涕。"至于妾其地位更在妻之下，《释名》说："妾，接也，以贱见接幸也。"妾只是用钱买来的玩物和劳动工具，一旦玩够了，主人可以随意出卖或作为礼品送人，即便杀妾在唐律中仅处流刑，明清律则只杖一百，徒三年。

此外，中国古代不少富贵人家养有奴婢，所谓"奴婢"系统称，男奴曰"奴"，女奴曰"婢"。男奴中又有童、仆、僮奴、僮仆、家奴、苍头等称谓，女奴中有青衣、家婢、丫环等名称，他们依附于某些家庭，在法律上带有半人半物的性质。《唐律疏议》曰："奴婢贱人，律比畜产"，"奴婢即同资财，合由主处分"，可见法律不承认奴婢在家庭和社会中的人格。家庭中奴婢与主人的关系基本上是物与物主的关系，可以由主人任意买卖，《唐律·杂律》把买卖奴婢与牲畜买卖相提并论，他们的婚姻也要完全听凭主人的决定，唐、宋律的《盗贼篇》都规定：："奴婢私嫁女与良人为妻者，准盗论；知情娶者与同罪，各还正之。"从中足见奴婢在家庭中和社会上地位之低。

## 四、古代的继承制度

中国古代的继承制度不仅仅是财产继承，还包括宗祧继承、封爵继承等。

唐朝以前家庭的财产如何继承，法律未见明文规定，从众多史料看，多是采取均分的办法，不过给嫡妻长子多分一些以用于祭祀。到唐朝，对财产继承有明确规定，《户令》曰："诸应分田宅及财物者，子承父份；兄弟俱亡，则诸子均分；其未娶妻者别与聘财，姑、姐妹在室者减男聘财之半；寡妻妾无男者，承夫份；若夫兄弟皆亡，同一子之份（有男者不别得分，谓在夫家守志者若改适，其现在部曲、奴婢、田宅不得费用，皆应分人均分）。"宋沿唐制，金、元律略有不同，规定"应分家财，妻之子各四份，妾之子各三份，奸良人及幸婢子各一份。"明清大致与唐律同。

"不孝有三，无后为大"，古人组成家庭的一项主要任务是传宗接代，传宗接代是为了承继香火，承继香火就能对祖先祭祀。祭祀祖先，后辈人人有责，但作为主祭人，就不是人人的事了，只有嫡长子才是合法的主祭人，无嫡长子者，必须立嫡以为宗祧继承人。《唐律疏议》规定，立嫡的顺序及范围为：嫡长子、嫡长孙、嫡子同母弟、庶子、嫡孙同母弟、庶孙等，如果是无后之家，需要收养同宗昭穆相当之男子作为宗祧继承人；如果连这样的嗣子也没有，就要采取"继绝"的其他措施。

在家庭继承制度中，有一种是荣誉继承，即所谓"爵位继承"，它可以世袭。封爵盖始于周朝，当时的爵位分公、侯、伯、子、男五等，秦汉时期一般分为 20 等，其后历代或多或少，到了清代，宗室有 14 等爵位，功臣爵位则多达 27 等。承袭爵位的原则在西汉之前大概只许实子承袭，东汉以后则不限于实子，南北朝时旁系亲属也有承袭爵位者，如《宋书·殷孝祖传》："孝祖子悉为薛安都所杀，以从兄子慧达继封。"唐朝时，承袭公、侯、伯、子、男诸爵的嫡子若无子孙，死后要废除这一封号，不允许兄弟等旁系承袭，但在明朝旁系承袭则是许可的。

与爵位继承相关的是食封继承，食封主要是食邑，当然也包括其他封赐财物。这种封赐在先秦时即盛行，不过与爵位紧紧联系在一起，唐朝时法律上专门将食封继承从爵位继承中独立出来。食封继承是经济上的继承，但它又不同于一般的财产继承，因为它承认女子有限额继承权，而且它不是绝对平均的继承，比如嫡长子可以获得双份。

# 第九讲　古代的礼仪规范

中国素有"礼义之邦"之称，礼仪在古代社会占有极其重要的地位。礼仪的重要不仅表现在它充斥于政治文化、社会生活各个方面，同时还表现在"出礼则入刑"，违犯了礼仪常常要受刑罚的惩处。所以，礼仪既可视为国家的典章制度，又可以作为人们的行为规范与准则。

## 一、礼仪的起源及"三礼"

礼仪的起源，并非有些古书所说的是由先王所制，而是人类在与大自然的斗争中、在社会的群体生活中、在漫长的岁月里逐步积累、自然约定而成。《通典·礼一》曰："自伏羲以来，五礼始彰；尧舜之时，五礼咸备。"但就现有的文献资料和考古材料来看，较为完备和系统的礼仪制度是在西周之时。记载这一时期礼仪制度的有三部书，即《周礼》《仪礼》《礼记》。这三部书并非成书于当时，系后世儒家学者整理而成，所以记载的内容也不完全是西周时的礼仪。到了东汉时期有位经学大师名叫郑玄，他给这三部书作了注释，并写有《三礼目录》一卷。之后，这三部书便号称"三礼"，成为记载古代典章礼仪制度的三部经典。

**《周礼》**　原名《周官》，是一部记述古代王室职官制度的著作，通过记述三百多种职官的职掌进而阐述了对社会政治制度的设想。经古文学家认为《周礼》是周公旦所作，今据有关学者考证，系战国时期作品。《周礼》原有《天官冢宰》《地官司徒》《春官宗伯》《夏官司马》《秋官司寇》《冬官司空》六篇，汉时《冬官司空》篇已亡，由于冬官司空主要掌管工程营造，所以汉儒取记载先秦手工业技术的著作《考工记》补之。《周礼》的体例非常严整，每一官均冠以"叙官"一卷总括设立此官的意义、介绍此官的职掌、员数等。对于各种官职，均是先叙其官名、爵等、员数，然后再分叙其职掌。其中天官冢宰（或称大宰）为六卿之首，百官之长，主要职掌天下政务兼管财政和宫廷事务，辅佐王统治天下，天官系统共有 63 种官职；地官大司徒，职掌邦教、土地、赋税等，地官系统共有 78 种官职；春官大宗伯，职掌邦礼，主管宗庙祭祀等，春官系统共有 70 种官职；夏官大司马，职掌军政，统领军队，夏官系统共有 69 种职官；秋官之长大司寇，职掌刑典，负责狱讼刑罚等司法政务秋官系统共有 66 种职官；《考工记》则是在总叙各项工艺、职务后，分述 30 种工匠职务。《周礼》是研究先秦时期各国政治及官制的重要资料。

《仪礼》 又名《礼》《士礼》，约成书于战国时，非一时一人编定，系春秋战国时期礼仪制度的汇编。内容包括士冠礼、士昏礼、士相见礼、士丧礼、士虞礼、特牲馈食礼、少牢馈食礼、燕礼、聘礼、觐礼、公食大夫礼、射礼，及乡饮酒、有司彻、丧服等 17 类礼仪，其中以《丧服》影响最为深远，封建社会的尊卑长幼、男女有别的精神于其中最为明显。

《礼记》 有大戴、小戴之分，一般是指汉代戴圣传记的小戴礼记，其内容主要是阐明礼的作用和意义，对经文做出解释、说明或补充。清末学者梁启超将其内容分为五类：一是通论礼义及学术之属，如《礼运》《大学》《中庸》等；二为解释《仪礼》之属，如《冠义》《昏义》《射义》等；三系杂记孔子言行及其弟子时人杂事之属，如《孔子闲居》《檀子问》等；四是带有考证性质的关于古代制度礼节的记载，如《王制》《曲礼》《礼器》等；五是记载格言之属，如《少仪》《儒行》中的部分内容。此外还有讲天文的《月令》、讲教育的《学记》、讲音乐的《乐记》等等。《礼记》的内容十分丰富，是研究古代社会礼仪文化、典章制度和儒家思想的重要资料。

春秋战国时期，社会发生剧烈的变动，一些古礼在发展变化后被时代废弃，一些新的行为规范和准则应运而生，一些儒家学者着手进行整理，阐理析义，系统总结，编次为吉、凶、嘉、宾、军五类。之后历代虽有增损改调，但各种繁富的礼仪基本上可归纳于上述五类。到了清代，有位叫秦惠田的学者作《五礼通考》，较为系统地阐述了五礼的渊源流变。以下主要依据秦氏的著述，择要对中国古代礼仪作些阐述。

## 二、吉 礼

吉礼是有关祭祀的典礼，居五礼之首，吉训为福，有事神致福之意。吉礼主要是对天神、地祇、人鬼的祭典。在祭典天神这一门类中，又可以分出若干项目：

**祀天帝**　祭祀天帝在殷商时期就蔚然成风，这在甲骨文中可以得到佐证。古人认为天圆地方，所以周代便有圜丘祀天的祭典。圜同圆，圜丘是一种圆形的祭坛，每年的冬至之日，周天子率领百官要到圜丘举行隆重的祭祀天帝典礼，称之为正祭。秦汉之后，祭祀天帝的时间和方式不尽相同，但大致保留了定时在国都南郊祀天的传统。到明洪武十年（公元1397年），朱元璋建大祀殿，改露天祭祀为殿内。明成祖迁都北京，于永乐十八年（公元1420年）在正阳营建成大祀殿。清袭明制进行扩修改建，在乾隆年间营建成我们今天所能看到的天坛建筑群。祭祀天帝还包括祭祀五帝、日月、星辰，还有祈谷、大雩之礼，并建有明堂等场所。

**祭地祇**　大地广袤，生长五谷，养育万物，中国古人对大地十分崇拜，因而有"父天而母地"之说。至晚在殷商时期，人们就有对"社"的祭祀，祭祀社的礼仪称为"宜"。《周礼·春官·小宗伯》说："建国之神位，右社稷、左宗庙。"社是土地神，稷是谷神，后来"社稷"成为国家的代称。祭祀社稷目的是祈求五谷丰登，六畜兴旺。最初祭社与祭稷是分开进行的，祭社设社坛，社坛上还供立着一个象征神位的"主"，历代多用具有代表性的树木为"社主"，后来演变成一块木制的牌位。古代祭地祇举行方丘祭地的仪式，一般于每年夏至之日在国都的北郊举行祭典。明嘉靖年间，在北京安定门外建成地坛，专用于每年夏至的祭祀地祇活动。清朝时扩建增修，成为今日可以见到的地坛建筑群。祭典地祇，古代还有望祭天下名山大川的仪式，三山五岳、四渎、四海、五镇皆在祭祀之列。[1]

在古代祭祀天地的仪式中，值得一提的是"封禅"，封为祭天，禅为祭地，封禅一般同时进行。封，都在泰山进行；禅，一般在泰山附近的梁父山、云云山、肃然山等处，有时也在会稽山。封重于禅，这是因为天高于地，天为阳，地为阴。封禅的仪式不但神秘，而且复杂，比如公元前218年秦始皇封禅时，先召集儒生博士70人在泰山脚下询问礼仪，众说纷纭，莫衷一是，最后不得不自定仪式，从山南至顶，"立石颂德、明其得封"，而后从北坡下山，禅于梁父，礼节繁缛，行为诡秘。唐高宗时封禅泰山，兴师动众，从驾文武百官及仪仗队伍长达百里，更有天竺、高丽、波斯等众多国家使者随驾。

--------

〔1〕 三山是传说中的蓬莱（蓬壶）、方丈山（方壶）、瀛洲（瀛壶），今有黄山、庐山、雁荡山新三山的说法。五岳：东岳泰山，南岳衡山，中岳嵩山，西岳华山，北岳恒山。五镇：东镇沂山（山东潍坊），南镇会稽山（浙江绍兴），中镇霍山（山西霍州），西镇吴山（陕西宝鸡），北镇医无闾山（辽宁锦州）。四海：东海、南海、西海、北海。四渎：东渎大淮，南渎大江，西渎大河，北渎大济。

统治者封禅是为了粉饰太平，夸示夷狄，告诉天地改朝换代，当然也不乏企望升天成仙，长生不老，汉武帝封禅泰山即典型一例。这种祭祀天地的大典，直到南宋后才从形式上废止，之后的数朝皇帝将封禅与郊祀合二为一了。

**奠人鬼** 祭奠人鬼，是古代吉礼中的重要内容，包括祭奠前代帝王、先祖先宗、先圣先师、先农先蚕等难以计数的鬼神。祭奠鬼神的礼仪，在殷商甲骨文中即有诸多的记载，周代的祭奠更趋于缜密。值得一提的是历代相沿不衰的宗庙祠堂制度。

古人认为：人死而为鬼神，鬼神应有归宿，亡灵应有寄居之所，于是便设宗庙以供奉享祀。据《礼记》所载，周代天子三昭三穆，与太祖之庙合而为七，自始祖以下，父庙曰昭，子庙曰穆。宗庙四周有墙垣，称为都宫。都宫之内，诸庙南向，左昭右穆，按照世次递相排列。祭奠仪式中，先卜筮选尸，即以占卜的形式从活着的孙辈中选出一名尸，作为死去先祖的代表，来主持祭奠活动，并要做好洒扫修除、择士斋戒等准备工作。祭奠时把写有五谷名称的小旗插在装有祭品的簋、鼎等礼器上，奉告祖先已献上丰洁的粢盛；然后由尸将盛于彝器中的香酒洒在地上，将肢解的牛、羊、猪三牲及血腥供奉于神主座前，以示对鬼神的虔敬怀念之情。

宗庙的正祭因时间不同而称谓相异，春曰祠、夏曰礿、秋曰尝、冬曰烝，加上腊祭，一年五祀。过 3 年或 5 年举行一次大祭，称之为帝祭。此外还有按照节气时令供奉祖庙的仪式，称之为"荐新"。宗庙祭奠，要行叩拜之礼。《周礼·春官·太祝》载：一曰稽首（下跪之后两手着地，叩头至地且作一段停留），二曰顿首（下跪之后两手着地，叩头至地，稍停即起），三曰空首（两手拱地，引头至手），四曰振动（两手相合，动身而拜），五曰吉拜（先拜而后将额头触地），六曰凶拜（先将额头触地，表情严肃，而后再拜），七曰奇拜（屈一膝而拜），八曰褒拜（先行拜礼，而后为回报他人行礼再拜），九曰肃拜（俯身拱手行礼）。

当然祭奠仪式中并非九种礼都行，一般只行稽首礼。不过需要说明的是，上述九礼适用于不同的场合，被广泛用于各种社交活动之中。祭奠中的鼎彝礼器也都有一定的规矩，天子的祭器是国之重宝，称之为"宗彝"，需妥善保藏，若被迁走，则表示国家被灭，所以古书有"桀有昏德，鼎迁于商"，"商纣暴虐，鼎迁于周"的记载，也有楚庄王别有用心地问王孙满周朝九鼎"大小轻重"的故事。此即所谓的"祭器不逾境"。诸侯大夫的祭器亦为家之重宝，所以《礼记·曲礼》讲"君子虽贫不鬻祭器"。

大约到了南宋时期，宗族祠堂制度作为对宗庙制度的补充得以盛行。祠堂分四龛，供奉高祖、曾祖、祖、考四代神位，龛前设有供桌，置香炉或香盒，烧香进馔，四时祭祀。

## 三、凶　礼

凶礼是表达哀悯之情、实施救灾中的礼仪。主要有丧、荒、灾等三种典礼。

**丧礼**　丧礼是在举办丧事、殡殓死者及居丧祭奠过程中的种种礼节仪式，是对各种不同关系的亡者通过一定的服丧仪式和过程来表达不同程度的哀悼。丧礼的名目繁杂，仪式琐细，从初终到终丧有一连串的仪式礼节。

病危之人初终，天子曰崩、诸侯曰薨、大夫曰卒、士曰不禄、庶人曰死。寿终要居于正寝，诸子亲属侍者皆须哭泣。确认死者断气后，要举行招魂的仪式，称之为复。然后要安放遗体，在死者口中放入珠、玉、贝、米等类东西，称之为饭含。再为死者洁身栉发，修剪指甲，用特制的殓衾覆盖尸体，并在堂前庭中设置神主牌位，称为设重；晚上还要燃烛，称为设燎。同时要以帷帐把死者与活人隔开，死者的家属则要除去华装饰品，易服着素，并派人向死者的亲朋家属报丧，后世还要以死者长子的名义发送讣告，称之为命赴。亲友接到讣告后要前来吊丧，举行吊唁（对死者表示哀悼、对家属进行慰问）、致襚（赠送死者衣被）等仪式，之后举行小殓、大殓的仪式。小殓是为死者正式穿上入棺的寿衣，大殓是指入棺仪式，同时伴随规模较大的祭奠哭丧活动。大殓礼毕称既殡，既殡之后家属要按血缘的远近衣着不同等级的丧服，称之为成服。成服由重至轻，分为斩衰、齐衰、大功、小功、缌麻五个等级，每一种服制都有特定的服饰、时间和行为限制。成服要穿到下葬之后，每天早晚要在棺前哭奠，下葬前两天晚上，要在棺前作最后一次哭奠，称之为既夕哭。同时请人占卜算卦，查看风水，选择墓地和下葬的日期。下葬的前一天，将灵柩迁入祖庙进行祭奠，称祖奠。若死者系高官名士，还要举行赠谥号之礼。

下葬之日要举行盛大的发引仪式，后世称之为出殡，有致丧乐队、家属亲友及送葬人等组成仪仗队伍，后世的仪仗队伍常有和尚道士跟随灵车念经诵祝，并一路抛撒纸线。灵柩到达墓地，仍要举行祭奠仪式，在默哀和哭声中，将灵柩及随葬品掩埋，并筑土成坟。埋葬死者之后，还有反哭、虞祭等仪式，反哭是家属回到停柩之处升堂再哭，虞祭是安抚死者灵魂的仪式。之后又有卒哭之祭，先秦时这种仪式因死者的身份不同而间隔的时间也不同，后世这一仪式一般在丧后第一百日举行，在民间则受佛教的影响，有"做七"的仪式，七七四十九天举行卒哭之祭，表示从此之后，死者魂飞魄散，离开家宅。丧礼的仪式繁复，这里不再细述。

**荒礼** 荒礼是国家和官衙在救荒赈灾中采取的礼仪制度。依据《周礼·地官·大司徒》所载，荒礼的内容主要有：

散利：遇有较大的自然灾害，以国君的名义无偿地赈给灾民；在发生青黄不接的情况下，将食物钱财借给灾民，收获后归还。

薄征：遇有灾祸，国君下令蠲免、减少或缓征租赋。

缓刑：遇有凶荒之年，对于触犯刑律的灾民，在执法中适当宽缓，以示哀矜。

弛力：灾荒之年，对于灾民减免徭役，或实行交纳钱财以顶替徭役的方法。

舍禁：凶荒之年，对灾民开放皇家山泽园圃，使之入内采摘猎捕，以为生计。

去饥：凶荒之年，对灾民放松关肆之禁，宽缓关市之征，使之通过关卡到无灾区域生活，或废除商贾进入灾区关卡的征税，从而使灾区的财物得到更多的调剂和流通。

省礼：国有灾荒，降低礼仪规格，减少庆贺、祭祀典礼或干脆省略其中的一些仪式。

杀哀：灾荒时期，丧葬之礼不得大操大办、铺张浪费。

蕃乐：大灾之年，朝廷和官府停止演舞奏乐的娱乐活动，取消一些节日的娱乐活动，并裁减乐工歌伎，使之归就农业。

多婚：凶荒年份，提倡男女多为婚配，从简婚礼仪式，以补充和增殖人口。

索鬼神：凶荒时期，广祭鬼神，以求神鬼庇佑。

除盗贼：凶荒时期，严厉打击盗贼，维护灾区的社会治安，以使民心稳定。

**灾礼** 灾礼是发生自然灾祸时，国君或天子率领官员前往恤灾之礼。古代的灾礼多用于地震山崩、日食月食等怪异灾变的情况。如发生日食，就要行天子救日的礼仪。以汉代为例：日食发生时，天子身着素服，避于正殿，同时陈设五种兵器、五面大鼓，用朱色丝绳环绕社坛，由太史登灵台伐鼓，祝、史等官进行祝告，侍臣戴赤色巾帻，闻听鼓声，带剑入侍，其余高级官员亦皆持剑立于门户前，卫尉此间要率骑巡逻，整个礼仪要到日光恢复正常后方结束。这种灾礼称天子救日礼，又称"合朔伐鼓""伐鼓救日"礼，历代礼书多有记载。

此外，凶礼还包括吊礼、桧礼、恤礼、问疾礼等，其中桧礼和恤礼仅见于《周礼》的记载，后代亦无相应的仪制。

## 四、嘉 礼

嘉礼用于增进情谊、联络情感、和合人际关系。其主要内容包括：婚礼、冠礼、笄礼、飨燕礼、乡饮酒礼、射礼、庆贺礼等等。关于婚礼，本书在"婚姻家庭"一篇已作介绍，兹略。

**冠礼与笄礼** 冠礼是男子进入成年人时举行的一种礼仪。古代天子诸侯举行冠礼的年龄有多种说法，士大夫一般都是"二十而冠"，冠因质地和形状不同分为三种，称为缁冠、皮弁、爵弁（又称玄冠），分别用黑麻布、白鹿皮和褐色细麻布制作。据《仪礼·士冠礼》记载：男子举行冠礼有诸多宾客参与，先加缁布冠，而后易服换为玄冠，礼仪完毕由来宾代表为冠者取"字"，表示该男子从此进入成年人的行列，所以古代又将这一礼仪称为"成丁礼"。古代皇家的冠礼较为复杂，一些朝代有"一加""再加""三加"之记载，其场面与仪式也较大较隆重。古代女子一般到十五六岁就许嫁，许嫁之时要举行笄礼，所以古有"女子十五而笄"之说。这种礼仪是将童年时代的发式梳成发髻，盘在头顶，以笄结好，同时取"字"。有些朝代若女子到20岁仍未许嫁也要举行笄礼，以示成人。这种礼仪一直延续到明代。至于皇家公主的笄礼，当然要隆重繁缛。如宋代公主举行笄礼，皇帝要亲自驾临在宫中殿庭举行，依次分别为公主加冠笄、冠朵、九翠、凤冠，朝臣宾客为之取字祝辞，尔后还要聆听君父训辞，接受母后、妃嫔的祝贺。

**飨燕礼与乡饮酒礼** 当初，飨燕二礼是有所区别的，飨礼不是真吃真喝，是做做样子，在太庙举行；燕通宴，是烹狗而食，开怀而饮，在寝宫举行。飨礼的重点是礼仪往来，规模也比较大；燕礼的重点在饮食，以示主人的慈惠。后来这两种礼仪的界限不那么明确了，逢年过节或有喜庆之事，常设宴庆贺。许多朝代官府宴会还分大宴、中宴、常宴、小宴，依据不同的节日或喜庆之事，分为不同的规模与档次。乡饮酒礼的重点也不在于大吃大喝，它实质上是一种尊老敬贤之礼，是在基层推行教化的一种手段。汉代郑玄认为此礼有四重意义：一是举贤选能，二是尊老敬长，三是习射饮酒，四是款待贤才。乡饮酒礼一般有固定的时间和对象，《周礼·地官·乡大夫》载："三年则大比，考其德行道艺而兴贤者能者，乡老及乡大夫帅其吏与其众寡，以礼宾之。"科举制度形成后，乡饮酒礼多在学校举行，以此礼款待开科取士的中升者和德高望重的老人。明清两代在乡饮酒礼中还加入了"读律令"的仪式，将敬贤尊老与训诫教化明显地揉为一体。

**射礼** 射礼有大射、宾射、燕射、乡射之分。其中大射礼是祭祀之前天子或诸侯选择参加祭祀人而举行的礼；宾射是诸侯相会或朝见天子时举行的礼；燕射是平素之日举行的射礼，一说是伴随飨燕礼而举行的一种仪式；乡射是在举贤荐士时地方官衙举行的一种礼仪。这四种礼场合不同，规模不同，程序也不尽相同，但射礼前后，一般要有宴饮。比如大射礼，是先依燕礼的程序宴请前来参加祭祀的人，经过纳宾、献宾、酬酢等程序，同时伴有奏乐歌舞。而后由司射执弓挟矢上前向诸侯或君王请求射礼开始，并将弓矢呈上。射礼要计算成绩，有专门的算筹及盛放算筹的器具"中"，"中"的形状为兽类跪伏之形，不同的身份使用不同的"中"。此外还有用来惩处违礼人士的"扑"。射箭比试成绩好者予以赏赐，未射中或违礼者以"扑"惩处。

**庆贺礼** 庆贺之礼，内容颇多，顾名思义，凡有重大喜庆的事件或时节都要用到这类礼仪。典型的如祝寿、诞辰和帝王的即位、改元、大朝等等。

祝寿时举行庆贺之礼，在先秦时已经很盛行，《诗经·豳风·七月》载"跻彼公堂，称彼兕觥，万寿无疆"，即是举行祝寿庆贺之礼。至于诞辰行庆贺之礼，有的学者考证始于隋高祖。隋文帝仁寿二年（公元 602 年），曾下诏云：六月十三日系朕生日，宜令海内为武元皇帝、元明皇后断屠。据《册府元龟·帝王部》载：唐玄宗时，宰相大臣上表称贺，有"诞圣之辰，焉可不以为嘉节乎"之语，并要求将玄宗生日定为"千秋节"，届时群臣宴庆，全国放假三日。之后则历代沿袭，有"万寿节""承天节""天寿节""圣诞节"等诸多称谓。

古代帝王即位，一般要举行隆重的庆典，这在《尚书·顾命》和《尚书·康诰》中即有记载。之后如汉文帝平息诸吕之乱后正式称帝，即位时至高帝庙中拜谒行礼，并大赦天下，赐民爵一级，赐女子每百户牛一头，酒十石，脯五日。明太祖朱元璋即位，在南京钟山兴建坛场，祭天祀地，仪仗导从告示社稷，祭拜祖先，丞相百官三呼万岁，歌舞庆贺，然后朱元璋御驾奉天殿，在大乐鼓吹中接受百官上表祝贺，群臣又行跪拜之礼，三呼万岁，出笏俯伏，随乐再行四拜之礼，最后朱元璋册拜皇后，册立太子，诏告天下，建元"洪武"。

古代帝王禅位改元，一般也要举行庆典。如北周静帝禅位于隋，先遣太傅捧策书、大宗伯捧皇帝玺绶，呈送隋国公、相国杨坚。杨坚随即从相府迁入皇宫，在临光殿接受群臣的祝贺，备礼即位，并于国都南郊设坛告天，尔后告谒祖庙，大赦天下，改元开皇。

大朝也是庆贺礼中比较隆重的一种。大朝有别于常朝，常朝是指皇帝平时上朝听政，办理政务。朝之所以称为朝，可能是因为古代群臣通常在天色未明之时即动身，天明之时入宫，而后君王临朝，群臣拜揖，答礼后就位听理政事，然后君王退朝入路寝，群臣退朝回各自的治所。大朝则不同，礼仪规格都高于常朝。大朝一般有固定的时间，如秦汉时于十月岁首举行朝贺之礼，诸侯群臣献礼祝贺，称颂万岁；君王置酒宴飨，并伴随奏乐歌舞。唐代于元旦、冬至两次大朝，其中元旦大朝仪式有皇太子献寿，中书令奏诸州上表，户部尚书奏诸州贡礼，礼部尚书奏番邦贡礼，黄门侍郎奏祥瑞，群臣百官上殿恭贺，三呼万岁。大朝中还伴有七德、九功、上元三大乐舞。朝贺完毕，皇帝宴飨群臣百官。

## 五、宾　礼

宾礼用于主客往来交际的场合，主要包括朝觐、会同、相见礼等。

**朝觐礼**　朝觐之礼大致包括诸侯及亲王朝于天子、藩王朝觐天子和诸侯藩国聘使朝觐天子等形式，其作用在于明君臣之义，通上下之情。据《周礼》记载：王畿之内的诸侯一年朝觐四次，封于远方的诸侯则依邦畿距离的远近，一年至六年朝觐一次，即有所谓的"六服"来朝制。秦以后不再有固定的诸侯朝觐天子之礼，各朝各代朝觐之礼多无定制，或每年来朝，或数年一朝。如朱元璋即位后，规定亲王每年行朝觐之礼，并按嫡庶长幼的序次分别到京朝觐。朝觐时若是天子常朝，行一拜叩头之礼，遇大朝则行八拜之礼，即向着东、南、西、北以及东南、西南、东北、西北八个方位磕头。先秦时期诸侯常派遣卿大夫觐见天子，作礼仪性的问候，同时禀报邦国情况。两汉之后藩国聘使朝觐天子较为频繁，使者到京师，一般都要向天子进献殊方异物或珍稀贡品，并递交国书。朝廷也派专人迎接慰问，安置供膳。到明代专门设会同四夷馆，接待藩国及外邦使节。朝贡之日文武百官侍立殿内，钟鼓奏鸣，宾主互致礼仪。

**会同礼**　会同是约定时间、地点，各方诸侯同聚一堂，此礼不同于天子在朝廷个别接见一方一服来朝的朝觐。会同的时间可以约定，会同的地点可以在京师，也可以在外阜。先秦时，天子与诸侯会同，事先各自要告祭天地山川、宗庙社稷，并设坛举行仪式。会同常伴有盟誓，"北面诏明神"，割牛耳取血，以桃枝拂扫，歃血为盟。所以后代又有"会盟"之称。会同或会盟不仅仅是礼仪往来，更多的带有政治色彩，是天子巩固其政治地位或诸侯"挟天子以令诸侯"的政治行为。同时会同或会盟不仅仅限于必须有天子参加，诸侯之间、卿大夫之间也常有这种政治色彩极浓的礼仪。

**相见礼**　先秦时的相见礼类似后代的拜访礼或探望礼。据《仪礼·士相见礼》郑玄注，上大夫相见，以羔为贽；下大夫相见，以雁为贽；士相见，以雉为贽。贽就是见面礼品。《左传·庄公二十四年》："男贽，大者玉帛、小者禽鸟，以章物也；女贽，不过榛、栗、枣、脩，以告虔也。"秦汉以下，历代礼书极少有关相见礼的记载，直至公元964年，即宋太祖乾德二年，又明确群臣相见之礼，其中规定：下级参拜上级，要趋而过庭或在堂上列拜，或拜于阶上、庭中，受参者答拜；若途中相遇，下级官员要采取回避、分路而行或驻马侧立等礼仪；同级官员相见，要对拜行礼；之后，历代相见礼有所增损。至于庶民百姓相见，一般主人出迎，相揖而入，登堂则再拜行礼。叙毕，客人行揖礼退，主人送至大门外，相揖而别。若是奴婢见主人、学生见老师、晚辈见长辈，卑幼者先施礼，尊长者则多不对等答礼，叙毕亦不相送。

## 六、军　礼

军礼是用于军队征战、操练等行动中的礼仪。按照《周礼》的讲法，先秦时的军礼主要包括征伐行动中的大师之礼，均地征税中的大均之礼，定期狩猎时的大田之礼，营造修建中的大役之礼，封疆定界时的大封之礼。后代也有将被祭道路、日食月食、伐鼓相救及射礼等作为军礼的内容。这里择其要介绍几项军礼。

**大阅礼**　大阅礼用于平时的校阅演习，目的在于检查备战状况。据《礼记·月令》载，每年的孟冬之月，天子要命令将帅讲武习射、训练防御和角力。《左传》中亦多有诸侯国举行大阅的记载。秦汉时，军中将士以演习孙吴兵法的64阵为主，每年十月抽调军队进行骑射车御、比试考核，称之为"都试"。到北魏时期，校阅更贴近实战；军队分为南北两军，进行对抗性演习，先是将步兵按着装颜色分编，而后配备军器，双方布阵挑战抗击。唐时的大阅礼在仲冬之月举行，如玄宗先天二年（公元713年）十月在骊山脚下举行大阅，参与军士20余万人，戈甲耀眼炫目，旌旗绵延50余里，附近百姓奔走相告，道路为之壅塞。到清初大阅之礼定为三年一次，康熙三十年（公元1691年）又行"会阅"礼，49旗藩王台吉会集承德一带，皇帝身着甲胄，亲临校阅。

**征伐礼** 军队征战，出师前一般要举行祭礼和誓师等仪式。祭礼包括祭天、祭地、告庙和祭军神等，其礼数与规格因天子亲征或命将出征而有所不同。祭礼完毕要进行誓师，进行战前动员，一般要历数敌方的罪状，告知将士此次出征的意义，并严明军纪。如果是命将出征，天子要在太庙或朝廷将节钺或刀剑授给出征带兵的元帅大将，将帅凭此"尚方宝剑"节制全军，统领将士，专断专杀，先斩后奏。

军队征伐完毕也要举行仪式，打了胜仗称凯旋，吃了败仗称"师不功"或"军有忧"。天子率将士凯旋之时，群臣百官要出城相迎，奏凯乐、唱凯旋歌，夹道欢迎。将帅凯旋之时，要行"郊劳"之礼，或天子率群臣亲自迎接，或遣大臣出城迎接，以示慰劳。凯旋后要在太庙、太社告奠天地先皇，并举行献俘礼仪。若是征战迫使敌方投降，那么凯旋后要举行受降仪式。此外，天子还要设宴为出征凯旋的将领洗尘，举行论功行赏的仪式。但若是军队败溃而归，有时国君要着丧服、戴丧冠、以丧礼相迎，吊死问伤，慰劳将士。当然，有时国君也要随机处罚败将，或赐死，或削职。

**田猎礼** 先秦时期的田猎兼具军事、经济、祭祀多重意义，此项活动既可以习武练射，驱车驰马，进行军事训练；也可以为农田扫除禽兽，保护农作物不受糟蹋；又可以将所获猎物祭祀宗庙，将山珍野味充君之厨。因此，田猎在先秦古籍和出土文献中有大量的记载，如甲骨文中就有不少殷商时期田猎的记载。周代礼制称：田猎围而不合，网开一面，不能一网打尽；不能斩草除根，不许捕猎幼兽，不许射杀有孕母兽，不伤未长成小兽，不坏鸟巢，不采鸟卵。同时，田猎须依四时狩猎，春曰蒐、夏曰苗、秋曰弥、冬曰狩，不按礼法的狩猎称之为暴殄天物。但两汉以后，田猎的军事意义渐次淡化，而游嬉玩乐则成为田猎的主要目的了。

古代的礼仪繁杂众多，有些礼仪很难归入吉、凶、嘉、宾、军五礼之中，有些礼仪则在日常生活中几乎天天要发生，涉及五礼中的多种礼仪，例如关于座次的礼仪在古代就很有讲究。在官场中，座次是用来分别尊卑的重要方式，一般习惯，官阶高者居上位，官阶小者居下位。秦汉以前以右为上，从方向来讲坐北向南之位为尊，所以古代把称帝称王叫做"南面"，群臣朝拜君王，一般面向北，所以古代又把称臣叫做"北面"。古代又有"东向为尊"的说法，如鸿门宴上项羽就"东向坐"，这是因为所坐场所不同，在堂室结构的古代建筑中，升堂以南面为尊，入室则以东向为尊。当然，这也不是绝对的，在实际运用中因时、地、目的不同，座次方向上亦有差异，但无论方向如何变化，座次的尊长卑幼是不变的。这些礼仪经久不衰，流传至今。

# 第十讲 古代的法律制度

中国古代法究竟产生于何时，学术界大致有四种提法：一是认为产生于商，二是认为产生于夏，三是认为产生于原始社会末期，四是认为产生于黄帝时期。第一种提法已为考古发现所否定；第四种提法仅据传说，现在还缺乏任何考古佐证。目前，法学界多数人所持的是第二种提法，夏朝是古代中国第一个具有国家形态的王朝，法律伴随着国家产生，因为马克思主义认为，法是随着私有制和阶级的产生、国家的出现而产生的。这当然是一种比较稳妥的讲法，不过依据考古发现，在原始社会末期已经存在贫富两极分化和阶级对立，因此如果从经济基础和阶级基础来探寻法的起源的话，第三种提法也是不无根据的。从法的起源来讲，私有制和商品经济的产生是法产生的经济根源，阶级的产生是法产生的阶级根源，国家的产生是法产生的社会根源。实际上，法的产生经历了一个从习惯到习惯法、再由习惯法到制定法的发展过程，经历了一个从个别调整到规范性调整、一般规范性调整到法的调整的发展过程，经历了一个法与宗教规范、道德规范的浑然一体到法与宗教规范、道德规范的分化、法的相对独立的发展过程。

## 一、立法概况

如果我们把法律理解为系指由国家权力机构制定、用来调整社会成员行为及社会关系的强制性规范的话，那么中国在原始社会末期，人们所遵从的主要是习惯法，进入奴隶社会后，其法律形式主要是礼和刑，此外，天子、诸侯、宰辅发布的谟、诰、誓、命、训等也具有法律效力。

夏代的法律总称"禹刑"，《左传·昭公六年》云："夏有乱政，而作禹刑。"据说"夏刑三千条"，是否如此繁杂，尚可存疑，但作为法律在当时肯定是有了。商代的法律总称"汤刑"，《竹书纪年》曰："祖甲二十四年，重作汤刑。"此外据文献记载，官刑也在商代出现，还有车服之令和"民居"

之法。西周的立法包括制"礼"和作"刑"两个方面,"九刑"是西周刑律的统称,其中最重要的是赎刑性质的《吕刑》。春秋时期的立法主要有楚国的"仆区法",主要用来对付隐匿逃亡的人员;晋国的"被庐法",主要规定官司的职权和等级名位;以及晋国的"常法"和范宣子的刑书等。夏、商、西周奴隶制时期的立法渗透着神权法思想,强调以刑弼教,其特点除了严刑酷法和法律的秘密性之外,主要是将国法与宗法混同,礼教和刑法合一。战国时期,成文法在各国陆续出现,逐渐由夏、商、西周时期的秘密状态转变为公开形式,这一时期最重要的立法是魏国李悝制订的《法经》。《法经》以惩治盗贼为中心,共六篇,篇目为盗法、贼法、囚法、捕法、杂法、具法。

秦统一全国后,曾进行过系统的立法,这从出土的云梦秦简依稀可以看出大概,其法律形式大致有律、令、法律答问(官方对法律的解释)、廷行事(判案的成例、判例)、语书(官吏在所辖区内发布的法律文告)等。刘邦入咸阳,与民约法三章。其后汉代的主要立法有在《法经》的基础上增添了户、兴、厩律的《九章律》,还有维护皇权性质的《傍章》18篇,有关宫廷警卫的《越宫律》27篇,关于朝觐皇帝的《朝律》6篇等。汉代的法律形式主要是律、令(皇帝的诏令)、科(律令的实施细则与补充规定性质的规范)、比(作为判断比照的判案成例)。

魏晋南北朝时期,主要立法有三国时曹魏的《新律》、西晋的《泰始律》、北朝的《北魏律》《北齐律》、北周的《大律》等,其中的《北齐律》在封建刑律的发展中起着承上启下的作用,共12篇,篇目为:名例、禁卫、婚户、擅兴、违制、诈伪、斗讼、贼盗、捕断、毁损、厩牧和杂律。

隋朝的立法主要是《开皇律》和《大业律》。唐朝的主要立法有《武德律》《贞观律》《永徽律疏》《大唐六典》《大中刑统》等,其中《永徽律疏》后称《唐律疏议》,是我国现存最早的一部完整的法典,其篇目亦分为12篇:名例、卫禁、职制、户婚、厩库、擅兴、贼盗、斗讼、诈伪、杂律、捕亡、断狱;《唐六典》主要是官制和行政法规,仿《周礼》分治职、教职、礼职、政职、刑职、事职"六典"。唐代的法律形式分律、令、格、式四种,律是正刑定罪的法律,令是设范立制的法规,格是皇帝制、敕的编汇,式是公文程式与活动细则。

宋朝的立法主要是《宋刑统》,其法律形式除沿用唐代的四种方式外,还有敕和例。敕是皇帝发布命令的一种形式,例分为三:一是条例,二是断例,三是尚书省等官署对下级指令——指挥。元代的立法主要有《至元新格》《风宪宏纲》《大元通制》《至正条格》和由元朝圣旨条画、律令格例以及判案成例汇编而成的《元典章》。明太祖朱元璋登基后，开始编定《大明律》，仿唐律十二篇的体例设置，历经30年完成并颁行天下；为了加强中央集权统治，又编定了体现"重典治世"思想的《明大诰》，此外，官修的《大明会典》以行政法规为主，记载了明代典章制度。

清承明制，在立法上主要有顺治四年（公元1647年）的《大清律集解附例》、雍正五年（公元1727年）的《大清律集解》、乾隆五年（公元1740年）的《大清律例》以及康熙、雍正、乾隆、嘉庆、光绪时的《五朝会典》。清代末年，经戊戌变法和义和团运动，清末统治者玩弄立宪骗局，并颁布《钦定宪法大纲》，同时编订和修订了诉讼法、法院组织法和刑法、民法、商法等。

### 二、刑罚制度

刑罚虽然是刑法的重要手段，但它在中国古代不仅适用于刑事犯罪，而且也适用于民事及其他方面违法逆礼的行为。就总体而言，古代刑罚主要是五刑制度，不过奴隶制时期的五刑与封建制时期的五刑不尽相同。

所谓奴隶制时期的五刑，是指墨、劓、荆、宫、大辟五种刑罚。墨刑是在人犯脸上或额头刺刻涂墨，后世沿用此刑，称之为黥；劓刑是用刀割去人犯的鼻子；荆刑亦称刖刑，是断足之刑；割去膝盖的膑刑亦属此类；宫刑是阉割男性生殖器和破坏女性的生殖机能，后世有用此刑者，称为腐刑或蚕室刑；大辟即死刑。封建制时期的五刑，是指笞、杖、徒、流、死五种刑罚。笞刑始于战国时期，是用荆条或小竹板捶击人犯臀、腿或背部的刑罚，以十为等，一般分为五等；杖刑是用大荆条、大竹板或棍杖拷打人犯臀、腿或背部的刑罚，以十为等，杖数从六十至一百分为五等；徒刑是在一定期限内强制人犯从事劳动的刑罚，以半年为等，分一年至三年五等；流刑是将人犯遣送到边远地方服苦役，非特诏不得回返的刑罚，以五百里为等，一般分二千里至三千里三等；死刑则是以绞、斩两种方式处决人犯。隋朝确立了封建制时期五刑制度，它与奴隶制时期五刑的最大不同在于废除了肉刑。笞、杖、徒、流、死五刑是封建社会的正刑，当然正刑之外的其他刑罚中肉刑时见出现。

古代刑罚在五刑之外还有种种法外酷刑和私刑，如商代末年有醢（捣成肉泥）、脯（亦称磔，割裂身体，暴露尸体）、炮烙（以炭将铜柱烧热，令犯人在上面行走)、剖心等,西周时有焚(烧死)、奴(罚作奴隶)、髡(剃去发须、以示耻辱)等,春秋时有贯耳(戳耳而死)、车裂(用五马分驾其车,将人体四肢及头部同时向五个方向撕裂)、烹(煮人)、戮尸(斩戮已死人犯的尸体)、族(家族连坐处死)等,秦代还有阬(活埋)、定杀(用水淹死)、具五刑(将犯人先刺脸、割鼻、砍足,然后笞杖打死,再把头割下挂起,将尸体切成碎块、抛在人多处示众,对于有诽谤辱骂行为者,还要先把舌头割掉)等。再如唐武则天时,酷吏周兴、来俊臣每鞫囚,无问轻重,"禁地牢中,或盛之于瓮,围炙以火。"明朱元璋时,死刑有枭示、凌迟、剥皮实草等上千条,肉刑有挑筋去指、去膝盖、抽肠刷洗、剁指、断手等,东西厂及锦衣卫所用酷刑更是惨不堪言,"痛楚十倍官刑",如杨连、左光斗狱,因"输金不中程"而受全刑,械、镣、棍、拶、夹棍"五毒备具,呼謈声沸然,血肉溃烂,宛转求死不得。"清初还允许私设公堂,随意拷打折磨佃农、家奴等人。

古代刑罚非常庞杂,即以正刑而言,各代在刑罚的执行中也不尽相同,有的还要随加他刑,且刑具的样式、轻重、大小也不整齐划一。

### 三、狱讼制度

中国古代的狱讼制度主要包括司法组织、诉讼审判制度和监狱制度。根据文献记载,夏代中央司法机构的长官称"大理",地方司法官员称"理"或"士"。商代中央司法机关的长官叫"司寇",下有"正""史"等审判官,一说"史"掌审理犯罪事实,"正"掌适用法律定罪量刑。西周时期,在中央由司寇掌管国都刑狱治安、复审地方上交案件,下有"士师""眚史""司刑""司刺"等协助司寇处理刑事案件,民事诉讼则由"市师""贾师""夏官"等来审理,地方司法机构分别设有"乡士""遂士"等。

夏、商、周时期,天子不仅是最高行政长官,同时也是全国最高的司法长官。在诉讼审判制度方面,夏朝实行"天罚"制度,商代则有"神判"制度,这实际上是借助天意和鬼神来维护其统治。西周时期在审判中强调贯彻"明德慎罚"的原则,审判中实行盟诅制度,并强调"以五声听狱讼,求民情",即从当事人的说话、面部表情、气息、听觉及眼光反映等方面进行观察。西周时诉讼要交纳"束矢""钧金",实行三级审理,即遂乡县一级、司寇一级、王自己审理或命三公(六卿)会审一级。此外,"论心定罪"是西周审判的一个重要特点,而"疑罪惟轻"也是西周的审判原则之一。

关于夏、商、周时期的监狱制度，《急就章》有"皋陶造狱"之说，《竹书纪年》有"夏帝芬三十六年作圜土"之记载，《史记·夏本纪》又有夏桀"召汤而囚之夏台"的记叙，由此看来，在夏代已经出现了早期的监狱形式。殷商时期，监狱遍布各地，这在甲骨文中可以得到印证。周代监狱称"囹圄"，亦有"犴"、"狱"之称，圜土也是周代监狱的一种。商周时期，也出现了桎梏等刑具。

秦至清，中央级一直设有专门的司法机关，负责承办狱讼案件，接受越级诉案，同时审理、复核疑案大案。秦汉时中央级管理狱讼的官员称"廷尉"，西汉景帝曾更廷尉为大理，此后几经变更，至北齐始定"大理寺"名，隋唐沿袭其制，为中央级司法审判机关。刑部之名，源于隋、定于唐，职掌"天下刑法及徒隶、勾覆、关禁之政令"，复核大理寺判决的流刑以下的案件，驳令原判机关重审复判。司法机关中的御史台，掌纠察弹劾，并有部分审判权，秦及西汉曾称"御史府"，东汉改称"台"，魏、晋、南宋、北齐称"兰台"，梁、陈、北朝、隋皆称"御史台"，之后一直到明洪武间，改称"都察院"。此外，一些朝代还有"九卿会审"制，即由大理寺卿、都察院左都御史、通政使以及吏、户、礼、兵、刑、工六部尚书共同审理，最后由皇帝审核批准的制度。此外，唐朝时的推事院，宋朝时的审刑院、制勘院，辽代的夷离毕院，金元时期的大宗正府，明清时期的宗人府等亦兼有一定的司法审判权。从秦朝至清朝，地方多无专门的司法审判机关，绝大多数情况下是司法与行政合一，即由行政机构兼理狱讼审判。

在诉讼审判制度方面，秦朝以后主要采取三种起诉方式，一是当事人告发，二是当事人自首或遣人代首，三是官员纠举。采取告发这种方式时，除谋反、大逆、不孝等大恶大罪不受限制外，其他一般刑、民事案件有禁止相告的规定，主要是子不告父，妻不告夫，卑不告尊，贱不告良，民不告官。此外，囚犯以及八十岁以上、十岁以下和笃疾者，亦不得告人。诉讼必须逐级进行，如不服判决，一般允许上诉，但多数情况禁止越诉。自首可以减刑或免刑，当然自首不实不尽，仍予处罚。

证据是诉讼活动的关键部分，秦汉以来司法机关在取证方面，主要是口供，即被告的招认，其次还有人证，如唐律规定"三人以上明证其事，始告定罪"，尔后形成所谓的"众证定罪"原则。秦简《封诊式》即有关于物证的记叙，唐代对赃物露验的案件即主张以物证定罪。勘验也是取证的手段，有些案件要对现场勘察和尸体检验。

有了证据即可进行审判，这就是所谓的"断狱"。断狱过程中，首先要明确审判管辖。大致说来，审判管辖可分为级别管辖（指上下级审判的分工问题），地域管辖（指同级机关对地域案件的分工）和专门管辖（指对宗教、民族、职业等的特别管辖）等几种。其次要明确法官的责任，秦朝法律有"不直"与"纵囚"的规定，其后历朝亦多规定据律断狱，不得故意或误失入人罪。再次，有回避制度，如《唐六典·刑部》规定："凡鞫狱官与被鞫人有亲属、仇嫌者，皆听更之。"此外，断狱一般还规定审判期限，要求依律定案，同时还将审讯和判决（定罪）分为两个部门，并实行拷讯制度。审判结束，对定案的案件要制作判决书，并向罪犯及其家属宣读判决书，如果是徒刑以上的重罪，则要让罪犯对犯罪事实辩定，立下服辩文状。如果不服判决，多数朝代允许上诉，其形式有登闻鼓、邀车驾和一般上书等，然后由有关机关进行复审，对于死刑则多数朝代要进行复核，最后予以执行。

在监狱制度方面，随着秦中央集权制王朝的建立，出现了中央、郡、县三级监狱体制。秦时中央监狱置于廷尉管辖之下，汉武帝时还在中都洛阳设有司空、若卢、共工等名目的监狱，魏晋之后监狱逐渐归司法部门集中管理。古代监狱，一般说来不是对已判决的囚犯执行刑罚的场所，而是对有罪未决或决而待执行的囚犯临时监禁的场所。为防备囚犯逃跑，多对重犯施以狱具，秦汉之时有锁及法绳之设，魏晋时正式使用枷，唐之后法定狱具主要是枷、锁、镣铐，并有长短、轻重之制。历代对于在押人犯还实行点视制度，轮流看守，晚间喝点囚数，以防狱中暴乱和狱囚逃亡。同时还有一些"恤狱"措施，如唐时对病囚发给衣食医药，允许家属探望；宋时要求狱卒每隔五天打扫一次牢房；明时还有热审制度，每逢农历五、六月份释放轻犯，对未结案的一般犯人也允许出狱候决。为了加强狱政监督，汉朝以后各代相继实行录囚制度，君王或官吏查阅囚犯案卷或直接向囚犯讯问决狱情况，平反冤狱，督办久系未决的案件。

## 四、行政及民事法规制度

中国古代行政法规制度起源于夏商，雏形于周，独立于唐，规范于明清。夏商时期为行使政令、约束官吏而制定的类似后世官箴性质的规定，以及为维护宗法等级制度而制定的礼仪规范，可以认为是古代行政法的起源，不过这一时期没有成文的行政法典，一切法规要依照国王的旨意而定，处于一个以言代法、以吏代法的阶段。《周礼》的出现，标志着古代行政法规发展到一个新阶段，它的主要内容是反映周朝的行政管理制度，分为邦典、邦法、邦成三邦。邦典即治、礼、教、政、刑、事六典，所谓定六官之职制以处理诸侯之讼狱；邦法即八法，天官冢宰以八法治官府并处理卿大夫之讼狱；邦成即八成，八成又分而为二，官府八成是处理民政事务的法规，士之八成则是处理庶民讼狱的法规。《周礼》确立了以典设职、以典明责的原则，奠定了古代行政法制的基础，对于它的真伪史学界多有争议，可能是后人据周朝制度归纳而成。

秦国及秦统一全国后关于行政律令的法规是古代行政法发展中的一个重要过渡时期，如置吏律、除吏律、除弟子律就是以任用、铨选官吏为主要内容，而效律则以调配、监察官吏为主要内容，内史杂律以京官政务为主要内容，为吏之道系官箴修养，行书律是有关公文的规定，秦律的内容十分广泛，它显示了中国封建社会初期行政管理制度的特色。

《唐六典》的出现标志着古代行政法规已从诸法合体的律典中划分出来，作为一种独立的法典而存在，它是我国古代最早的一部比较完整的行政法典。《唐六典》仿效《周礼》的格式编成治、教、礼、政、刑、事六典，分编规定唐代各级政权机关的机构设置、官员编制与品级、职责、权限，以及官吏的选拔、任用、考核、奖惩、俸禄和退休等制度。以律正罪，以典范政，律典分野，至此开始。其后有宋代的《庆元条法事类》、元代的《元典章》等，表明古代行政法进入六部为体，独立成典的阶段。明清两代的行政法规称为"会典"，这一时期的行政法规更加系统，更为规范，以典为纲，以则例为目，典分吏、户、礼、兵、刑、工六部，则例则依部分制。

总观古代行政法规制度，有如下一些基本特点：一是以六部为体，职官制度始终占据主导地位；二是以礼为制，礼法结合；三是行政立法体现皇权专制的精神；四是体系清晰，规范详密。此外，还有一套较为完整的文书制度。

中国古代的民法规范体系不像刑法那样系统完整，也没有行政法规体系那样清晰详密，但是在物权制度、契约制度、婚姻家庭制度等方面还是比较发达的。古代物权制度以土地所有权为核心，而土地所有权最初的法律形态是国家所有权，亦即是以国王为代表的奴隶主阶级对土地的独占权。具体说来，在商周时期土地所有权的形态是"普天之下，莫非王土"，国王将土地连同土地上的奴隶分封给诸侯，诸侯又依次分封下属的奴隶主，但起初他们对土地只有使用权、受益权，而无处分权，后来随着新辟私田的出现，原有的土地出现了出租、交换、甚至买卖的情形，终于在春秋战国之际，土地私有权形成了。之后历代国有与私有、限田与授田呈现着错综复杂的状态，国家占有部分土地，大小地主占有大量土地，广大农民只占有少量土地。在物权关系中，特别在土地所有权关系中，存在着人身依附关系，即剥削者作为物权享有人占有劳动者作为物权对象的人身的关系。而法律一方面确认产权，一方面禁止妄认公私田，规定返还非法所得的财物，赔偿损失。

在古代，契、约、合同可以认为是一个意思，即指双方当事人之间的协议，其称谓有傅别、质剂、书契、约剂、券书、判书等。古代契约从性质看，可以分为买卖、典卖、交换、雇佣、租赁、借贷、保管等种类；从形式上看，又有经官投印的红（赤）契和一般的私契（白契）等。古代契约要遵循交易必须立契，禁止伪契，强调两和，反对强制和乘人之危。契约一经订立，便要履行相应的责任，契约责任中主要是违约责任和代偿责任，如果是违约，一般要采取强制债务人履行契约，牵制债务人的财物，以身作奴、抵偿债务，力役偿还或用其他财物抵偿等方式；在代偿责任中，有涉及保人，有涉及亲属等。如果是买卖契约，卖方还负有担保责任，主要是瑕疵担保和追夺担保。契约责任在一定情况下可以免除，如债务人死亡、皇帝赦免、债权人有重大违法行为等，当然亦可不免除契约责任。

中国古代婚姻的主要形态是一夫一妻制，豪贵人家实行一夫一妻多妾制。婚姻的前提是父母之命，媒妁之言，一个完整的聘娶婚按照礼制要经过纳采、问名、纳吉、纳征、请期、亲迎六道程序，就其实质而言，是买卖婚姻。古代结婚也并不是不受限制，总括历代关于否定婚姻的条件，主要有同姓不婚、良贱不婚、居丧不婚、官吏与部民不婚以及中表不婚等。至于离婚，主要是出（休）妻制度，即所谓的"七出三不去"，七出是不顺父母、无子、淫、妒、恶疾、口多舌、盗窃；三不去是指有所取无所归、与更三年丧、前贫贱后富贵。当然也有"义绝""和离"等情形。

古代处理家庭关系的指导原则是"亲亲"、"尊尊"和"父为子纲、夫为妻纲"。在家庭中，父母有养育、教令、惩戒子女的权利，晚辈必须孝顺长辈，"不孝"是重罪，家庭中的财产由家长掌管，长辈在，子孙不得别籍异财，子妇无私财。在夫妻关系上，妻必须完全服从夫，从夫地位、从夫受刑、从夫教令、从夫而终。

古代家庭的继承制度可以分为宗祧继承、财产继承等，宗祧继承的中心是立嫡立嗣制度，即有子立嫡，无子立嗣，有子时确定嫡长子为宗祧继承人，无子时选同宗男子为嗣。在财产继承上有两个明显特点，一是身份地位不同，决定其继承权的本质与规模；二是继承权在婚生子与非婚子之间、养子与亲子之间、在室女与出嫁女之间有较大差别。此外，有些朝代还设立检校制度，管理卑幼、孤幼所继承的财产。如果有遗嘱，可以不按上面所讲的来继承。

概括以上古代民事法律规范，有四条值得我们注意：其一，中国古代民事法规制度特别注重礼制和伦理；其二，古代民事法规制度从属于宗法制度；其三，有些古代民事法规制度在一定程度上受宗教迷信的影响；其四，古代民事法律规范混杂在刑律之中，虽有从"民刑不分"到逐步分离的倾向，但始终没有独立的民事法典。

### 五、中华法系及传统法律文化的精华

由于世界各地不同的历史传统、文化水平和民族特点，因而即以建立在相同类型经济基础上的法律制度而言，也会具有各自的特点。中国有数千年沿革清晰的文化史，就法律制度而论，从较早的成文法《法经》到《大清律例》，2000多年虽经沿革损益，然而一脉相承，形成独树一帜的系统，中华法系被世界推崇为五大法系之一。中华法系源远流长，沿革清晰，有如下4个鲜明的特点：

第一，立法以儒家思想为理论基础。汉武帝时"罢黜百家，独尊儒术"，从此，儒家思想取得正统地位，因而也就成为国家制订法律的理论基础。其具体表现主要是确认"君为臣纲、父为子纲、夫为妻纲"为封建法律制度的核心内容；德主刑辅、明刑弼教的精神贯串封建法律制度；审判中奉行"春秋决狱"的原则使儒家经典法典化，而实施秋冬行刑又把儒家的"则天"思想制度化。

第二，内容以礼法结合为显著特色。早在先秦时期，礼就对社会起着广泛的调整作用。孔子所强调的"出礼入刑"更成为后世司法实践的指南，国家在制订、解释、实施法律等方面都"一准乎礼"，《唐律疏议》明言"德礼为政教之本，刑罚为政教之用"，明初法律倡导"明礼以导民、定律以绳顽"，礼等同于法，法准乎于礼，礼法结合，相辅相成，共同构成封建法律制度，成为中华法系最显著的特点。

第三，法典以诸法合体为主要体式。诸法合体系指实体法与程序法不分、民法与刑法相混。中国的成文法典从战国时《法经》到《大清律例》，历代代表性的法典都以刑法为主，兼有民事、行政、诉讼等方面的内容，诸法合

体成为法典的主要编纂形式。

第四，皇权至上，行政机构兼理司法。古代法律不仅以维护皇权专制为首要任务，而且确认皇帝具有最高行政权、立法权、司法权，皇帝出言即等同法律，大狱要案往往要由皇帝定夺。漫长的封建时代，中央虽设有司法机关，但它的活动既为皇帝所左右，又为其他行政机关所牵制，许多权限为行政机关所分割，很难独立地行使职权；至于地方则径由行政机关兼理司法事务，府君县令既是一府一县的最高行政长官，同时也是该地区的最高审判官。宋代以后，府以上虽设专职司法官员，但实际上仍是上一级行政机关的附庸。

中国古代法律文化博大精深，蕴含着值得继承和汲取的诸多精华元素，其主要体现在如下几个方面。

第一，礼法并用思想。礼是古代伦理道德规范体系的总称，礼治则是依赖这种体系构建起来的社会秩序。礼法结合、出礼入刑是中华法文化的基本特征，所以有人称中国古代为"礼法社会"。礼作为人们的行为规范，在中国古代长期占据主导地位，成为道德和行为是非曲直准绳，成为全社会普遍适用的规范和调整各类人际关系的准则，具有法的意义和功能。礼法结合是平衡道德与法律关系的重要手段，《论语·为政》曰："道之以政，齐之以刑，民免而无耻。道之以德，齐之以礼，有耻且格"，讲的就是道德对于人的教化作用和道德对于法律的补充作用。以《唐律疏议》为代表的唐律标志着中华法系的正式形成，它既是汉代以来"引礼入法"的集中体现，也是礼法合一的典范。当今社会汲取古代礼法并用思想的精华，就是要将国法、天理、人情有机结合，将道德精神融入法律，成为法律规范。

第二，"明德慎罚"思想。"明德慎罚"是西周时期的统治者接受殷商王朝"不敬厥德、乃早坠厥命"灭亡的教训而提出来的治国理政思想。据《尚书·康诰》记载，周公在平定三监之乱后训诫康叔曰："惟乃丕显考文王，克明德慎罚，不敢侮鳏寡"，这里的明德就是崇尚德政、敬德保民；慎罚就是要刑罚适中、不乱罚无罪、不乱杀无辜。《荀子·成相》也讲："治之理，礼与刑，君子以修百姓宁。明德慎罚，国家既治四海平。"汉代的思想家继承了先秦时期"明德慎罚"和"为政以德"的思想，武帝时罢黜百家，独尊儒术，董仲舒以"天人感应"为先导，在《春秋繁露》中提出了系统的"德主刑辅"论，认为治国应以德政为主，刑杀为辅，以德礼教化为主，以法律惩治为辅，以德为本，以刑为末，先德后刑，大德小刑。魏晋时期形成死刑复奏制度，《唐律疏议·名例律》提出"德礼为政教之本，刑罚为政教之用"，死刑复奏制度在程序上得以完善。宋代的朱熹论述了德礼政刑的关系，他在《论语集注·为政》曰："愚谓政者，为治之具；刑者，辅治之法；德礼则所以出治之本，而德又礼之本也。"先秦的"明德慎罚"、汉代的"德主刑辅"、清朝的"尚德缓刑"思想一脉相承，是中国几千年来治国理政的经验总结，为历代统治者所重视，成为重要的立法与司法原则。

第三，公正执法思想。法尚公平，执法持中、公正执法是中国古代诸多思想家和政治家倡导的执法原则。先秦时期商鞅针对"刑不上大夫"的传统提出的"刑无等级"的主张，他说："所谓壹刑者，刑无等级"，意即所谓统一刑罚，就是刑罚不论人们的等级。他还主张：从卿相将军到大夫平民，有违反国家禁令、破坏国家制度者，就判处死刑，决不赦免。之前立过功劳，之后犯了法，不因此而减轻刑罚；之前有善行，之后有罪过，不因此而破坏法律。忠臣孝子有了过失，也必须按照罪的大小来判刑。韩非子是先秦法家思想的集大成者，他提出"法不阿贵"的观点，这里的"阿"是指偏袒、攀附、讨好，"贵"就是指权贵。韩非子主张"刑过不避大臣，赏善不遗匹夫"。中国历朝历代都有许多公正执法的事例，诸如楚庄王尊法不偏私、魏绛执法惩杨干、叔向刑不隐亲、穰苴执法杀监军、汉武帝尊法杀外甥、薛宣断缣辨真伪、何武智断遗嘱案等等都是例证，同时也涌现出西门豹、张释之、魏征、狄仁杰、包拯、宋慈、于谦、海瑞等诸多以公正执法而扬名于史的著名官吏。

第四，情、理、法融合的理念。情系指人之常情，理是指天理，法是指国法。在古代人心目中，"天理"是最高的，不能违背，"天理"类似西方的"自然法"，天理无形，但存在于人们的心底，所以人们常说"天理昭昭"、"天理何在"、"伤天害理"、"天理难容"，在古代官方文书和判词中"天理"出现的频率非常之高。"国法"的正当性来源于"天理"，国家将内含着善良、公平、正义、秩序和自然法则的天理外化为人们的行为准则，这就是法律。制定和适用法律时，还必须要考虑"人情"，这个人情就是人之常情，亦即人的正当情感，而非人与人的私情。河南内乡有座保存完好的古代县衙，在审理刑事案件的大堂有一块匾，上书"明镜高悬"；在审理民事案件二堂也有一块匾，上书"天理国法人情"，悬挂在县太爷座位的对面，意即循天理、遵国法、念人情，折射出中国古代开明官吏的执法理念，县衙虽成古迹，但"天理国法人情"的理念至今仍不失启迪意义。天理意味着一种正义的理念，国法意味着法律的尊严，而人情则是人的正当自然属性的体现。人情、天理、国法三者是一个有机的统一体，人情是基础，天理是内核，良法是外壳，所以人情不可违，天理不可欺，国法不可犯。

第五，"恤刑"原则。《尚书·舜典》云："惟刑之恤哉"，孔颖达疏曰："忧念此刑，恐有滥失，欲使得中也。"恤刑后来演化为中国历代王朝的立法与司法原则，《汉书·刑法志》记载的西周之法中曾规定："凡有爵者，与七十者，与未龀者，皆不为奴。"这是恤刑原则对老者及幼者的宽待是在法条中的具体体现。延及汉代，恤刑的范围有所扩大，除了对老、幼犯罪有所宽宥外，对有患有疾病者和孕妇、盲人、侏儒等幼弱者犯罪都有所宽免。据《汉书·刑法志》记载：汉景帝著令："年八十以上，八岁以下，及孕者未乳、师、朱儒，当鞠系者，颂系之。"《汉书·宣帝纪》记载：汉宣帝元康四年下诏："自今以来，诸年八十以上，非诬告、杀伤人，它皆勿坐。"《汉书·刑法志》又记载：汉成帝鸿嘉元年令："年未满七岁，贼斗杀人及犯殊死罪者，上请廷尉以闻，得减死。"《后汉书·光武帝纪上》记载：东汉光武帝建武三年再度下诏："男子八十以上，十岁以下，及妇女从坐者，自非不道，诏所名捕，皆不得系。"东汉和帝永元年间也下诏，给在郡国及中央官府中服役的刑徒，年老、幼小刑徒，以及女刑徒，各减刑期一半；在三个月之内满刑的，即行释放。之后历代都有关于恤刑律令诏书。恤刑的目的是防止滥施刑罚，并使刑罚适中，体现出来的是对老幼病残及妇孕犯罪人员的宽宥和人性关怀。

第六，诚信思想。诚信是中华民族的传统美德，也是古代法律文化的重要内容。《周易·系辞上传》："人之所助者，信也。"《管子·枢言》："先王贵诚信。诚信者，天下之结也。"《墨子·七患》："言不信者行不果。"《孙子兵法》："兵以诈立，国以信存"。孔子一贯倡导"言忠信，行笃敬"，反复强调诚信，他说："与朋友交，言而有信"，"人而无信，不知其可也"；认为："所谓君子者，言必忠信"，"千乘之国，敬事而信"，强调"言必诚信，行必忠正"和"言必信，行必果"。《邓析子·转辞》："一言而非，驷马不能追；一言而急，驷马不能及。"后来就演化为俗语"一言既出，驷马难追"。《孟子·离娄上》："诚者，天之道也；思诚者，人之道也。"《荀子·不苟》："君子养心，莫善于诚"，《韩非子·解老》："小信诚则大信立"，《礼记儒行》："不宝金玉，而忠信以为宝"。汉代王充在《论衡·感虚篇》曰："精诚所至，金石为开"。宋儒程颐有"人无忠信，不可立于世"之说，宋代的晁说之亦云："不信不立，不诚不行"，杨时也说："自不诚，则欺心而弃己，与人不诚，则丧德而增怨。"关于诚信，历朝历代不仅有许多阐释，而且流传下诸多的诚信典故，例如燕昭王千金买马骨、曾子杀猪教子、卞和三献宝玉、晋文公退避三舍、季札赠剑徐君、卞和三献宝玉、商鞅徙木立信、季布一诺千金、范式千里履约、范仲淹封金不贪、晏殊诚实不欺、郭进用人守信等等，这些诚信格言和典故教育和影响了一代又一代的中华儿女。诚信重在诚实，实在守信，既是交友之道、也是商贸之道、更是处世立身之道，它不仅是自然人最基本的行为准则，同时也是民事法律关系中需要恪守的行为准则。

此外，中华传统法律文化中的"和为贵"的思想强调社会和谐，"息讼""无讼"的主张注重以非诉讼手段化解矛盾纠纷，"惩恶扬善"的思想强调除暴安良、顺天休命等，这些思想都值得我们在建设中国当代法治文化中汲取或借鉴。

# 第十一讲　古代的科学技术

　　中国古代科学技术成就是我们的祖先在长期生产实践中智慧的结晶，古人在与大自然斗争的漫长历程中，积累了丰富的经验，尤其是指南针、火药、造纸和活字印刷四大发明，对于人类历史的进步起到极其巨大的推动作用。除此而外，古人在农学、算学、光学、力学、纺织技术、冶炼铸造等方面也取得很大成就，创造了灿烂辉煌的中国古代文明。

## 一、农　学

　　中国古代"以农立国"，一直以农业生产为主导。早在夏商周时期，中国的黄河流域就已经成为当时世界上较为发达的农业区域，到春秋战国时期，由于铁器的出现，农业生产技术有了显著的提高，并出现了一些总结农业生产经验的著述，散见于先秦诸子的文集。据说还出现过《神农二十篇》《野老十七篇》等专门农书，可惜已经失传。在春秋战国时期的百家争鸣中，出现了以许行为代表的农家学派。

　　从现有的文献资料来看，先秦时期的农业生产项目主要是五谷、桑麻、六畜，并基本形成以五谷生产为主，桑麻、畜牧为辅的农业结构，这种结构一直延续了2000多年，成为中国农学体系的特点之一。另外《管子》《商君书》的一些篇章，《吕氏春秋》中的《上农》《任地》《辨土》《审时》等篇章，从整地、耕地、播种、定苗、锄草、收获、农时等环节，较为系统地阐述了农业生产的技术和原则，注意到在农业生产中如何处理好天时、地利和人力这三者之间的辩证关系，基本上反映出春秋战国时中国农业生产的水平，表明中国农业生产已经从粗放式的经营进入精耕细作的新阶段，并在以后的农业生产方面形成精耕细作的优良传统，这是中国农学体系的又一特点。

　　据《汉书·艺文志》记载，汉时有农书九家114篇，并附有传为陶朱公所作的《养鱼法》、商邱子所作的《养猪法》、卜式所作的《养羊法》。《氾胜之书》大约成书于西汉年间，一般认为是世界上流传至今最早的农学著作。从现存的农书《氾胜之书》辑佚本来看，主要是总结了陕西关中地区的农业生产经验，抓住及时耕作、土地利用、施肥、保墒、灌溉、中耕除草、及时收获等六个基本环节，对麦、黍、稻等十多种农作物的栽培方法进行了较为系统的阐述，书中总结出的"区田法"耕作方法，介绍的"穗选法"和"浸种法"等选种方法和育种方法，为中国古代农作物的栽培理论奠定了基础。

这里特别应提到的是南北朝时期北魏贾思勰所著的《齐民要术》，这部书共 10 卷 92 篇，其中一、二卷是关于农作物的耕种和粮食作物的栽培方法；第三卷是关于蔬菜作物的栽培方法；四、五卷是关于果树林木的栽培方法；第六卷是关于牲畜和鱼类的饲养技术；七、八、九卷是关于食品的加工制造、家庭手工业等；第十卷则是介绍北朝辖区以外的农作物。从内容上看，《齐民要术》涉及农、林、牧、副、渔各个方面；从时间上看，它总结了中国公元六世纪以前的农业生产经验；从空间上看，它反映了北方黄河中、下游地区的农业科学技术水平。它还提出了顺天时、量地利、省人力的农学思想，总结了轮作法，注意到绿肥作物的栽培和踏肥的制造，特别强调优良品种的选育和适时播种，并提出一些防旱保墒的措施。总之，《齐民要术》的问世，标志着中国农学体系的建立，它是当时世界上最完整、最系统、内容最丰富、水平也较高的一部农学专著，对后来的农学产生了极其深远的影响。

此后，在农学史上占有重要地位的著作有宋代陈敷所撰作的《农书》，系我国古代第一部谈论水稻栽培种植方法的书籍，书中第一次专篇论述了养牛、土地规划和利用等问题，提出了著名的土壤肥力学说和"地力常新壮"及"用粪犹用药"的论断。元代司农司编纂的《农桑辑要》，主要辑录古代至元初农书原文，内分典训、耕垦、播种、栽桑、养蚕、瓜菜、果实、竹木、药草、孳畜等十目；元时还有王祯所撰《王祯农书》，第一部分"农桑通诀"属于总论性质，第二部分"百谷谱"属于农作物栽培技术分论，第三部分"农器图谱"，附图 306 幅，并有文字说明，此书系当时农业生产技术的总结。明代有徐光启所撰的《农政全书》是一部集前人农业科学之大成的著作，该书凡 60 卷，内分农本、田制、农事、水利、农器、树艺、蚕桑、蚕桑广类、种植、牧养、制造、荒政等，书中汇集了前人有关农作物的种植方法、各种农具制造以及水利工程等农业技术和农学理论知识，具有重要的科学价值。明朝时还有黄省曾所撰的《农圃四书》，分别记述稻、蚕、鱼、艺菊的栽培和饲养技术。在清代则有陈玉璂撰《农具记》，章震福撰《农家言》，蒲松龄撰《农蚕经》，杨秀元撰《农言著实》，丁宜曾撰《农圃便览》等农学著作。

农田水利工程是中国农业生产的重要环节，从远古以来居住在黄河流域的先民们，十分重视农田的水利灌溉，早有大禹治水的典故，后有东周时期楚国的芍陂、魏国的漳水十二渠、秦国的都江堰和郑国渠等水利工程；秦朝时在广西壮族自治区兴安县境内开挖的沟通长江和珠江两大水系的灵渠，素有"世界古代水利建筑明珠"的美誉；两汉时期著名的农田水利工程有六辅渠、白渠、龙首、芍陂渠、六门陂等；隋朝开凿、元朝（公元 1293 年）贯通的京杭大运河，全长 1740 公里、沟通中国南北水路交通；元代又开凿从山东东平到临清的会通河、从通州到大都的通惠河。这些工程不仅规模巨大，而且设计水平很高，有力地促进了农业生产，充分体现了勤劳、勇敢、智慧的中国人民同大自然进行了艰苦卓绝斗争的精神。此外，元代的欧阳玄撰作《至正防河记》，对治黄经验加以系统总结和提高，成为一部系统的水利工程专著；明代的潘季驯又著《河议辨惑》等，主张用"筑堤束水，以水攻沙"的方法治黄，收到较好的效果。

## 二、算　学

考古发现，中国早在仰韶时期已有"Ⅰ、Ⅱ、Ⅲ、ⅠⅢ"等记数符号，甲骨文中则有"一、二、三"等数字，同时从甲骨文中可以看出当时已遵循十进制记数法。中国古代算筹法，既是十进制，又是按其地位表示不同单位的，这就是所谓的"十进位值制"，计数时分为纵横二式，一般个位用纵式、十位用横式、百位用纵式、千位用横式，以此类推。遇到零时，就空出一个位。据《孙子算经》记载，算筹记数法则是："凡算之法，先识其位，一纵十横，百立千僵，千十相望，万百相当。"古代的算学正是在筹算的基础上发展起来的。至于现代数学上通用的阿拉伯数码字大约是在 13 世纪传入中国，其逐渐使用则是清代的事，直到近代才在实际运算中基本取代了传统数码和中国数字。

从殷商甲骨文来看，那个时期已有奇数、偶数、倍数的概念，已经掌握了初步的运算技能。大约在春秋战国时期，"四则运算"趋于成熟。古代算学中的加法称为"并"，求出的和称"都数"；减法称"减"，相减结果称"差"或"余"；乘法称"乘"；除法称"除"，运算结果称"商"。"比例算法"是古代算学中的又一杰出成就，其中包括正比例、反比例、复比例、连比例等比较复杂的计算。古代算学家对分数的研究也是相当早的，殷代历法已确定一年为三百六十五又四分之一日，在春秋战国时的诸子文集中亦屡见分数的运用；到公元 1 世纪前后，分数的四则运算已有系统论述，并能熟练地运用最小公倍数和最大公约数；三国时刘徽对分数的性质从理论上作出明确的阐述，他不仅发现了分数通分和分数除法的简便规律，而且总结出分子、分母同乘或除以一个数时，其值不变的原理，他的研究成果从时间方面来讲在世界上遥遥领先。此外，古人在小数和近似计算方面也取得较大成就，如在三国时魏《景初历》中便初步提出"四舍五入"的原则："半法以上排成一，不满半法废弃之。

古代算学历史悠久，著作丰富，可惜多已散失，流传至今且负有盛名的算书经唐初李淳风的整理注释，称之为《算经十书》，它们是：

**周髀算经** 这是一部天文历算书，在数学上的主要成就是介绍了勾股定理，阐明当时的盖天说和四分历法。有关算学内容的主要有分数乘除法，等差数列，一次内插法的应用，对任意正数的开平方法，公分母的求法及圆周长的求法和勾股定理。它的成书时间一般认为大约在公元前 1、2 世纪，唐初规定它为国子监明算科的教材之一。

**九章算术** 这是古代最重要的一部算学著作，全书共九章，246 个例题。第一章"方田"（38 题），讲分数四则和田亩面积计算；第二章"粟米"（46 题），讲粮食交易的比例计算；第三章"衰分"（20 题），讲按等级分配物资和摊派税收的比例分配计算；第四章"少广"（24 题），内容为开平方、开立方；第五章"商功"（28 题），内容为城、渠、仓等工程体积的立体形计算；第六章"均输"（28 题），讲按人口、物价、路途等条件平均摊派税收和徭役的计算；第七章"盈不足"（20 题），内容为盈亏类问题的解法；第八章"方程"（18 题），讲一次方程组解法和正负数加减法；第九章"勾股"，内容为勾股定理的应用和简单的测量问题解法。《九章算术》首次阐述了负数及其加减运算法则，最早提到分数问题，首先记录了盈不足等问题，它的出现标志中国古代数学形成了完整的体系。书中关于负数、分数计算，几何图形的面积体积计算，联立一次方程解法等都是具有世界意义的数学成就。该书流传广泛，影响深远，并有多种外文译本，其成书时间大约在公元1 世纪下半叶。

**海岛算经** 三国时魏国刘徽撰作，原作为《九章算术注》最后一卷，是一部关于测量数学的重要著作，它总结和发展了"二重差方法"，阐述了利用标杆进行二次、三次及四次测量目的物的高和远的计算方法，为地图学提供了数学基础。还进一步阐明了相似三角形的性质及其应用。，在世界上最早提出十进小数概念，并用十进小数来表示无理数的立方根；提出了正负数的概念及其加减运算的法则；改进了线性方程组的解法；同时在几何学方面提出了"割圆术"，科学地求出了圆周率 $\pi \approx 3.14$ 的结果。

**孙子算经** 该书分上中下三卷，上卷叙述了度量衡的单位和算筹记数的方法规则；中卷举例说明筹算分数法和开平方法，诸多内容涉及面积、体积、等比数列等应用题。下卷对后世的影响最为深远，例如第二十八题讲"物不知数"问题（即数论中一次同余式问题），系后来的"大衍求一术"的起源，被认为是中国数学史上最有创造性的成就之一，被西方数学史书称为"中国的剩余定理"；下卷第三十一题即著名的"鸡兔同笼"问题，后传至日本被改为"鹤龟算"。据清代学者戴震考证，《孙子算经》成书于汉明帝时。

此外，《算经十书》还有北魏时期张丘建所撰《张丘建算经》，书中所涉及的"百鸡问题"（不定方程问题）为世界数学史上著名的数学问题；唐王孝通所撰的《缉古算经》，系最早解三次方程的著作，利用开立方的方法（即求三次方程根）成功地解决了土木工程中经常遇到的上下宽狭不一、前后高低不同的坝体或沟渠施工中问题；又有南北朝时祖冲之所撰《缀术》，已失传，据《隋书·律历志》和沈括《梦溪笔谈》载，其内容涉及圆周率和球体体积的计算、内插法及三次方程的求解问题等。另有立于唐代官学的《夏阳侯算经》、北周甄鸾所撰的《五曹算经》和《五经算术》等。

### 三、冶铸与纺织

中国古代的金属冶铸，在世界冶金史上占有重要的地位，夏商周三代的青铜文明以及此后的钢铁冶炼技术举世著称。

考古资料表明，中国在商周时期已出现了规模宏大的青铜冶炼作坊，如河南安阳殷墟的铸铜作坊遗址面积至少在 10 000 平方米以上，而洛阳西周早期铸铜作坊遗址的面积，约有 90 000 到 120 000 平方米。出土的商周青铜农具和工具有锸、铲、镰、斧、凿、刀、锯等；青铜兵器有戈、矛、镞、剑等；青铜"礼器"和生活用具更是五光十色，品种繁多。当时冶炼青铜的主要原料是氧化铜矿石，再加入适当比例的锡铝，冶炼温度高达 1000 摄氏度以上。商代晚期的后母戊大鼎可以代表当时青铜冶铸工艺的水平，此鼎重 875 公斤，耳带高 137 厘米，横长 110 厘米、宽 77 厘米，形制雄伟，并铸有精致的蟠龙文、饕餮文。还有四羊方尊等青铜器，造型雄奇，工艺高超。据专家研究，当时一般冶铜坩埚只盛溶液 12.5 公斤，铸造像后母戊鼎这样巨型的青铜器，需要七八十个坩埚同时浇注，二三百人密切配合，由此可以想见当时的冶炼技术水平。《周礼·考工记》对长期以来人们在青铜冶铸实践中所获得的丰富经验作了规律性的总结，即著名的"六齐"（剂）规律，这是世界上最早的合金配比经验的科学总结。

铁的发现和开始使用是在商代，春秋战国时期生铁和铸铁柔化技术的发明和出现，标志着冶铁技术所取得的成就。这一时期的生铁主要是含磷很高的白口铁，要使之实用就必须进行柔化处理。铸铁柔化术是把生铁热处理脱碳，使其内部组织结构发生变化，因而提高了铸件的韧性，减少了脆性。同时依据热处理的条件不同，可以分为白心铸铁和黑心铸铁两种可锻铸铁，这项技术在世界冶炼史上是又一次重大突破。

与冶铁技术密切联系的是炼钢技术。考古证明，最早的钢件是用铁块反复加热锤打渗碳而成，即成语所说的"百炼成钢"。它与生铁冶炼术、柔化术并列为春秋战国时期的三大冶炼技术。汉代以后又出现了炒钢法和灌钢法。炒钢法工艺的主要特点是将生铁加热到液态或半液态，加入精矿粉，然后像炒菜那样不断搅拌，降低含碳量，使之成钢；灌钢法的主要特点是将生铁和熟铁合炼，即所谓"杂炼生鍒"。这种钢是一种含碳量较高的优质钢，主要用来制作刀剑锋刃。

与冶炼密不可分的是铸造，中国古代金属铸造工艺也相当发达，其中泥范、铁范、熔模铸造被称为古代三大铸造技术。泥范从夏代以来一直是中国古代最主要的铸造方法，其工序大致为制模、塑出花纹、翻制泥范、高温烧焙、浇注液体、加工整修、成品。泥范一般是一次性使用，因而也就影响到效率，于是在战国时期古人开始使用铁范。从河北兴隆和磁县出土的战国铁范来看，有比较复杂的复合范和双型腔，范壁薄厚均匀、收缩一致，还采取了金属型芯加强结构来防止铸件变形。熔模铸造在战国时也已出现，古称失蜡法，它的工艺流程大致是先用蜡、松香、油脂等配成蜡料，然后制成蜡模，再以马粪泥或低浆泥挂涂成型，阴干后加热去蜡，形成铸型空腔，最后浇铸成器。

中国自古就有"牛郎织女"的神话和"男耕女织"的传统，相传黄帝妃子嫘祖就教民养蚕栽桑，制作衣服。在浙江余姚河姆渡、江苏吴县草鞋山新石器时代的考古中发现有葛布残片、合股麻线和纺砖、织机零件等实物，在距今 4700 多年前的浙江吴兴钱山漾遗址出土了丝帛、丝带、丝绳等实物，足见中国的纺织技术有着悠久的历史。先秦时期的纺织，主要是丝织、麻织和少量的毛织，就纺织工艺技术而言，丝织品广泛使用热釜缫丝工艺，麻织品广泛应用水煮脱胶和沤制脱胶等工艺。尤其值得一提的是多综片提花机的发明，能够织造比较复杂而美丽的提花织物，提花技术在世界纺织史上占有相当重要的地位，汉代以后该项技术逐渐传到西方。

两汉时期，出现了采用踏杆传动绕丝框并由一人操作的缫车，这种先进的工具使缫丝产量大幅度增加，到唐宋时期脚踏缫车的型制已有多种，元代则有北缫车和南缫车之分，南缫车所使用的"冷盆"缫丝法使生丝质量达到了细、圆、匀、紧。早在先秦时期，古人已经创制了有框架的多综多蹑织机，这种织机在西汉时广为使用，《西京杂记》载，河北巨鹿陈宝光妻为霍光织散花纹和蒲桃锦，机用 120 镊（蹑）；三国时陕西扶风人马钧将织花机构大为简化，改革为 12 镊，生产效率和质量大大提高。汉代还有一种花楼式束综提花机，能够织出相当复杂精美的人物花卉和飞禽走兽，后经两晋隋唐改进，与多综多蹑机相结合，到了宋代，提花机臻于完善。此外，古人所创用花本控制的提综程序原理，在 18 世纪中叶之前，一直是世界上最先进的手工程序控制方法。在毛纺织技术的发展史上，我们祖先创造的弹毛术（振荡开纤法）和毛纺品中的羽毛织，工艺先进，实属罕见。

在中原地区大量种植棉花是宋、元之际的事，起步较晚，但棉花纺织技术却很快发达起来。虽然纺车在秦汉之前已经出现，但工艺较为落后，为手摇纺车，尔后出现了纺丝麻的脚踏纺车，使中国纺纱技术进入一个新阶段。到十三世纪末，使原棉通过搅车"二轴相轧，则子落于内，棉出于外"，并将踏纺车改为三绽脚踏棉纺车，纺纱由一而为三。这些先进的纺织工具，五百年后才在欧洲出现。

## 四、四大发明

中国古代的四大发明是指南针、火药、造纸术和活字印刷，这是我们的前人对于人类的巨大贡献。

**指南针** 指南针的起源可以追溯到战国时期发明的指南工具司南，司南取法北斗七星，其形状像一把汤匙，底圆，由磁石制成，把它放在一个平滑的刻有八卦和天干地支表示方向的"地盘"上，使用时只要把长柄轻轻转动一下，长柄停止所指示的方向即是南方。由于它在使用时必须配以地盘，所以后来也称之为罗盘或罗盘针，不过形状有了较大的改变。

司南的制造表明中国首先发现了磁石的吸铁性和指极性。有关这方面的记载见于《管子》《山海经》《淮南子》等古籍。到宋代，张君房进一步发现磁石的吸引力，除了铁和镍之外，任何东西都不能阻断，而这种现象欧洲直到 17 世纪才由英国的吉尔柏发现。但由于天然磁石在琢制司南的过程中成品率很低，而且磁性较弱，于是又有人造磁石发明，并以此为原料制成新的测向仪器指南鱼，其制作方法在《武经总要》前集卷十五有如下记载："用薄铁叶剪裁，长二寸、阔五分，首尾锐如鱼形，置炭火中烧之，候通赤，以铁钤鱼首出火，以尾正对子位，蘸水盆中，没尾数分则止，以密器收之。"这种指南鱼在使用时，将鱼浮在水面自由转动，当其静止，鱼头所指即南方。又沈括《梦溪笔谈》记载有人造磁钢指南针的方法，同时还详尽地记载了他对指南针所作过的一些实验，称之为水浮法、指甲旋定法、碗唇旋定法、悬挂法。更值得我们注意的是，古人还发现了"磁偏角"，认为指南针并不是指向正南，而是稍微偏东，原因是磁极不是正在南北两极。这一重要发现比欧洲传说哥伦布 1492 年发现磁偏角要早 400 余年。

指南针发明以后起先应用于祭祀、礼仪、占卜与看风水时确定方位，很快被用于军事、生产、日常生活、地形测量，尤其是航海事业。据北宋朱彧的《萍洲可谈》和徐兢的《宣和奉使高丽图经》等书记载，中国在北宋时期已经在航海中使用指南针。之后，随着对外贸易和海上交通的发达，指南针先后传到波斯、阿拉伯各国和欧洲。指南针是中国古代劳动人民在长期的实践中对磁石磁性认识的结果，它对人类的科学技术和文明的发展起到极其重要的作用。

**造纸术**　过去人们根据《后汉书·蔡伦传》的记载，一般认为是东汉时期蔡伦发明的纸，实际上蔡伦只是改进了造纸术，他用树皮、麻头及敝布、渔网等原料，经过挫、捣、炒、烘等工艺制造成纸，形成了一套较为定型的造纸术工艺流程。其流程大致为三步：首先是用沤浸或蒸煮的方法让上述原料在碱液中脱胶，并分散成纤维状；其次是打浆，用切割和捶捣的方法切断原料的纤维，进而打成纸浆；最后是抄造晾晒，把纸浆渗水制成浆液，然后用捞纸器捞浆，使纸浆在捞纸器上均匀交织成薄片状的湿纸，然后晾晒干燥，揭下就成为纸张。20 世纪的考古发掘证明，蔡伦之前已经出现了纸。1933 年在新疆罗布卓尔汉烽燧遗址中出土的西汉麻纸，比蔡伦提早 1 个世纪；而

1957 年在西安市东郊出土的"灞桥纸"又将纸的发明时间提前 1 个世纪，经科学化验，它主要由大麻和少量苎麻纤维制成，是迄今为止发现的世界上最古老的纸。

蔡伦之后，造纸术迅速得到推广，到 3、4 世纪，纸基本上取代了帛简而成为中国古代最主要的书写材料了。到魏晋南北朝时，造纸术不断革新，原料上又增加了桑皮、藤皮；设备上发明了活动帘床纸模，将一个活动的竹帘放在框架上，反复漂捞出湿纸；在工艺上加强了碱液蒸煮和舂捣，提高了纸的质量，同时还制造出色纸、涂布纸、施胶纸等。宋元以后，造纸技术又进一步改进，如使用植物黏液做"纸药"，以提高打浆度和纸的细密匀称度等，而纸的用途除印刷、书画、日用外，还用于制造纸币。纸的品种则又出现了诸如蜡笺、冷金、泥金、罗纹、芽花等新品种。随着古人造纸实践的深入，记载和总结造纸技术的专著亦陆续出现，如宋代苏易简的《纸谱》、元代费著的《笺纸谱》、明代王宗沐的《楮书》等等，而对于造纸技术记载最详、阐述最清楚的是明代宋应星的《天工开物》。

公元 6 世纪后，中国的造纸术东经朝鲜传到日本，西经中亚、西亚、东非而传到欧洲，到 16 世纪造纸术传遍欧亚大陆，并传入美洲，取代了当地传统的羊皮纸和埃及的莎草纸等。纸的发明以及造纸术的推广应用，对于社会的进步和发展起到重大作用，对于世界科学文化的传播产生了深刻的影响。

**活字印刷术** 帛、牍、纸出现后，古代的书籍主要是抄写。到隋唐时期，人们在使用印章和拓石的基础上发明了雕版印刷。这种印刷术是先把反手字雕刻在木板上，尔后用刷子在凸起的字上刷墨，印在纸上，最后汇集成册。雕版印刷术流行于隋唐时期，但它的最大缺陷是一部书所用雕版太多又费时，而且雕版用久或放置时间过长会变形，不便保存，如宋时雕印《大藏经》，历时 12 年，雕版多达 13 万块。

革新传统印刷术并卓有成效地改进印刷工艺的是北宋刻字工人毕升。他总结前人的印刷技术，发明了胶泥活字。这种方法是先把胶泥做成小方块，一个方块刻一字，经火烧煅，使之坚硬如瓷。然后用一块铁板和铁框，盛若干松香、蜡、纸灰等混合物，然后在铁框内将胶泥活字排版，放置火上加热使松香，蜡等融化，冷却时用一块平板将泥字压平，这样就把胶泥字牢牢地粘在一起，即可刷上墨汁开印。一版印完后，将铁板框放到火上加热，待松香等融化后，即可取下胶泥字以备用。1965 年在浙江温州白象塔内发现《佛说观无量寿佛经》刊本，经鉴定为北宋元符至崇宁（1100～1103）年活字本，这可能是毕升活字印刷技术的最早历史见证。到了元代，王祯在毕升的基础上，又成功地创造了木活字印刷法，他将刻字的木版用细锯锯开，修整成四方形木活字，并依照各字的音韵排在一个转盘上，工人排版时，拣字可通过旋转轮盘，因而大大提高了工效。此后，又出现了锡、铜、铅等金属活字。

活字印刷术在 14 世纪东传朝鲜、日本，西经新疆传到高加索、小亚细亚和埃及，其后又传入欧洲。约在 1450 年，德国的戈登堡依此原理，用铅、锑、锡合金铸成文字，用于印刷，但这已是毕升 400 年之后的事了，即与中国采用金属活字相比，亦晚 100 多年。

**火药** 火药的成份主要是硝石和硫黄，这二者又都是药材，且都能发火，故名火药。火药的发明经历了一个较长的准备时期，据《范子叶然》的记载，春秋时代中国就已经将火药用于民间民生；据流传下来的《三十六水法》炼丹书，有人认为在西汉淮南王时古人已认识掌握了火药的秘密；又据《水经注》《魏略》《事物纪原》等书的有关记载，有人认为至迟在东汉时期就发明了火药。不过唐初孙思邈在《丹经要诀》中记载的"伏硫黄法"可能是目前所见最早有文字的火药配方，这种方法是把硫黄、硝石粉末放在锅里，然后加进点火的皂子，就会发生焰火。对火药性能做出清晰描述的是唐代的《真元妙道要略》，从中我们可见当时人们已经掌握了如何控制火药。

火药发明以后，很快被应用于武器。中国最早的火药武器是火箭、火枪、火炮，唐代末年出现了简单的火炮，用抛石机发射装有火药的火球。公元 11～13 世纪，火药武器有了大的发展，并应用于战争。北宋《武经总要》记载了当时人们已掌握了药烟球、蒺藜火球和火炮三种火药武器；"宋末年人们制造出"霹雳炮""震天雷"等爆炸力较强的武器。《金史》对震天雷描述说："火药发作，声如雷震，热力达半亩之上，人与牛皮皆碎并无迹，甲铁皆透。"南宋初年陈规又发明火枪，南宋末年改进为竹管并装有子窠（即子弹）的突火枪，13 世纪前后又将竹管改进为金属管，称为"铳枪"，到了元代发展为铜铸火铳，明代则进一步发明了称之为"火龙戏火"等原始飞弹。火药同时还用于娱乐驱邪，古有"魏马钧制爆仗"隋炀帝益以火药为"杂戏"的记载，宋代以后的有关记载更多，如《会稽志》曰："除夕爆竹相闻，或以硫黄作爆药，声尤震厉，谓之爆仗。"《梦粱录》云："十二月有卖爆竹、成架烟火之类"等。

中国火药在南宋年间经印度传入阿拉伯各国，元代火药武器的制造与使用技术随后也传到阿拉伯各国，又由阿拉伯人将火药武器经过西班牙传入欧洲。14世纪中叶后英法等国也逐渐了解掌握了火药和火药武器。火药的发明结束了靠冷兵器耀武扬威的骑士时代，大大推进了人类历史发展的进程，有人甚至认为，火药是欧洲文艺复兴、宗教改革的重要支柱之一。

**算盘** 四大发明之外，算盘亦堪称一大发明。关于算盘起源于何时，学术界诸说不一，有人认为迄今已有2600多年的历史，但最晚也绝不会晚于唐宋时期。算盘的定制为长方形，周为木框，内贯直柱，俗称"档"，一般有9档~15档；档中横以梁，梁上两珠，每珠以一当五，梁下5珠，每珠以一当一，定位后拨珠计算，可以做加减乘除。这种工具携带方便，易学易用，而且速度又快，所以很快便流传海内外。关于珠算运算较著名的书籍有明徐心鲁的《盘珠算法》，程大位的《算法统宗》等。在阿拉伯数字出现之前，算盘是世界广为使用的计算工具。

## 五、其 他

中国古代的科学技术成就是多方面的，除以上各节述及者之外，在光学方面，公元前11世纪中国已使用铜镜，汉时《淮南子》中有抛光的记载，抛光加工过的铜镜"鬓眉微毫，可得而察"。约在公元前2世纪古人就制成世界上最早的潜望镜，西汉《淮南万毕术》中还有"削冰令圆，举以向日，以艾承其影，则火生。"这说明古人对凸透镜有了较为深入的认识，虽然所使材料非透光的玻璃，但将冰削成凸透镜并使之聚光以取火，却神话般地将水火相"容"。此外，春秋战国时墨家还做了世界上最早的针孔成像实验，指出小孔成倒像，且倒像的大小与物体离针孔的距离位置相关，墨家还对光的反射性质、平面镜、凸面镜、凹面镜球心与焦点作了区分。到了宋代，沈括对光的直线传播、凹面镜成像、凸面镜的放大和缩小作用、透光镜的. 机理以及虹的现象等作出阐述；宋末元初赵友钦通过实验，证明了光的直线传播的性质，正确地说明了光源、小孔间的距离、像三者之间的关系。清初黄履庄又发明了"瑞光镜"，"大者五六尺，夜以灯照之，光射数里"，这是世界上最早的探照灯。

在力学方面，仰韶文化遗址考古发现的一种尖底提水陶罐，《荀子·宥坐》讲"虚则欹、中则正、满则覆"，这正是古人对物体重心变化与作用的实践及理论认识。另在先秦时期成书的《考工记》中，对惯性、滚动速度与接触面的关系、侧压力等等问题上有了初步的认识。墨家在科技史上有不少建树，从《墨经》中的一些记载来看，墨家对什么是力、杠杆的平衡、斜面滑轮与省力的关系、机械运动的相对性等问题有一定的认识，同时墨家也注意到水中浮物当其负荷一样时，下沉深浅与物体形状大小有关。东汉时王充的一些观点更为接近近代力学的边缘，如"力重不能自举""满而重者行迟，空而轻者行疾"等，他还指出力的作用是导致物体的运动。在力学的实践中，古人也有一些重大发明创造，如指南车和记里鼓车就是精巧的古代自动化机械；张衡主持制造的浑天仪利用水力转动，既是著名的矢文仪器，同时也是世界上最早的机械性计时器；还有宋代苏颂等人制造的大型水运仪象台，其中的"天衡"（一套杠杆装置）即是力学原理卓有成效的应用；再如对于时间与长度这两个物理量的研究与实践，隋朝时，刘焯曾提出用不变的天文学或测地学常数来确定长度单位的思想，到 18 世纪初清代大地测量中，建立了以北京为中心的经纬网，定 1800 尺（工部营造尺）为一里，200 里合地球经线一度，这个标准的确定在世界上是一个创举。

此外，在声学方面，商周时期编钟和编磬的制造、三分损益法理论的提出，战国时期庄子对基音与泛音共振的描述，东汉时王充对声波的认识，宋代沈括关于古琴传声、古乐钟发声、共鸣现象的见解，明代宋应星对声的发生、传播、干扰、接收等问题上的观点，以及天坛回音壁、三音石、圜丘三项建筑等等，都是中国古代声学所取得的杰出成就。在气象学方面，测风器、雨量器、湿度仪等均为中国最早发明和使用；而天象观察中的浑仪，地震测报中的候风地动仪，航海轮船上的立轴风车，农业加工机械"水轮三事"、"水转连磨"，以及利用水的浮力制成的计时器"刻漏"等，都堪称世界古代科技成果中的精品。

中国古代科学技术的理论和成果绝非一篇文字能够样样述及，限于篇幅，这里不再一一赘述。

# 第十二讲　中华医学气功

中华医学历史悠久，源远流长，早在原始时代，人们在觅食及与猛兽的搏斗或部落之间的战争中，常常发生一些外伤，开始用树叶、草茎、泥灰涂敷或裹扎伤口，久而久之，人们便发现了一些外用中草药，并积累了一些外治的疗法。火的发现使原始人由生食进到熟食，不但消灭了许多消化道传染病的病源菌，而且使身体的营养状况有了很大的改善。后来古人还慢慢学会针砭治病，并发明了原始的脓肿切开术、剖腹产术、断肢术、穿耳鼻术、阉术等等。但是一直到夏、商时期，由于生产力的低下，古人对许多自然现象和人体生理、病理现象，如生、老、病、死仍感到神秘莫测，不能做出科学的解释，于是巫术出现了，专以祈祷、占卜、诅咒等手段驱魔祛疫，殷商甲骨文中有不少卜辞就是占卜灾祸疾病的。与此同时，酿酒的发明在医药史上占有重要地位；酱、饴、醋的制作，其功用不仅仅是调味，更重要的是利用微生物治病，虽然那时的人们还未认识微生物。

职业医生最晚在春秋战国时期出现，当时官府专门设有执掌医疗政令的医师一职，《周礼·天官·冢宰下》载："医师掌医之政令，聚毒药以共医事。"又曰："医经者，原人血脉、经络、骨髓、阴阳、表里，以起百病之本，死生之分。"这一时期，中华医学理论初具雏形，医事制度初步建立，医学分科亦开其端，据《周礼·天官》记载，当时宫廷已设有医师、食医、疾医、疡医、兽医等，同时有"五毒"之药炼制的记载，开化学制药的先河。到战国末期，中华医学中的阴阳、五行、五运、六气、六淫等理论原则业已确立，医学分科更为具体化，早期诊断学亦具雏形。这一时期还出现了著名的医药学家秦越人（扁鹊），并出现了具有总结性的医学典籍《黄帝内经》。

《黄帝内经》并非传说中黄帝时期的作品，它不是出于一个人的手笔，也不是一个时期的产物，最初成书一般认为在战国后期，以后流传中内容又有增补修改。现存《黄帝内经》分《素问》《灵枢》两大部分，各 9 卷 81

篇，内容非常丰富，包括生理、病理、解剖、脉学、病因以及疾病的症状、诊断、治疗、预防和养生等方面，它的理论观点、诊断原则奠定了中华医学理论体系的基础，《黄帝内经》标志着中医学的形成。

## 一、中医的诊断

中医传统诊断疾病的基本方法可以概括为"望、闻、问、切"四个字。早在战国时期，著名医药学家秦越人（扁鹊）即运用"切脉、望色、听声、写形"的方法来诊断疾病，当然这些方法不一定是秦越人独创，应当是他对前人丰富的医疗实践经验的总结与运用，之后又经历代医家的丰富与改进，从而形成了中华医学独特的诊断办法。

**望**　指望诊，即医生通过对病人局部或全体的观察，看有无异常变化，从而了解疾病的状况。中医的望诊，主要是观察病人的精神、色气、形态以及舌象等。中医认为，精神的充沛与衰落是人的肌体健康与否的重要标志。《黄帝内经》认为，五脏六腑的表气上注于目，体肤色泽系腑脏气血之表，所以目光、面色等能够突出反映人的精神状况和人体内脏的生理与病理情况。在一般情形下，如果病人气色枯槁、晦暗，则标志着精气已伤、病变深重；但如果病人面色荣润、鲜明，说明病变轻浅，易于治疗。面部及肌肤的青、黄、赤、白、黑五色，可以显示不同腑脏的病变，也意味着不同性质的病邪。此外，舌苔和舌质亦反映腑脏气血的虚和实，比如苔黄一般为里证、热证，苔白一般为寒证、表证，舌质红一般为热证，舌淡则一般为虚寒。

**闻**　指闻诊，它主要包括察听病人的声音、呼吸、咳嗽、呃逆、喷嚏、肠鸣等等和嗅闻病人体内的气味、分泌物、排泄物等两个方面。比如，若病人声音连续有力，但前轻后重，则多属实热证；反之，如患者发音微弱、断断续续、前重后轻，那么多为虚寒证。再如肺痈患者，咳吐浊痰脓血，有腥臭气。

**问**　指问诊，即医家询问患者起病原因、发病时间、既往病史、自我感觉以及生活经历、饮食嗜好等情况，把握诊断的线索，了解病人的状况，进而作出诊断。关于问诊，后世还归纳为"十问歌诀"：一问寒热二问汗，三问头身四问便，五问饮食六胸腹，七聋八渴俱当辨，九问旧病十问因，再兼服药参机变。妇女尤必问经期，迟速闭崩皆可见。

**切**　指切诊，包括脉诊和按诊两个方面，是通过对患者体表摸触按压进而获得辩证资料的一种诊断方法。脉诊以寸口诊法为最常用，这种方法是医家按患者手腕后的桡动脉处，从脉位、次数、形态、节律、脉的气势和畅通程度等方面来察知体内的病变。中医认为，正常人的脉象在不同季节有春弦、夏洪、秋浮、冬沉的变化，如果是患病，那么其脉象更有相应的变化。1972年初至1974年初，在马王堆三号汉墓出土《足臂十一脉灸经》和《阴阳十一脉灸经》两部脉灸经书，全面论述了人体11条经脉的循行走向及所主治的疾病，这可能是我国目前发现最早论述经脉学说的文献，有学者认为这两部脉灸经书是《黄帝内经·灵枢·经脉》的祖本。到西晋时期，著名医学家王叔和精研医学，重视诊脉，总结前人有关论述，结合自己的临床实践，撰成脉学专著《脉经》，他把前代纷繁的脉象说归纳为浮、芤、洪、滑、数、促、弦、紧、沉、伏、革、实、微、涩、细、软、弱、虚、散、缓、迟、结、代、动24种，详述脉象的辨别方法，分析脉理，陈述脉法，强调注意季节变化和人的体质年龄等特点。其后还有宋崔嘉彦的《脉诀》、元戴起宗的《脉诀刊误》、清沈金鳌的《脉象统类》等专著，补充、修正和发展了传统的脉学，而脉诊也就成为中医临床中的常规检查手段了。此外，中医还通过对患者手足、额头、脘腹及其他病变部位进行触摸按压，测知冷热、软硬、压痛等异常变化，进而推断疾病的部位、性质。如属血分病变，一般腹内结块，痛有定处，按之有形，且不移动；而气分病变则痛无定处，按之无形，聚散不定，这种诊断谓之按诊。

望、闻、问、切四种方法各有其独到之处，医家在临床应用中，将它们有机结合，进而推断病情，成为中医诊断疾病的主要手段。

## 二、药物针灸

运用望、闻、问、切是中医的主要诊断方式，而运用中草药和针灸则是中医的主要治疗手段。这里所说的中草药是一个广义的概念，它既包括植物药，也包括矿物药和动物药等，当然植物药无论是品种还是实际使用，在药物中均居主要。中草药的使用早在原始时期，但对它的认识则是在实践中逐步提高的。大约在秦汉时期，中国最早的药物学专著《神农本草经》问世，这部书集先秦药物学大成，首论药物理论和配剂规律，次载药物365种，其中植物药252种，动物药67种，矿物药46种，并对每种药物的别名、性味、产地、功效作了简要介绍。书中还把所载药物分为上、中、下三品，上品120种，久服轻身益气、延年益寿；中品120种，可抗疾病、补虚弱；下品145种，多具有毒性，可除寒热邪气、破积聚。配剂中称上品多为君药、中品多为臣、下品为佐使。

延及南北朝，陶弘景对本草进行整理补充，将《神农本草经》中的 365 种增辑为 730 种，纠正了原书和传抄之误，并按玉石、草木、虫兽、果、菜、米食等给药物分类。至唐，官府组织以苏敬为首的 20 余名医家重修本草，作为国家药典，名为《新修本草》。《新修本草》共 54 卷，包括药图、图经、本草三部分，收载药物约 850 种，并被规定为医学教材，沿用了 300 余年。到宋代，又出现了《开宝新详定本草》《开宝重定本草》《嘉祐本草》《本草图经》等药物学著作，其中以唐慎微所撰《经史证类备急本草》最负盛名，该书收载药物达 1558 种，附载古今单方、验方 3000 多个，方论 1000 余个，其特点是图说兼备，考据周详，分类亦较有系统，因而流传 500 余年，被作为研究本草的范本。

在中国药学史上，明代李时珍的《本草纲目》可以说是最重要的一部药典，这部巨著共收载药物 1892 种，集药方万余个，附图 1160 幅，凡 52 卷，按水、火、土、金石、草、谷、菜、果、木、服器、虫、鳞、介、禽、兽、人分为 16 部，62 类，其中前二卷为序例，包括七方、十剂、气味阴阳、升降沉浮、脏腑标本用药式，以及相须、相使、相畏、相恶、相反诸药，用药凡例和禁忌等；第三、四卷为百病主治药；五至五十二卷为药品各论，对每种药物又分校正、释名、集解、正误、修治、气味、主治、发明诸项。全书规模宏伟，资料丰富，方药结合，同时对药物的采集、炮制、栽培方法亦多有记载。《本草纲目》总结了中国 16 世纪以前的药学理论，极大地丰富了中国医学宝库，国外有多种文字译本，被誉为"东方医学巨典"。

针灸治病为中医独特之法。这种疗法是针刺和灸灼的合称，二者都是按照经络学选取有关穴位施行医疗，临床中往往针刺和灸灼配合使用，《黄帝内经》所谓"针所不为，灸之所宜"即此意，其中的《灵枢》部分，对经络、穴位以及针灸的理论、用具、方法、适应证、禁忌等皆有叙述，为后世针灸学的发展奠好了基石。

针刺最初的用具大概是尖锐锋利的"砭石"，考古还发现了后来的骨针、竹针、陶针，并证明至晚在西汉时期，已经使用金银针。因用途不一，针的形状也不同，《黄帝内经》中已有"九针"的记载。灸灼的材料，最初盖为树枝杂草，其后发展为用木炭、竹竿、艾、硫黄、雄黄、灯草等材料，但效桌最好、使用最多的是艾灸。针灸疗法的实践建立在经络学的基础上，当在某一穴位针刺时，手法得当，则局部产生酸麻胀疼的感应，并沿着一定的途径传导扩散；当在某一穴位灸灼时，其温热感也出现沿一定途径传导扩散的现象，后来人们便把纵行的"干线"称之为"经"，把许多大小支脉称之为"络"，而针灸正是通过刺灸某些穴位，使人体内部的经络系统得到刺激，从而达到调节、维持人体的各种机能平衡的目的。

较为系统全面总结早期针灸疗法的专著是西晋皇甫谧的《针灸甲乙经》，它也是中国现存最早的针灸学著作。全书 12 卷，包括脏腑、经络、腧穴、病机、诊断、治疗等方面的内容，其中对腧穴部位、针刺深度、艾灸壮数、针灸手法有较详细的叙述。《甲乙经》共厘定穴位 654 个，并对每一穴位的适应症与禁忌作出说明，它对针灸学的发展起了很大促进作用，同时还流传海外，产生了巨大的影响。此后，在针灸学上影响较大的有宋代王惟一的《铜人腧穴针灸图经》及驰名于世的针灸铜人。铜人为青年男子裸体像，表面刻有几百个孔穴，穴旁以金字标注穴名；《图经》是配合铜人像而写的，王氏把 354 个穴位分为 12 个部门，即将脏腑 12 经画成人体针灸图，图说详明，学者可按图索骥。又南宋著名针灸学家王执中撰《针灸资生经》7 卷，先论 360 腧穴，后论诸症治疗，同时还记载了当时针灸家所罕言的"经外奇穴"。

针灸学史上最值得称道的是明代杨继州的《针灸大成》，该书万历二十九年（公元 1601 年）问世，共 10 卷：卷一论述针灸源流；卷二、三为针灸临床经验歌诀；卷四为针法；卷五为十二经井穴、五腧穴、子午流注、灵龟八法；卷六、七为十四经穴、经外奇穴、针刺深浅、艾灸多寡和主治病症等；卷八为临床治疗各种疾病的经验与用穴；卷九为治证总要、无效处理、艾灸补泻，并附杨氏医案；卷十介绍小儿按摩疗法。全书内容丰富，集明以前历代针灸之精华，成为针灸家必备之书。同时，该书还有多种外文译本，深受许多国家医学界的重视。

## 三、名医及流派

在中华医学史上，名医辈出，他们为中国传统医学宝库做出了杰出的贡献。除上文涉及者之外，还有汉初的淳于意，他的主要贡献在于开中国病历医案的先河。东汉时期，有辨证施治的创始人张仲景，他的代表作是《伤寒杂病论》，书中以六经论伤寒，以脏腑论杂病，提出了包括理、法、方、药在内的比较系统的辨证施治原则，堪称中医方剂学的鼻祖，为中华医学史上影响最大的著作之一。与张仲景同时的还有杰出的外科学家华佗，他最突出的贡献在于创造性地以酒送服麻沸散对患者全身麻醉，而后施行外科手术。

晋代的葛洪，外儒术而内神仙，以炼丹养生著称，为化学制药的前驱，代表作为《抱朴子》，但他的《肘后备急方》对各种疾病尤其是传染病的治疗也多有记载。南北朝时，有徐之才在方剂分类上有突出贡献，雷敩在药物炮制方面成就斐然，而龚庆宣在外科学方面取得盛誉，并创造了世界上最早使用水银软膏治疗皮肤病的记录。

隋唐时期，把中医病因病理学提高到一个新水平的是巢元方，他的代表作《诸病源候论》系统地论述了各种疾病的病源与证候，大大的发展了中华医学理论。初唐卓越的医药学家孙思邈在医方征集、伤寒论整理、本草学分类，对传染病及杂病的认识、防治及护理和"硫黄伏法"化学配方等多方面取得重大成就，他的《千金要方》《千金翼方》两部巨著极为后人推崇，而他自己也成为人们心目中的"药王菩萨"。王焘是中唐杰出的医学家，他较为详细地论述了某些维生素和激素类药方，并编写成著名的综合性医书《外台秘要》。北宋时期，有儿科名医钱乙、董汲、陈文中，解剖学名家杨介，方药学家苏轼、沈括；南宋时，陈言在病因证候学的研究方面取得较大成绩，施发在脉学研究中有重大发明，李迅在痈疽病的研治方面有大的进展，陈自明和朱端章在妇产科领域成就卓著，而宋慈因其《洗冤集录》成为著名的法医学家，苏颂因其《图经本草》而享有药学家之誉。

中华医学在宋代以前，基本上没有什么派别争论，但到了金元时代有四大流派出现，著名的学说有刘完素的"主热论"，张元素的"古今异轨"说，张从正的"主攻说"，李杲的"脾胃论"，朱震亨的"阴不足，阳有余"论等。其后各有追随者，形成以刘完素为首的"主火派"，张从正为首的"攻下派"，李杲为首的"补土派"，朱震亨为首的"养阴派"。明代又有以王履、戴思恭、汪机为代表的养阴派和以薛己、赵献可、张介宾为代表的温补派；清代的叶天士、薛生白、吴鞠等沿着明代吴又可《温疫论》开创了瘟病学，使之成为一个独立的学派。此外，宋、元、明、清历代皆有医学巨著问世，同时还涌现出许多著名的医药学家。

## 四、气功的发展与分类

气功是一项自我身心锻炼的方法，它通过人体姿势的调节、呼吸、身心松弛、意念集中和动用、有节律的动作等等锻炼方法，调节和增强人体各部分机能，诱导和启发人体内在的潜力。气功又名导引、吐纳、食气等，以练呼吸吐纳为主，以外形引导气息升降开合，具有调节修复、增益气力、保健强身、防治疾病、延年益寿的作用。因而，气功是中华医学宝库中的一个重要部分。

古代气功盖源于自我摩捏、呵气伸欠及一些舞蹈动作。传说殷商时期活了八百岁的彭祖，得益于"常食桂芝，善导引行气。"老子《道德经》书中有"虚其心，实其腹""致虚极，守静笃""专气致柔，能婴儿乎"等语言，这些语句虽然表达的是一种哲学，但为后来气功者所采用。至于《庄子》所说的"吹呴呼吸，吐故纳新，熊经鸟申，为寿而已矣。此道引之士，养形之人，彭祖寿考者之所好也"则讲的就是古代气功。现存石刻《行气玉佩铭》，据考系战国初年的实物，所载内容就是描述呼吸锻炼强体。在《黄帝内经》中，即有"导引行气，乔摩"诸项。《吕氏春秋·古乐篇》也有用有"宣导"作用的"舞"来治疗"筋骨瑟缩不达"之疾的记载。

古代气功到汉代有了进一步发展，从马王堆三号墓出土的"导引图"和古佚书"却谷食气"篇看，那时气功的锻炼和应用已经相当广泛。此后，《淮南子》《论衡》《申鉴》《抱朴子》等书中亦有不少关于古代气功的记载，而晋代出现的《黄庭经》则是一部专讲练功的书，南北朝时陶弘景《养性延命录》一书，有一半篇幅是谈古代气功的理论与方法。此后历代医学著作以及一些佛教、道教经典都或详或略于古代气功有所记述。到明代，出现了几部著名的养生练功专著，如冷谦的《修龄要旨》、高濂的《遵生八笺》、胡文焕的《类修要诀》、袁了凡的《静坐要诀》、陈继儒的《养生肤语》等等。

**静功**　气功以其方式可以划分为许多类，但总的来说可以分为静功和动功两大类。静功是采取坐、卧、站等外表宁静的姿势，运用松、静、守、息等方法，着重身体内部的锻炼，所以也称"内功"。但既为锻炼方法，它又必须动，如同王夫之《思问录》所言"静者静动，非不动也"；"静即含动，动不舍静"，所以又是"静中动"的方法。动功是采取和意、气相结合的各种肢体活动及自我按摩、拍击等方法，以锻炼内脏、筋骨、肌肤。由于这种方法有动作表现于外，所以也称"外功"；又因为它是处在注意力集中、思想安静的情况下进行的，所以又是"动中静"的方法。

静功的功种又分放松功、内养功、强壮功、站桩功、意气功等。放松功是通过有步骤、有节奏地依次注意身体各部位，结合默念"松"字的方法，逐步地松弛肌肉骨骼，把全身调整得自然、轻松、舒适，使紧张与松弛趋于平衡，同时使注意力逐步集中，杂念排除，心神安宁，以活跃气血、协调脏腑、疏通经络，这种功适用于某些慢性病，如高血压、肠病、哮喘、神经衰弱等。内养功一般采取侧卧式或平坐式，练功时强调身体松弛，意识也要松弛，默念字句，并使用硬呼吸法或软呼吸法，做到意守丹田（脐下一寸三分处），达到入静状态。这种功主要适应证有溃疡病、胃下垂、慢性肠胃肝炎、肺结核、月经不调、痛经等。强壮功取单盘式、双盘式或自然盘膝等姿势，呼吸则讲究静呼、深呼、逆呼法，练功时要求精神放松，意守丹田，似有似无的想。这种功的适应证与内养功相仿。站桩功以站式为主，其站法有预备式、提抱式、扶按式、撑抱式、分水式、休息式等讲究，让肌肉呈持续的静力性紧张，使中枢神经得到休息，促进血液循环，增强各个系统的新陈代谢，这种功以神经衰弱、高血压病为主要适应症。练意气功每日晨起以淡盐汤漱口，然后自然端坐矮椅，上身及大腿、小腿三部皆宜平直，足趾背稍向内，两手交叉，以抵气海，闭目凝神，力抑杂念，凭空设一意想，使全身之气团聚心上，结成一球，然后想着此球由心起点，沿人体一定路线行动，最后行至舌心，顺行回到心部。这种功适用于治疗胃及十二指肠溃疡、神经衰弱、失眠、高血压等慢性病。除上而外，静功中还有小周天法、六字诀等。六字诀可以单独做，也可以配合其他静功做，嘘、呵、呼、咽、吹、嘻六字，最早见于陶弘景的《养性延命录》，以后不少有关古代气功的著作中，对此均有论述。六字诀是指嘘气时力睁双目，呵气时两手单举托天，呼气时撮口，咽气时双手托天，平卧或侧卧嘻出气。当然还有分字诀、四季歌和具体操作办法及临床应用方式等。

**动功**　动功的操作方法，概而言之，主要由肢体运动、呼吸锻炼、意念锻炼三个部分组成。常规保健功有叩齿、搅海咽津、摩腹、浴面鸣鼓、擦腰、双手齐伸开、转辘轳、左右托天、双手攀足等基本活动。常用动功的功法很多，如双手拍头、揉头皮、两手摩额、操练牙根、擦风池、揉眼角、运转双目、搓耳根、窝耳拔气、刮鼻、摩肋呵气、撸胸顺气、活腰胯、摇肩、左右开弓、托肘摸背、捏合谷、摩膝、蹬脚、按摩足三里、擦涌泉等等。民间广泛流传的一种动功有12个式子，俗称开天辟地、流星钩月、日月掌、左右踢脚、外摆、魁星点元、左右拜殿、犀牛望月、摇山动海、朝天一炉香、强肺呼、反肚子。五禽戏是古代以动为主的一套气功，其命名是因为这套功系模仿虎、鹿、熊、猿、鸟五种动物的动作。五禽戏的操作法，最早见于陶弘景的《养性延命录》，在《道藏》中被称作"太上老君养生诀"，至明清，五禽戏的文字记载更为具体。易筋经也是民间广泛流传的一种动功，其作用在于强筋壮骨。相传这套功共有12节，开始为韦驮献杵三势，而后有摘星换斗势、出爪亮翅势、倒拽九牛尾势、九鬼拔马刀势、三盘落地势、青龙探爪势、卧虎扑食势、打躬势、掉尾势。除上而外，古代动功还有八段锦、十二段锦、十六段锦、婆罗门导引法、天竺按摩法、老子按摩法等功种。

## 五、练功的要领与布气

要使练功取得良好的效果，就要把握练功的要领。当然，练不同的功法又有不同的要领。就练气功的总体要求而言，我们根据马济人《中国气功学》的归纳，主要包括如下一些要领：

**松静自然** 松是指解除心理上和生理上的紧张状态，解除情绪上对疾病、身体素质的思想顾虑，使自己的肌肉关节和中枢神经系统有意识地处于一种舒适轻松的状态；静是指思想平静、情绪安宁，当然也有环境安静的含义；所谓自然，是对姿势、呼吸、用意等方面的要求，指意念、呼吸、形体等顺其自然，但不是听其自然或任其自然。

**动静结合** 是指在练功的动作上动与静相结合，动是指在意念的引导下动作轻灵活泼、舒适自然，静是指在动作的节分处沉稳、外停而内不停。同时做到在练功方式上静功与动功相结合，在练动功时要体会"动中静"，在练静功时注意"静中动"，做到"动中求静，静中有为，动静有作，能动能静。

**练养相兼** 是指练功和"入静，"要二者兼顾，在练功时，要有意识地调整肢体，摆好姿势，放松身体，不乱呼吸，排除杂念等；入静后要继续调整，使这种境界深入发展。练养相兼的另一层含义是劳逸结合，在一系列锻炼之后，若不能入静，要休息一下，准备再练。

**意气相依** 意是指练功中意念的运用，气是指呼吸之气和某些练功中的感觉，相依是说要处理好意与气之间的关系，既不要片面强调以意领气（呼吸），也不要片面强调以意随气（感觉），不要使练功处于无意识状态。此外，还有准确活泼、循序渐进等要领。

**形神相合** 形是指练功中人体的形体与形态，神是指练功中人体的精神状态和意识活动，形为神之宅，神为形之主，神要凝，是谓宁神；气要柔，是谓静气。神与形虚实相生，刚柔相济，内实精神，外示安逸，相互联系、相互促进；动作的每招每式要体现意动开随，气寓其中，神形兼备。

练功中除了把握要领外，还有一些注意事项，主要是指姿势的选择和运用要结合练功者的病情、体质、练功阶段、气候环境等，呼吸要从自然柔和入手，不可盲目追求；用意要避免浮、沉、宽、急，避免着意、着想、执着，讲究内视、观相，存神、凝神；放松但不能松垮松散，入静但不能等同于入睡；要避免主观追求，要预防练功偏差，尤其是对内气不止、外动不已、走火、入魔四大偏差要及时纠正。

概括起来讲，练习气功主要应当注意如下一些事项：首先要明确练功的目标，究竟是为了驱邪祛病，还是为了强身健体，抑或为了延年益寿，不同的目标应当选择最适合自身的不同功法去练，不要毫无目标地去赶潮流、凑热闹、一天换一个花样；其次是练功要选择环境，尽量选择环境优美、空气清新、植物茂盛的地方，避免在嘈杂或空气不流通的环境中练功；第三是练功必须去除杂念，不能三心二意，要心平气静，集中意念，凝神专注；第四是空腹不练"内养功"，饱食不练"强壮功"，练功期间的饮食应当尽量清淡，忌吃过于油腻的食品和吸烟饮酒；第五是劳逸适度，练养相兼，练功要以不疲劳为度，每次练功时间不宜太长。

**布气**　布，是布施、给予的意思；布气，是指练功者施气于他人。布气一词大概最早见诸《黄帝内经·素问·天元纪大论》引《太始天元册》，其文曰："太虚寥廓，肇基化元，万物资始，五运终天，布气真灵，总统坤元。"

运用布气的方法治病在古代文献中多有记载，例如《晋书》记载了道士辛灵子布气治疗吕猗母皇氏顽固的痿痹病，《南史》记载了六朝名医薛伯宗布气治疗肿瘤病，宋代《苏文忠公诗编注集》卷十五的《李若之布气》记载了道士李若之布气治愈苏东坡之子苏迨小儿营养不良症，《九江通志》都记载了医家皇甫坦布气治疗宋高宗生母显仁太后目疾等等。此外，《云笈七签》《东坡志林》《彭比部集》《遵生八笺》《类修要诀》等古籍亦有所记述。

布气之法，依据《云笈七签·布气诀》的讲法是："凡欲布气与人疗病，先依前人五脏所患之处，取方面之气，布入前人身中，令其病者面其方息心静虑。"有人认为：布气的主要特征是由人的意念控制，布气者的外气从不同的穴位进入患者的人体，能增加其内气，疏通经络，调和气血，改善患者的机能，诱导和激发患者人体的潜在功能，增强其免疫能力。布气练功的方法传说有剑指站桩功、马步站桩功、开合拉气法、少林扳指法等等。

布气的方法有手放、目放、意放之说，手放是初级阶段，目放为中级阶段，意放为高级阶段。具体的方法主要表现为抓病气法、接触发气法、超距发射法和意念治疗法。抓病气法是将意念集于布气者的五指发出外气，对准病人的病灶或穴位抓出病气，然后甩在地下。接触发气法是布气者将意气形三者集于一处，通过形体接触作用于病人，把气传导给病人体内，调动病人的气血，使之阴阳平衡。超距发射法要求布气者有深厚的功力，远距离将气作用于病人，使其病灶转化为正常状态。纯意念治疗法更为玄乎，它不受距离的限制，发功者将意念信息发给病人即可祛除其病灶。近年来，一些网站和小报小刊相继登载若干布气治病的消息，曰"发射型气功"，或曰"越距气功"等等，这方面的文献资料不成系统，究竟这些方法是否有效果、效果如何，有待科学的验证和进行深入的研究。

# 第十三讲　儒学源流

## 一、儒家学派的形成

儒最早是在奴隶主贵族中掌管道德教化还有音乐礼仪的官员。儒家是春秋时期孔子所创立的重要学派。孔子作为中国历史上最有影响的思想家和教育家，他把殷周时期为贵族所专有的礼仪和知识向下层社会传播，他的学生中有一些人也相继设教讲学，因而逐渐形成一个学派，后世称之为"儒家"。

**孔子** （公元前551年—前479年），名丘，字仲尼，春秋时鲁国人。他所处的时代是一个社会大变革的时代，政治上动荡不安，军事上兵戈不息，经济上出现了土地私有化，社会上也出现了"礼崩乐坏"的局面，此间逐渐形成一个以知识分子为主体的"士"阶层。这些"士"以自己的学说和主张游说诸侯，而诸侯公卿也纷纷"养士"，这就为儒家和其他学派的创立形成坚实的社会基础。从思想渊源来讲，孔子的学说在很大的程度上继承了周朝正统的宗法等级观念，他的政治理想就是要"克己复礼"，企求恢复周礼的宗法制度，他希望统治者能够修己、恤民、礼让，实行贤人政治，主张以德政、礼治君临万民。孔子对待国君的态度是：忠于贤明的君主，劝谏不肖之君，离弃不纳谏之君，隐君之恶，救君之危，但不叛君。孔子还十分强调礼，把礼视为治国安民、调整社会关系的法宝，所以他大讲"为国以礼"，要人们"非礼勿视，非礼勿听，非礼勿言，非礼勿动"礼的核心是宗法等级制度，亦即孔子所讲的"君君，臣臣，父父，子子"。孔子学说的核心是"仁"，这个"仁"建立在亲子血缘的基础之上，它凭借着道德情感的因素，表现在宗法关系上，它的功能在于和谐，首先是家属成员之间的和睦友爱，这种和睦友爱的家庭关系扩而展之，便是全社会成员之间矛盾的消除，即全社会的和谐。后儒们把孔子的这种仁学发展为"格物""致知""诚意""正心""修身""齐家""治国""平天下"八条。

孔子的哲学思想是一种人本哲学，这与西方人本哲学追求人的感性享受不同。孔子强调的是人的道德修养,物质生活要在精神生活的前提下才加以考虑。从总体上讲,孔子是重人道而轻天道,对人生抱有一种积极入世的态度。在经济上,一方面孔子"罕言利",强调"君子谋道不谋食",主张"君子喻于义,小人喻于利",另一方面又强调国君要实行富民利民的经济政策,薄赋轻役以富民,均平财富以利民,而且为富要仁,做到周急济贫,富而不骄。

孔子一生中周游列国 14 年,从事过多种职业,但为时都很短,晚年修订《诗》《书》《礼》《乐》《易》《春秋》六经。他的一生主要是从事教育事业,开创了私人讲学之风,倡导仁、义、礼、智、信。相传他有弟子三千。他主张"有教无类",倡导"学而优则仕",并主张教师应当以身作则,言传身教,诲人不倦,爱护弟子,他在教与学两方面还有一套完整的教学方法。在中国历史上,孔子被尊奉为"至圣先师"和"万世师表",他是中国古代伟大的思想家和教育家。孔子把知识和自己的学说传给众多的弟子,创立了儒家学派,在百家争鸣的春秋战国时期,独树一帜,有"显学"之称。孔子去世后,他的弟子将他的言论汇集成书,是为《论语》。

## 二、先秦之儒

孔子之后,儒家在战国时期分为八个流派:有子张之儒,有子思之儒,有颜氏之儒,有孟氏之儒,有漆雕氏之儒,有仲良氏之儒,有孙氏之儒,有乐正氏之儒。其中孟子和荀子两派对后世影响最大。

**孟子** (约公元前 389 年—前 305 年),名轲,战国时邹人,受业于子思之门人,曾游事齐宣王,讲学于稷下学宫。孟子的认识论不是向外探求客观世界,而是一种"求之于内"的哲学思想,他认为"万物皆备于我矣,"只要向自身探求,就可以得到一切,因而不厌其烦地要人们"反省""自反""内视""反求诸己"。孟子从"求之于内"的认识论出发,建立在性善论的基础之上,善的内容即"人皆有之"的恻隐之心、羞恶之心、恭敬之心和是非之心,亦即仁义礼智"四德"。在性善论的基础上,孟子提出他的社会政治思想——仁政学说,仁政用孟子自己的话说就是"不忍人之政"。行仁政的根本在于扩充自身的仁心,仁心即"不忍人之心",亦即仁义礼智"四德","有不忍人之心,斯有不忍人之政矣。以不忍人之心,行不忍人之政,治天下可运之掌上。"孟子仁政学说的内容丰富,同时又很复杂:在用人问题上,孟子既主张"尊贤使能",又不愿意废除奴隶制的爵位等级制;在对待老百姓的问题上，孟子要求国君要"与民同乐"，"乐民之乐，忧民之忧"，并响亮地提出"民为贵，社稷次之，君为轻"的口号，但孟子的这种重民或曰民本思想既非出发点，也不是最终归宿，而是一种"王天下"的手段，因为重民是为了得民，得民就可以得天下。孟子在经济上提出薄赋敛，行什一税法，主张制民之产。制产的方法就是实行一种理想化的"井田制"。孟子对"不义"之战深恶痛绝，他反对使用暴力，主张用行王道、施仁政的方法来统一天下。他的伦理道德观是一种以"仁义"为主体，以"孝悌"为核心，以自我修养为手段，包含礼、爱、信等多重内容的复合体。他的"善养吾浩然之气"的自我修养情操，他的"穷则独善其身，达则兼济天下"的处世原则，以及"富贵不能淫，贫贱不能移，威武不能屈"的人格精神，对后世官民尤其是知识分子风骨的塑造产生了积极而巨大的作用。孟子去世后，后人将他的言论与行事编为《孟子》一书。

**荀子**　（约公元前298年—前238年），名况，战国末期赵国人，曾游学于齐，在稷下学宫讲学，在齐时三为祭酒，受谗而离齐至楚，春申君以之为兰陵令，后被免官，招徒授业，李斯、韩非等俱为其弟子。在政治思想上，荀子继承了孔子关于礼的学说，但主张"法后王"。荀子提倡的礼，融进了"法"的内容。他反对世卿世禄的宗法等级制度，主张"以德兼人"，推崇"仁眇天下，义眇天下，威眇天下"的君王，推崇礼乐诗书，主张明德慎罚，尚贤使能。他认识到民众的力量，发挥了儒家的重民思想，他说："君者，舟也；庶人者，水也。水则载舟，水则覆舟。"荀子提出了新的天道观，认为天即自然，人在自然面前并非无能为力，因而提出"制天命而用之"的观点。他不仅认为世界是可知的，而且强调"不闻不若闻之，闻之不若见之，见之不若知之，知之不若行之，学至于行而止矣"。在人性的问题上，荀子与孟子的认识不同，荀子主张性恶论，强调后天教育，重视环境对人的影响。荀子还发展了孔子的"正名"学说，提出"制名之枢要"，并在中国逻辑史上第一次对"名"的种属区别做出理论概括。荀子在治学上有一套经典理论，他主张"学不可以已"，认为"不积跬步、无以至千里，不积小流、无以成江海"，"锲而舍之、朽木不折，锲而不舍、金石可镂"；提出"青，取之于蓝，而青于蓝"的观点，主张学以致用，"君子博学而日参省乎己，则知明而行无过矣"，"君子之学也，入乎耳，著乎心，布乎四体，形乎动静"。就总体而言，荀子的学说既不像孔、孟那样迂阔，也没有法家那样严酷，但由于他学说的理性冲淡了宗法情感，所以长时期受到封建统治者的冷落。他留传下来的著作有《荀子》一书。

### 三、汉唐之儒

先秦时期，儒学虽为"显学"，但不过是众多学术流派之一。秦统一中国后推行法家政治，焚书坑儒，儒家在政治舞台上无立足之地。到了汉代，能代表儒学的是经学，经学是训释阐述儒家经典之学。当时儒家的经典有《尚书》《周易》《诗经》《仪礼》《春秋》等，因训释阐述的文本不同，经学又分为今文经和古文经两派。古文经学派着重于礼制及纯道德的说教，复古倾向严重；今文经学派重现实，强调学术为政治服务，旨在改制。汉朝初年，实施"无为而治"的黄老之学，完成了"与民休息"的历史使命，顺应新形势的要求，儒家的今文经学应运而生，其代表人物就是董仲舒。汉武帝采纳了董仲舒的建议，罢黜百家，独尊儒术，从此儒家思想取得了正统的地位，成为汉以后中国封建社会的正统思想。

**董仲舒** （公元前 179 年—前 104 年），广川（今河北枣强东北）人，汉景帝时为博士，教授弟子。汉武帝即位，诏举贤良文学之士对策，董仲舒上"天人三策"，为武帝器重。董仲舒哲学体系的核心是"天人感应"，他竭力把人事政治与天道运行牵强附会在一起，并把儒家的仁、义、礼、智、信与阴阳家的金、木、水、火、土硬行配置在一起。他以"天不变"论证"道亦不变"，并从五行之气循环的理论推衍出"三统三正"的历史循环论。他还提出"性三品"说，认为"圣人之性"生来性善；"中人之性"可善可恶，通过王者的教化才能成善；"斗筲之性"生来就恶，教化无用，只能接受统治。在社会政治思想方面，董仲舒竭力鼓吹"君权神授"，他说："受命之君，天意之所予也，故号为天子。"并认为保持君主的绝对权威是国家的根本，君主要"立于生杀之位，与天共持变化之势"。他提出用思想的统一来维护汉王朝大一统的政治局面，他对汉武帝说："今师异道，人异论，百家殊方，指意不同，是以上亡以持一统；法制数变，下不知所守。臣愚以为诸不在六艺之科孔子之术者，皆绝其道，勿使并进。邪辟之说灭息，然后统纪可一而法度可明，民知所从矣。"此外，董仲舒还较为明确地提出"君为臣纲""夫为妻纲""父为子纲"三纲和"仁、义、礼、智、信"五常的封建道德标准，这一道德规范，同样成为汉以后中国封建社会的正统道德观念。董仲舒一生著述颇多，后人将其遗文辑录成《春秋繁露》一书，另有《春秋决狱》等书。

西汉中后期，今文经学一直占主导地位，如班彪、贾逵、鲁恭等都是当时的正统名儒。但到了西汉末年，爆发了一场激烈的今古文经之争。经今古文之争是汉代儒家经学两大派在学术和争立学官问题上的争论。一派所依经籍为当时通行的隶书书写的，故称经今文学；另一派所依经籍据称为发掘出的先秦古文字本，故称经古文学。两派所据经籍，不仅书写字体和字句篇章不同，在治经观点方法和传经学统宗派上亦不同。经今文学师传严守师法家法，重在探索经籍的"微言大义"，为汉政权服务。经古文学重在训诂考索经籍文字典故。前者把持西汉太学，后者多在民间传授。西汉末年刘歆议立经古文学官，招致经今文学博士激烈反对，两派之争自此开始。王莽利用政治权势，使古文经学派逐渐占了上风，其代表人物郑玄，博通今古，兼取二家之长，遍注当时的儒家经典。另有出身于古文经学派的著名思想家王充等人。

**王充**　（公元 27 年—97 年），字仲任，会稽上虞人（今浙江省绍兴市上虞区）。王充出身于"细族孤门"，一生中有几次仕进，但均系幕僚属吏之类的差事，其主要活动是从事著述，留传下来的著作是《论衡》。王充认为："气"是宇宙最基本的元素，天地万物不管怎样千差万别，都是由气构成的，气是无限的，天地也是无限的，"天地不生，故不死；阴阳不生，故不死。死者，生之效；生者，死之验也。夫有始者必有终，有终者必有始。唯无终始者，乃长生不生。"王充反对"天人感应"的神学观念，驳斥了"天生圣人""圣人更禀气于天"的虚妄之言，否定了天降符瑞之说和阴阳灾异之说，他认为"人不能以行感天，天亦不随行而应人""人不能动地，亦不能动天""夫天道自然也，无为；如谴告人，是有为，非自然也""夫天无为，故不言，灾变时至，气自为之。夫天地不能为，亦不能知也"。王充在"气"的一元论基础上，就人的生死与神鬼等问题，提出了无神论。他论证了人不能长生不死，人活时不会成为神仙，人死后也不能变成鬼，福祸报应是虚妄之说等问题。王充对先秦诸子多持批判态度，甚至在谶纬风行和尊孔读经已成为天经地义的情况下"问孔""刺孟"，胆敢"非圣无法"，这种精神是难能可贵的。在社会政治思想方面，王充曾作"政务之书"和"讥俗之书"，惜已失传，据留传下来的其他篇章，王充提出了一些历史进化的观点，但他针对一些汉儒的历史循环论而提出的自然主义的社会治乱观，则陷入了自然宿命论的泥潭。

魏晋时期，老庄思想重新兴起，到南北朝时期，佛教思想异常强大，但此间道家与佛教思想并取代儒家思想的正统地位。唐朝开国以后，太宗等命孔颖达重新解释儒家经典，作《五经正义》，成为科举考试的标准。开元二十七年（公元739年），又追谥孔子为文宣王。在唐代的儒家中，韩愈称得是上代表人物。

**韩愈** （公元768年—824年），字退之，昌黎（今辽宁义县）人，一说河南南阳人，有《昌黎先生集》等书传世。韩愈将仁义道德视为儒学总纲，将博爱与亲亲结合起来。他进一步神化孔子，极力推崇孟子。从韩愈之后，孔孟并提，儒学被称为孔孟之道，孟子也被尊为"亚圣"。韩愈提出"道统说"，认为：儒学的宗旨是"道"，从尧开始，有一个世代相传的道统，即尧传舜、舜传禹、禹传汤、汤传文武周公、文武周公传孔子、孔子传孟轲，"轲之死，不得其传焉"，而自己便是道统的接班人。韩愈在阐发《礼记·大学》篇中的"修齐治平"思想的同时，在政治上主张绝对忠君，主张除弊抑暴，铲除军阀割据现象，去除重赋厚敛，取缔佛教活动，赎放奴隶，禁止典人。他注重传统，维护已成之法，提出礼法兼备的治国方略。韩愈把"与生俱生"的人性分为上、中、下三品，并把喜、怒、哀、惧、爱、恶、欲七情也分为上、中、下三品。在教育思想方面，韩愈提出很多精辟而独到的见解，如《杂说》《师说》《进学解》等篇章，极大地丰富了中国古代教育学理论。总之，从董仲舒的儒学到宋明理学，韩愈起了承前启后的作用。

## 四、宋明理学

宋明理学是儒学发展的一个重要阶段。理学，也称为道学，也有人称为新儒学。北宋庆历年间（公元1041年—1048年）学统四起，理学在此间亦迅速兴起。理学的进一步发展是形成以北宋五子为代表的学术流派：即周敦颐的濂学，张载的关学，邵雍的象数学，程颢、程颐的洛学。朱熹为宋代理学的集大成者，其学派为闽学，后人称之为"程朱理学"；明代的王守仁继承和发展了与朱熹同时的陆九渊的心学，后人称之为"陆王心学"。

**周敦颐** （公元1017年—1073年），字茂叔，道州营道（今湖南道县）人。他是宋明理学的开山祖，被尊为"宋儒之首"，他的《太极图说》克服了玄学、佛教空无本体的理论局限，又改造了董仲舒以"天"为主宰的神学，建立了以理为本体的宇宙观，并引出"圣人定之以中正仁义而主静，立人极焉"的结论。但这种宇宙观明显地印有道教宇宙观的模式。此外，他提出的"无欲""主静""思曰睿"内涵从宇宙观到伦理学的逻辑结构。

**张载** （公元 1020 年—1077 年），字子厚，陕西凤翔人。他是宋明理学的真正奠基人，他提出了"理一分殊""心统性情""天理人欲""天地之性"与"气质之性""德性所知""见闻之知"等宋明理学的基本命题和基本原则。张载以"气"为本体，解说了宇宙万物的自然形成、千变万化及生死存亡，完成了他"气"与"性"合一的学说。他的《西铭》篇，阐扬了《孝经》的观点，认为孝是"天之经，地之义，民之行"，孝的原则体现了宇宙的最高原则，并从人性论的角度完成从宇宙论到伦理学的统一。后人将他的学说编定为《正蒙》《张子语录》等书。

**程颢与程颐** 程颢（公元 1032 年—1085 年），字伯淳；程颐（公元 1033 年—1107 年），宇正叔。二程是河南人，又是亲兄弟，一同受业于周敦颐，共创"洛学"，后人将其言论与著述编为《二程全书》。二程将"理"作为自己哲学的最高范畴，认为"理"总括天地万物。二程继承和阐发了董仲舒的"天人感应"思想，提出"天人合一"的学说，并在韩愈等人重视《大学》《中庸》的基础上，进一步阐发其精神，提出格物致知的认识论。二程赞同孟子的性善论，提出"天理"与"人欲"相对，生性与禀气相对的人性论，使人性论这个宋明理学体系的核心更为清楚明确地突现出来。二程还将"天""命""性""心"统统由"理"贯串起来，认为"性即是理"，"在天为命，在义为理，在人为性，主于身为心，其实一也"。

**朱熹** （公元 1130 年—1200 年），字元晦，江西婺源人。他是孔孟之后对中国封建社会影响最深远的大儒，其著作有《四书集注》《朱子语类》《朱文公文集》等。朱熹哲学思想的基本范畴是"理"，他认为"理"是构成万事万物的本体存在，"未有天地之先，毕竟是先有理"，"宇宙之间，一理而已。天得之而为天，地得之而为地，凡生于天地之间者，又各得之以为性。其张之为三纲，其纪之为五常，盖皆此理之流行，无所适而不在"。理的根本，朱熹称之为"太极"，他说："总天地万物之理，便是太极。"他的"理一分殊"也可以说是万物统一于太极，物物各具太极。太极本身无动静、无始终，太极又具有道德属性，是至善至美的。在认识论上，朱熹特别强调"格物致知"，他说："所谓致知在格物者，言欲致吾之知，在即物而穷其理也。"朱熹也重视知行关系，他认为知先于行，行重于知，知行互相依赖、互相影响。他在区别天命之性与气质之性的基础上，对于性、情、心、理等范畴，做出比前儒们更为细致的区别。他认为人的本性中有一个先天至善的"道心"，同时又有一个与生俱来的先天丑恶的"人心"，人心有善恶，道心无不善。人的本性中合道理的是天理，徇情欲的是人欲，"天理存则人欲亡，人欲胜则天理灭"，他主张存天理，灭人欲，号召人们"革尽人欲，复尽天理"。朱熹还阐发了《大学》《中庸》二篇的思想，并竭力强调"三纲五常"的作用，他的思想在从宋末至清末近七百年中，代表了统治阶级的官方哲学，一直居于权威地位。

**陆九渊** （公元 1139 年—1192 年），字子静，江西抚州金溪人。陆九渊哲学思想的著名命题是"心即理"，他说："人皆有是心，心皆具是理，心即理也。"并提出"宇宙便是吾心，吾心即是宇宙"的本心学说。他认为本心就是真理，本心的自我认识就是真理的自我发现；本心是至善的，本心的自我觉悟就是道德的自我完善。陆九渊还特别强调自存本心的修养方法，这种方法脱胎于佛教禅宗教义。陆九渊与朱熹是同时代的大儒，两人的观点存在分歧，在公元 1176 年鹅湖之会时发展为面对面的争辩，争执主要集中在世界观、天理人欲、无极与太极、形上与形下及治学方法、修养方法等方面。

**王守仁** （公元 1472 年—1528 年），字伯安，浙江余姚人，人称"阳明先生"，门徒将其著述编纂为《王文成公全书》。王守仁继承了陆九渊的学说，提出天下无心外之物、无心外之理的观点，他所讲的心也叫"良知"，又称"天理"。他认为这是先天的、人人具备的、不教自能的道德品质，不但是社会赖以存在的原则，也是自然界天地万物赖以存在的根据。其弟子将他的说教概括为四句话："无善无恶是心之体，有善有恶是意之动，知善知恶是良知，为善去恶是格物。"致知格物就是要致心之理，格心之物，去除私欲，恢复心体的本来面目。他还给"格物"下了个定义："格者，正也；物者，事也。正其不正以归于正也。"他把朱熹的格物说发展为道德修养手段。针对朱熹的"知先行后"学说，王守仁提倡以知代行的"知行合一"说，他认为行统一于知，行是知的一种表现形式，"知行合一"要以"致良知"为标准，知是知"去人欲、存天理"，行是行"去人欲，存天理"。此外，王守仁主张的教育方法对后世也产生了很大的影响。

### 五、明清之儒

明清时期崇奉程朱、批判陆王的儒者颇多，如与王守仁同时的罗钦顺，稍后的王廷相以及明末清初的方以智、王夫之、顾炎武等人，但他们的主张与程、朱不尽相同，大都主张或倾向于一元论，走着一条由"理"向"气"回归的认识路线，他们开始真正重视对外界客观事物规律法则的研讨，而不只是为建立伦理主体服务了。此外，清代乾嘉时期的考据学派提倡参互考验，曲证旁通，不以人蔽己，不以己蔽人的学风，以"实事求是""无征不言"的态度，运用归纳法，在文字音韵、名物训诂、版本校勘、目录分类、辨伪辑佚、数学天文等方面取得了丰硕的成果。例如戴震的《孟子字义疏证》就是一部取材严、论断精的考据学名著，同时也是一部哲学名著。

随着"西学东渐"和中西文化的冲突与交融，明清两代的一些思想家高扬批判精神，提倡经世思想，伸张科学精神，呼唤启蒙意识，形成一股强有力的思潮，至康熙中期达到鼎盛阶段。这一思潮虽然没有把中国引向完全的资本主义，但对近代的启蒙运动起了先导作用，同时这也是儒家思想内部的一种自我调整。在这一思潮中涌现出来的黄宗羲、顾炎武、王夫之、颜元、戴震、龚自珍等人，他们是中国封建社会儒学的最后一批大师。其中的王夫之是自东汉王充以来最著名的唯物主义思想家，而龚自珍则是开启中国近代学术风气的关键人物。

**王夫之**　（公元 1619 年—1692 年），字而农，号姜斋，又称船山，湖南衡阳人。在自然观方面，王夫之明确地提出宇宙是由物质元气构成的物质实体；在理与气、道与器的问题上，王夫之认为理依赖气而存在，理是气自身运动的规律，无其器则无其道，器变了道也就变了。王夫之继承和发展了张载的辩证法思想，认为阴阳二气是对立统一的，运动是绝对的，静止是相对的，新旧交替、生死更迭是自然界的规律。在认识论上，他认为物质第一，精神第二，人们感觉和思维的源泉在于客观世界。王夫之反对"去人欲，存天理"的禁欲主义，反对以朱熹为代表的复古主义历史观，强调后天环境的作用，他的思想对后来的一些思想家产生了积极的影响。

**龚自珍**　（公元 1792 年—1841 年），浙江仁和（今杭州）人。龚自珍所处的时代是一个巨大的历史转折关头，他的哲学思想在当时的历史条件下，虽具有一定的开新风的积极意义，但重要的影响是他的社会改良思想。他认为：豪族地主兼并土地所造成的"贫富不相齐"是社会动乱的根源，他以犀利的言辞谴责了清王朝统治者的腐朽顽固，他把封建官僚看成是"尽奄然而无生气"的行尸走肉。龚自珍针对当时的社会现实警告统治者：或者是改革，或者是灭亡，除此之外没有第三条路。在政治上，他提出恢复丞相、太尉、御史大夫三公大臣"坐而论道"的古制，废除不尊重大臣的朝仪，改变科举取士和以资格取官的制度，不拘一格选人才；在经济上，他主张按照宗法血缘关系把社会分为"大宗""小宗""群宗""闲民"几个等级，按宗授田。他的这些主张虽然不可能施行，但他提出改革的本身则具有不可忽视的开风气的积极意义，他在思想领域揭开了中国近代史上反帝反封建斗争的序幕。

## 六、儒家经典

从孔子创立儒家学派到清代末年，宣扬儒家思想的典籍浩如烟海，不过作为经典性的儒家著作，最初只有六部，即经孔子删定的《诗》《书》《礼》《乐》《易》《春秋》。其中《乐》在战国时期已经失传，到东汉时期，统治者又把《论语》《孝经》两书作为书生的必读之书，是为"七经"。唐朝时官办学校有"九经"之说，包括《诗经》《尚书》《周易》《周礼》《仪礼》《礼记》《春秋公羊传》《春秋穀梁传》《春秋左氏传》。唐文宗开成年间（公元 827 年—840 年），朝廷下令将九经及《论语》《孝经》《尔雅》都刻在石碑上，共十二部书，称之为"十二经"。到宋朝仁宗时，刊刻"嘉祐石经"，将《孟子》一书也作为经典，从此儒家的经典便成了"十三经"。"十三经"是儒家最为重要的经典。

《尚书》 原称《书》，"尚"即"上"，"尚书"是指上古时代的书。据《汉书·艺文志》载，"书"的篇目原来很多，曾经孔子编纂，"上断于尧，下讫于秦，凡百篇"。但到西汉初年，经伏生传授的《尚书》只有 28 篇，因其用当时通行的隶书抄写，时人称为"今文尚书"。西汉中期，发现先秦时用大篆等古文字体抄写的《尚书》，人称"古文尚书"，后失传。东晋元帝时，豫章内史梅赜奏上《古文尚书》58 篇，后经学者考证系伪书。《尚书》为古代政典，保存了先秦时期的一些历史资料，在古代史籍中占有极为重要的地位。《尚书》较为通行的版本系汉孔安国传，唐孔颖达正义。

《周易》 原称《易》，又称《易经》，是西周初年成书的一部占筮算卦的书，相传其作者为周文王。《周易》中用"—"和"— —"两个最基本的符号代表阳和阴，称为"爻"。阴阳爻叠列三层形成八种组合形式，叫做八卦，八卦的卦象是：☰（乾）、☷（坤）、☳（震）、☴（巽）、☵（坎）、☲（离）、☶（艮）、☱（兑）。每一卦象又代表一种事物，乾为天，坤为地，震为雷，巽为风，坎为水，离为火，艮为山，兑为泽。每一卦象的含意可作进一步的引申，如乾代表天，又可以表示国君、君子、男人、刚健、阳气等。8 个卦象分别两两相叠，又能组成 64 卦。《周易》的正文是对每一卦及卦中的各爻进行阐述和解说，这就是卦辞和爻辞。现今传世的《周易》，还包括解释正文的传，共分 10 个部分，称为"十翼"。内容涉及商旅、牧事、渔猎、战事、祈祀、政刑、婚姻、农事等等。《周易》通行的版本系魏王弼、韩康伯注，唐孔颖达正义。

**《诗经》** 原称《诗》，是春秋以前平民和贵族的诗歌总集，经孔子编订，全书共 305 篇，分为"风""雅""颂"三大类。"风"是民间歌唱的诗，"雅"是朝廷贵族歌唱的诗，"颂"是宗庙祭祀的诗。"风"又分为十五"国风"，共 160 篇；"雅"又分为"大雅""小雅"，共 105 篇；"颂"又分为"周颂""鲁颂""商颂"，共四十篇。《诗经》不仅是中国现存最古的一部诗歌集，同时也是研究殷周时期重要的社会历史史料。《诗经》通行的版本为汉毛公传，郑玄笺，唐孔颖达正义。

**《周礼》** 原称《周官》，系战国时期儒家学者搜集周朝官制及春秋时各国政治制度并融合儒家的政治理想而汇编成的典章制度集。全书分为"天官冢宰""地官司徒""春官宗伯""夏官司马""秋官司寇""冬官司空"六大部分，其中"冬官司空"早佚，西汉时以《考工记》补入。各部分又分列所属官吏，并载明其职掌。此书虽非周期典制实录，但它是研究西周和春秋时期典章制度的重要文献。《周礼》通行的版本为汉郑玄注，唐贾公彦疏。

**《仪礼》** 原称《礼》，汉时称《士礼》或《礼经》，相传为周公所作，《史记》等书则认为《礼》出于孔子之手，现代学者一般认为成书于东周时期。传世的《仪礼》包括士冠礼、昏礼、士相见礼、乡饮酒礼、聘礼、觐礼、丧服、士丧礼等 17 篇，记载当时天子、诸侯、大夫、士所行的各种礼仪。原书残损散失严重，汉初由鲁高堂生口授，录为十七篇，另有三十九篇汉时即疑伪。此书内容约略可分为吉、凶、宾、嘉、礼等类。《仪礼》通行的版本为汉郑玄注，唐贾公彦疏。

**《礼记》** 系战国至汉初儒家学者解释、补充、阐发《仪礼》等书经义，并记叙当时及之前的礼乐制度、政事等内容的典籍。原书残佚严重，汉宣帝时戴德选辑 85 篇，后称大戴礼记；戴圣另选辑 49 篇，后称小戴礼记。东汉学者郑玄为小戴礼记作了注解，使其影响大于大戴礼记，后人称《礼记》一般是指小戴记。《礼记》的内容比较庞杂，其中的一些篇章假托孔子之名阐发议论，如《仲尼燕居》《孔子闲居》等；有些篇章较为系统论述儒家的某种思想，如《礼运》《学记》等；有些篇章阐述儒家的道德修养和为人处世等伦理道德，如《大学》《中庸》等；这些内容对后世的影响都很大。《礼记》通行的版本为汉郑玄注，唐孔颖达正义。

**《春秋左氏传》**　又名《左氏春秋》《左氏传》《左传》，春秋末年鲁国左丘明撰。《春秋》是中国最早的一部编年体断代史，该书以鲁史为主，分年记事，上起鲁隐公元年（公元前722年），下至鲁哀公十四年（公元前481年），共记隐、桓、庄、闵、僖、文、宣、成、襄、昭、定、哀十二公242年的史实。《春秋》原文简短隐晦，仅具纲目，不叙史事过程，因而有学者为其作传注，以显示原文的内容与大义。据《汉书·艺文志》载，为《春秋》作传的有五家，《左传》为其中之一。《左传》的绝大部分是传注《春秋》史事，但传文记事到鲁悼公四年，较《春秋》多出二十七年；《春秋》主要记鲁国一国史事，《左传》则记有各国史事；《春秋》只记政治军事大事，《左传》则记有一些社会小事；《春秋》像流水帐，《左传》则多为有系统的长篇文章。《左传》是一部具有很高史料价值的史籍，其通行的版本为晋杜预注，唐孔颖达正义。

**《春秋公羊传》《春秋穀梁传》**　《春秋公羊传》，又称《公羊春秋》《公羊传》，相传为战国时公羊高撰。《春秋穀梁传》，又称《穀梁春秋》《穀梁传》，相传为战国时穀梁赤撰。《公羊传》和《穀梁传》的内容都着重于阐释《春秋》经文，很少述说史事，且多是以作者的主观臆测来阐发《春秋》的"微言大义"，亦即多是作者的借题发挥。两书对后代的今文经学家有很大影响。《公羊传》通行的版本为汉何休注，唐徐彦疏；《穀梁传》通行的版本为晋范宁注，唐杨士勋疏。

**《论语》**　系孔子弟子及其后学关于孔子言行思想的记录，全书共二十篇，为语录体著作。《论语》是研究孔子思想和儒家早期学说最基本的依据，也是研究中国古代思想史、教育史、文化史的重要文献。《论语》通行的版本为魏何晏注，宋邢昺疏。

**《孝经》**　其作者有孔子、曾子、孟子门人等多种说法。成书于战国末年，盖为孔门后学所作。全书分为十八章，共1799字，基本内容是倡导儒家的孝道。《孝经》通行的版本为唐李隆基注，宋邢昺疏。

**《尔雅》**　的作者有周公、孔子及弟子等多种说法。此书并非一人一时之作，而是缀辑多家训诂材料汇编而成，是一部对古代典籍中的词语进行解释的工具书。《尔雅》大约在战国时期初具规模，后经汉初学者增补润色，全书共19篇，前三篇为一般词语的解释，其余则按各种名物分类解释，是考证词义和古代名物的重要文献。《尔雅》通行的版本为晋郭璞注，宋邢昺疏。

**《孟子》**　是一部记录孟轲言论行事、包括他和当时诸侯王及门人弟子们相互问答的谈话录。此书主要由孟轲的门人万章、公孙丑二人所记，内容是记载孟子的政治活动及其政治、哲学、伦理、经济、教育等思想。《孟子》现存 7 篇，相传另有"外书"四篇，早佚。其通行的版本为汉赵岐注，宋孙奭疏。

儒家经典除上述"十三经"外，另有"四书"之说，即《论语》《孟子》《大学》《中庸》。前两部已包括在"十三经"内，后两部原都是《礼记》中的篇目。南宋时朱熹撰《四书章句集注》，《大学》与《中庸》被单独抽出作为一书。《大学》提出的格物、致知、诚意、正心、修身、齐家、治国、平天下等条目，成为南宋以后儒家伦理、政治、哲学的基本纲领；《中庸》要求人们在为人处世中不偏不倚、无过与不及，成为后世的道德行为标准，被称之为"中庸之道"。"四书"与《诗经》《尚书》《礼记》《周易》《春秋》等"五经"是儒家最为基本的经典书目，同时也是宋代以后中国封建社会科举取士必读的教科书。

# 第十四讲　佛教世界

　　佛是"佛陀"的简称，是梵语 Buddha 的音译，若用汉语的音译，应当是"布达"，其意义是"觉者"。"觉"有三义：自觉、觉他、觉行圆满。据说一般的人这三项皆缺，声闻、缘觉缺后两项，菩萨缺最后一项，只有佛才三项俱全。佛教大乘流派讲的佛是泛指一切觉行圆满者，小乘讲的佛一般是对释迦牟尼的尊称。

## 一、佛教的创立

　　佛教是释迦牟尼创立的宗教。"释伽"是种族部落的名字，有"能"、"勇"之意；"牟尼"是尊称，有仁、忍、寂静等涵义，引而申之，释迦牟尼的意思即释伽族的"圣人"。

　　释迦牟尼姓乔答摩，名悉达多，相传他是印度次大陆迦毗卫罗国（今尼泊尔南部提罗拉科特附近）国王净饭王的长子，母亲摩耶夫人是邻国天臂国王的女儿。悉达多的出生年代有多种说法，大致约在公元前二世纪中叶，即中国的春秋时代，与孔子同时代。其母在生他后七天便去世，悉达多由他的姨母养育。他自小从婆罗门学者学习文学、哲学、算学等，知识广博；又从武士们学习武术，是一个骑射击剑的能手。29 岁（一说 19 岁）时，他有感于人世生、老、病、死，又对当时的婆罗门教不满，于是出家修道。

　　据佛教徒的传说，悉达多王子在幼年的时候就有沉思的习惯，世间的许多现象都引起他的感触和深思，比如饥渴困乏、农民在烈日下耕田、牛拖着犁头口喘汗流、鸟兽蛇虫弱肉强食、衰丑龙钟的老人，辗转呻吟的病人、亲朋送葬的死人等，这些现象促使他思索一个问题，即如何能解脱世界的苦痛？但他所学的知识、他未来的王位、以及婆罗门的经典都不能解决这一的问题，于是他终于在一个夜深人静的晚上，丢弃了他的娇妻爱子，偷偷溜出国都，进入一片森林，然后换去王子的衣服，剃去须发，成为一个修道者。

他的父亲发觉后曾尽力劝他回去，然而无效，只好在亲族中选派了5人作为他的侍从。悉达多及其侍从先后寻访过当时3个有名学者学道，但都不能满足他的要求，于是他们到尼连禅河附近的树林中和那里的苦行僧一起，苦苦修行了6年，然而也徒劳无功。在此情况下，悉达多一人拖着疲惫不堪的身体，用尼连禅河的水洗去了6年来的积垢，随后接受了一个叫苏耶妲的牧女提供的乳糜，恢复气力后走到一棵毕钵罗（菩提树）树下，铺好了吉祥草，面向东方，盘腿而坐，发誓"我今如不证到无上大觉，宁可让此身粉碎，终不起此座"。他就这样静坐着，思维解脱之道，终于在一个夜里，战胜了最后的烦恼魔障，获得了彻底觉悟而成为佛陀，时年三十有五。

悉达多王子成佛后，先在波罗奈城鹿野苑向他的五个侍从说法，此后一直在印度北部、中部的恒河流域传教，并组织了适应传教的僧团，奠定了原始佛教的基本教义，创立了佛教。释迦牟尼晚年，释迦族被憍萨罗国吞并，部分释迦族人为躲避屠杀，从迦毗罗卫城逃到毗发瓦那，后来释迦牟尼在返回故国迦毗罗卫的旅途中逝世。

## 二、佛教的基本内容

释迦牟尼当初出家的目的就是为了寻求解脱生老病死诸般苦痛之道，因此佛教教义也围绕着一个"苦"字，其基本内容简单说就是讲世间的苦、苦的原因、苦的消灭和灭苦的方法。佛经上把这些称之为"四谛"：即苦谛、集谛、灭谛、道谛。谛的意义是真理。

所谓苦谛，是对社会人生及自然环境所做的价值判断，佛教认为世俗世界的一切，本性都是"苦"，有生苦、老苦、病苦、死苦、怨憎会苦、爱别离苦、求不得苦、五盛阴苦等八苦；所谓集谛，指造成世间人生及其苦痛的原因；所谓灭谛，指断灭世俗诸苦得以产生的一切原因，这是佛教修行所要达到的目的；所谓道谛，指超脱"苦集"的世间因果关系，达到出世之"涅槃"寂静的一切理论说教和修行方法。这种通向涅槃解脱的说教和方法又可以概括为八条具体的途径，佛教把这八条途径称之为"八正道"，即正见、正思维、正语、正业、正命、正精进、正念、正定。佛教认为按此修行就可以由凡入圣，从迷界的此岸到达悟界的彼岸。

四谛是佛教教义最基本的内容，但四谛所依据的根本原理是缘起论。可以说佛教的所有教义都是从这个源泉流出来的。所谓缘起，即"诸法因缘而起"，佛曾给"缘起"下了这样的定义：

　　若此有则彼有，若此生则彼生，

　　若此无则彼无，若此灭则彼灭。

　　用我们现在的话说，就是一切事物都处于因果联系中，依一定条件产生变化，离开了关系和条件，就不能产生任何一个事物或现象。佛教的各个宗派都是以"缘起"作为自己全部世界观和宗教实践的基础理论，并以此解释世界、社会、人生及各种精神现象产生的根源。最早系统出现的"缘起"说，是小乘教的业感缘起，即包括无明、行、识、名色、六入、触、受、爱、取、有、生、老死等内容的"十二因缘"，如果把佛教的缘起论归纳起来说是这样四个重要论点：无造物主，无我，无常，因果相续。

　　**无造物主**　这个观点否定创造宇宙万物的主宰，这是因为"诸因缘起"，任何一个因就是因生的，任何一个缘都是缘起的，因又生因，缘又有缘，竖着讲无始无终，横着看无边无际，所以没有绝对的一个因，因而也就没有创造宇宙万物的主宰。

　　**无我**　佛教把人和一切有情感的生物都称作有情，认为有情不是固定的单一独立体，而是种种物质和精神要素的聚合体。比如说人，从物质要素来讲，是由地（骨肉）、水（血液）、火（暖气）、风（呼吸）、空（空隙）、识（精神活动）六大元素组成；从精神要素来看，有情的组织分为色（五大感官和色声香味触感觉对象）、受（感觉）、想（印象）、行（思维）、识（了别，对所识对象判断和推理）。佛教认为上述要素是刹那依缘而生灭着，所以找不到一个固定独立的"有情"在支配着身心，也就是找不到"我"的存在，这就是无我。

　　**无常**　佛教认为一切事物是因缘所生，渐而败坏，宇宙间一切现象都是此生彼生，此灭彼灭，相互联系，没有恒常的存在，所以任何现象都是无常的。《金刚经》将"无常"描述为："一切有为法，如梦幻泡影，如露亦如电，应作如是观。"

　　**因果相续**　佛教认为因缘相生的一切法固然生灭无常，但又是相继不断，如同流水一般，前前逝去，后后生起，因因果果，没有间断。同时，其间又秩序井然，一类的因产生一类的果，善因得善果，因与果相符，果与因相顺；一类的因不能生另一类的果，如同种瓜得瓜而不能得豆一般。

　　在上述四点中，无常和无我是佛教对宇宙万物总的解释，也是一切教义的总法则，被称为"法印"。在佛教中并称法印的还有一个，这就是"涅槃"。涅槃是佛教全部修行所要达到的最高理想，它有几种解释，通常是指在对生死诸苦及其根源烦恼最彻底的断灭后所获得的一种精神境界。要达到这种境界，除了前面所讲的"八正道"之外，还要以"戒、定、慧"三学作为方法。

戒是防止身、口、意三业的过失，有五戒、十戒、具足戒之别；定是指精神上既不昏沉，又不心猿意马的安和状态，能够把心（精神）不受干扰地集中于任何一境之上，进而引发一种无漏的智慧；慧是分别一切法的特殊性与一般性，通达四谛的道理，同时有断除迷惑、证悟真理的作用。

### 三、佛教在中国的流传和发展

佛教最初传入中国的具体年代很难确定，有据可查的是西汉哀帝元寿元年（公元前 2 年）大月氏使者伊存口授博士弟子景卢佛经的材料以及东汉明帝时楚王刘英信奉佛教并与沙门和佛徒们共作斋戒祭祀的记载，至于"明帝求法"和明帝时翻译《四十二章经》之说，学术界尚有争论。不过到东汉末年，佛经大量翻译，并逐步流传开来却是事实。

汉末传入的佛教有两个系统，一是安息（伊朗）的小乘派，一是原居甘肃、后西迁中亚月支系统的大乘派。小乘派以安世高为代表，以《阿含经》和禅数之学为主；大乘派以支娄迦谶为代表，以《般若经》和净土信仰为主。大小乘的分别主要在于大乘着重在利他，小乘着重在自我解脱。

佛教在东晋时期开始广泛流行，当时中国僧界的道安法师是起了很大作用的佛教领袖。他是一个热心的传教者，派遣徒众到各地弘扬佛教；他也是中国第一个僧伽制度的建立者，制定了当时全国风从的僧尼规范，即僧人出家，取消原姓氏，一律以释为姓等。他还撰成了中国第一部"经录"，集中和培养了许多学者和翻译人才，并主持翻译了许多重要的经论，他的工作为五世纪初鸠摩罗什大规模有系统的翻译佛教经典打下了良好的基础。

鸠摩罗什，生于西域龟兹国，博通大小乘经论，名闻西域诸国，"每至讲说，诸王长跪高座之侧，令什践其膝以登焉。"前秦建元十八年（公元382年）吕光破龟兹，以龟兹王女妻罗什。后秦弘始三年（公元401年），姚兴派人迎至长安，请入西明阁及逍遥园，并以使女十人，逼命受之。从弘始三年至十一年，他与弟子译出《大品般若经》《法华经》《维摩诘经》《阿弥陀经》《金刚经》等经和《中论》《百论》《十二门论》《成实论》等论，系地介绍了大乘空宗龙树中观学派的学说。

对佛教在中国流传做出最卓越贡献的是唐代的玄奘法师，他孤征十七载，独行 50 000 里，足迹遍于西域和印度当时的 130 多个国家，他以毕生精力致力于中印文化交流事业，译出 1335 卷经论，在中国翻译史上留下超前绝后的光辉典范。他不仅全面系统地译传了大乘瑜伽宗一系的经论，而且把空宗的根本大经《大般若经》完全翻译过来，又把小乘说一切有部的重要论典几乎全译过来。在戒日王为他举行的十八日无遮大会上，他高踞狮座，陈义立宗，无人敢出来与他对扬争锋，他被大乘学者尊奉为"大乘天（神）"，为中国赢得了当时两大文明古国间学术上最高的荣誉。

古代的佛教翻译事业，从公元 2 世纪到 11 世纪持续了 10 个世纪，翻译过来的经、律、论"三藏"共有 1690 余部，6420 余卷；著名的本国和外来的译师不下 200 人，经过他们持久不懈的努力，把佛教的声闻乘、性、相、显、密各系统的学说介绍到中国，从而形成了中国佛教的巨大宝藏。佛教在中国的流传不只表现在经典的翻译上，同时表现在众多的流派上。隋唐是中国佛教的鼎盛时期，在这一时期，佛教的思想理论得以长足发展，各个宗派先后兴起，主要有性、相、台、贤、禅、净、律、密八大宗派。

**性**　指法性宗，又名三论宗，以研习《中论》《十二门论》《百论》而得名，这一宗派重在阐扬"诸法性空"的观点，其教义以真俗二谛为总纲，以彻悟中道实相为究竟，代表人是吉藏。

**相**　指法相宗，又名瑜伽宗，以《瑜伽师地论》为基本教典，玄奘法师和弟子窥基译传此宗，并糅合印度瑜伽派十师之说而编纂《成唯识论》，故又称法相唯识宗。其教义以五法三自性，八识二无我为总纲，以转识成智为宗旨。

**台**　指天台宗，代表人是南北朝时期陈、隋间的智顗，因其常住浙江天台山，故名；这一宗派以《妙法莲华经》（《法华经》）为代表经典，所以又称法华宗。其教义以五时八教为总纲，以一心三观、三谛圆融为中心思想。

**贤**　指贤首宗，其创始人是法藏，因武则天赐号"贤首"，故名；又因以《华严经》为最高教典，故又称华严宗。此宗派将佛教各种教义和流派分为五教十宗，以六相、十玄、三观为中心思想。

**禅**　是禅那的简称，意思是静虑，此法是将心专注在某一法境上一心参究，以期证悟本自心性，这叫参禅。禅宗是北魏时菩提达摩创立的流派，其主要经典是《金刚经》和《六祖坛经》，在中国是最为兴盛、影响最大的一个宗派。公元 8 世纪，禅宗曾分为南北二宗；北宗以神秀为代表，主张渐悟，盛极一时，但不久便衰歇；南宗以慧能为代表，主张顿悟。禅宗五祖弘忍入寂前，将衣钵传付给惠能，后世尊其为六祖。

**净**　是指净土宗，代表人是唐代的善导，主要依据《无量寿经》《阿弥陀经》等经典，提倡观佛、念佛，以求西方阿弥陀佛极乐净土。净土宗的特点是简单易行。只要行住坐卧皆念"南无阿弥陀佛"，始终不息，临终时就可以往生净土。由于法门简便，所以流传极广。

**律**　是指律宗，代表人是唐代的道宣，以《四分律》为主要经典，他住在终南山，故又称南山宗。道宣在终南山创设戒坛，精持戒律，依佛制筑戒坛为人授戒，撰述疏钞解释戒律，制定佛教授戒仪式，弘扬戒、定、慧三学，提倡"诸恶莫作""诸善奉行"和"自利利他"等观点。

**密**　是指密宗，代表人是唐玄宗时的不空。密宗自称受法身佛大日如来深奥秘密教旨传授，为"真言"言教，故名。其主要经典是《大日经》《金刚顶经》，修行方法是修行者选择自己最敬崇的一尊佛、一位菩萨或一位明王作为本尊，使自己的身、口、意与本尊的身、口、意三业相应，以成就本尊的所有功德智慧。

除以上八宗，还有以《俱舍论》为主要经典的俱舍宗和专讲《成实论》的成实宗等，而流传较广的经典还有《般若波罗蜜多心经》等。

### 四、佛寺佛塔佛像

中国的寺院和佛塔是随着佛教的传入而出现的。据传说，东汉明帝时印度高僧摄摩腾和竺法兰应邀来洛阳，住在专门接待外宾的官署鸿胪寺，后来在当时洛阳西门另造了一座房屋供这两位高僧居住和安置佛像经典，并以他们运经卷来到中国的白马命名，叫做白马寺，这是中国建立的一座最早的佛寺。

到东汉末年，笮融在扬州、徐州、下邳之间大修佛祠。自南北朝到唐代，随着佛教的发展，寺院遍布全国，而佛寺的布局在这个时期也基本定型，一般是从山门（寺院正门）起在一条南北中轴线上，每隔一定距离就建置一座殿堂。中轴线上的主要建筑是山门、天王殿、大雄宝殿，大殿之后为法堂或藏经楼。较大的寺院还有毗卢殿等殿堂和塔。天王殿前一般有钟鼓二楼对峙，大雄宝殿左右又有伽蓝堂和祖师堂相对，法堂前面东西相向的是斋堂和禅堂，住持的居处称方丈，多在法堂左右，其他库房、厨房、客房、浴室等则分布四周。

佛塔的形式很多，平面以正方形和八角形的居多，也有六角和十二角的。从塔的外观看，一般分多层塔和多檐塔，多层塔是各层的高度约略相等的高层塔，多檐塔的第一层较高，第二层以上忽然缩短，形成密檐形式。初期的佛塔，多是木料结构，因为塔身过高，容易诱导雷击和发生火灾，所以后来多改用砖造，并在塔顶立一根金属刹，用七重或九重铁环套在刹身，叫做相轮。也有少数的塔用石料、铜、铁或琉璃面砖建成。现存最古的砖塔是建于北魏正光元年（公元520年）的河南登封嵩岳寺塔，十二角，十五层；现存最古的木塔是建于辽清宁二年（公元1056年）的山西应县佛宫寺释迦塔，八角六檐五层，底层直径30米，高67米；现存最大和最美的石塔是建于南宋时（公元1228年—1250年）泉州开元寺镇国、仁寿二塔，八角五层楼阁式，高分别为48米和44米。

在佛教世界有许多名山和名胜古迹，中国著名的佛教圣地有山西五台山、浙江普陀山、天台山、太白山、四川峨眉山、安徽九华山、江苏南京的栖霞山、苏州的虎丘山等等；著名的寺院有北京的法源寺、碧云寺，山西洪洞的广胜寺、大同的华严寺，河南洛阳的白马寺、嵩山的少林寺，陕西西安的兴教寺、青龙寺、慈恩寺、荐福寺、户县的草堂寺，江苏苏州的寒山寺，杭州西湖的灵隐寺等等；著名的佛教艺术宝库有甘肃的敦煌莫高窟、麦积山石窟，山西的云冈石窟，河南的龙门石窟，河北邯郸响堂山石窟，四川的大足石窟，云南大理的石钟山石窟，新疆拜城县克孜尔千佛洞等等。

佛教作为一种宗教，它本来只是包括有经典、仪式、习惯的人间教团组织，它的创始人释迦牟尼也本来是地面上的人，但是到了后来，人间的东西就跑到空间了。现在供奉的佛像也多神化。例如寺院最主要的建筑大雄宝殿是用来供奉释迦牟尼的，"大雄"是佛的德号，意谓佛有大力，能降服五阴、烦恼、死、天子魔"四魔"。在神化了的释迦牟尼塑像两边，常常陪侍着四大菩萨，左边第一位是文殊菩萨，意译是"妙德"，佛教传说他显灵说法的道场在山西五台山，他专司"智慧"，造像是顶结五髻，手持宝剑表示智慧锐利，坐骑狮子表示智慧威猛。普贤是意译，他专司"理德"，相传他显灵说法的道场在四川的峨眉山，其塑像多骑白象。佛教把观世音描写为大慈大悲的菩萨，称遇难众生只要诵念他的名号"菩萨即时观其音声"便前往拯救解脱，唐代因讳李世民的名而略称观音，相传他显灵说法的道场在浙江普陀山，观音有多种称谓和形象，塑像在南北朝以后呈女相，一般坐莲花。地藏也是意译，《地藏十轮经》说他"安忍不动，犹如大地，静虑深密，犹如地藏"，故名。并说他受释迦牟尼的嘱咐，在释氏既灭、弥勒未生之前，发誓尽度六道众生，拯救诸苦，始愿成佛，相传他显灵说法的道场在安徽九华山。

除四大菩萨之外还有四大天王，又称"护世四天王"，俗称"四大金刚"。据佛教传说，有一座须弥山，高 84 000 由旬，每一由旬 30 里，山顶上为常释天，周围有七香海、七金山；第七金山之外有铁围山围绕的咸海，四周是东胜身州、南赡部州、西牛货州、北俱卢州等四大部州。须弥山的山腰有一山，名犍陀罗山，此山有四峰，各有一王居守，各护一方天下。古代寺院四大天王的塑像一般为：东方持国天王，像身白色，持琵琶；南方增长天王，像身青色，持宝剑；西方广目天王，像身赤色，手绕一龙；北方多闻天王，像身绿色，右手持伞，左手持银鼠。四大天王各有一个随从，依次是乾闼婆、鸠槃荼、龙、夜叉；属下各有八名大将，代为管理所属各处的山河森林及地方小神。

在佛教世界我们常可以听到一位很熟悉的佛——阿弥陀佛，其意义是"无量的光明"，又名无量佛、无量光佛、无量寿佛等 13 个名号。阿弥陀佛是净土宗的主要信仰对象，净土宗称他是"西方极乐世界"的教主，能接引念佛的人往生"西方净土"。大乘教派的经典记载，阿弥陀佛在为法藏比丘时就曾立下宏伟的大愿，要建立西方净土，广度无边众生，成就无量庄严功德。据《阿弥陀经》及《观无量寿佛经》阐述，西方极乐净土的土地平坦，没有崎岖山陵；没有昼夜，长在光明中；宝树成行，金沙布地，所需物质极为丰富，取之不尽，用之不竭。

阿弥陀佛是另一个世界上的佛。与阿弥陀佛常在一起诵读的有"南无"二字，这是梵语（namo）的音译，读作"那摩"，其意义是"皈依、归命、顶礼"，也有"致敬"的意思，所以今天印度人相见互道"那摩悉对"，意即"敬礼了"，因此"南无阿弥陀佛"的意思就是皈依阿弥陀佛或向阿弥陀佛致敬。那么，为什么要诵念"南无阿弥陀佛"呢？一是有佛经说"南无阿弥陀佛"囊括和浓缩了全部佛经，这一句佛号是整个佛法的大总持法门，诸佛普度众生首先要通过这第一法门；二是佛经上说芸芸众生平常孽障太深、违缘太过、疾病太多、灾难太重，诵念"南无阿弥陀佛"可以断除烦恼、驱邪避恶、证菩提、成佛道；三是佛经上说我们无量生死劫以来浑浑噩噩，昏昏沉沉，在茫茫苦海中迷失方向，看不到边际，诵念"南无阿弥陀佛"可以回头是岸，皈依佛陀，寿终后往生西方极乐净土；四是除了表示诵念者对佛的敬重和礼貌外，诵念"南无阿弥陀佛"是敬佛、礼佛、祈祷、修行最为简易便行的方法。

佛经上还讲，诵念阿弥陀佛应具备定处和定期、信愿往生、至诚念佛不断"三昧"。念佛"三昧"的次序与方法：一是称名念佛，要舍诸乱意、念念相续、口宣佛号、心系佛号；二是观像念佛，要舍诸乱意、念念观佛、放大光明、众中说法；三是观想念佛，要舍诸乱意、念念观想、悲智解脱、功德法身；四是实相念佛，要舍诸乱意、不取于相、念念相续、观想体验、不空不有、即空即有、真俗不二、明心见性。简而言之，修念阿弥陀佛要带着恭敬的心去念，要摒弃任何杂念去念，要诚心诚意专心去念，要心与佛通执着地去念。

在佛教世界我们经常可以看到一个很熟悉的佛——弥勒佛（梵文 Maitrey），意译为慈氏，在大乘教派的经典中，弥勒是姓，阿逸多是名。《弥勒生经》说他原出生于婆罗门家庭，后为佛弟子，先佛入灭，上生于兜率天内院，经4000 岁（相当于人间 56 亿 7000 万年）下凡人间，在华林园的龙华树下成佛，广传佛法。

弥勒信仰在古印度颇为流行，据巴利文《大史》记载，公元前二世纪有锡兰王杜多伽摩尼临终时蒙众天神驾车迎往兜率天。中国东晋以来信仰弥勒日渐盛行，隋唐时期弥勒信仰愈盛，著名诗人白居易便是弥勒的信徒，他还组织了"一时上升会"，在《画弥勒上生帧记》云："愿当来世，与一切众生同弥勒上生，随慈氏下降，生生劫劫，与慈氏俱永离生死流，终成无上道。"

中国寺院供奉的是弥勒佛的化身——五代后梁僧人布袋和尚。传说此和尚心宽体胖，眉皱腹大，常常背一布袋入市，见物即乞，出语无定，随处寝卧，形如疯癫。他把别人供养的东西统统装进布袋，从来没有倒出来，但那个布袋却又是空的。有路人向他请教佛法，他就把布袋放下；若不懂其意继续再问，他就立刻提起布袋径直而去；路人若还是不能领会他的意思，布袋和尚就捧腹大笑。有记载说他在后梁贞明二年（916 年）三月三日示寂于宁波奉化岳林寺东庑下石凳上说偈："弥勒真弥勒，分身千百亿，时时示时人，时人自不识"，偈毕安然而化。当时人们以为他就是弥勒佛的显化，于是乎图其形象，供奉起笑口常开的大肚弥勒佛来。后人赞其像曰："行也布袋，坐也布袋；放下布袋，多少自在"。

中国寺庙中有关弥勒佛的偈语和对联也颇多，例如北京潭柘寺弥勒佛两边的楹联是："大肚能容，容天下难容之事；开口便笑，笑世间可笑之人。"四川峨眉山灵岩寺弥勒佛殿的对联是："开口便笑，笑古笑今，凡事付之一笑；大肚能容，容天容地，与己何所不容。"山东济南千佛寺弥勒佛堂的对联是："笑到几时方合口；坐来无日不开怀。"浙江鄞州天童寺弥勒佛前有联云："大肚能容，断却许多烦恼事；笑容可掬，结成无量欢喜缘。"台湾江喜祇园的笑佛殿上有联云："大肚皮，千人共见，何所有，何所不有；开口笑，几时休息，无一言，无一不言。"这些关于弥勒佛联语寓意深远、趣味盎然，蕴含着人生哲理，令人回味无穷。

在佛教世界，有一个经常被人们混淆的佛名——如来的梵语是 Tathāgata，音译为多陀阿伽陀，有人以为这是一尊具体的佛，其实不是这么回事，其含义为"乘真如之道而来"，《成实论》云："如来者，乘如实道来成正觉，故曰如来"；《金刚经》曰："如来者，无所从来，亦无所去，故名如来。"也有解释为"如诸佛而来，故名如来"。俗而言之，如来的意思是"就像来了一样"。"如来"是佛号，是佛的异名，佛有"如来、应供、正遍知、明行足、善逝、世间解、无上士、调御丈夫、天人师、佛世尊"十大称号，"如来"是其中之一。也就是说佛即"如来"，"如来"就是佛，例如释迦牟尼佛可称为释迦牟尼如来。也有佛经诠释"如来"系佛的德号，说佛有法身、报身、应身三身，只有法身才称为"如来"。

佛教世界五彩缤纷，还有十殿阎王、十八罗汉、五百罗汉、三十三天、八大地狱、大千世界等等，限于篇幅，兹不赘述。

## 五、僧尼生活和佛事活动

佛教徒的成员当中，分为出家和在家两种，出家的男女佛教徒称为僧尼，在家的称为居士。僧是梵语"僧伽"音译的略称，本是团体名称，依照佛教制度，至少要有四人以上结合在一起修行才能成为僧伽。中国民间习惯，称僧尼为和尚和尼姑，并把释迦牟尼像、经典和僧伽称为三宝，略称"佛、法、僧"，归投依伏三宝是佛教的基本信条。

加入佛门，有一套程序。凡决心学佛，自愿离开家庭到寺院里为和尚尼姑者，经人介绍，具备一定的条件（如年满 20 岁，父母同意等）可以拜一个比丘或比丘尼为师，定期在佛前举行剃度仪式，更换服装，然后经过短期修学，求受十戒，这就可以成为沙弥和沙弥尼。沙弥是梵语，意思是息恶行慈。再过一个时期，求受具足戒，就成了比丘和比丘尼了。中国古代男女出家要经政府批准和考试，受戒时也要领取政府所发的戒牒（受戒证书），然后出外游方、挂单（临时寄宿）或到其他寺院参学居住才有资格。寺院的集体生活有许多清规戒律和礼节要遵守。

最初寺院内并不自备火食，每天早晨僧尼们沿门托钵接受信徒供养，施主供养什么吃什么，不分荤素，后来因寺院多在深山，这种托钵制度不易实行，所以寺院自办伙食。大概从南朝梁武帝时起，汉族僧尼把素食作为一种清规。同时有寺院经济，僧尼自己还耕种土地。僧尼的衣着一般是穿大领衣服，然后在外面披上袈裟，鞋子多为麻、布材料做成。

一个寺院的负责僧职有上座、寺主、维那，称为"三纲"。唐代以后禅宗寺院的职位繁多，一寺的主管者称住持（方丈、堂头和尚），告香上堂时，居于住持之东的称东序六知事，分别为都寺、监寺、维那、副寺、典座、直岁；居于住持西侧的称西序六头首，分别为首座、书记、知藏、知客、知浴、知殿。这些人各有分工，共同管理寺院。和尚和尼姑平时住在寺院内，按照佛教的清规，每年在农历的四月十六日至七月十五日之间是和尚、尼姑集中学习佛经的时期，禁止外出，其余时间一方面可以自己修学，一方面又可以为信徒们讲经说法。此外，尚有一些重要的佛事活动和节日：

农历的四月初八是释迦牟尼的佛诞日，称佛诞节。这一天要举行诵经法会，并以各种名香清水灌洗佛像，同时供养各种花卉，所以又称浴佛节。二月十五日是涅槃节，届时寺院要举行佛涅槃法会，悬挂释迦牟尼涅槃像，并供奉香花灯烛，茶果珍馐。此外，阿弥陀、观音、地藏等佛和菩萨的生日，也有纪念活动。其他如五台、峨眉、普陀、九华四大名山等佛教圣地，每年还有定期的"香会"。农历七月十五，寺院要举行因目连救母而来的盂兰盆会，举办水陆道场，并有放焰火、放灯活动。腊月初八为成道节，是释迦牟尼佛的成道日，教徒每逢腊八以米和果物煮粥供佛。上面这些佛教节日和宗教活动有的至今作为中国民间风俗流传着。

# 第十五讲　道教境域

## 一、道家与道教

"道家"这一概念是汉代司马谈《论六家要旨》中首先提出来的，之后人们便把老子、庄子作为道家的代表人物。其实，就老庄而言，他们没有像儒家自称儒、墨家自称墨那样，从未自称"道"，而且老子和庄子也没有直接的师承传授关系。老子和庄子是哲学家，不是宗教人物，他们的著作是学术性的，而非宗教典籍。至于老子被拉进道教并奉为教主，那是很晚的事了。道家与道教虽然都讲道，但老庄讲道是真讲，道教讲道则是借题发挥，二者绝不是一回事。当然，二者也不是壁垒清楚、泾渭分明，其间有很深的纠葛。

第一，道教与道家都认为"道"是宇宙人生、万事万物的本体。道家宣扬清静无为、静观、抱一、坐忘、虚心，追求内心的安宁；道教则发挥了这种离俗超脱的精神，形成了出世的心性炼养理论。《老子》中有"谷神不死"，"长生久视之道"的养生论，《庄子》中的神人"不食五谷，吸风饮露，乘云气，御飞龙，而游乎四海之外"，道教在此基础上加工夸张，描绘出一幅独特而又系统的仙境画卷。

第二，道家与道教产生的时代不同，代表人物也不同。道家由老、庄在春秋末年创立，而道教则形成于东汉末年，道教形成之前道家已出现相当长的时间。道家与道教有各自不同的代表人物，道家的代表人物在先秦有老子、庄子、杨朱、列子等以及汉代的曹参、窦太后、刘安、严君平等，道教的代表人物主要是葛洪、陶弘景、成玄英、张陵、张角、葛玄等。此外，道家与道教中即使是同一个人物，也具有不同的属性，例如老子在道家中是道家的创始人，是一个思想家，是一个活生生的人；道教中的老子则是虚无缥缈天空中的神仙太上老君，是一个宗教教主。

第三，道教是依托道家思想建立起来的，道家的著述被道教作为经典。道教的创始人拼命地和老子攀亲，把道家的学术著作神学化。如张修硬让徒子徒孙学习"老子五千文"，寇谦之自吹老子新授天师之位，亲赐《云中音诵新科之诫》，还虚构了老子玄孙李谱文传授道法的故事等。从东汉后期起，老子逐渐升入云雾，被奉为道教教主。到了唐代则尊称《老子》为《道德真经》，《庄子》为《南华真经》，《列子》为《冲虚真经》，《文子》为《通玄真经》，老、庄、列、文都成了道教尊神。

第四，道教始终抓住道家不放，二者有许多东西难以分辨。但是无论如何道教与道家不能混为一谈，其最根本的区别在于：道家是一种思想文化流派，而道教是一个宗教团体，二者之间的理论旨趣区别很大，在文化形态上具有完全不同的性质。道教有团体、教义、宗教仪式、清规戒律、教派及传授系统、固定数量的教徒以及传布地区等等，这些特点就使它有别于仅是一个学派的道家。

## 二、道教的基本信条

道教教义，上达老庄、中述神仙、下及符箓，非常庞杂。不过，其信徒所持守的基本信条还是显而易见的，道教五花八门的说教，都是由此滋生演绎出来的。

第一，大道生天地，老君创世纪。《清静经》云："大道无形，生育天地；大道无情，运行日月；大道无名，长养万物。"这是道教对宇宙生成总的解释。道教的创世纪，集中见于《太上老君开天经》，经中把历史分为上古、中古、下古三大时期，又把上古分为洪元、太初、太始、太素等世纪。在太初世纪，太上老君从虚空而下，"口吐开天经一部"，48万卷，每卷48万字，每字辟方100里，并分别天地，创造了日、月、人。在太始世纪，太上老君又下凡为师，"口吐《太始经》一部，教其太始，置立天下。"之后是太素世纪，期间"天生甘露，地生醴泉，人民食之，乃得长生。"中古始于混沌之世，历经九宫、元皇、太上皇、地皇、人皇、尊卢、句娄、赫胥而至太连之世，这时"天生五系，地生五昧，人民食之，乃得延年"。进入下古，先是伏羲之世，这时的先民们有名无姓，"皆衣毛茹血，腥臊臭秽。男女无别，不相嫉妒。冬则穴处，夏则巢居"。老君化名无化子，下凡教示伏羲推旧法、演阴阳、正八方、定八卦。其后是女娲之世，女娲没而有神农。这时老君化名大成子，下凡"作《太微经》，教神农尝百草，得五谷，与人民播植，遂食之，以代禽兽之命也"。而后有燧人之世，老君又下凡"教示燧人钻木取火，续日之光，变生为熟，以除腥臊"。而后是祝融之世，老君化名广寿子，"教修三纲，齐七政。三皇修道，人皆不病"。其后有高原、高阳、高辛、仓颉、黄帝，黄帝之世老君又化名力牧子，下凡为师，"始有君臣父子，尊卑以别，贵贱有殊"。再后，又有少昊、颛顼、喾、尧、舜、禹。关于创世主的称谓，除了太上老君的称谓外，道经上另有元始天尊、灵宝天尊之称，分别居于太清、玉清、上清三界。《九天生神章经》说"三号虽殊，本同一也"，都是"道"的人格化与别名。

第二，生道后一，我命在我。佛经教义认为人生从始至终，充满痛苦，无可留恋，四谛之中的第一项便是"苦谛"，道教与之大相径庭，以生为乐，认为死亡才是痛苦的，因而它的教义的核心是乐生、重生，把追求长生不死作为最高理想，鼓励人们至少要争取竟其天年。在早期道教的经典《老子想尔注》里，便把《道德经》中的"公乃王、王乃大"改为"公乃生，生乃大"；把"故道大，天大、地大、王亦大，域中有四大，而王居其一焉"中的"王"，均改为"生"。《老子想尔注》中还说："生，道之别体也。"认为生为天地之大德，德莫过于长生。道教把生与天地放在同样位置，足见其重生了。同时，道教以生为乐，重生恶死，追求长生不死。其他宗教一般都认为人寿短长，一决于天，所谓"生死由命，富贵在天"，道教却认为人的寿命并不由天决定，而是决定于自身。道教经典《抱朴子内篇·黄白篇》魏晋时期出现的《西升经》都说"我命在我不在天，还丹成金亿万年"，坚信人的生命长短，并非上天所命定，主动权操在自己手中。同时认为人可以"夺天地之造化"，通过积极的修炼，使生命由弱变强，由夭转寿，直至长生不死。道与生相守，生与道相保，你即我，我即你，二而一，一而二，不可分离，人只要善于修道养生，安神固形，即可求得长生不死。

第三，天道承负，善恶报应。这一基本信条在早期道教经典《太平经》中即出现。关于承负《太平经》有两种解释：一种是说前人的过失由后人来承受，即前人惹祸，后人遭殃；若是行善的话，则前人栽树，后人乘凉；祸福根源，循环不已。第二种解释是天、地、人三统共生，长养财物，贪欲多则生奸邪，祸害不止就会乱败，不可复理便还返于虚无，复归元气恍惚。这样的循环也叫承负。上述二说，前者是就一个家族内子孙祸福的根源来讲，后者是指整个社会与自然及其变化而言。关于承负的时间，道经的讲法也不一致，一说以十世为一循环，即某一人的过失由其十一世孙受惩；另一种讲法，承负视人而异，帝王3万岁，臣3000岁，民300岁。两种说法在时间上虽不统一，但前人的过失要由后人来承负的思想则是一致的。但如果想免除厄运、断止承负，那就要靠虔诚修行，行善积德了。与天道承负并行的是讲究因果报应。这种观念认为吉凶福祸是自身行为善恶的必然报应。因为对于一个人来说，外有日月明察，内有心神与天息息相通，还有诸神时时察记，所以善恶功过，天都知道，到了一定时候，天便赐福增寿于善者，降祸减寿于恶者，还要把作恶者的鬼魂打入地狱。只有修持文典经法，经常性地修心、修善、修性，济物救世、广建阴德、后人子孙才能泽被万福，不受因果报应之苦。道教的这种善恶报应观念成为最为普遍、影响最大、最渗透人心的教义。

### 三、道教的渊源流派

道教是中国土生土长的宗教，它大致形成于东汉后期，然而孕育的过程很长，上限难以确定。究其源，除了受到前面所述先秦道家思想的影响外，还源自以下几个方面。

第一，古代宗教思想和民间巫术。上古时期，先民对日月星辰、山川河海以及祖先极为崇拜，视之为神灵，因而经常对它们祭祀祈祷。到殷商时期，人们对神灵仍非常迷信，事无巨细，皆求问于神灵，动不动就卜筮。在神人之间充任中介者的是巫，先民们相信他能降神、解梦、预言、祈雨、医病、决疑惑、断吉凶。在商代，还以巫咸、巫贤为相，企求依仗巫术祈福禳灾。这种原始宗教思想和巫术，便为后来的道教所吸取和继承。

第二，神仙传说和成仙方术。神仙传说多来自楚文化，如《庄子》中的"神人""至人""真人"，逍遥自在，轻举独住；《楚辞》中《离骚》《九歌》等许多篇章，神仙纷沓。稍后，在地处海滨的燕齐文化中，海市蜃楼，仙山琼阁，缥缈恍惚。这对后来的道教产生了相当大的影响。加上方士们迎合人们尤其是上层贵族永享富贵的奢望，鼓吹长生不死、得道成仙之术，以致使一些国君堕入其阵，如齐威王、齐宣王、燕昭王等都醉心方术，先后派人入海觅仙，企求不死之药。连代表一代风流的秦皇汉武也整日梦想长生不死，飞升成仙。这些神仙传说与成仙方术被后来的道教直接承袭。同时，中国古代神话也对道教的形成产生了一定的影响，从道教的创世纪中我们就可以明显地看到古代神话的影子。

第三，谶纬神学。谶即所谓"诡为隐语，预决吉凶"，是一种宗教性的预言。秦末陈胜、吴广领导农民起义时就利用过谶语；王莽谋建新王朝，上下争言符命；刘秀起兵，亦以符命笼络人心。纬，是指以儒家经义糅合阴阳五行思想，附会吉凶祸福，预言治乱兴衰，推验灾异祯祥。汉代的董仲舒开其端，之后此风愈演愈烈，形成极为浓厚的宗教气氛，对于道教的形成发生了相当大的影响。

以上主要是就道教形成的思想渊源而言。其实，道教的产生更为重要的恐怕要从当时社会现实中去寻找。东汉王朝从和帝刘肇开始，政治日益腐败，社会日益黑暗，加上各种自然灾害频频发生，瘟疫流行，人民陷入水深火热之中。苦难的现实是宗教产生的基础和土壤，当着人们在渴望挣脱苦难但又找不到出路时，便往往把希望寄托于一种宗教，幻想神灵来拯救自己，于是道教产生于东汉晚期便不是偶然的了。

**五斗米道**　这是道教最早的教派，其创始人为张陵。公元98年的永平十年张陵与弟子在云锦山修炼外丹黄白术，历3年炼成太清神丹，之后又炼成九鼎神丹，即所称"龙虎大丹"，传说龙虎大丹炼成后，山显龙虎之形的瑞应，遂改云锦山为龙虎山。公元126年，鹤发童颜的张陵率弟子数人山龙虎山辗转长安，翻越秦岭经古栈金牛道入蜀。汉顺帝时，他客居于蜀，赴鹤鸣山（在今四川大邑县）学道，永和七年（公元142年）五月一日夜半，自谓遇老子等五人，授以天师。于是奉老子为教主，以《老子五千文》（即《道德经》）为主要经典。并宣称人君按道意治国，国则太平；循道意爱民，民即寿考，人法道意便能长久。其信徒入教，依蜀地本有的形式，须出五斗米，故名。张陵创教前后，他先后撰写完成了《老子想尔注》《黄书》《道书》《二十四图》等24部书，并以符水等治病，发展教徒。张陵死后，其子张衡继续在川西北和陕西一带传道，后演变为天师道，而且分南北两大派。

**太平道**　也是早期的教派，系张角于东汉灵帝年间（公元167年—189年）所创。此教以中黄太一为其奉祀的至尊天神，以《太平青领书》（即《太平经》）为主要经典。《后汉书·皇甫嵩传》载："初，钜鹿张角自称大贤良师，奉事黄老道，蓄养弟子，跪拜首过，符水咒说以疗病，病者颇愈，百姓信向之。"其教最初传于河北一带，后徒众数十万，遍及青、徐、幽、冀、荆、扬、兖、豫八州。后来张角以"苍天已死，黄天当立，岁在甲子，天下大吉"为旗号，利用太平道组织了为期20余年的黄巾起义，"苍天"指汉王朝，汉代官员军队的衣服以苍青色为主，"黄天"就是指黄巾起义军。最后黄巾起义被东汉王朝镇压，传授不明。

**灵宝派**　系三国时吴国方士葛玄创立。葛玄曾从东汉末年著名方士左慈学道，受太清、九鼎等丹经，后在阁皂山（在今江西清江）修道，其山形如阁，色如皂，故名。而灵宝派亦因此又称阁皂山派，葛玄被尊为祖师。灵宝派提倡修道者应该不仅仅只求个人成仙，而应包括要借此帮助别人行善得道，普度众生。至唐代，灵宝经法、修炼理论渐为上清茅山派所吸收。其后晋道士丁令威继之，传《洞玄灵宝经》，葛巢甫又撰《灵宝度人经》，灵宝之教遂大行，在唐朝时鼎盛，北宋金元时期，阁皂山灵宝宗坛、江西龙虎山正一宗坛、江苏茅山上清宗坛为符箓三山。

**楼观派** 居于今陕西周至县的楼观，相传尹轨在陕西终南山楼观台入道，据说这里是尹喜故宅，是楼观派道家学派的发祥地。楼观派是尹喜结草为楼，观星望气而得名"楼观"。又相传老子西出函谷关传《道德经》于关尹子，即在其处。该道派宗奉老子、尊尹喜为祖师。晋惠帝永兴二年（公元305年），老君又命真人尹轨降于楼观，授修道者梁湛"水石还丹术"、《日月黄华上经》等，于是楼观成为当时道教重镇。金哀宗天兴年间（公元1232年—1234年），因遭兵战而焚毁，一度衰落。元时由全真教徒修缮而稍有复兴。该派宗《老子五千文》及"三洞经文"，内外丹兼修，又以符箓召神劾鬼，为人治病。

**正一道** 西晋永嘉年间，张陵第四代孙张盛移居龙虎山（在今江西贵溪市），建立上清宫，尊张陵为掌教和"正一天师"，是为龙虎山派。唐宋以后，它与灵宝、净明、上清各派逐渐合流，《元史》载：元成宗大德八年（公元1304年）授张与材正一教主，总领茅山、阁皂山、龙虎山各派，从此这些道派也统统被称为"正一道"。元武宗即位，"特授金紫光禄大夫，封留国公，锡金印"视秩为一品。张与材病逝后，葬金溪鸣阳山，获赠"太素凝神广道明德大真人"。正一道主要奉持《正一经》，崇拜鬼神，画符念咒，驱鬼降妖，祈福禳灾。信奉此道的教徒可以结婚。

**上清派** 上清派创始人是东晋天师道士杨羲等人，相传西汉景帝时茅盈兄弟在句曲山（又称三茅山）修炼成仙，故尊之为祖师，并称"三茅真君"。上清派在道教诸派中理论最为繁富，经戒、科仪、符箓、斋醮、炼养、金丹、医药等无所不备，对道教教理、道教修炼理论、道教的发展贡献很大。南朝齐梁时，陶弘景居茅山传上清经法，开创茅山宗，上清派遂为茅山派所承袭。此派兼及三洞，流传极盛，主修洞真中的《上清经》，以存思为主，不主金丹术，谓读之万遍即可成仙。上清派最具特点的修炼方法是存思。认为通过存思，天地之神可以进入人体，人体之神与天地之神混融，这样就可以长生不老，飞登上清。上清派的存思、服气、咽津、念咒、佩符等修持方法，对道教斋醮仪式影响甚大。

**钟吕派** 系唐末钟离权、吕洞宾、刘操等所创，此派承灵宝派而有所变化，主张三教合一，为改革道教的先声，宋代兴起的新道教基本以此派为主。钟吕派认为：精中可以生气，而气在中丹。精由肾生，实则气由肾生。所以钟离权说："肾中生气，气中有真一之水，使水复还于下丹，则精养灵根，气自生矣。"该派同时认为：精中可以生气，而气在中丹。精由肾生，实则气由肾生。所以钟离权又说："肾中生气，气中有真一之水，使水复还于下丹，则精养灵根，气自生矣。"钟吕派后来南传，成为西山派（在江西新建县西），有《西山群仙会真记》《太白经》《灵宝毕法》《钟吕传道集》等经典文献，宋代以后极盛。

**大道教** 系金初刘德仁所创，刘德仁对传统道教做了三方面改造。一是提倡慈俭与自力。其教以清静无为为宗，以真常慈俭为宝，不纷争，不化缘，男耕女织，自食其力。二是以九条教规严格约束道众，为执行教规，大道教中直到元末还设有刑具，听狱讼如公堂。三是以祈祷代方术。大道教本老子"清静无为""少私寡欲""慈俭不争"之旨，要求教徒忠孝诚谦，去恶复善，绝欲忍苦、利民爱物，力耕而食，量入为用，不盗窃，不饮酒，不骄淫。主张修炼方法为"见素抱朴、少思寡欲、虚心实腹、守气养神"，以召劾鬼神之术为人治病，并不善言炼丹飞升之事。该教派五传至郦希成，元宪宗赐名真大道教。因其教义平易，修行简便，一时流传颇广。大道教传至张清志，其教益盛，教徒遍及黄河流域与江南一带，明朝以后渐衰。

**全真教** 系王重阳于金大定七年（公元 1167 年）在宁海（今山东牟平）全真庵聚徒讲道时创立，认为"识心见性"，即为全真，主张道、释、儒三教合一。该教派嗣太上老君遗教，秉东华帝君演教，承正阳帝君钟离权和纯阳帝君吕洞宾二祖传教，逐渐包容合并了太一道、真大道和金丹南宗，其宗教实践的原则是"苦己利人"，而且实行出家制度，道士不鼓励婚娶。全真道在成仙信仰上，不再追求"肉体不死"，只追求"真性"解脱和"阳神"升天，认为人的肉体是要死灭的，人的真性或阳神则可以长存。《重阳仙迹记》云：王重阳"尝率其徒演法建会者五，皆所以明正心诚意，少私寡欲之理，不主一相，不拘一教也"。该教不尚符箓，不事烧炼，其道士需出家。在金庸的《神雕侠侣》中，王重阳的弟子全真七子都是名气大实力小的组合，但是实际上这七位在最后都创建了属于自己的教派，号称遇仙、南无、随山、龙门、嵛山、华山、清静七派，后称"二比七真"，盛极一时，至明清逐渐衰落。

### 四、道教的修行方法与戒律清规

道教信仰与修炼的最终目的是得道成仙、长生不死，它看重个体生命的价值，相信经过一定的修炼，尘世间的凡人可以脱胎换骨，进入仙境。其修炼方法，是其他宗教难以比拟的，其中的许多精华，传习至今。从道教的发展史看，不同时期产生过不同的修炼派别与方式，梁朝时刘勰曾把道徒的修炼分为上、中、下三个等级，最上乘者指先秦时老子提倡的清静无为，其次是秦汉方士的神仙服饵，再次是汉末五斗米道的符箓禁魅。延及宋末，马端临又将道徒修炼分为以黄、老、列、庄为代表的清静无为派，赤松子、魏伯阳为代表的炼养派，卢生、李少君等为代表的服食派，张陵、寇谦之为代表的符箓派。就其修炼方法而言，主要有以下几种：

**炼神**　炼神是指练就"清静无为""离境坐忘"的精神境界。《庄子·大宗师》云："堕肢体，黜聪明，离形去知，同于大通，此谓坐忘。"郭象注曰："夫坐忘者，奚所不忘哉？既忘其迹，又忘其所以迹者，内不觉其一身，外不识有天地，然后旷然与变化为体而无不通也。"这种方法首先要求却除对物质利益的追求和对名位的奢望，用司马承祯《坐忘论》的话说，即"衣食虚幻，实不足营，为欲出离虚幻，故求衣食。虽有营求之事，莫生得失之心"，"以名位比道德，则名位假而贱，道德真而贵。能知贵贱，应须去取，不以名害身，不以位易志"。衣食名位，都是"身外之物"，都是"情欲之余好，非益生之良药"，因而道教反复强调修道立身之人重要的是断简事物，《庄子·在宥》也讲"必静必清，无劳汝形，无摇汝精，乃可以长生"。对物欲的追求，虽然与外界刺激相关，但更主要的在于自我。我心不起，万念即灭，见素抱朴，保本守真，这叫做"收心习静"。在"收心"过程中，还要做到"虚心"和"安心"，心既不受纳外物，又不分心于外界，这便是心对于内、外的两种不同的修炼。坚持这样修炼，便可以达到"心不着物，又得不动"的静定，亦即净化专一心灵，摒弃超脱外在事物，处物而心不染，处动而形不散，本心不起，离乎万境的境界。

**炼形**　炼形包括按摩、导引、拳术等内容。按摩是依循一定的经穴，以按压、揉摩、捏推等手法作用于人体。导引的导是疏通，引是引导，这是一种可以带动全身气血循环的养生功法；《抱朴子·别旨》云："或伸屈、或俯仰、或行卧、或倚立、或踯躅、或徐步、或吟、或息，皆导引也。"导引的目的是"导气令和"、"引体令柔"，达到疏经活血、理气止痛、防病治病的结果。故《神仙导引论》说："人之五脏六腑百骸九窍，皆一气之所通，气流则形和，气墼则形病。导引之法，所以行血气，利关节，辟除外邪，使不能入也……故修真之士，以导引为先。"1973年长沙马王堆汉墓出土帛画《导引图》，绘有44种导引姿态；汉末华佗防病医病，讲虎、鹿、熊、猿、鸟五禽戏；《抱朴子》中载有龙导、龟咽、燕飞、蛇曲、兔惊等各种模仿动物的运动方式；拳术是引导四肢关节做各种运动，隋唐以后八段锦、易筋经、太极拳、慢行百步功等炼形方法盖皆与导引相关。与此同时，道教徒每日还要做鼓漱功。这种方法包括叩齿、搅舌、鼓漱、咽津液等过程。据《遵生八笺》记载："平明睡醒时，即起端坐，凝神息虑，舌抵上腭，闭口调息，津液自生。渐至满口，分作三次，以意送下。久行之，则五脏之邪火不炎，四肢之气血流畅，诸疾不生，永除后患，老而不衰。"上述道教的炼形方法对于传统医学的发展是具有一定作用的。

**炼气** 炼气有三重含义：一是呼吸自然界的空气；二是父母精血媾精时的元气，道教称"先天气"；三是通过饮食物质所化生的维持生命存在的活力，即人体内的能动力气，道教称此为"后天气"。炼气最基本、最重要的是服气法，它与今天气功中所讲的调息、吐纳、内视气功法、守丹田功法等相似。这种方法起源较早，《庄子·刻意》有"吹呴呼吸，吐故纳新"之言，嵇康《养生论》有"呼吸吐纳、服气养身"之说，葛洪在《抱朴子·至理篇》也讲"善行气者，内以养生，外以却恶。"服气法分吸、吐两个方面，道教徒认为，吸入天地间四时正气和日、月、星、辰的精气即可长生。从吐气的角度讲，汉代以前有吹（吹出凉气）、呴（呵气）、呼（呼出浊气）三种方法，汉以后发展为吹、呼、唏、呵、嘘、咽六种方法。《服气疗病论》说："吐气之法，时寒可吹，时温可呼。委曲治病，吹以去风，呼以去热，唏以去烦，呵以下气，嘘以散滞，咽以解极。"服气法的要旨是通过深呼吸呼出二氧化碳，吸进新鲜氧气，增强肺活量；要领是气息均匀轻缓而深长，从而达到全神养身，祛病延年的目的。炼气的最佳境界是能达到鼻无出入之气，道教称此为"胎息"。《抱朴子·释滞》云："得胎息者，能不以鼻口嘘吸，如在胞胎之中。"此外还有行气布气法，这是在炼气的基础上发展起来的一种气功疗法，即《服气疗病论》所谓的"以我之心，使我之气，适我之体，攻我之疾"。它要求在练功的过程中，尽量做到意行气行，意到气到，经过一段时间，自觉到体内有一股热气随着呼吸节奏、意念控制在体内循行，并且想到哪里就运行到哪里，运到患病之处，就意守之，导引之，反复疏通，即可减轻病势，以至痊愈。这种方法不仅可疗自身疾病，若以手掌运气发热，还能为他人治病。

**炼食**　炼食首先是炼食气辟谷法。这种方法是不吃谷物，但不是不吃食物。开始由一日三餐减为二餐，再到一餐，适应一个时期之后，则以饮水服气为主，同时服用一些辅助食品，如白术、山药、茯苓、花生、大枣、栗子、核桃等，由于这些物质大多为中草药；兼有补气养血等作用，故可以达到解饥、祛病、延年等多重效果。辟谷法盛行于晋唐之际，宋元以后出现了道教丛林，则鲜有覆蹈者。炼食还有外丹法。外丹是采用金石药剂或辅以草木合剂，经过炉火烧炼、化学反应后形成的丸剂。《抱朴子·金丹篇》曰："丹之为物，烧之愈久，变化愈妙，黄金入火，百炼不消，埋之，毕天不朽。服此二物，炼人身体，故能令人不老不死。"既然如此玄乎，所以上自帝王，下至道士均以炼丹为事。东汉时期，魏伯阳借《周易》爻象，论述炼丹修仙的方法，撰成《参同契》一书，这是中国第一部系统论述丹法的著作，被道教徒奉为"丹经王"，从此服用外丹也就成为道教特有的一种修炼法。当然，亦有不少人服而致死。南宋以后，全真道皆主内丹，外丹便衰落下来。

**练内丹**　内丹是金元以后道教徒修炼的核心，道教称人体脐下男子精室、女子子宫所在部位为丹田，丹田为练内丹之处，故名。内丹家认为人皆禀受父母先天血气而生，后因酒色劳役，致使精衰神疲，以致死亡。因而修炼者要通过自我修炼，补亏养损，达到精力充沛，血气旺盛。这种方法是以精、气、神为对象，循行一定的经络，经过一定的炼养步骤，使精、气、神在丹田内凝成"类如鸡子"形的丹，是为内丹。这方面的著书有《参同契》《悟真篇》《金丹大要》等。

**房中术**　道教的修炼还讲究房中术。房中术起源于战国方士，据《汉书·艺文志》记载，当时就有《容成阴道》《黄帝三王养阳方》《务成子阴道》等八种关于房中术之书。东汉时，张陵引为修炼方法之一。房中术又称"黄赤之道"；"男女合气"之术，主要是讲房事节欲，正当交合的方法和养生保气之道，夫妻间的颠鸾倒凤既要注意方法、适度的时辰，又要牢记房中禁忌，凡醉饱、劳累、喜怒过甚、大寒大暑、狂风暴雨皆不宜房事。男女以及性卫生知识。道教经藏认为，"乐而有节，则和平寿考；及迷者弗顾，以生疾而陨性命。"这种方术到北魏寇谦之改革天师道后，逐渐消亡。

**道教的戒律清规**　道教尊崇神仙，注重祭祀祈祷，而且认为神仙禀质清静高雅，整洁肃穆，所以要求教徒在祭祀前沐浴更衣，不饮酒，不吃荤，整洁心口身，以示虔诚，这就是所谓的斋戒。斋与戒原本一回事，但后来把它一分为二。戒具有强制性，早期道教如太平道即有"虚无无为自然图道毕成诫""贪财色灾及胞中诫""不孝不可久生诫"等道诫，由道诫发展而来的是戒律，这是教团假借天神之名，用以约制教徒思想言行，防止"恶心邪欲""乖言戾行"的规定。道教认为，学道不受戒，便"无缘上仙"。

　　道教的正式戒条产生于魏晋南北朝时期，一般托言为太上老君或元始天尊下传，有五戒、八戒、十戒、二十七戒等等。例如，不得杀生、茹荤酒、口是心非、偷盗、邪淫，是为五戒；再如八戒规定："一者不得杀生以自活，二者不得淫欲以为悦，三者不得盗他物以自供给，四者不得妄语以为能，五者不得醉酒以恣意，六者不得杂卧高广大床，七者不得普习香油以为华饰，八者不得耽着歌舞以作娼伎。"陆修静还宣称："受持八戒，思真行道，通而无穷，显验必速，皆如所期也。"道教传戒，一度转入秘密状态，直到元代时丘处机创全真龙门派，才恢复了公开传戒的方式，其内容分为初真戒、中极戒、天仙戒三部分，道教称之为"三坛大戒"，整个过程需要 100 天。一般来说，道教传戒只在有律师的"丛林"进行，这种丛林又称"十方丛林"，系教团公有的大型宫观，由各地宫观选派教徒集中受戒，一次受戒弟子多至千人。道教的戒律总的来说不及佛教严格，当然各个教派的情况也不尽相同，如全真道就较重戒律，而正一道则相当松弛。戒律是防止教徒犯法的警戒条文，与之相辅的是清规，它是对违反戒律教徒的惩罚条例。清规不统一，由各道观自行订立，轻者罚跪、责杖、驱逐，重者处死。下面我们举白云观在清咸丰六年（公元 1856 年）公布的一些规条，以见梗概：

　　开静贪睡不起者，跪香（即罚跪烧完一支香的时间）；

　　早晚功课不随班者，跪香；

　　上殿诵经礼斗不恭敬者，跪香；

　　本堂喧哗惊众、两相争者，跪香；

　　三五成群、交头接耳者，迁单（即驱逐）；

　　公报私仇、假传命令，重责迁单；

　　毁谤大众、怨骂斗殴，杖责驱出；

　　茹荤饮酒、不顾道体者，逐出；

　　违犯国法、奸盗邪淫、坏教败宗、顶清规，火化示众。

这里应当指出，上述戒律清规，其内容往往随时代变化而增减删改。就现在的情况而言，其内容如与国家法律相抵触的大都取消，与法律不矛盾的则依然沿用。

## 五、道教的神仙谱系与名胜经藏

闻一多在《神仙考》中说"神仙是随灵魂不死观念逐渐具体化而产生的一种想象的或半想象的人物"。其首要特征是飞升不死，所以葛洪在《抱朴子·对俗》中说："古之得仙者，或身生羽翼，变化飞行，失人之本，更受异形……老而不衰，延年久视，出处任意。寒温风湿不能伤，鬼神众精不能犯，五兵百毒不能中，忧喜毁誉不为累。"第二个重要特征是富于神通，具有法术，可以隐身易形，任意变化，同时还可以魔术般地创造出所需要的各种东西，甚至画地为河，撮土成山，撒豆成兵，兴风呼雨，洞悉幽幽苍天，看透冥冥大地。

道教在其发展过程中，绘制了一个完整的神仙谱系。南朝梁时陶弘景在《真灵位业图》中曾给神仙排列座次，分为七个等阶，每阶设一中位，由一位神仙主持，再于左右两边安插诸神，共排定430多位神仙。神仙中以"三清四御"为最高，三清是居于清微天玉清境的天宝君（元始天尊），居于禹余天上清境的灵宝君（灵宝天尊）和居于大赤天太清境的神宝君（道德天尊），三宝君各为经教之祖师，把上天的道经秘箓传授给世人，分别传洞真、洞玄、洞神三洞真经。四御为昊天金阙至尊玉皇大帝、中天紫微北极大帝、勾陈上宫天皇大帝、承天效法土皇地祇。其中土皇地祇是最大的地神，掌管阴阳生育及大地山河。

在这个仙境里，数量最多的是神化了的著名道教人物，如赤松子、鬼谷子、张天师、陈抟老祖以及人们熟悉的八仙等；另一些是民间神话传说中人物，如盘古、西王母等等；还有一些是历史上声名显赫的英烈，如号称关圣帝君的关羽，被封为门神的秦叔宝、尉迟敬德等等。当然，也有一些虚构的仙人真人，如三皇五帝、四值功曹、六丁六甲、九天玄女、三十六天罡，七十二地煞、青龙、白虎、朱雀、玄武等等。这些神仙们的活动范围广阔浩渺，上至极远的玄天，下及幽深的地府。仅天境，道教即有三十六天之说：上有圣境四天，中有四梵天，下有三界廿八天。圣境四天为大罗天和三宝君所居的三清境；四梵天包括贾恋、梵度、五隆、常融四天；三界指无色界（四天）、色界（十八天）和欲界（六天）。道教又谓八方巨海之中有祖、瀛、玄、炎、长、元、流、生、凤麟、聚窟十州和昆仑、方丈、蓬丘三岛，这些地方人迹稀绝，有不死仙草，是神仙游息之处。在地上的诸名山中，有仙人、真人所辖的十大洞天、三十六小洞天，七十二福地；在地下则有由判官、小鬼掌理的阴曹地府等。

**道教的名胜古迹** 道教的胜地多在名山，遍布全国各地，但首推东岳泰山，明代万历年间的《续道藏·搜神记》将泰山推为"群山之祖，五岳之宗，天地之孙，神灵之府"。另有南岳衡山、西岳华山、北岳恒山、中岳嵩山和位于广东东江北的罗浮山，位于江苏西南的茅山，位于江西贵溪西南的龙虎山，位于江西樟树市东南的阁皂山，位于湖北西北部的武当山，位于陕西周至的终南山，位于四川成都西北的青城山等等。宫观是道士修行、祭祀、供奉、做斋醮祈襄等宗教活动的场所，它从早期的静室和治所发展而来。其建筑除山门、殿堂之外，大型的宫观还有亭台楼阁，树木匝地、廊腰曼回，十分清静典雅。著名的道教宫观有位于陕西周至县终南山的楼观、户县西面的重阳宫，位于江西贵溪市上清镇东的上清宫、南昌的万寿宫，位于江苏苏州市的玄妙观，句容县茅山的元符宫，南京的朝天宫，位于辽宁沈阳的太清宫，位于浙江余杭、临安二县之间的洞霄宫，位于山西芮城县的永乐宫，以及位于北京市的白云观等等。

**道教的经藏** 在道教流传下来的文化遗产中，《道藏》尤其值得我们重视，这是一部包括道教经典及其有关书籍的大型丛书。现在我们所能见到的是明代编修的《道藏》，正、续《道藏》总计5480卷，按"三洞四辅"分为七部。三洞的"洞"是"通"的意思，包括洞真（通向真仙之道）、洞玄（通向玄妙之道）、洞神（通向神灵之道）三洞；四辅的"辅"是辅佐之意，是对"洞"的经义进行阐述和补充，它把三洞以外的经论分为太玄、太平、太清、正一四部，其中前三部分别辅三洞，而正一部总辅以上六部。三洞之中，每洞又分为12类，即本文（道经原文）、神符（以符箓咒语为主的道经）、玉诀（注解道经的文字）、灵图（以神灵图像为主的道书）、谱录（载录神仙谱系的道书）、戒律（记载清规戒律及功过之类的道书）、威仪（记载礼仪、制度、斋醮、祀神仪式的道书）、方法（讲修行和招魂制鬼之法的道书）、众术（载炼丹及各种变化方术的道书）、记传（道史及神仙的传记）、赞颂（以赞词、颂偈为主的道书）、表奏（有关斋醮、祭祀等所用的章表、奏疏等程式的道书）。《道藏》共收书1500多种，其中有几百万字一部的大书，如《灵宝领教济度全书》320卷，也有少到百十字一种的短篇，如《高上玉皇胎息经》只有 88 字。《道藏》的内容极为庞杂，包罗万象。这部大型丛书在中国文化史上占有重要位置，为便于了解和检阅《道藏》，中国社科院宗教所道教室编撰了《道藏提要》，并附有《道藏》书名及著者索引，可作为了解和研究《道藏》的入门书。

# 第十六讲　古典文学

　　中华民族在悠久的历史长河中创作了丰富多彩、光辉灿烂的文学作品，这些作品反映了当时的社会生活，体现着中华民族的精神，深深地渗透着民族的心理、意识、趣味，是中国传统文化的一个重要组成部分。本篇主要谈谈中国古代的诗词、散文、小说和戏曲。

## 一、诗　词

　　最早的诗歌伴随着原始的音乐和节奏起源于生产劳动，从传世文献来看，《诗经》是中国第一部诗歌总集，收录从西周初年至春秋中叶（公元前 11 世纪—前 6 世纪）大约五百多年的诗歌 305 篇。内分风、雅、颂三个部分，其中风包括十五"国风"，系 15 个地方的土风歌谣，有诗 160 篇；雅分为"大雅"和"小雅"，有诗 105 篇；颂分为"周颂""鲁颂""商颂"，有诗 40 篇。《诗经》雅、颂部分中的有些作品反映了周部落的发展历程和当时社会生活；在十五"国风"的大量民歌中，关于爱情和婚姻的诗篇占了很大的比重，此外还有反抗统治和剥削压迫的诗篇，也有关于战争、劳动的诗篇。《诗经》在艺术上取得了巨大的成就，它以四言为主，不仅广泛运用了赋、比、兴的手法描物状事，而且塑造了生动的形象，同时它所表现出的现实主义精神对后代文学作品产生了深远的影响。

　　"楚辞"是战国时代以屈原为代表的楚国人创作的诗歌，是《诗经》以后的一种新诗体。屈原（约公元前 340 年—前 278 年）是杰出的爱国诗人，他的代表作是《离骚》，全诗通过自叙身世、陈述节操、诉说遭际等情节，充分表现了诗人努力追求革新政治、使楚国强盛的伟大抱负，充满了诗人对祖国、对人民的热爱以及理想破灭时的悲愤心情，同时也表现了诗人反抗黑暗、坚持理想的斗争精神和高洁的人格。《离骚》通过丰富的想象、大胆的夸张、奇特的幻想，把神话传说、自然景象、历史人物交织在一起，充满了浪漫主义色彩。此外，屈原还创作了《九章》《九歌》《天问》等作品。屈原之后，宋玉也是著名的楚辞作家，他的作品《九辩》善于通过自然景物抒发浓厚的感情，尤其是"悲秋"的感伤情绪对后世文学发生了很大的影响。

两汉诗歌主要是乐府民歌，乐府本是音乐机关，后来演变为一种带有音乐性诗体的名称。这些乐府诗有的是对战争和徭役的揭露，如《战城南》《十五从军征》等；有的是关于婚姻爱情，如《陌上桑》《上山采蘼芜》《上邪》等；也有的是对剥削和压迫的反抗，如《妇病行》《孤儿行》等。汉乐府的内容基本上是"缘事而发"，在艺术上最基本的特色是叙事性。汉乐府的标志性高峰是《孔雀东南飞》，这首长诗通过焦仲卿、刘兰芝的婚姻悲剧，有力地揭露了封建礼教、封建家长制的罪恶，热情地歌颂了兰芝夫妇忠于爱情宁死不屈的反抗精神，并最后表达了广大人民争取婚姻自由的必胜信念。中国的五言诗也起源于汉代，从艺术成就来讲，以东汉后期的《古诗十九首》为最高，这些诗歌语言自然、优美、简练，融情于景，寓景于情，语短情长，余味无穷，因而后人誉之为"五言之冠冕"。

汉代末年，政治腐败，战乱迭起，繁盛的中原地区出现了"白骨蔽平原""千里无鸡鸣"的凄惨景象。在这种背景下，曹操父子以及围绕他们的"建安七子"、蔡琰等众多作家的作品表现出一种悲凉慷慨的特色，并形成了后来称之为"建安风骨"的传统。魏取代汉，晋又谋代魏，大肆屠杀政治上的异己人物，在这种时代背景下，汉末的"清议"之风，到了正始年间转为清谈、崇尚虚无、消极避世的玄学思想。这一时期的代表作家是阮籍和嵇康，在他们的作品中，建安时期诗文的积极进取精神被否定现实、韬晦避世的消极反抗思想所代替。之后的西晋诗歌，多追求形式的华丽，到了陆机、潘岳发展到严重的程度。东晋末年，陶渊明给文坛带来富有现实内容、风格独特的诗作。他的诗歌平淡自然，不假雕饰，颂扬了田园生活的自然、美好，表达了对劳动的切身体验，抒发了洁身守志、独善其身的情怀，在玄言诗充斥的东晋诗坛，开田园诗派先河，对唐以后的中国诗坛产生了很大的影响。

南北朝时期的文人诗，以宋齐时期谢灵运、谢朓的山水诗、鲍照的乐府诗为上；梁陈时期则宫体诗盛行。这一时期文人诗的成就，主要是声律的运用和七言诗体的演进。而民间乐府诗歌却有新的发展，出现了像《西州曲》这样的南朝抒情诗和《木兰诗》这样的北朝叙事诗杰作。

诗到隋唐五代，出现了前所未有的百花齐放、万紫千红的局面。隋朝前期，虽然诗坛直承南北朝的浮艳之风，但卢思道、杨素、薛道衡写出一些边塞诗，初唐时期，王绩与王勃、杨炯、卢照邻、骆宾王"四杰"把诗歌从宫廷移到市井、由台阁转向山川塞漠，尔后张若虚作《春江花月夜》、陈子昂写《感遇诗》，形成初唐诗坛的繁荣。盛唐时期，先是山水田园诗盛行，涌现出孟浩然、王维等一批杰出诗人，同时边塞诗派崛起，出现了高适、岑参等著名诗人。

盛唐诗坛的代表作家是伟大的浪漫主义诗人李白和伟大的现实主义诗人杜甫。李白的诗气势磅礴、夸张大胆、想象奇特、语言清新自然，以充满浪漫主义精神的豪迈气魄抨击时弊，表现了追求个性解放和自由的精神，歌颂了祖国的壮丽山河。他的古风诗，他的《蜀道难》《梦游天姥吟留别》《答王十二寒夜独酌有怀》《行路难》以及许多脍炙人口的抒情短诗等等成为千古佳作，他被人称为"谪仙""诗仙"。杜甫的诗"沉郁顿挫"，善于对现实生活作典型的艺术概括，语言个性化，感情博大深厚，具有高度的人民性。他的"三吏""三别"与《茅屋为秋风所破歌》《兵车行》《丽人行》《北征》《春望》等充分表达了对人民的同情和对祖国的挚爱，对后代诗人产生了极其巨大的影响。

中唐诗坛的代表作家是白居易，他倡导新乐府运动，提出"歌诗合为事而作"的主张，认为诗歌必须负起"补察时政""泄导人情"的政治使命，他的诗诸如《杜陵叟》《卖炭翁》《上阳白发人》《轻肥》《重赋》《观刈麦》等，主题明确专一，对比鲜明，叙议结合，语言通俗化，善于形象描写和心理刻画。他还写过一些感伤诗，以《长恨歌》和《琵琶行》最为世人称道。中唐后期，韩愈、孟郊、贾岛、李贺的诗以险怪幽奇为特征，刘禹锡、柳宗元的诗歌也别具一格。晚唐诗人以杜牧、李商隐为代表，他们的诗中充满着感伤情调。

词是一种新体诗，在中唐以后颇为流行。在晚唐词人中，温庭筠写得最多，影响也最大，他的《望江南》《更漏子》等表现离愁别恨的闺情词，清丽动人。此后，韦庄的作品风格明快，也具有一定的思想内容。五代时写词成就最大的要数南唐最后一个皇帝李煜了，他最成功的词是作于被俘之后，如《虞美人》《浪淘沙》等，抒发了亡国之痛以及对往事的深沉思念。

宋初结束了晚唐五代分裂割据的局面，社会逐步呈现了繁荣的景象，适应统治阶级的需要，在北宋初期诗坛上产生了形式主义的西崑体，之后有诗文革新运动，梅尧臣、苏舜钦、欧阳修的诗取代了西崑体而在诗坛上占据了统治地位。其后又有王安石、黄庭坚及江西诗派，其作品颇为人称道。南宋时期以杨万里、范成大、陆游、尤袤"中兴四大诗人"最负诗名，尤其是陆游的诗流传下来的就有9300多首，内容极为丰富，几乎触及南宋前期社会生活的所有方面，特别是那些反映民族矛盾的诗歌，洋溢着爱国热情，具有强烈的战斗性。从艺术角度来看，陆游的诗风格雄浑豪放，语言精练晓畅，体裁多种多样。

宋代的词较之诗歌成就更大，北宋前期涌现出晏殊、欧阳修、范仲淹等一批词人，但以柳永词的影响最大，他的《八声甘州》《雨霖铃》《望海潮》等词为后人广泛传颂，他创作的大量慢词，融写景、叙事、抒情为一体，形成婉约缠绵的风格。北宋后期，有秦观、贺铸、周邦彦等一批词人，其代表作家是苏轼，他的词内容丰富，一扫晚唐五代以来专写艳情和离愁的旧藩篱，诸如《江城子·密州出猎》《念奴娇·赤壁怀古》《水调歌头·明月几时有》及《江城子·记梦》等词感情奔放、意境高远、语言铿锵，成为后来豪放派的开创者。同时，他在诗歌上也取得较大的成就。南宋词坛首推女词人李清照，她的词以南渡为界，前期作品如《如梦令》《一剪梅·别愁》《醉花阴·九日》主要是对闺中生活、自然美景的描绘和对离愁别绪的抒发，后期作品如《声声慢》《永遇乐》等充满对家破国亡悲哀伤感的情绪。之后出现了陈与义、张孝祥等爱国词人，但以辛弃疾最为著名，他的词意境雄奇阔大，善于比喻、夸张、想象、用典，激情高昂，气势磅礴。其《永遇乐·京口北固亭怀古》《水龙吟·登建康赏心亭》《水龙吟·过南剑双溪楼》等诸多词篇更是为人们称道。在辛派词人中还有陈亮、刘过、刘克庄、刘辰翁等人，他们的词笔力遒劲，风格豪迈，但散文化、议论化的倾向颇浓。此外，在南宋词坛，姜夔的词也独具一格。

辽金时期，诗坛不大景气，值得一提的只有元好问，他的诗歌反映了金元之际的社会矛盾和民生疾苦，感情深沉、风格悲壮。元代诗歌的成就也不高，不过刘因的深沉、萨都刺的俊逸、王冕的质朴、杨维桢的奇清，也还各具特色，值得品味。

明初诗文的代表作家是宋濂、高启、刘基，此后诗坛上出现了杨士奇、杨荣、杨溥"三杨"为代表的"台阁体"和以李东阳为代表的茶陵诗派，继而李梦阳、何景明、徐祯卿、边贡、康海、王九思、王廷相"前七子"提出"文必秦汉，诗必盛唐"的口号，相互唱和，主张复古。嘉靖、万历年间，又出现了李攀龙、王世贞、谢榛、宗臣、梁有誉、徐中行、吴国伦"后七子"，把复古运动推向高潮。再后便是以湖北公安袁宗道、袁宏道、袁中道兄弟三人为代表的公安派，主张"性灵说"，前后七子渐次销声匿迹。

清初诗坛，除一些遗民如顾炎武、王夫之、黄宗羲、屈大均等人外，钱谦益、吴伟业、王士禛的成就也较大，而陈维崧、朱彝尊等更以词名。清中叶之后，袁枚、赵翼，尤其是龚自珍的诗成就较大，至于词人，则以厉鹗、张惠言、周济、项鸿祚较为突出。

## 二、散　文

散文在先秦时期可以粗略分为历史散文和诸子散文两大类。从现有的资料看，历史散文可以从殷代的甲骨文算起，甲骨文是殷代王室占卜的记录，有叙辞、命辞、占辞、验辞，虽然朴素，但有些叙事还较完整，可以说是记叙散文的雏形。而后便是铜器铭文了，反映了两周时期的许多社会制度，篇幅亦较甲骨卜辞要长、要完整。

从传世的文献看，中国第一部散文集是《尚书》，今存五十八篇，但其中不少是后人伪造，读来佶屈聱牙，古奥难懂。其后有《春秋》一书，记事简括，起于鲁隐公元年，终于鲁哀公十四年（公元前 722 年—前 481 年）。《左传》是对《春秋》的传述，亦为编年史，但其叙事富于故事性、戏剧性，有紧张动人的情节，并长于写战事和行人辞令。《国语》是一部国别史，起于周穆王，终于鲁悼公（公元前 1000 年—前 440 年），较之《左传》虽然它的文学性要差些，但《晋语》《越语》中也不乏精彩的叙写。《战国策》杂记西周及诸侯国之事，基本内容是战国时期谋臣策士的角斗及其有关谋议或辞说，文章特点是长于说事，语言生动，形象鲜明，还穿插了许多有趣的寓言故事，颇有历史小说的特色，其所反映的年代，上接春秋，下至秦并六国（公元前 460 年—前 220 年）。

在先秦诸子散文中，《论语》是较早的一部，这是一部记载孔子言行的语录体散文集，叙事简洁，含意深刻，大都具有格言的意味，其思想对后世产生了极其深远的影响。《墨子》一书中心思想是"兼爱"，文章质朴，逻辑性很强，擅长说理。《孟子》是记孟子言行的书，其中心思想是仁义，文章气势充沛，笔带锋芒，语气逼真，富于鼓动性，最大特点是善辩。庄子的散文汪洋恣肆、纵横排宕、光怪陆离、雄伟奇丽，最富于浪漫主义色彩，其代表作是《逍遥游》，它不仅在先秦的议论文中，即在后世的古典散文中亦罕有伦比。诸子散文中还有《荀子》和《韩非子》，荀子的散文朴实浑厚，说理透辟而又句法整练，是学者之文；韩非的文章则严峻峭刻，锋芒锐利，分析能力极强，同时善于利用大量的寓言故事和丰富的历史知识为论证。另外，尚有《吕氏春秋》一书，系吕不韦门客的集体著作，包括八览、六论、十二纪，是一种集合许多单篇系统化的议论文集。

两汉的散文，大致可以分为赋、政论文、史传文三类。赋在汉代极盛一时，它讲究铺张扬厉，讲究辞藻，运用对话形式，实质上是一种介于诗与散文之间的东西。枚乘的《七发》是汉赋正式形成的第一篇作品，之后有司马相如的《子虚》《上林》、杨雄的《甘泉》《羽猎》、班固的《两都》、张衡的《二京》以及蔡邕、赵壹、祢衡等人的抒情短赋。两汉的政论文首推贾谊，他的散文后人编为《新书》，其中以《过秦论》3篇最佳。桓宽的《盐铁论》是西汉后期政论文的代表作品。东汉时期的政论文以王充的《论衡》最为著名，此外还有王符的《潜夫论》、崔寔的《政论》和仲长统的《昌言》等。

两汉的史传文取得了突出的成就，这便是《史记》和《汉书》两部历史巨著的出现。司马迁的《史记》是一部"究天人之际，通古今之变，成一家之言"的伟大历史著作，全书包括本纪、表、书、世家、列传五大部分，共130篇，记事上自黄帝，下至汉武帝太初年间，开创了我国纪传体史学和传记文学的先河，塑造了一系列性格鲜明的人物形象，而且善于运用故事化的手法和紧张场面的描写以及个性化的语言来刻画人物，是历史与文学互相结合的典范。班固的《汉书》在体制上仿效《史记》，改"书"为"志"，取消"世家"，并入"列传"，共100篇，叙事始于高祖元年，终于王莽地皇四年，是中国第一部断代史。

魏晋南北朝时期的散文成就虽不及两汉，但曹操父子、阮籍、嵇康、王羲之、陶渊明以及郦道元的《水经注》，杨炫之的《洛阳伽蓝记》和颜之推的《颜氏家训》等，还是各具特色，值得一读。这一时期流行的骈体文虽有形式主义之嫌，但诸如鲍照、孔稚珪、陶弘景、吴均、丘迟的一些作品，却为后世广为传颂。另外，辞赋在这一时期应当说取得比汉赋较大的成就，如王粲的《登楼赋》、曹植的《洛神赋》、陶渊明的《闲情赋》《归去来辞》、江淹的《恨》《别》二赋，尤其是庾信的《哀江南赋》等，都是赋中的佳品。

唐宋两代，是散文发展的重要时代，涌现出一批优秀的散文作家。早在初唐时期，陈子昂等人出来反对六朝以来的绮靡文风，到韩愈、柳宗元时形成一个声势颇大的古文运动。韩愈的散文雄奇奔放、流畅明快，其语言形象、简洁、准确、鲜明、生动；柳宗元的散文更胜韩愈一筹，尤其是以《永州八记》为代表的山水游记最为后世传诵。散文至晚唐，又趋于奢靡，宋初愈演愈烈。到宋仁宗时，欧阳修等人相继登上文坛，倡导诗文革新运动，并在实践中创作了许多优秀的散文。如欧阳修的议论文《朋党论》，叙事文《五代史伶官传序》，写景抒情散文《醉翁亭记》等都有很高的成就。此外，曾巩、王安石、苏轼、文天祥等人的散文亦为后人所推崇。

元代的散文显得十分冷漠。明初刘基和宋濂是比较优秀的散文家，刘基的《卖柑者言》、宋濂的《秦士录》等可谓散文中的佳作。在明代散文中，成就较大的是归有光，他的《先妣事略》《项脊轩志》等不少散文，善于用朴素简洁的文笔叙述琐细的事件和刻画人物，是感情深厚、真挚动人的作品，此外，公安"三袁"的游记及晚明时期的小品文也颇有生机。

明末清初，是民族矛盾相当尖锐的时代，遗民散文作家中如归庄的《送顾宁人北游序》、夏完淳的《狱中上母书》、邵长蘅的《阎典史传》、全祖望的《梅花岭记》等等作品，不仅语言凄楚，文笔深沉，而且字里行间渗透出爱国情感。康熙、乾隆时代文化专制，在此背景下产生了桐城派古文，讲求义法，在一定程度上束缚着散文发展的手脚，不过诸如方苞的《狱中杂记》《左忠毅公逸事》、姚鼐的《登泰山记》亦为优秀作品。较早冲破桐城"义法"束缚的是龚自珍、魏源等人，如龚自珍的《病梅馆记》就是一篇反对清统治者思想禁锢，寓意深长的作品。晚清时期，康、梁变法，尤其是梁启超的文章，语言流畅、笔力雄放、行文浩荡，他的《少年中国说》就是一篇极具感染力和说服力的代表作品。

## 三、小　说

中国的小说到魏晋南北朝时期才初具规模，这个时期的小说以内容而言，大致可分为说谈鬼神怪异的"志怪"小说和记录人物轶闻琐事的"志人"小说，前者如托名东方朔的《神异经》《十州记》，托名曹丕的《列异传》及张华的《博物志》，王嘉的《拾遗记》，刘义庆的《幽明录》，吴均的《续齐谐记》等，其中以干宝的《搜神记》成就最高；后者如葛洪的《西京杂记》、裴启的《语林》、沈约的《俗说》等，而以刘义庆的《世说新语》为代表。

小说发展到唐代进入了一个新的阶段。唐人小说称之为"传奇"，它虽源于志怪，但终与志怪不同，它的故事取材于现实，又富于艺术想象、夸张、虚构，具备了小说作为独立的文学体裁所应当具备的情节。唐人小说约略可分为三个时期：盛唐之前，虽注意到形象与结构，但与六朝志怪作品相去不远，这一时期的代表作有王度的《古镜记》、无名氏的《补江总白猿传》、张鹭的《游仙窟》等；中唐时期，反映社会现实的作品占据了主要地位，如沈既济的《枕中记》、李公佐的《南柯太守传》，同时以爱情为主题的作品取得了突出的成就，如《柳毅传》《霍小玉传》《李娃传》《莺莺传》等，无论是思想内容还是艺术技巧都标识着小说趋于成熟。晚唐时期虽然数量不少，但佳品不多，主要有牛僧孺的《玄怪录》、李复言的《续玄怪录》、裴铏的《传奇》等。

宋元两代，以短篇白话小说"话本"取代了传奇而成为古典小说的主要形式。话本是城市生活的产物，是从"说话"艺术中发展起来的市民文学。现存的话本，以爱情、公案两类作品为最多，成就也最大。爱情作品如《碾玉观音》《闹樊楼多情周胜仙》等，公案作品如《错斩崔宁》《宋四公大闹禁魂张》等，此外讲史作品也占有一定的比重，如《新编五代史平话》《大宋宣和遗事》《全相平话五种》等，其本身的艺术成就虽不高，但对后来的历史小说却产生了很大的影响。

明代小说的成就斐然，最主要的表现在长篇章回小说的创作上，代表作品有《三国演义》《水浒传》《西游记》《金瓶梅》等。

**《三国演义》** 原名《三国志通俗演义》，作者罗贯中，后经清人毛宗岗加工修改，成为今天最流行的本子。全书120回，叙事起自黄巾起义，终于西晋统一，集中地描写了三国时代各个统治集团之间的军事、政治、外交等种种斗争，它的思想倾向是"拥刘反曹"，塑造了刘备、关羽、张飞、诸葛亮、曹操、司马懿、周瑜、鲁肃等数十个成功的艺术形象，艺术结构既宏伟壮阔，又不失严密精巧，语言简洁明快而又生动，雅俗共赏，标志着历史小说的辉煌成就。

**《水浒传》** 一般认为是施耐庵著、罗贯中编次，比较完整和通行的本子是百回本。它生动地反映了中国古代农民起义发生、发展直至失败的全过程，深刻地挖掘了起义的社会根源，展现了起义如何由零星的复仇之火发展为燎原大火，也具体地揭示了起义失败的内在原因。书中塑造了林冲、武松、李逵、鲁智深、宋江、高俅、西门庆等众多的艺术形象，结构上主要采取单线发展，每组情节既相对独立、又环环紧扣，语言通俗、绘声绘色，形成为群众喜闻乐见的民族风格。

**《西游记》** 作者是吴承恩，全书100回。其中一至七回写孙悟空的出场和大闹天宫，八至十二回写取经的缘起，其余八十多回写取经过程。《西游记》写的是神魔妖怪，但多在社会现实中可以找到影子，在孙悟空这个神话英雄身上，熔铸着人民的希望。从艺术特色来讲，浪漫主义是《西游记》最基本的特征，幽默与幻想结合，寓讽刺于其中也是该书的重要特点，《西游记》是神话小说中最优秀的作品。

《金瓶梅》 作者署名兰陵笑笑生，全书亦百回，分为词话系统和原本系统。过去对这部书偏见太大，事实上它虽有淫秽之嫌，但却相当深刻地暴露了现实的腐朽与黑暗。书名以西门庆的妾和婢女潘金莲、李瓶儿、春梅三人取名，成功塑造了西门庆、潘金莲、应伯爵等鲜明形象，故事情节有条有理，语言酣畅明快。《金瓶梅》对后来小说创作的影响是很大的，如《红楼梦》在题材和细节描写等方面就明显受其影响。

明中叶以后，小说创作进入兴盛的阶段。历史演义流传下来的就有 20 余部，叙事内容从远古至明代，几乎历朝都有通俗的演绎，流传较广、影响较大的是冯梦龙编著，以清蔡元放名义印行的《东周列国志》。《西游记》后，在众多的神魔小说中，以许仲琳的《封神演义》较好。此外，话本在明代也得到长足发展，嘉靖年间的话本集《清平山堂话本》后，冯梦龙又加工编纂成《喻世明言》《警世通言》《醒世恒言》三部短篇小说集，是谓"三言"；此后拟话本的专集大量出现，明末凌濛初又作《初刻拍案惊奇》《二刻拍案惊奇》两个拟话本集，是谓"二拍"。"三言""二拍"代表了明代拟话本的成就，后来署名抱瓮老人所编的《今古奇观》即选自"三言""二拍"。

清初的小说，当首推蒲松龄的《聊斋志异》，全书近 500 篇，作者创造性地继承了文言小说的传统，用唐人传奇来志怪。作品内容以爱情主题者居多，也有抨击科举制度、揭露上层社会人物的丑恶、批判现实政治的腐败、歌颂人民高尚的道德情操等方面的作品，当然也有些消极落后迷信的东西。《聊斋》的情节曲折离奇，引人入胜，结构独特，语言精练，在艺术上最大的成就是用现实主义和浪漫主义结合的方法塑造了一系列生动的人物形象。

清初至中叶，出现了不少长篇白话小说，其中最优秀的作品是《儒林外史》和《红楼梦》。吴敬梓的《儒林外史》共 55 回，以独特的讽刺手法，深刻地批判了当时的科举制度，辛辣地嘲讽了程朱理学，并广泛地揭露了社会矛盾，语言准确、洗练又富于形象性，是我国古典讽刺小说的奠基作品。

《红楼梦》 作者是曹雪芹，这是一部伟大的现实主义杰作，也是我国古典小说发展史上的高峰。它的版本分 80 回抄本系统和 120 回系统，120 回系统的后 40 回一般认为是高鹗续成。全书以贾宝玉、林黛玉、薛宝钗之间的恋爱婚姻悲剧为线索，写出了贾、王、史、薛四大家族的兴衰，揭示了封建社会后期的黑暗和罪恶、不可克服的内在矛盾、以及行将崩溃覆灭的必然命运。小说中的贾宝玉是封建贵族家庭的叛逆者，他把自己的全部热情和理想寄托在那些被侮辱、被损害的女孩子身上，他与黛玉的爱情是建立在反封建的基础之上的；林黛玉也是一个叛逆者，她任性、清高，多愁善感，始终保持着与封建势力不妥协的态度，至死保持着对宝玉的爱情；薛宝钗圆滑、世故，在她身上体现了封建主义的理想和人生道路，最后她虽然得到了婚姻，却并没有得到爱情，自己也做了封建礼教的牺牲品。《红楼梦》在塑造典型形象上善于把人物置于广阔的社会背景和特定的艺术氛围中，同时也善于心理描写和细腻逼真的日常生活描写，语言简洁纯净、准确传神，结构宏伟严密、有条不紊。它既是一部艺术作品，也是一部形象的封建社会衰亡史。

此外，在清代的长篇小说中，历史小说以陈忱的《水浒后传》及钱彩、金丰的《说岳全传》较佳；言情小说以《醒世姻缘传》《品花宝鉴》《花月痕》《青楼梦》较为流行；侠义小说以文康的《儿女英雄传》、石玉昆的《三侠五义》流传较广，而思想内容和艺术手法较为优秀的是李汝珍的《镜花缘》。之后，受资产阶级改良运动的影响，谴责小说迭起，出现了李伯元的《官场现形记》《文明小史》、吴趼人的《二十年目睹之怪现状》、刘鹗的《老残游记》、曾朴的《孽海花》等佳作。除此而外，还有大批改良主义性质的小说问世，但思想水平不太高，艺术上也粗糙，其中较好的作品是《官场维新记》《苦社会》等。

## 四、戏曲文学

中国古代的戏曲文学经历了漫长的孕育过程，到宋金时期渐趋成熟。作为说唱文学，宋金时期主要有鼓子词和诸宫调等，如《元微之崔莺莺商调蝶恋花鼓子词》《西厢记诸宫调》《刘知远诸宫调》等。作为杂剧，宋代最流行的是《目连救母》剧。

杂剧是一种具有独特民族风格的艺术形式，它把歌唱、道白、舞蹈、表演等有机地结合起来，在结构上一般是一本四折另加楔子。折是音乐组织的单元，也是故事情节发展的自然段落，在元杂剧中，角色扮演人分末、旦、净、外、杂五大类。元杂剧的代表作家是关汉卿，他一生写了六十多种杂剧，有歌颂人民反抗，揭露社会黑暗和统治者残暴的《窦娥冤》《蝴蝶梦》《鲁斋郎》等，其中《窦娥冤》是古典悲剧的典范；有描写妇女勇敢机智斗争的《救风尘》《望江亭》《拜月亭》等，其中《救风尘》是辛酸喜剧的杰作；有歌颂历史英雄的《单刀会》《西蜀梦》《哭存孝》等，其中《单刀会》是历史剧中的上乘之作。关汉卿善于把人物放在强烈的戏剧冲突中去揭示他们的性格，场面安排紧凑、集中、富有典型性。关汉卿之外，马致远也是元杂剧的代表作家，他的历史悲剧《汉宫秋》以及反映书生追求、幻灭、遁世的"命运三部曲"《荐福碑》《黄粱梦》《陈抟高卧》都是元杂剧中的佳品。王实甫的《西厢记》是元杂剧的代表作之一，全剧通过崔莺莺和张生的爱情故事，表现了对封建礼教的强烈反抗和"愿普天下有情人都成了眷属"的主题思想，它不仅是中国古典戏剧的精品，也是世界戏剧名著中的佳作。另外，康进之的《李逵负荆》、高文秀的《双献功》、无名氏的《陈州粜米》、纪君祥的《赵氏孤儿》、尚仲贤的《柳毅传书》、李好古的《张生煮海》、杨显之的《潇湘雨》、石君宝的《秋胡戏妻》、白朴的《墙头马上》《梧桐雨》、郑光祖的《倩女离魂》、郑廷玉的《看钱奴》、武汉臣的《生金阁》等等，各有千秋，共同创造了元杂剧的繁荣。

元代末年，杂剧衰亡，南戏兴起。进入明代，南戏的形式逐步定型，称为传奇。传奇一般由副末开场，报告演唱宗旨和全剧大意，从第二出起，生旦等角色相继出场，情节逐步展开，最后一般以生旦团圆终场。南戏的代表作是"荆、刘、拜、杀"，《荆钗记》写王十朋、钱五莲夫妻的悲欢离合；《刘知远》后称《白兔记》，写五代时后汉开国皇帝刘知远一家磨难团圆；《拜月亭》写蒋世隆与王瑞兰，陀满兴福与蒋瑞莲等在战乱中颠沛流离、骨肉分散，最后团聚，无论从思想上还是艺术上在四剧中成就最高；《杀狗记》写孙华；孙荣兄弟受挑拨失和后重归于好。南戏的顶峰是高明的《琵琶记》，写蔡伯喈赴京应试，妻子赵五娘在家侍奉双亲，蔡中状元，招赘牛相府，二老饿死，五娘求乞进京寻夫，最后得牛小姐之助，始得团聚。剧中的思想内容颇为复杂，精华与糟粕并存，但艺术成就较高，且对后来的剧作发生了很大的影响。

明初的剧坛，受程朱理学和八股取士制度的影响，出现了不少点缀升平和宣扬封建道德的作品，朱有墩的《诚斋乐府》、丘濬的《伍伦全备记》代表了这种创作倾向。明中叶以后，东南沿海经济繁荣，市民阶层崛起，同时民族矛盾与阶级矛盾也日趋激烈，戏曲创作也突破了原来僵化的局面，呈现出百花争艳的形势。到清代剧坛，还出现了若干大的流派，出现了许多著名的剧作，如用海盐腔演出的《玉环记》、用弋阳腔演出的《珍珠记》，描写唐初两员大将薛仁贵和尉迟恭的《金貂记》，叙述董永和七仙女爱情的《织锦记》、梁山伯和祝英台爱情《同窗记》以及李开先的《宝剑记》等。当然，最为著名的是梁辰鱼的《浣纱记》、无名氏的《鸣凤记》、汤显祖的《牡丹亭》、洪昇的《长生殿》和孔尚任的《桃花扇》。

　　**《浣纱记》**　　通过春秋时越国的西施和范蠡的悲欢离合串演吴越两国的政治斗争及兴盛衰亡，剧中表现了一种为国家利益而牺牲个人幸福的精神，这是前代戏曲很少能看到的。《浣纱记》的另一方面的价值在于它是革新后昆腔的奠基作品，对这一剧种的传播起了很大的作用。《鸣凤记》是一部反映明代现实政治斗争的作品，它描写了以夏言、杨继盛为首的朝臣与严嵩父子不屈不挠、前赴后继的斗争，充满了强烈的斗争精神。

　　**《牡丹亭》**　　这是一部浪漫主义的杰作，又名《还魂记》，写南安太守杜宝之女杜丽娘偕侍女春香游园遣闷，梦中与书生柳梦梅相爱，醒后感伤致死。三年后柳梦梅到南安养病，发现丽娘自画像，深为爱慕，丽娘感而复生，两人终得结为夫妇。作品通过杜、柳生离死合的爱情故事，突出强调了爱情的力量，热情歌颂了反对封建礼教、追求自由幸福的爱情和强烈要求个性解放的精神。《牡丹亭》是汤显祖的代表作，此外，他还写了《紫箫记》《紫钗记》《邯郸记》《南柯记》，后三种与《牡丹亭》合称"临川四梦"。

　　**《长生殿》**　　洪昇的代表作，剧本是在《长恨歌》《杨太真外传》及元杂剧《梧桐雨》等的基础上创作而成的。它通过唐明皇和杨贵妃的爱情悲剧，反映了当时社会的政治动乱，颂扬了生死不渝的爱情，同时也揭露了统治者的荒淫和内部矛盾，全剧场面壮丽、情节曲折，具有浓烈抒情色彩。

　　**《桃花扇》**　　这是一部南明王朝兴亡的历史剧，内写明末阉党阮大铖为了收买侯方域，暗中出钱让侯结识了秦淮名妓李香君，侯、李拒绝收买，于是阮就投附马士英，对其进行迫害，清军破南京后，侯、李相会栖霞山，共约出家。作者借二人离合之情，抒国家兴亡之感，集中地反映了明末腐朽动荡的社会现实及统治阶级内部的矛盾和斗争，达到了历史真实和艺术真实的高度结合。

　　除上而外，在明清剧坛出现了以沈景为代表的吴江派和以李玉为代表的苏州派等戏剧流派，沈景的剧作共有 17 种之多，合称"属玉堂传奇"，其中有独特之处的剧目是《红蕖记》《埋剑记》《双鱼记》《义侠记》《博笑记》。李玉一生创作传奇 40 多种，以《一捧雪》《人兽关》《永团圆》《占花魁》较为著名，但他的代表作是描写明末东林党人周顺昌及市民颜佩韦等人与阉党魏忠贤斗争的《清忠谱》。另外，在清代剧坛，揭露封建时代冤狱的《十五贯》和描写白蛇精和许仙故事的《雷峰塔》也有较大的影响。明清剧坛除了传奇之外，还有少量杂剧，其中以徐渭的《四声猿》、吴伟业的《临春阁》《通天台》、尤侗的《读离骚》《桃花源》等剧较为优秀。

在中国古代文坛，作为戏曲文学之一的元明散曲也值得书上一笔。散曲包括小令和套数两种主要形式，小令源于民间的词调和小曲，套数沿自诸宫调。著名的作品有关汉卿的［南吕·一枝花］《不伏老》、马致远的［双调·夜行船］《秋思》、睢景臣的［般涉调·哨遍］《高祖还乡》、张养浩的［山坡羊］《潼关怀古》、刘时中的［正宫·端正好］《上高监司》、王磐的［朝天子］《咏喇叭》、［南吕·一枝花］《久雪》、冯惟敏的［玉江引］《农家苦》、薛论道的［黄莺儿］《塞上重阳》以及朱载育的［黄莺儿］《骂钱》等等。

# 第十七讲　史学典籍

据考，"史"字的本义为持册持书之人。中国的史官设置较早，传说夏朝即有太史终古，从甲骨卜辞的记载来看，商代肯定是有正式的史官了。据《周礼·春官》记载，周代史官已有分科，"太史掌建邦之六典、八法、八则，以诏王治；小史掌邦国之志，定世系、辨昭穆；内史掌王之八柄，策命而贰之；外史掌王之外令，及四方之志，三皇、五帝之书；御史掌邦国都鄙万民之治令，以赞冢宰"。又据《左传》记载，当时诸侯国也设有史官，且史官都是世袭。秦汉以后史官之名虽有因有革，但修撰史书之事却未间断。如汉武帝时，司马谈、司马迁父子就任太史令。北魏末年，节闵帝置修史局，北齐置史馆，以宰相领导其事，监修国史。从此，历北周、隋、唐、五代、宋、辽、金、元、明、清，史馆之设从未间断。

中国人重史，不仅官方注重，私家也重视。私家修史，盛行于魏晋南北朝。据《隋书·经籍志》《新唐书·艺文志》载，作后汉史的有 13 家，作三国史的有 15 家，作晋史的有 22 家，作五胡十六国史的有 30 家，作南北朝史的有 35 家。唐宋以后，出现了各种体裁的私史。同时历代学者还对史书作了大量的注释、考证、拾遗补阙和辑佚等工作，使中国成为世界上历史文献最为丰富的国家。

## 一、史籍的发展与分类

就现有史料的记载，中国早在西周共和元年（公元前 841 年）就有了按年记载重大事件的编年史，《尚书》是现在所能见到的最早的一部史籍。春秋时期各诸侯国也有史书，如鲁之《春秋》、楚之《梼杌》、晋之《乘》等。孔子编订《春秋》后，有"左氏""公羊""穀梁"三传，其中的《左氏春秋传》记事详明，文辞优美，是一部记载春秋时期史事的史学名著。此外还有记载各诸侯国史事的国别史《国语》《战国策》等。先秦时期，有"左史记言，右史记事"之说，先秦的史籍对后世史籍有"发凡起例"的作用，在编纂体例、笔法和历史观等方面，都为后世史籍的发展奠定了良好的基础。

汉初，惠帝除挟书律，武帝开献书之路，建藏书之策，置写书之官，各类古书，皆充秘府。成帝时，刘向、刘歆父子对古籍进行大规模的整理，凡13 269卷。东汉时期，班固与傅毅、刘珍与马融、伏无忌与黄景、蔡邕等人先后四次对古籍进行整理，对于保存先秦两汉文化遗产做出很大贡献。此后曹魏时秘书郎郑默，晋武帝时秘书监荀勖、中书令张华，东晋时的李充，南朝的谢灵运、王俭、王亮、任防等人都在古籍校勘、分类、补缺等方面做了大量的工作。但此间最能代表史籍发展的是产生了俗称为"前四史"的《史记》《汉书》《后汉书》《三国志》四部史学巨著，这四部巨著在史学价值和文学价值上都高于后代的国史。之后产生了以纪传体写成的《晋书》《魏书》《宋书》《齐书》《梁书》《陈书》《周史》《十六国史》《魏略》《蜀书》《吴书》等，以编年体和类似《尚书》体裁写成的《楚汉春秋》《汉纪》《东观汉记》《后汉纪》《晋纪》《十六国春秋》等史籍。据《隋书·经籍志》史部著录，从汉到隋八百余年，史籍达八百余部，一万多卷。

隋唐五代先后六次进行大规模整理古籍。据《文献通考·经籍考》记载，隋文帝时牛弘奏开献书之路，"使人搜讨异本，每书一卷，赏绢一匹，校写既定，本即归主"。炀帝时组织了220余人，专任"总集编次，补续残缺"，"前后近二十载，修撰未尝暂停"。整理古书37 000余卷、连同副本37万卷。唐朝时虞世南、颜师古、张文瓘、崔行功、褚无量、元行冲等人先后任校订典籍之官，搜访遗文，精心整理。五代时，后唐庄宗下达献书得官之令，后汉隐帝颁布献书赐金之诏，后周世宗则专门置官30人，锐意求书，校雠刊正。

宋代对史籍整理亦颇重视，太宗时建崇文院，到仁宗宝元元年（公元1038年）王尧臣等编纂《崇文总目》，有书30 669卷；南宋孝宗时，陈骙上《中兴馆阁书目》，计有书44 486卷；宁宗时张攀续撰书目，新增14 943卷。

从隋到元，官修正史十五部，即《晋书》《梁书》《陈书》《北齐书》《周书》《南史》《北史》《隋书》《旧唐书》《五代史》《新五代史》《新唐书》《宋史》《辽史》《金史》。此间史籍发展的一个突出特点是种类繁多，时有创新，同时还涌现出史论名著《史通》、典志名著《通典》《通志》、编年体名著《资治通鉴》、纪事本末体名著《通鉴纪事本末》以及《唐会要》《文献通考》等史学名著。据统计，从唐开国到元灭亡750年间，史籍总数达 1652 部，35 855 卷。

明代在古籍整理方面值得一提的是编纂《永乐大典》，清代则有《四库全书》《古今图书集成》《武英殿聚珍版丛书》等卷帙浩繁的大型丛书、类书。明清时期除官修正史《元史》《明史》外，史籍发展的突出特点有五：一是野史、杂史十分丰富，不下数百种，如王世贞的《弇州山人四部稿》《弇山堂别集》、沈德符的《万历野获编》、李贽的《藏书》《续藏书》、黄宗羲的《明儒学案》、顾炎武的《天下郡国利病书》等等；二是史论发达，如王夫之的《读通鉴论》、顾炎武的《日知录》、章学诚的《文史通义》等等；三是史考体著作涌现，如王鸣盛《十七史商榷》、钱大昕《廿二史考异》、赵翼《廿二史札记》、全祖望《经史答问》等等；四是方志学兴盛，康熙、雍正两代，朝廷下令各地撰修地方志，后规定每六十年一修，著为功令，方志从地理书类分离，成为专门学问，其代表作如章学诚的《永清县志》《湖北通志》等等；五是大兴修刻丛书，如胡维新《两京遗编》、程荣等人《汉魏丛书》、沈节甫《纪录汇编》、黄丕烈《士礼居丛书》、孙星衍《岱南阁丛书》、卢文弨《抱经堂丛书》、鲍廷博《知不足斋丛书》、张海鹏《学津讨源》等等。明清两代的史籍发展不平衡，质量优劣互见。据统计，明清两朝537 年间，史籍总数达 7119 种，27 万 5857 卷。

中国史籍与其他文献一样，在发展聚积的过程中曾遭到多次严重毁损。据隋朝的牛弘和明朝的胡元瑞之说，明朝以前文献亡失有"十厄"：即秦始皇焚书、汉末王莽之乱、东汉末年董卓之乱、西晋"八王之乱"、南北朝时"侯景之乱"与梁元帝萧绎焚书、隋朝杨广毁书、唐朝"安史之乱"、唐末战乱、北宋"靖康之灾"以及南宋时期的"绍定之祸"。清代毁书实际上更为严重，在编纂《四库全书》过程中，人为地清查销禁典籍，公元 1774 年至1788 年间，清廷先后 24 次下令禁毁典籍，共计禁毁典籍达 1 万 3862 部。此外，太平天国年间和八国联军入京也毁掠了不少古籍。

关于史籍的分类历来不一，有按时间、地区、性质、价值、体裁等，本篇拟参照《四库全书总目》的分类，按体裁将史籍大致分为纪传、编年、纪事本末、典志、杂史等类，并择其要籍予以介绍。

## 二、纪传体史书

纪传体史书始创于西汉司马迁的《史记》。这种体裁是以人物传记为中心，用"本纪"叙述帝王，排比大事；用"世家"记述王侯和特殊人物；用

"表"统系年代、世系及人物等；用"书"记载典章制度；用"列传"记知名人物事迹及民族、列国。后来东汉班固修《汉书》，将"书"改为"志"，"世家"并入"列传"。以后历代王朝所修"正史"均采用这种体裁。

《史记》共130卷，西汉司马迁撰，系中国第一部有系统的纪传体通史。《史记》成书于汉武帝太始四年（公元前93年），内分十二本纪、十表、八书、三十世家、七十列传，记事上起黄帝，下至汉武帝末年。

《汉书》共100卷（今本析分子目为120卷），东汉班固撰，系中国现存第一部纪传体断代史。《汉书》成书于汉章帝建初八年（公元83年），内分十二帝纪、八表、十志、七十列传，记事上起汉高祖刘邦，下至孝平帝及王莽。《汉书》在体例及内容上的新贡献主要是创立"食货""刑法""艺文""地理"等志。

《后汉书》共120卷，南朝范晔撰，成书于宋文帝元嘉廿二年（公元445年）。内分帝后纪、列传和志三大部分。记事上起汉光武帝建武元年，下迄汉献帝延康元年（公元25年—220年）。其中的"志"，系梁朝刘昭为《后汉书》作注时将晋司马彪《续汉书》里的"八志"补入。

《三国志》共65卷，西晋陈寿撰，成书于晋武帝太康十年（公元289年）。内分魏、蜀、吴三志，除"魏志"前五卷称"纪"外，其余均称传。记事上起公元220年，下至公元280年。南朝时裴松之为该书作注，援引逸史达159种之多，具有较高的史料价值。

《晋书》共130卷，唐房玄龄等撰，成书于唐太宗贞观二十年（公元646年）。内有"帝纪"10卷，"志"20卷，"列传"70卷，"载记"30卷。记事起于晋武帝泰始元年，止于恭帝元熙元年（公元265年—419年）。其中的"载记"部分对研究五胡十六国的历史有重大史料价值。

《宋书》共100卷，南朝梁沈约撰，成书于齐武帝永明六年（公元488年）。内有"帝纪"10卷，"志"30卷，"列传"60卷。记事时间起于宋武帝刘裕建立宋朝，终于萧道成灭宋（公元420年—479年）。其中的"志"材料丰富，上溯三代秦汉，尤详于魏晋，但缺"食货""艺文"等内容。

《南齐书》共59卷，南朝萧子显撰，成书于梁武帝天监十三年（公元514年）。包括"本纪"8卷，"志"11卷，"列传"40卷。原有"自序"1卷，久佚。记事起于齐高帝萧道成建立齐朝，终于齐和帝被废（公元479年—501年）。其中的"八志"，系根据江淹《齐史》的"十志"而来，较为精辟。

《梁书》56 卷，唐姚思廉等撰，成书于唐太宗贞观九年（公元 635 年）。包括"本纪"6 卷，"列传"50 卷。记事起于萧衍称帝，终于陈霸先灭梁（公元 502 年—557 年）。本书的"列传"内容丰富，尤其是为范缜、陶弘景、钟嵘、刘勰等人立传，值得称道。

《陈书》共 36 卷，唐姚思廉等撰，成书于唐太宗贞观十年（公元 636 年）。包括"本纪"6 卷，"列传"30 卷。记事起于陈霸先称帝，终于隋灭陈（公元 557 年—589 年）。本书对陈氏家族记载颇细。

《南史》《北史》分别为 80 卷和 100 卷，唐李延寿撰，均成书于唐高宗显庆四年（公元 659 年）。《北史》包括"本纪"12 卷，"列传"88 卷，记事起于后魏道武帝拓拔硅登国元年，历后魏（东魏、西魏）、北齐、北周、隋四朝，终于隋恭帝杨侑义宁二年（公元 386 年—618 年）；《南史》包括"本纪"10 卷，"列传"70 卷，记事起自宋武帝刘裕永初元年，历宋、齐、梁、陈四朝，终于陈后主陈叔宝祯明三年（公元 420 年—589 年）。二书系李延寿依据其父李大师所撰旧稿及删并他书而成。

《魏书》共 130 卷，北齐魏收撰，成书于北齐文宣帝天保五年（公元 554 年）。包括"帝纪"12 卷，"列传"92 卷，"志"20 卷，因有些本纪、列传、志篇幅太长，故又分为上、中、上，主要记载北魏从公元 386 年至 549 年的史事。《魏书》写成后，群起指责，众口沸腾，号为"秽史"。为迁就人事，朝廷命三次修改，魏收死后，经李纬之手修补定案公布。

《北齐书》50 卷，唐李百药撰，成书于唐太宗贞观十年（公元 636 年）。包括"本纪"8 卷，"列传"42 卷。记事起于高欢，终于高恒（公元 496 年—577 年）。李百药原书自北宋后渐就散佚，残缺不全，现在通行的《北齐书》系后人据《北史》等史书补足。

《北周书》共 50 卷，唐令狐德棻等撰，成书于唐太宗贞观十年（公元 636 年）。包括"本纪"8 卷，"列传"42 卷。记事起于宇文泰，终于周静帝（公元 505 年—581 年）。《北周书》的取材多来自隋牛弘所撰的《周史》，书成后又多有亡佚，后人多取《北史》等书补亡。

《隋书》共 85 卷，唐魏征等撰，成书于唐太宗贞观十年（公元 636 年）。于公元 650 年写成。全书包括"帝纪"5 卷，"志"30 卷，"列传"50 卷，其中的"志"系成书后补写。记事起于隋文帝开皇元年，终于隋恭帝义宁二年（公元 581 年—618 年）。本书的作者皆为唐初名臣，文笔严净，体例严整，其中"志"的史料尤为详赡。

《旧唐书》共 200 卷，五代刘昫等撰，后晋出帝开运二年（公元 945 年）成书。包括"本纪"20 卷，"志"30 卷，"列传"150 卷。记事起于唐高祖李渊武德元年，终于唐哀帝天祐四年朱温灭唐（公元 618 年—907 年）。现行的《旧唐书》卷数次序与成书时不尽相同，内容亦有脱落和增改之处。

《新唐书》共 225 卷，宋欧阳修等撰，宋仁宗嘉祐六年（公元 1061 年）成书。包括"本纪"10 卷，"志"50 卷，"表"15 卷，"列传"150 卷。《新唐书》较之《旧唐书》，增列了表系，创立"仪卫""选举""兵"三志，"藩镇""公主""藩将""奸臣"四传，充实了列传、志书，但也存在本纪文字太略，尽删四六骈文等缺点。

《旧五代史》共 150 卷，宋薛居正等撰，宋太祖开宝七年（公元 974 年）成书。其中《梁书》24 卷，《唐书》50 卷，《晋书》24 卷，《汉书》11 卷，《周书》22 卷，另有"杂传"7 卷，"志"12 卷。记事起于梁太祖开平元年朱全忠灭唐，终于世宗显德七年赵匡胤称帝（公元 907 年—960 年）。本书曾一度失传，今本系经清代学者辑佚而成。

《新五代史》共 74 卷，宋欧阳修撰，宋仁宗熙宁五年（公元 1072 年）成书。包括"本纪"12 卷，"列传"45 卷，"考"3 卷，"世家年谱"11 卷，"附录"3 卷。此书的突出特点是不大注重史事叙述，仿效《春秋》笔法褒贬人物。

《宋史》共 496 卷，元脱脱等撰，成书于元顺帝至正五年（公元 1345 年）。其中"本纪"47 卷，"志"162 卷，"表"32 卷，"列传"255 卷。记事起于宋太祖建隆元年，终于宋卫王祥兴二年（公元 960 年—1279 年）。元朝编撰《宋史》准备了五六十年，该书具有体例完备、志书详细、列传丰富等特点，其记载史事尤以北宋最为详细，南宋理宗以后材料较为简单。

《辽史》共 116 卷，元脱脱等撰，成书于元顺帝至正四年（公元 1344 年）。其中"本纪"30 卷，"志"32 卷，"表"8 卷，"列传"45 卷，"附录"1 卷。记事起于唐昭宗天复元年，终于宋徽宗宣和七年（公元 901 年—1125 年）。本书的"八表"堪称精细，所附的《国语解》切合需要。

《金史》共 135 卷，元脱脱等撰，成书于元顺帝至正四年（公元 1344 年）。其中"本纪"19 卷，"志"39 卷，"表"4 卷，"列传"73 卷。记事起于金太祖收国元年阿骨打称帝，终于金哀宗天兴三年蒙古灭金（公元 1115 年—1234 年）。本书的材料多取自实录，志书部分尤为详细。

《元史》共 210 卷，明宋濂等撰，成书于明太祖洪武三年（公元 1370

年）。其中"本纪"47卷，"志"58卷，"表"8卷，"列传"97卷。记事起于元太祖铁木真称成吉思汗，终于元顺帝之死（公元1206年—1370年）。明修元史，时间短促，参考资料不广，纂修人又不懂蒙古文，故存在许多缺点。

《明史》共332卷，清张廷玉等撰，成书于清高宗乾隆四年（公元1739年）。其中"本纪"24卷，"志"75卷，"表"13卷，"列传"220卷。记事起于明太祖朱元璋起义，终于明思宗崇祯十七年李自成攻破北京（公元1352年—1644年）。《明史》系清朝特设明史馆编撰，经三次修成，前后历经95年，为中国历史上规模最大、历时最长的一次修史。

上述廿四史，共计3249卷，4500余万字。民国年间，柯劭忞撰《新元史》257卷，赵尔巽等撰《清史稿》536卷，与上述二十四部书合称廿六史。廿六史均为正史，正史之外，东汉班固等撰《东观汉记》、南宋陆游撰《南唐书》、清吴任臣撰《十国春秋》、南宋王称撰《东都事略》、宋代叶隆礼撰《契丹国志》、宇文懋昭等撰《大金国志》、清魏源撰《元史新编》、查继佐撰《罪惟录》等也都是纪传体著名史籍。

## 三、编年体史书

中国最早的编年体史书是《春秋》。晋朝杜预《春秋经传集解序》认为这一体裁的特点是"记事者以事系日，以日系月，以月系时，以时系年，所以记远近、别同异也"。编年体记载史事虽然以年月为经、史事为纬，但并不完全按时间先后来叙述，有时追叙往事，有时附带后事，有一定灵活性。这种体裁的史书在古代仅次于纪传体史书的地位。

《春秋》相传系孔子根据鲁国史官所编《春秋》加以删削修订而成。记事起于鲁隐公元年，历桓、庄、闵、僖、文、宣、成、襄、昭、定十公，终于鲁哀公十四年（公元前722年—前481年）。该书文约意深，寓褒贬于字里行间，即所谓的"微言大义"，后世将这种写法称为"春秋笔法"。

《左传》据考系春秋时鲁国史官左丘明撰。记事起于鲁隐公元年，终于鲁悼公四年（公元前722年—前464年），叙事涉及鲁悼公十四年（公元前454年）。《春秋》原文过分简略隐晦，《左传》系为《春秋》所传的传注。较之《春秋》，《左传》内容要详赡丰富，且兼记各国史事和社会生活小事，并引证了许多上古史事。此外记事时间也比《春秋》多27年。

《竹书纪年》13篇，撰者不详。记夏以来至春秋时晋国和战国时魏国的史事，晋杜预曾断定该书系魏国的史策。该书于晋太康二年（公元281年），一说晋咸宁五年（公元279年）在河南汲郡战国时魏墓中发现，经荀勖等人以隶书抄写，是为古本。但其后散失过半，到明代嘉靖年间又有伪托的今本《竹书纪年》出现。

《前汉纪》共30卷，东汉荀悦撰。记事起于刘邦称汉王，终于王莽灭亡。本书系对《汉书》简化改造而成，但撰者创造性地使用"五志十六例"方法，表现出新颖的治史见解。

《后汉纪》共30卷，东晋袁宏撰。记事起于刘秀称帝，终于曹丕废汉献帝（公元25年—220年）。本书的突出特点是慎重鉴别史料，注重史事评论。

《十六国春秋》共102卷，北魏崔鸿撰。成书于孝明帝正光三年（公元522年）。其中"春秋"100卷，"序例"1卷，"年表"1卷，系编年体国别史。原书早佚，明清时期有三种辑本，以清汤球《十六国春秋辑补》为最佳。

《资治通鉴》共294卷，又有考异、目录各30卷，北宋司马光撰，成书于宋神宗元丰七年（公元1084年）。包括周、秦、汉、魏、晋、宋、齐、梁、陈、隋、唐、后梁、后唐、后晋、后汉、后周十六纪。记事上起周威烈王二十三年，下至后周世宗显德六年（公元前403年—959年）。是中国第一部编年体通史，在中国史学史上占有重要的地位，但未列蜀、吴、后魏、北齐、北周、十国等纪，是该书的缺陷。

《续资治通鉴长编》原本共980卷，南宋李焘等撰。本书根据北宋时期的日历、实录、正史、会要及稗乘野史等史料，仿《资治通鉴》体例，记北宋九朝168年史事。旧刻本在宋以后流传很少，今本530卷系清人修《四库全书》时从《永乐大典》中辑出。

《三朝北盟会编》共250卷，南宋徐梦莘撰，成书于南宋绍熙五年（公元1194年）。记事始于政和五年，终于绍兴三十二年（公元1117年—1162年）。其中记徽宗年间事25卷，钦宗年间事75卷，高宗年间事150卷。取材广博，为研究两宋之际历史的基本史料。

《续资治通鉴》共220卷，清毕沅撰，成书于清乾隆末年。记事上接《资治通鉴》，始于北宋建隆元年，终于元至正三十年（公元960年—1370年），叙宋、辽、金、元四代史事，系诸多《通鉴》续作中的上乘之作。

《明实录》共3045卷，明代历朝史馆撰修。详细记录从明太祖到明熹宗十三朝的政务、典章、经济、军事、文化、婚丧及各类事件。本书取材依据起居注、时政记、日历、奏章、抄存邸报等，累朝分编，相续成帙。据考，该书记事某些部分多讳饰，太祖、英宗、光宗、熹宗诸朝多经窜改。

《清实录》共4363卷，另有序例、目录、进表40卷，清代历朝实录馆撰修。详细记录从清太祖到清德宗诸朝的政治、经济、军事、文化、科技、教育、外交等各个方面的史事，卷帙浩繁，体例严谨，但有些地方为掩盖事实真相而递经重修改动。民国年间，清廷又续修《宣统政纪》43卷。

除上而外，唐代许嵩的《建康实录》、温大雅的《大唐创业起居注》，宋代范祖禹的《唐鉴》、司马光的《稽古录》、李心传的《建炎以来系年要录》，明余继登的《典故纪闻》、谈迁的《国榷》，清代夏燮的《明通鉴》、蒋良骐的《东华录》、王之春的《国朝柔远记》等也都是编年体著名史籍。

## 四、纪事本末体史书

中国最早的纪事本末体史书是南宋时袁枢所撰的《通鉴纪事本末》。这种体裁是以历史事件为中心，将重要事件按内容分别列目，并按时间顺序记述事件的首尾本末，条理清晰，又便于初学。

《通鉴纪事本末》共42卷，南宋袁枢撰，成书于宋孝宗乾道九年（公元1173年）。该书是将司马光《资治通鉴》所记史事分为239个标题，记述了305件史事，其中秦以前3题，两汉43题，魏晋62题，南北朝43题，隋唐65题，五代23题。记事始于"三家分晋"，终于"世宗征淮南"。此书问世后，引起后世史学家的纷纷仿效。

《左传纪事本末》共53卷，清高士奇撰，成书于清康熙二十九年（公元1690年）。该书以周、鲁、齐、晋、宋、卫、郑、楚、吴、秦列国为序，将《左传》所记史事分为53事，记其始末。又杂采先秦两汉典籍，作"补逸""考异""辨误""考证""发明"，对史实加以补订解释。事末附论概括全篇，颇得要领。

《明史纪事本末》共80卷，清谷应泰撰，成书于清顺治十五年（公元1658年）。内分80个专题，记叙从朱元璋起兵至崇祯皇帝自缢（公元1352年—1644年）293年间史事，每目之下必有史论。该书编撰在《明史》之前，所据史料多取自私家著述及所收邸抄，有较高的史料价值。

除上而外，纪事本末体的著名史籍还有宋代章冲所撰《春秋左氏传事类始末》五卷，杨仲良所撰《皇宋通鉴长编纪事本末》150卷，明代冯奇撰、陈邦瞻续成的《宋史纪事本末》26卷及陈邦瞻所撰《元史纪事本末》6卷，张鉴所撰《西夏纪事本末》36卷，高岱所撰《鸿猷录》16卷，清代李有棠所撰《辽史纪事本末》40 卷、《金史纪事本末》52 卷，杨陆荣所撰《三藩纪事本末》4 卷，黄鸿寿所撰《清史纪事本末》80 卷，倪在田所撰《续明纪事本末》18 卷，彭孙贻所撰《明朝纪事本末补编》5 卷，沈朝阳所撰《通鉴前编纪事本末》100 卷，李铭汉所撰《续资治通鉴纪事本末》110 卷，马骕《绎史》160 卷，钱名世所撰《四藩始末》4 卷，勒德洪所撰《平定三逆方略》60 卷，温达所撰《亲征平定朔漠方略》48 卷，来保所撰《平定金川方略》32 卷，傅恒所撰《平定准噶尔方略》172 卷，阿桂所撰《平定两金川方略》152 卷，乾隆皇帝敕撰的《台湾纪略》70 卷，庆桂所撰《剿平三省邪匪方略》409 卷，托津所撰《平定教匪纪略》42 卷，曹振镛所撰《平定回疆方略》80 卷，奕䜣等所撰《剿平粤匪方略》420 卷、《剿平捻匪方略》320 卷、《平定陕甘新疆回匪方略》320 卷，陆元鼎所撰《各国立约始末记》30 卷，文庆所撰《筹办夷务始末》270 卷等。

## 五、典志体史书

典志体史书是一种专门记载典章制度的史籍，古有"故事""典故""仪注"之称，《四库全书总目》则称"政书"。唐代以前典志史籍在纪传体史书中称"书"或"志"。《汉书》以后正史中的"书""志"或有或无，使后人很难系统掌握历代典章制度的兴废沿革，于是在唐代出现了通史性的典志书《政典》和断代性的典志书《会要》《会典》。

《通典》共 200 卷，唐杜佑撰，成书于唐德宗贞元十七年（公元 801 年）。该书是在参考刘秩《政典》的基础上编撰而成。记事上起传说中的黄帝，下迄唐代宗。内分食货、选举、职官、礼、乐、兵刑、州郡、边防八典，典下系以子目，共 1500 余条。每典之前冠以总论，叙事中寓论断，间或作小注补订材料。全书以事类为中心，按时次排纂，所记历代典章制度，翔实可征。清代乾隆年间，敕修《续通典》150 卷，成书于乾隆四十八年（公元 1783 年），记事上自唐肃宗，下至明思宗；同时敕修《清通典》100 卷，成书于乾隆五十二年（公元 1787 年），记事起清初，终乾隆朝。

《通志》共 200 卷，南宋郑樵撰，成书于宋高宗绍兴三十一年（公元 1161 年）。内分"本纪""世家""列传""载记""年谱""略"等部分，记事上起三皇五帝，纪传部分下迄于隋，略则终于唐及北宋。全书的精华在"略"，计有氏族、六书、七音、天文、地理、都邑、礼、谥、器服、乐、职官、选举、刑法、食货、艺文、校雠、图谱、金石、灾祥、昆虫草木二十略。

清代乾隆年间，敕修《续通志》640卷，成书于乾隆五十年（公元1785年），记事起于唐，终于明末；又同时敕修《清通志》126卷，成书于乾隆五十二年（公元1787年），记事起清初，终乾隆朝。

《文献通考》348卷，宋末元初马端临撰，成书于元成宗大德十一年（公元1307年）。记上古至南宋嘉定年间典章制度的沿革。内分田赋、钱币、户口、职役、征榷、市籴、土贡、国用、选举、学校、职官、郊社、宗庙、王礼、乐、兵、刑、经籍、帝系、封建、象纬、物异、舆地、四裔24考，编著中始终把握文（叙事）、献（论事）、注（附注意见）三原则，每一考均属通史性质，但对两宋典章制度因革损益所记尤为详细。清代乾隆年间，敕修《续文献通考》252卷，成书于乾隆四十九年（公元1784年），记事起宋宁宗，至明思宗；又同时敕修《清文献通考》300卷，成书于乾隆五十二年（公元1787年），记事起清初，终乾隆朝。又民国年间刘锦藻撰《清朝续文献通考》400卷，记乾隆朝至清末宣统时典章制度。

《通典》《通志》《文献通考》合称"三通"，加上之后的续作，凡"十通"，共2716卷，基本上囊括了古代的各种典章制度。如果说"十通"多系通史性质的典志史籍，那么历代的会要、会典则属于断代性质的典志史籍了。

《唐会要》共100卷，宋王溥撰，成书于宋太祖建隆二年（公元961年）。本书系根据唐代苏冕的九朝《会要》和杨绍复等人的七朝《续会要》编纂而成，凡514项，约略分为帝系、礼、乐、学校、宗教；选举、职官、民政、封建、历数、灾异、刑法、食货、舆服、外国十五类，记叙唐代历朝典制沿革。原书在流传中有残阙，清乾隆年间曾予整理补充。王溥另撰有《五代会要》30卷，内分15类，凡275项。

会要体从唐苏冕创始，经王溥之手，体例方法基本确定，因而后世仿效者颇多，如宋代徐天麟撰《西汉会要》70卷，内分15类，凡367项，又撰《东汉会要》40卷，内分15类，凡384项；李心传撰《建炎以来朝野杂记》40卷，内分13类，凡605项；明代董说著《七国考》14卷，内分14类，记战国七雄典制；清代姚彦渠撰《春秋会要》4卷，内分6类，凡98项；孙楷撰、徐复补订《秦会要》26卷，内分4类；杨晨撰《三国会要》22卷，内分15类；徐松从《永乐大典》内辑出《宋会要》200卷，内分17类；龙文彬撰《明会要》80卷，内分15类，凡498项等。

《唐六典》共30卷，旧题唐玄宗撰，李林甫等注，实际先后由陆坚、张说、萧嵩、张九龄、李林甫主修，成书于唐开元二十六年（公元 738 年）。内分理（治）、教、礼、政、刑、事"六典"，主要记唐官制，凡唐初至开元年间官制建置及其渊源，均详于此书。书中间或涉及科差、绢布、贡赋、职田、公廨田、屯田、兵募等经济、军事情况，亦多参考价值。

《元经世大典》原称《皇朝经世大典》，共 880 卷，另有"目录"12 卷，"公牍""纂修通议"各 1 卷，元文宗敕编，成书于元至顺二年（公元 1331 年）。内分帝号、帝训、帝制、帝系、治典、赋典、礼典、政典、宪典、工典十类，取材于当时官府中的档案资料，并仿《唐六典》《宋会要》的体例编纂，详记元代各朝典制。此书于明中叶后散失，部分内容散见于《元文类》《永乐大典》等古籍中。

明清两朝官方将"会要"改称"会典"，如徐溥等人奉敕编撰，霍韬、申时行等人续修重修的《明会典》228 卷，昆冈等人奉敕编撰的《清会典》100 卷等。

## 六、杂　史

中国的史籍，除前所述纪传、编年、纪事本末、典志四大体系外，其他的史籍我们统称其为杂史。杂史多出于私家著述，不受义例拘束，其种类繁多，内容杂然并陈，足资参考。

先秦杂史，屡遭损失，流传至今的仅有 10 余种，举其要者，如《国语》《战国策》《穆天子传》《逸周书》《山海经》《世本》等。汉魏南北朝时期出现大量的杂史，依其类型，约略可分为古史、起居注、传记、谱牒、地志等类。古史类如扬雄的《蜀王本纪》，刘向的《新序》《说苑》，袁康的《越绝书》，赵晔的《吴越春秋》，应劭的《风俗通义》，谯周的《古史考》，皇甫谧的《帝王世纪》等。

起居注类的史籍是专门记录皇帝言谈行事，据《隋书·经籍志》所记，这一时期的起居注有 40 多种，上千卷，如《汉献帝起居注》《晋咸宁起居注》《晋咸康起居注》《宋元嘉起居注》《齐永明起居注》《晋起居注》《北魏起居注》等等。

传记类据《隋书·经籍志》的记载和后人的补考，这一时期共有 438 种，3000 余卷，历代人物传记中如刘向的《列女传》，魏明帝的《海内先贤传》，梁元帝的《忠臣传》，萧广济的《孝子传》，皇甫谧的《高士传》，惠皎的《高僧传》等；地方人物传记中如谢承的《会稽先贤传》，习凿齿的

《襄阳耆旧记》，徐整的《豫章烈士传》等；时代人物传中如袁宏的《正始名士传》，戴逵的《竹林七贤论》等；家族个人传中如王讳的《太原王氏家传》，裴松之的《裴氏家传》，管辰的《管辂传》等。

谱牒是记述一姓的家世传递，源于先秦时的《世本》，这种体裁的史籍，在世界上是少有的，据阮孝绪的记载和清人姚振宗的补记，这一时期的谱牒有62种，1389卷。如记载皇帝家谱的《帝王年谱》《宋谱》《梁帝谱》《后魏皇帝宗族谱》等，记载大姓家族的《邓氏官谱》《京兆韦氏谱》《谢氏谱》《杨氏支分谱》等，记载地方诸姓的《江州诸姓谱》《益州谱》《关东关北谱》等，记载各州或百家的《总集十八州谱》《姓氏英贤谱》《诸姓谱》《百家集谱》《百家谱》等。

汉魏南北朝时期的地志包括专记山川、疆域、物产、人口的地理书（古称图经）和同时兼记地理沿革、人物故事、名胜古迹、风土民情等内容的方志书，据《隋书·经籍志》的记载和姚振宗的考补，这一时期的地志书近三百种，达三千卷左右。如顾野王的《舆地志》、常璩的《华阳国志》、郎蔚之的《诸州图经集》、桑钦的《水经》、郦道元的《水经注》、梁宗懔的《荆楚岁时记》、周处的《风土记》、杨衒之的《洛阳伽蓝记》、法显的《佛国记》、裴矩的《西域图》、戴延之的《西征记》、沈怀文的《隋王入沔记》、陆澄的《一百六十四家地理书》、任昉的《地记》等。

除上而外，汉魏南北朝时期的杂史还包括诸多目录、史注、史评、故事杂记等类的史籍，并出现了王象等人的《皇览》、崔豹的《古今注》、刘义庆的《集林》、萧子良的《四部要略》、刘孝标的《类苑》、刘杳的《寿光书苑》、徐勉等人的《华林遍略》、元晖的《科录》、祖珽等人的《修文殿御览》等大部头类书。隋唐至明清时期，杂史范围扩大，其部头与卷秩数剧增。下面分史评、类书、地志、杂记等类择要叙述如下：

**史评** 此类性质的史籍有两种，一是批评史实，二是批评史书。批评史实的史评，有些原来就在四大体系的史籍中，比如《左传》每发议论，便假"君子曰"相称；《史记》中每有发论，便云"太史公曰"；他如《汉书》曰"赞"、《前汉纪》曰"论"、《三国志》曰"评"等。后来也有成为专书的，例如宋代吕夏卿的《唐书直笔》、胡寅的《读史管见》、曾三的《南北筹边》、孙甫的《唐史要论》、吕祖谦的《东莱博议》、范祖禹的《唐鉴》、吕中的《大事记讲义》、李焘的《六朝通鉴博议》、元代胡一桂的《十七史纂古今通要》等。批评史书的史籍，首推刘知几的《史通》，此外还有柳璨的

《史通析微》、倪思的《迁史删改古书异辞》、吴镇的《新唐书纠谬》、汪应辰的《唐书列传辨证》、苏天爵的《三史质疑》、姚振宗的《隋书经籍志考证》、钱大昕的《廿二史考异》、王鸣盛的《十七史商榷》、赵翼的《廿二史札记》、牛运震的《十七史论》、洪颐煊的《诸史考异》、阮元的《十三经注疏校勘记》、卢文弨的《群书拾补》、王念孙的《读书杂志》、俞樾的《诸子平议》《群经平议》、孙诒让的《札迻》、姚际恒的《古今伪书考》、崔述的《考信录》、康有为的《新学伪经考》等。而章学诚的《文史通义》则是继刘知几《史通》之后又一部著名的史论力作。

**类书** 类书是把历史上的典章故事或文学作品等分门别类进行编纂，具有工具书的性质。类书创始于三国时魏国王象所编的《皇览》，唐宋时期留传至今的类书主要有：欧阳询的《艺文类聚》、许敬宗等的《文馆词林》、虞世南的《北堂书钞》、徐坚的《初学记》、白居易的《白氏六帖》、李昉等人的《太平御览》、王钦若的《册府元龟》、高承的《事物纪原》、祝穆的《事文类聚》、谢维新的《古今合璧事类》、王应麟的《玉海》等。明代解缙等人奉敕编纂的《永乐大典》是中国历史上最大的一部类书，原书正文 2 万 2877 卷，凡例、目录 60 卷，收存历代重要典籍七八千种，约 3 亿 7000 万字，分装 1 万 1095 册。可惜现在仅存 720 卷。清代陈梦雷等人奉敕编纂的《古今图书集成》是中国现存最大的类书，正文 1 万卷，总目 40 卷，附"考证"24 卷，内分六编、三十二典、6117 部，分类详细，编排系统，保存了许多珍贵的资料。

**地志** 包括综合性、地方性、风俗性三类地理方志。综合性的著名地志有李吉甫的《元和郡县志》、萧德言等人的《括地志》、乐史的《太平寰宇记》、王存等人的《元丰九域志》、李宗谔等人的《祥符州县图经》、欧阳忞的《舆地广记》、王象之的《舆地纪胜》、岳铉的《大元大一统志》、徐弘祖的《徐霞客游记》、顾炎武的《天下郡国利病书》、蒋廷锡等人的《大清一统志》等；地方性的著名地志有唐玄奘的《大唐西域记》、吴自牧的《梦粱录》、宋敏求的《长安志》、潜说友的《咸淳临安志》、范成大的《吴郡志》、陈耆卿的《嘉定赤城志》、徐硕的《至元嘉禾志》、张之洞等人的《顺天府志》等；风俗性的著名地志有樊绰的《蛮书》、孟元老的《东京梦华录》、张敦颐的《六朝事迹编类》、周密的《武林旧事》、周达观的《真腊风土记》、汪大渊的《岛夷志略》等。

**杂记** 杂记较为零散，类目亦多，较为著名的有《贞观政要》《封氏闻见录》《酉阳杂俎》《吴越备史》《唐摭言》《唐才子传》《蒙古秘史》《邵氏闻见录》《齐东野语》《辍耕录》《大金国志》《国朝名臣事略》《洪武圣政记》《仁庙宣庙圣政记》《大学衍义补》《吾学编》《弇山堂别集》《万历野获编》《三朝辽事实录》《平播全书》《三垣笔记》《圣武记》《日知录》《甲申传信录》《绥寇纪略》《明季南北略》《明季稗史》《满州源流考》《啸亭杂录》《郎潜纪闻》《太平天国野史》《高丽国史》《琉球国志略》《海国闻见录》《朔方备乘》《台湾纪略》等。也有一些人士将古今杂记收编成集，如马总的《意林》、曾糙的《类说》、江少虞的《事实类苑》、陶宗仪的《说郛》、陆楫的《古今说海》等。人物传记中的名著则有钱仪吉的《碑传集》、阮元等人的《畴人传》等。

明朝末年，中国出现了四部科学专著，一是李时珍的《本草纲目》，二是方以智的《物理小识》，三是徐光启的《农政全书》，四是宋应星的《天工开物》。明清时期，中国还出现了三部学术史名著，即黄宗羲的《明儒学案》，全祖望的《宋元学案》，江藩、唐鉴等人的《清儒学案》。

**丛书** 明清时期中国也出现了大批丛书，这是汇合群书为一书或一套书，而后冠以总名。据中华书局 1958 年至 1962 年出版的《中国丛书综录》统计，全国 41 家图书馆收藏丛书 2797 种，子目 7 万余条，其中古籍 3 万 8000 余种。综合性丛书的编纂始于南宋，时有俞鼎孙等编《儒学警悟》、左圭辑《百川学海》，明清时期较好的丛书有高鸣凤辑《今献汇言》、胡维新辑《两京遗编》、程荣辑《汉魏丛书》、沈节甫辑《纪录汇编》、王肯堂辑《古今医统正脉全书》、徐乾学辑《通志堂经解》、阮元辑《皇清经解》、王先谦辑《续皇清经解》等。清代的私刻丛书也十分盛行，如黄丕烈的《士礼居丛书》、孙星衍的《岱南阁丛书》《平津馆丛书》，卢文弨的《抱经堂丛书》、鲍廷博的《知不足斋丛书》、张海鹏的《学津讨原》《墨海金壶》，卢见曾的《雅雨堂丛书》、吴骞的《拜经楼丛书》、钱熙祚的《守山阁丛书》等。但丛书之中最为著名的是《四库全书》。

《四库全书》系清乾隆皇帝敕辑，纪昀等人为总纂官，历时十年，成书于乾隆四十七年（公元 1782 年）。内按经、史、子、集分为四部，其下又分 44 类，共收录书 3461 部，7 万 9309 卷；另录存目 6819 部，9 万 4034 卷。全书约 9 亿 9700 万字，基本上包括了先秦至清初的重要文献。该书共抄成正本 7 部，分别藏于北京故宫文渊阁、圆明园文源阁、沈阳故宫文溯阁、河北承德文津阁（以上称"北四阁"）和江苏镇江金山寺文宗阁、扬州大观堂文汇阁、浙江杭州西湖文澜阁（以上称"南三阁"）。而后又续抄副本一部，藏翰林院。此前于乾隆四十三年（公元 1778 年）和四十五年（公元 1780 年），抄成《四库全书荟要》二部，分藏于故宫摛藻堂和京郊长春园味腴书屋。文宗、文汇、文源、翰林四本及味腴书屋的荟要本相继亡佚，文津本现藏北京图书馆，文澜本现存杭州图书馆，文溯本现藏沈阳图书馆，文渊本现存于我国台湾地区，摛藻堂荟要本现藏于北京故宫。又有成书于乾隆四十六年（公元 1781 年）《四库全书总目提要》200 卷，系中国古代目录学专著的代表作。

# 第十八讲　古代的书法绘画

中国古代的书画艺术在漫长的历史演进中，形成独特的民族特色，是我国传统文化的重要组成部分。书画不仅同源，而且某一名家往往既是书法大家，又是绘画巨匠。但为叙述之方便，我们还是将书法与绘画分而述之。

## 一、书法艺术

中国书法是随着历史不断发展前进的，从早期的甲骨文到后来的金文，再到小篆、隶书、楷书等，形成明显的书法体系，而每个历史阶段都有着不同的书法习惯和风格诞生。真正意义上将书法作为艺术大概是从秦统一文字后开始的，当时流行的字体称为秦篆，又叫小篆，是在金文和石鼓文的基础上删繁就简而来。代表作是李斯的泰山刻石，其书法严谨浑厚，平稳端宁；字形公正匀称，修长宛转；线条圆健似铁，愈圆愈方；结构左右对称，横平竖直，外拙内巧，疏密适宜，具有极高的艺术价值。

汉代是汉字书法发展史上的关键时期，书法完成了由籀篆向隶分的蜕变，隶分即今天我们所讲的隶书，又称为"分书"或"八分"，结体由纵势变成横势，线条波磔更加明显。隶书的出现是汉字书法史上的一次革命，既使字体趋于方正楷模，也在笔法上也突破了单一的中锋运笔。隶分在汉代是普遍使用的书体，笔法日臻纯熟，书体风格多样。举其要者，如《汉武都太守汉阳河阳李翕西狭颂》，结字高古，庄严雄伟，用笔朴厚，方圆兼备，笔力遒劲；《汉故谷城长荡阴令张君表颂》字体严密方整而多变化，于朴厚中见劲媚，用笔以方笔为主，方劲沉着、力气雄健。碑阴的题名，书法更是流畅自然，为书家所称道；《汉合阳令曹全碑》在汉隶中独树一帜，娟秀清丽，结体扁平匀称，舒展超逸，风致翩翩，笔画正行，长短兼备，神采华丽，秀美飞动。两汉时期，在隶分奠定的基础上又出现了章草、真书和行书，而其书法家约略可以分为两类：一类是以蔡邕为代表汉隶书家，一类是以杜度、崔瑗、张芝为代表草书家，这一时期还出现了以崔瑗的《草书势》为代表的书法理论著作。大约从东汉开始，书法艺术进入一个繁荣期。

魏晋时期是承上启下完成书体演变的重要历史阶段。行、草诸体咸备俱臻完善的一代，汉隶定型了方块汉字的基本形态。隶书产生、发展、成熟的过程孕育着真书（楷书），而行、草书几乎是在隶书产生的同时就已经萌芽了。真书、行书、草书的定型是汉字书法史上的又一巨大变革。

三国时期楷书成为书法艺术的主体。楷书又名正书、真书，传说由钟繇所创。钟繇是三国时期政治家，也是著名的书法家，他在书法方面颇有造诣，其最大的功绩是推动了楷书的发展，后世尊他为"楷书鼻祖"。同时，这一时期的楷书也进入刻石的历史，《荐季直表》《宣示表》是其代表作。

两晋时期书法大家辈出，在书法史上最具影响力的书法家当属王羲之，他被人们称为"书圣"。如果说钟繇是巍然卓立的楷书书法革新家，那么王羲之就是行书艺术巅峰上的一面大旗，他的《兰亭序》简淡玄远，遒美健秀，飘若浮云，矫若惊龙，被誉为"天下第一行书"，是中国书法史上影响最大的书迹之一。其子王献之的书法作品《洛神赋》字法端劲，所创"破体"与"一笔书"系对书法的一大贡献。两晋时期的书法成就主要体现在行书上，行书是介于草书和楷书之间的一种字体，其代表作还有《伯远帖》《快雪时晴帖》《中秋帖》"三希"等作品。

南北朝时期书法的主要表现形式是"北碑南帖"，其艺术特点是"北雄南秀"。"北碑"是指北朝碑刻书法，代表作有《郑文公碑》《张猛龙碑》《敬使君碑》。"南帖"是指南朝的铭帖，代表人物有南朝宋之羊欣、齐之王僧虔、梁之萧子云、陈之智永，南梁时期的《瘗鹤铭》古拙奇峭，雄伟飞逸，点画灵动，字形开张，可称为"南帖"的代表作。魏碑是北魏以及与北魏书风相近的南北朝碑志石刻书法的泛称，是汉代隶书向唐代楷书过渡时期的书法。

唐初的书法艺术多取法魏碑，而后逐渐从南北朝时期的遗法中蝉蜕出来，显现出一种新的姿态。唐初以楷书为主流，涌现出欧阳询、虞世南、褚遂良等多位楷书大家，其总的特点是结构谨严整饬。盛唐时期的书法追求一种浪漫忘形的方式，"颠张"（张旭）"醉素"（怀素）的狂草、李邕的行书是这一时期的代表作。到了中唐时期，颜真卿、柳公权为楷书树立了楷模，并确立了正统的地位。晚唐五代书法艺术虽承唐之余续，但逐渐形成凋落衰败的趋势，在书法史上值得一提的有杨凝式、李煜、彦修等人。

如果说隋唐五代的书法尚法求工，那么宋代的书法受理学影响，尚意重理，着力于表现意境。因此，要求书法家除了具有"功底"和"天然"两方面条件外，还需具有"书卷气"。北宋苏轼、黄庭坚、米芾、蔡襄"四家"直接晋帖行书遗风，一改唐代楷书面貌，凸现出一种标新立异的姿态，给人以一种新的审美意境；南宋时期的吴说、赵佶、陆游、范成大、朱熹、文天祥等人虽然书法有成，但笔墨功底不能和北宋四家相提并论。元代书法总的特征是宗法晋唐，崇尚复古。但赵孟頫所形成的楷书"赵体"在书法史上占有重要地位，与唐朝时的欧体、颜体、柳体并称四体，成为后代观摹的主要书体。

明初"台阁体"盛行，书法"一字万同"，沈度、沈粲兄弟将工稳的小楷推向极致，此外，刘基的草书、宋遂的篆隶、朱克的章草也颇为人称道。明朝中期，号称"江南四大才子"的祝允明、文徵明、唐寅、徐祯卿，其书法取法弥高，笔调绝代，倡导和讲求个性化。晚明时期的书法除董其昌外，大都追求大尺幅和震荡的视觉效果，侧锋取势，横涂竖抹，代表人物有张瑞图、黄道周、王铎、倪元瑞等。

明末清初，愤世嫉俗的风气盛行书坛，文人的书法狂放不羁，以朱耷、傅山等人为代表的作品表现出一种不可遏止的悲愤情绪，而且这种情形在清朝中期"扬州八怪"的身上又一次复现。不过，清代书法总的倾向是尚质，大致分为帖学与碑学两个时期。姜英、张照、刘墉、王文治、梁同书、翁方纲等人是帖学的代表，在刻意尊崇传统的过程中或以淡墨书写，或改变章法结构等。阮元、包世臣、金农、邓石如、何绍基、赵之谦、吴昌硕、张裕钊、康有为等人是碑学的代表，运用碑意写字作画，力求尽性尽理，以致成为中国书法文化的一大景观。

## 二、书坛名家

在中国古代的书坛，涌现出诸多名人大家，共同铸就了中国书坛的辉煌。现择有代表性的名家叙述如下。

**李斯**（约公元前284年—公元前208年），战国末期楚国上蔡人，秦代著名的政治家、文学家、书法家。公元前221年，秦始皇接受丞相李斯"书同文字"的建议，将当时六国文字中"不与秦文合者"的字体统一为小篆。李斯的小篆体势挺拔舒展，结构对称均匀，笔画单纯洁净，线质圆浑挺健，精神刚柔并济，极富美感。传为李斯书写的刻石作品有《泰山封山刻石》

《琅琊刻石》《峰山刻石》等，其书法结体稳健匀称，法度谨严，平稳安详，字形中正匀称，疏密适度，线条修长宛转，疾徐有恒，方圆兼备。被后世称为"书法鼻祖"。

**蔡邕** （公元 133 年—192 年），如果说篆书的代表人物是前文述及的李斯，那么隶书的代表人物就是蔡邕。蔡邕是东汉时期的名臣，灵帝时修理皇家藏书的鸿都门，工匠用扫白粉的帚在墙上写字，蔡邕从中受启发而创"飞白书"。这种书体结构严整，点画俯仰，笔画中丝丝露白，似用枯笔写成，对后世影响甚大。后人评论"蔡邕书骨气洞达，爽爽有神力"。唐张怀瓘亦认为："飞白妙有绝伦，动合神功。"

**王羲之** （公元 303 年—361 年，一作 321 年—379 年），祖籍琅琊（今属山东临沂）人，出身名门望族，官至右军将军，有"书圣"之称。其书法兼善隶、草、楷、行各体，精研体势，心摹手追，广采众长，备精诸体，冶于一炉，摆脱了汉魏笔风，自成一家，影响深远。风格平和自然，用笔细腻，结构多变，笔势委婉含蓄，遒美健秀。代表作《兰亭序》被誉为"天下第一行书"。世人常用曹植的《洛神赋》中："翩若惊鸿，婉若游龙，荣曜秋菊，华茂春松。仿佛兮若轻云之蔽月，飘飘兮若流风之回雪。"来赞美王羲之的书法之美。他的书法对后代书坛产生了极为深远的影响。

**欧阳询** （公元 557 年—641 年），在大唐盛世累迁银青光禄大夫、给事中、弘文馆学士等职，他不仅是一代书法大家，创"欧体"楷书，代表作品《化度寺邑禅师舍利塔铭》《虞恭公温彦博碑》《皇甫诞碑》《九成宫醴泉铭碑》等被称为"唐人楷书第一"；同时他也是一位书法理论家，所撰《传授诀》《用笔论》《八诀》《三十六法》等具体地总结了书法用笔、结体、章法等书法形式技巧和美学要求，是中国书法理论的珍贵遗产。

**颜真卿** （公元 709 年—784 年），唐代宗时官至吏部尚书、太子太师，其书法正楷端庄雄伟，行书气势遒劲，创"颜体"楷书，对后世影响很大。其作品有《元结碑》《干禄字书》《竹山堂连句》《妙喜寺碑》《颜杲卿碑》《李玄靖碑》《颜勤礼碑》《颜家庙碑》《颜氏告身》《奉命帖》《移蔡帖》等。颜书在老辣中富有新鲜活泼的生机，在疏淡中显示质朴茂密的风神，在笔锋得意处显现功力的炉火纯青，在圆润丰腴中透露自己的豪迈气度。

**柳公权** （公元 778 年—865 年），为唐穆宗、敬宗、文宗三朝侍书，官至太子少师，封河东郡公，其书法吸取了颜真卿、欧阳询之长，融会新意，以骨力劲健见长，传世碑刻有《金刚经刻石》《玄秘塔碑》《冯宿碑》等，自创独树一帜的"柳体",后世有"颜筋柳骨"的美誉。

**怀素** （公元 737 年—799 年），俗姓钱，字藏真，史称"草圣"。自幼出家为僧，经禅之暇研习书法，其书法率意颠逸，如骤雨旋风，千变万化；其笔法瘦劲，飞动自然。怀素以"狂草"名世，与张旭齐名，合称"颠张狂素"，形成唐代草书书法双峰并峙的局面。其传世书法作品有《自叙帖》《苦笋帖》《圣母帖》《论书帖》诸帖，作品《小草千字文》被誉为"天下第一小草"名帖，此帖笔画瘦劲有力，灵动自然，通幅笔墨奔放流畅，一气贯之蔚为壮观，历为书林所重，是古代珍贵而标准的小草范本之一。

**米芾** （公元 1051 年—1107 年），北宋时期著名书法家，与蔡襄、苏轼、黄庭坚合称"宋四家"。米芾在行书上颇有造诣，长于临摹古人书法，达到乱真程度。米芾对书法有着独到的体会，力求做到"稳不俗、险不怪、老不枯、润不肥"，其用笔特点主要是善于在正侧、偃仰、向背、转折、顿挫中形成飘逸超迈的气势、沉着痛快的风格。主要作品有《多景楼诗》《虹县诗》《研山铭》《拜中岳命帖》等。

**赵孟頫** （公元 1254 年—1322 年）元朝著名书法家，累官翰林学士承旨、荣禄大夫等职，博学多才，能诗善文，工书法，精绘艺，擅金石，通律吕，尤以楷书和行书著称于世。他是集晋、唐书法之大成的很有成就的书法家，其书风遒媚秀逸，结体严整，笔法圆熟，代表作有《洛神赋》《道德经》《玄妙观重修三门记》等，创"赵体"。

秦汉之后，历朝历代都涌现出许多著名书法家，除上面提及的名家之外，诸如魏晋时期的曹操、梁鹄、韦诞、邯郸淳、卫觊、索靖、陆机、王献之、谢安，南北朝时期的智永（王羲之的七代孙），唐朝的虞世南、褚遂良、李邕、张旭，五代时的杨凝式、徐铉，宋朝的蔡襄、苏轼、黄庭坚，元朝的鲜于枢、耶律楚材，明朝的徐渭、董其昌、张瑞图、宋克、黄道周、倪元璐，清代的王铎、傅山、朱耷等等，都是负有盛名的书法家。值得一提的还有历朝历代诸多帝王也是书法名家，例如唐太宗李世民、南唐后主李煜、宋徽宗赵佶、清代的乾隆皇帝等。

## 三、绘画艺术

先秦时期，有关绘画方面的传说很多，但是现在所能见到的只是一些石、陶、铜质和缣帛等器物上保留下来的绘画痕迹。不过从长沙陈家大山战国楚墓出土的《凤夔搏斗画》和马王堆战国楚墓中发现的《人物御龙帛画》等来看，线条圆转流畅，造型简括生动，富有浓厚的装饰意味，说明战国时期中国的绘画已发展到相当水平。

逮及秦汉，绘画艺术有了进一步的发展，这主要表现在壁画、帛画和砖石画像上。如在秦咸阳故城三号宫殿遗址中发现壁画残片，有用红、黄、蓝、黑等色画成的流云纹，也有较完整的人物车骑形象。另如在洛阳卜千秋墓发现的西汉壁画《升仙图》、在洛阳烧沟西汉墓发现的壁画《宴饮图》均是上好的绘画作品。在洛阳老城发现的西汉壁画《二桃杀三士》表现的是《晏子春秋》记载的二桃杀三士故事，用笔接近写意，人物衣着面貌均表现得比较明确，可以一窥当时的衣冠服饰。在内蒙古和林格尔新店子东汉墓中发现的《车马出行图》《乐舞百戏图》《牧马图》等等，场面宏大，造型生动，疏密相间，具有较高的艺术水平。

汉代帛画以长沙马王堆西汉墓发现的"T"字形幡画为代表，此画的中心内容是"引魂升天"，画面分为上天、人间、地下三部分，上部为天界，人首蛇尾的天神居中，旁有蟾蜍、玉兔、怪兽、嫦娥等；中部画墓主人及其生前的片断生活以及宴饮场面；下部为大海，有一巨人站在两条巨鲸背上，双手与头顶擎着大地。整个画幅处理的有条不紊，左右对称，上下连贯，重心突出，严密无间，线条流畅自如，色彩以朱红、土红为基调，穿插粉、白加青等色，显得热烈富丽而又庄重。此外，大量砖石画像的如山东沂水出土的凤凰纹画石，河南南阳官寺石墓画像，南阳密县打虎亭画像石，尤其是嘉祥武家林武氏祠的画像石等等，都是汉代绘画的遗珍。

魏晋南北朝佛教大兴，因而在寺堂、庙宇、石窟内出现了大量佛教题材的壁画，其中最著名的要数敦煌壁画了。这一时期，也出现了中国第一批有据可考的著名画家，其中以顾恺之、陆探微、张僧繇为代表，他们在创作上各自形成独特风格和流派，顾氏的代表作有《女史箴》《列女仁智》《洛阳赋》，陆氏的代表作有《宋孝武帝像》《五白马图》《竹林七贤图》等，张氏在画风上更多受西域艺术的影响，运用明暗晕染表现立体感，形成不同于顾、陆等人的"疏体"。此外，南北朝时期萧绎、杨子华、曹仲达的绘画亦负盛名。值得一提还有南齐时代谢赫的《古画品录》，这是我国绘画史上第一部完整的绘画理论著作，书中提出绘画要讲究"气韵生动、骨法用笔、应物象形、随类赋彩、经营位置、传移模写"六法"，为后世画家所遵循。

隋唐时期是中国绘画史上的第一个高峰，它超越了以前各代，同时影响到东方各国。这一时期，壁画仍占有重要地位，但佛教题材绘画却明显地向世俗化方向发展，从敦煌壁画中可以看到，宗教壁画一扫北朝时期那种超脱人世、阴森恐怖、禁欲苦修的气氛，而出现了富于人情味和亲切感的形象，人物和蔼慈祥，充满对人生及尘世美满生活赞颂的因素。在唐代，还出现了许多著名的人物、山水、动物、花鸟画家。在人物画家中，阎立本是初唐时期的代表，他注意通过描绘人物面部、眼睛、嘴角等富有特征的细节，来揭示人物的精神面貌，传世的作品有《步辇图》《萧翼赚兰亭图》等等，传说描绘汉昭帝到隋炀帝 13 个皇帝及侍从的《历代帝王像》（现藏美国）亦出自他的手。吴道子是盛唐时期最负盛名的大画家，他一生作佛教壁画 300 余堵、卷轴画 92 幅，后人尊他为"画圣"，民间画工奉他为"祖师"，其线描富有运动感、节奏感，有粗细、紧缓变化，自由挥扫，劲健有力，创造出一种"莼菜条"线型，他的画风被称为"吴家样"，其代表作品有《地狱变相图》《送子天王图》等。张萱是盛唐时期擅长画妇女儿童的画家，其作品有《虢国夫人游春图》和《捣练图》摹本传世；周昉以仕女画著称，但他所画的"水月观音"形象，成为当时及后世宗教壁画中的标准样式，传世的作品摹本有《簪花仕女图》《挥扇仕女图》等。韩滉是中唐的代表画家，作品有《田家风俗图》和传世的《五牛图》《文苑图》等。

　　隋唐时期的山水画以展子虔为先导，而后出现了以李思训和王维为代表的两个不同画派。展子虔的《游春图》是中国现存最早的山水卷轴画，作品以总摄全景的方法，将江南春光引入画面，开青绿山水之先河，表现了"江山远近之势"和"咫尺千里之趣"。李思训号称"国朝山水第一"，他的画工整细密，在青绿山水上加金纷描线，富丽堂皇，被称为"金壁山水"，）开"界画"的先河，相传他的作品有《江帆楼阁图》《九成宫纨扇图》等；王维是著名的诗人，也是著名的画家，他的作品"诗中有画，画中有诗"，他以墨色的深浅浓淡的变化，来反映大自然的平远景色，形成一种诗画结合的水墨山水画风格，其作品有《江山雪霁图》《辋川图》等。李王之外，张躁的松石山水画使用秃笔、双箭齐下、指画等新方法，而王洽则采用"泼墨法"来画山林树石，大大发展了山水画的技法。此外，吴道子在山水画方面亦成就斐然。

　　唐代的动物画家以戴嵩、曹霸、韩干、韦偃最为著名，而戴嵩的牛、韩干的马极为时人推崇，并称"韩马戴牛"，戴嵩的作品有《斗牛图》等，现存韩干的作品有《牧马图》《照夜白》等，韦偃的杰作《放牧图》（摹本）则更以场景浩大，气势宏阔而著称。在唐代的花鸟画家中，薛稷以画鹤闻名，边鸾以画折枝花鸟、蜂蝶著称，萧悦以画竹驰名，而周混则擅长画水鸟荷花。

五代两宋，绘画题材更加广泛。壁画中如赵忠义的《关将军起玉泉寺图》、石恪的《二祖调心图》、贯休的《十六罗汉像》等，笔墨放纵有力，形象生动夸张。他如南唐曹仲宏，后梁张图、跋异、李罗汉，后唐韩求、李祝，宋代高益、高文进、崔白、李元济等人，皆为壁画高手。人物画中如周文矩的《玉步摇仕女图》《宫中长卷》等，顾闳中的《韩熙载夜宴图》，李公麟的《西园雅集图》《昭君出塞图》等，武宗元的《朝元仙仗图》，王居正的《纺车图》，陈居中的《文姬归汉图》《胡笳十八拍图》，萧照的《中兴瑞应图》，梁楷的《李白行吟图》《秋柳双鸦图》，李嵩的《服田图》《水殿招凉图》等，苏汉臣的《妆靓仕女图》《秋庭戏婴图》等，以及南宋时期的《却坐图》《折槛图》《耕获图》《骑士猎归图》《盘车图》《小庭婴戏图》和闾次平的《牧牛图》、李东的《雪江卖鱼图》等，尤其是张择端的《清明上河图》表现出高度的艺术水平。

如果说五代两宋时期的人物画取得突出成就的话，那么这一时期的山水画成就更令人触目。五代时在荆浩、关同师徒笔下，描绘了北方峻岭的雄伟气势；在董源、巨然师徒笔下，则刻画出江南草木的秀丽景色，以上四人形成山水画的两大流派，并称五代山水画的四大家。此外，赵干、卫贤等人也是五代时著名的山水楼阁画家。宋代的山水画承接五代，名家辈出，李成的画挺劲秀润，范宽能"为山传神"，郭忠恕尤善界画，逼真的恍若可进，燕文贵善为四时风景，人称"燕家景致"。郭熙合众家之长而创新意，他的山水画功力深，气魄大，意境优美；王诜善画枯木寒林，也能作金壁山水，他的山水画更趋向优美抒情；赵令穰以小景山水著称，作品具有优柔平静的意境，清丽温雅的特色；米芾父子长于以水墨点染来表现江南烟云一片的迷蒙景色，画风在挥洒奔放中求写实，人称"米点山水"。徽宗时，宣和画院对于画风起了重大影响，而宋徽宗的花鸟画更是独具特色。南宋时期，国破家亡的流离生活使山水画风有重大的改变，以李唐、刘松年、马远、夏硅为代表的四大家，开拓了"水墨苍劲"派画风，他们运用"大斧劈"皴法，用笔强劲，气势雄壮，质感很强，极富感染力量。此外，青年画家王希孟的《千里江山图》长卷，为北宋后期青绿山水的巨制，功力精湛，气魄宏大。

花鸟画自五代成为独立的画科，到宋时又有长足进展，五代时的黄荃，传说他在壁上画了六鹤，神态逼真，引真鹤立于其侧；又画四时花竹及兔、雉、鸟雀，竟使猎鹰误以为真，连连飞捕。徐熙多画江湖田野自然景物，技法上以墨为主，轻敷淡色，神气迥出。宋时赵昌善画花果，所画花卉，简洁明快、清新自然；崔白以鹅、败荷、凫雁题材最为拿手，画风自然流畅，清新雅淡；宋徽宗赵佶，亦是花鸟画的能手，风格精工细致、缜密富丽。宋时国家设立画院，画风典雅工细，画院外的一些士大夫，亦多以梅、兰、菊、竹"四君子"为题作画，知名者有文同、苏轼、杨无咎、赵孟坚、郑思肖等。此外，宋代有关绘画的理论亦得以总结，较有影响的专著有郭若虚的《图画见闻志》，邓椿的《画继》，米芾的《画史》。

元代由于政治方面的原因，不少士大夫寄情绘画，并在画中追求"写意"，这一时期以山水、花卉为主的"文人画"有了很大发展。元初，李开笔下的竹、高克恭笔下的烟雨林峦、赵孟頫的笔墨意趣、钱选的折技花鸟等皆为时人推重。元代中期，以黄公望、吴镇、倪瓒、王蒙四大家为代表的山水画，注重抒情写意，追求笔墨情趣，提倡"逸笔草草""写胸中逸气"，画风为之一变。此外，另有龚开精于画鬼与马，王振鹏擅长于界画，王冕以画梅著称，柯九思以画竹闻名，张渥以白描手法为人称道，王绎以肖像画驰名于世，他如顾安、任仁发、朱德润、唐棣、盛懋、方从义、陈琳、王渊等人的绘画亦造诣颇深。

明代的宫廷画家以边文进、孙隆、吕纪、林良为代表。边文进擅绘艳丽工致的花果翎毛，孙隆号称"没骨图"，长于花鸟草虫画，吕纪的花鸟画工整精丽，而林良的花鸟画表现出由水墨工笔转向水墨写意的画风。画院外王履以自然为师，所作《华山图》40 幅，用笔劲拔凝重，景致雄伟奇秀；另有王绂、夏昶以竹石画著称。明时画家，有浙派、吴派之分，前者是职业画家形成的画派，后者是由文人画家结成的画派，浙派以戴进、吴伟、李在、张路、杜堇、徐霖、汪肇、谢时臣、蓝瑛为代表，吴派以沈周、文徵明、唐寅、仇英、文伯仁、陈淳、陆治、周之冕、徐渭、董其昌、张继儒、萧云从为代表。明代末年，山水画渐失生气，而人物画却取得可喜成就，其代表画家是丁云鹏、曾鲸、崔子忠、陈洪绶。同时，版画艺术也进入发展的盛期，以安徽新安的版画风格最受推重。

清代初年，以"四王、吴、恽"（王时敏、王鉴、王原祁、王翚、吴历、恽格）为代表的画家以临摹前人名画为宗旨，对待传统较为保守，但在运用枯笔乾墨的技法上有所成就。而清初"四僧"（朱耷、石涛、髡残、弘仁）的作品则把政治上的不满情绪寄于笔端，反对摹古，大胆创新，如号称"八大山人"的朱耷，笔下的小动物亦昂首挺胸，显得倔强，所作兰花，根部裸露，寓"国土沦丧"。继四僧而起的是"扬州八怪"（李蝉、金农、罗骋、郑燮、汪士慎、高凤翰、闵贞、华岩），关于"扬州八怪"，各书记载虽然不尽相同，但他们的作品冲破正统派艺术的界限，师法自然，抒写个性，讲究神似；艺术上阔笔恣纵，挥洒有力。如郑板桥（燮）笔下的兰竹，枝叶密而不乱，少而不单调，明快爽朗，简练含蓄，清劲俊逸的风韵脱纸而出。清代知名的画家画派还有许多，如以龚贤为代表的"金陵八家"，以焦秉贞、冷枚、唐岱等人为代表的宫廷画家，以张鉴、顾鹤庆为代表的"京江派"，擅长界画的袁旭、袁江，工画肖像及美人的费丹旭，自成一体的戴熙，以及晚清时期的著名画家赵之谦、任熊、任薰、任颐、虚谷和"海派"主将吴昌硕等都有名画传世。此外，清代的民间艺术亦引人注目，其中的佼佼者有苏州桃花坞，天津杨柳青，山东潍坊的木刻年画等，它们的出现和发展，为当时画坛增添了新的光彩。

## 四、画坛名家

中国古代画坛名家辈出，名作繁富。前文仅就绘画艺术的发展作了粗线条的勾勒，这里选取各时期具有代表性的画家再进行一些补充。在对著名画家进行叙述之前，有必要先对在中国绘画史占有重要地位的敦煌壁画做些介绍。

**敦煌壁画**　系指敦煌莫高窟、西千佛洞、安西榆林窟现存的492个窟中所保留的4万5000多平方米壁画，敦煌壁画是我国乃至世界的壁画宝库，其时间跨度上自魏晋，下至明清，前后大约有上千年的历史。敦煌壁画的题材包括佛像画、经变画、人画像、装饰画、山水画、以及建筑画、器物画、花鸟画、动物画、故事画等，其中的故事画就其表现的内容而言，又大致可以分为五种类型：一是佛传故事，多是古印度的神话故事和民间传说，第290窟的佛传故事系鸿篇巨制，共87个画面，描绘了释迦牟尼从出生到出家之间的全部情节。二是本生故事画，主要描绘释迦牟尼生前的各种善行，宣传"因果报应""苦修行善"的生动故事，具有鲜明的宗教的烙印。三是因缘故事画，这是佛门弟子、善男信女和释迦牟尼度化众生的故事，内容离奇，情节曲折，颇有戏剧性。四是佛教历史故事画，包括佛教圣迹、高僧事迹、历史事件等，是形象的佛教史资料，其中有6幅《玄奘取经图》，系描绘唐僧取经故事。五是比喻故事画，大都是被佛教徒收集记录在佛经里的古印度和东南亚地区的寓言、童话。敦煌壁画的风格具有与世俗绘画不同的特征，在结构布局、人物造型、线描勾勒、赋彩设色等方面系统地反映了各个时期的艺术风格及其传承演变、中西艺术交流融汇的历史面貌，其艺术价值弥足珍贵。

**顾恺之** （公元 348 年—409 年），东晋杰出画家，博学多才，擅长诗赋书法，尤善绘画，时人称他为画绝、文绝、痴绝。顾恺之精于人物肖像，画人注重点睛，主张传神，注重通过描绘生理细节来表现人物神情，善于利用环境描绘来表现人物的志趣风度。他在《论画》等画论中还提出传神论、以形写神、迁想妙得等主张，为中国传统绘画理论的发展奠定了基础。顾恺之作品的真迹没有保存下来，相传摹本有《维摩诘像》《女史箴图》《洛神赋图》《列女仁智图》等。他与曹不兴、陆探微、张僧繇合称"六朝四大家"。

**阎立本** （公元 601 年—673 年），唐朝时期官至宰相。阎立本在艺术上继承南北朝的优秀传统，善画台阁、车马、肖像，尤其擅长重大题材的历史人物画。其作品富于巧思，注重写实和个性描绘，对人物的精神状态刻画细致，形象逼真传神，线描刚劲圆润，设色浓重沉着，具有丰富的表现力。其画作《太宗真容》《秦府十八学士图》《凌烟阁功臣二十四人图》等被时人誉之为"丹青神化"而为"天下取则"，代表作品有《步辇图》《历代帝王像》《萧翼赚兰亭图》等。

**李思训** （公元 651 年—716 年），官至右武卫大将军，左羽林大将军。李思训擅画青绿山水，画风精丽严整，以金碧青绿的浓重颜色作山水，细入毫发，独树一帜。在用笔上曲折多变，法度谨严、笔力遒劲、色彩繁富，显现出从小青绿到大青绿的山水画的发展与成熟的过程。其画作《江帆楼阁图》上部浩渺的江水渐远渐渺茫，近处一叶渔舟泛于细密的鱼鳞水纹，天边则二片风帆远去；下方是江边坡岸，密树掩映，山径层叠，有碧殿朱廊曲折其间，意境深远。《唐朝名画录》称他为"国朝山水第一"，明代董其昌推其为"北宗"之祖。其作品据《宣和书谱》载尚有《山届四皓》《春山图》《海天落照图》《江山渔乐》《群山茂林》《九成宫纳扇图》等，可惜均已散佚。

**吴道子** （约公元 680 年—759 年），唐代著名画家。吴道子在绘画艺术上刻意求新，不落俗套，大胆创新，善于从复杂的物体形态中吸收精髓，出新意于法度之中，寄妙理于豪放之外，笔胜于象，骨气高傲。他的线描绝技充满了韵律美，能够把凹凸阴阳面归纳成为不可再减的"线"，人物衣纹的高、侧、深、斜、卷、折、飘、举的姿势完全基于线条的组织，描摹出人物的性格。画史上评其画是"人物八面，生意活动"，"风云将逼人，鬼神若脱壁"。吴道子的绘画取得卓然超群的成就，其代表作有《地狱变相》《维摩诘经变图》《嘉陵江山水三百里图》《送子天王图》《八十七神仙卷》等，画史尊称其为"画圣"。

**张择端**　（约公元 1085 年—1145 年）北宋末年绘画大师。其传世代表作《清明上河图》卷为绢本，水墨淡设色，用现实主义手法，全景式构图，生动细致地描绘了北宋都城东京市民的生活状况和汴河上店铺林立、舟船往复，飞虹卧波，店铺林立，人烟稠密的繁华景象市民熙来攘往的热闹场面和风俗民情，画面里的五百八十七个不同身份的人物个个形神兼备，十三种动物和九种植物形态无不惟妙惟肖，全图规模宏大，结构严密，是我国绘画史上的稀世瑰宝。张择端的作品大都失传，尚存《金明池争标图》亦为我国古代的艺术珍品。

**黄公望**　（公元 1269 年—1354 年），元代著名画家，中年当过都察院掾吏，后皈依全真派道教，别号大痴道人。所作水墨画笔力老到，简淡深厚，又于水墨之上略施淡赭，世称"浅绛山水"。黄公望的传世名作《富春山居图》前后画了三四年，为了这幅画，这位年已 79 岁的白发老人几乎踏遍了富春江的两岸。他真正读懂了富春江，画出了富春江畔"远山长、云山乱、晓山青"的初秋美景，也画出了自己的感悟和一生。无怪乎董其昌见画惊呼："吾师乎，吾师乎！一丘五岳，都具是也！"黄公望的传世作品有《富春大岭图》《溪山雨意图》《快雪时晴图》《九峰雪霁图》《丹崖玉树图》《天池石壁图》《九珠峰翠图》《水阁清幽图》《洞庭奇峰图》等，另撰有《写山水诀》，为山水画创作经验之谈。

**董其昌**　（公元 1555 年—1636 年），官至南京礼部尚书，明末著名书画大家。他的书法清秀淡雅，独辟蹊径，自立一宗，领一时风骚，有"颜骨赵姿"之美称。他擅长山水画，同时以佛家禅宗喻画，倡"南北宗"论，为"华亭画派"杰出代表。他强调以古人为师，但反对单纯机械地模拟蹈袭，以自己独创的形式再现古人的"风神"，达到自成家法的化境；他强调画家的修养和作画的意境，摄取众家之长，按己意运笔挥洒，融合变化；他在技法上特别讲求用墨，清隽雅逸，温敦淡荡，青绿设色，古朴典雅。他的代表作有《遥峰泼翠图》《关山雪霁图》《秋兴八景图》《溪山行旅图》《岩居图》《昼锦堂图》《白居易琵琶行》等，此外，他对山水画的画论和分类对中国画的发展产生了积极的影响。

**朱耷** （公元 1626 年—约 1705 年），明末清初杰出画家，他是明太祖朱元璋第十七子朱权的九世孙，明亡后削发为僧，后改信道教。朱耷一生坎坷，曾一度与世隔绝，在创作中安放自己孤独的灵魂。他从六十岁时始用"八大山人"署名题诗作画，在署款时他常把这四个字连缀，仿佛"哭之"，又像"笑之"字样，借以寄托他哭笑皆非的痛苦心情。较之山水画，朱耷的花鸟画更具有个性风格，笔情恣纵，不构成法，苍劲圆秀，逸气横生，章法不求完整而得完整，以简洁孤冷的画风，而自成一代宗师。其突出特点是"少"，描绘的对象少，塑造对象时用笔也少。他的花鸟以水墨写意为主，笔墨凝练沉毅，形象夸张奇特，风格雄奇隽永。朱耷曾自道其画："墨点无多泪点多"，言简意赅地阐释出他绘画艺术特色和所寄寓的思想情感。他的画作对后世产生了深远影响，并在世界画坛引起了很大的反响。其代表作有《孔雀竹石图》《孤禽图》《眠鸭图》《猫石杂卉图》《莲花鱼乐图》《双鹰图轴》《古梅图轴》《快雪时晴图轴》《幽溪泛舟图轴》《四帧绢本浅绛山水大屏》等。

**郑燮** （1693 年—1766 年），号板桥，清代著名书画家，"扬州八怪"的重要代表人物。郑板桥的书法自成一体，取黄庭坚之长笔划入八分，夸张其摆宕，"摇波驻节"，单字略扁，左低右高，姿致如画。又以画兰竹之笔入书，求书法的画意。清人蒋士铨说他"写字如作兰，波磔奇古形翩翩"，生动地道出了"板桥体"的特质。作为画家，他一生多是在画兰、竹、石，而尤其以水墨兰竹最为灵动传神，自称"四时不谢之兰，百节长青之竹，万古不败之石，千秋不变之人"。郑板桥强调要以"造物为师"，譬如画竹，他将大自然中的竹子一转而为眼中的竹子，再转而为胸中之竹，三转而成手上画中之竹。其代表作品有《修竹新篁图》《清光留照图》《兰竹芳馨图》《甘谷菊泉图》《丛兰荆棘图》等，并著有《郑板桥集》。

# 第十九讲　古代的造型艺术

　　如果我们以艺术形象存在的方式为依据，可以将艺术划分为时间艺术、空间艺术和时空艺术三大门类，其中的空间艺术又称为造型艺术。造型艺术作品中有静态的，也有动态的；有平面的，也有立体的。本篇主要阐述在我国有着悠久历史和优良传统的工艺美术和建筑雕塑，其基本特征是以可视的物质材料创造或表现形象，是一种静态的、立体的、多维的视觉艺术。

## 一、工艺美术

　　中国古代工艺美术的起源至少可以追溯到新石器时代后期的玉石工艺，例如甘肃仰韶文化和山东龙山文化中的玉石器物，这些器物不仅作为单纯的劳动工具，而且可能同时作为一种在形式上有诱人力量的审美对象而存在。根据古籍记述，后来出现的玉石工艺品如圭、镇圭、笏、璧、环、瑗等，在古代的宗教生活和政治生活中，不但具有重要的审美价值，而且在其身上注入某种政治含义和人格寓意，尤其在后来的儒家文化中也被看作美与善的象征。

　　就现在的考古发现而言，原始社会遗留下来的工艺美术器主要是陶器，其中又以彩陶和黑陶工艺尤为卓越。仰韶文化彩陶半山类型的代表形式是大敞口的盆和敛口的罐，这些盆和罐的宽度都超过高度，小底，整个器形侧影为柔和的曲线，平底无足，造型特点是腹部极为膨胀、粗矮坚实。

　　仰韶文化陶器上的彩绘可以分为图画和图案两大类，图画中有奔驰的鹿、游动的鱼、飞翔的鸟、伸肢欲跃的蛙、衔鱼的长尾水禽、着衣的人等，色彩鲜明，流畅自如，生机盎然，稚气可掬。半坡和姜寨出土的一些陶盆上绘有人头像，面目清晰、头戴尖顶饰物，口边衔鱼，有的还绘有渔网，表现出丰富的艺术想象力。图案中有由各种形状的三角形、直线、斜线、圆点、折波线等组成的几何图案，也有植物花纹图案。黑陶发现的地点主要在东部沿海一带，以龙山文化黑陶最有代表性，其色泽乌黑，表面光滑闪亮，一般厚度只有3毫米，最薄的不足1毫米，外形上有转折清晰的棱角，器上多附有牵绳或手执的鼻把。黑陶不以装饰而以造型取胜，具有简洁爽利的特点。总之，彩陶和黑陶标志着中国古代工艺美术的第一个高峰，同时它在造型、烧制技术等方面为随之而来的青铜工艺奠定了良好的基础。

**青铜器**　青铜工艺的鼎盛时期在商周之际，就器物的类型而言主要有食器、酒器、盛水器、炊煮器、兵器、乐器、杂器等。各类之中又有若干种，如食器中豆、簋、簠、盨等，酒器中爵、角、盉、壶、尊、罍、瓟、觥、彝、罍等，盛水器中盘、盂、匜、鉴等，炊煮器中鼎、鬲、甗等。青铜器开始用为器皿，后来主要用于礼乐，成为贵族阶层权势、地位的象征，因而它的特征不仅在于其庄严，还在于它的神秘和礼制化。诚如李泽厚在《美的历程》中所说：各式各样的饕餮纹样及以它为主体的整个青铜器纹饰和造型，特征都在突出这种指向无限深渊的原始力量，突出在这种神秘威吓面前的畏怖、恐惧、残酷和凶狠。商鼎和周初鼎上的文饰，已远不再是仰韶彩陶纹饰中的那些生动活泼愉快写实的形象了，也不同于尽管神秘毕竟抽象的陶器的几何纹样了。它们完全是变形了的、风格化了的、幻想的、可怖的动物形象。它们呈现给你的感受是一种神秘的威力和狞厉的美。它们之所以具有威吓神秘的力量，不在于这些怪异动物形象本身有如何的威力，而在于以这些怪异形象为象征符号，指向了某种似乎是世间的权威神力的观念；它们之所以美，不在于这些形象如何具有装饰风味等等，而在于以这些怪异形象的雄健线条、深沉凸出的铸造刻饰，恰到好处地体现了一种无限的、原始的、还不能用概念语言来表达的原始宗教的情感、观念和理想，配上那沉着、坚实、稳定的器物造型，极为成功地反映了"有虔秉钺、如火烈烈"进入文明时代所必经的那个血与火的野蛮年代。社会的发展变化带来了青铜工艺相应的发展变化，到战国时期，青铜工艺又注入镂刻、金银错、镶嵌、鎏金等新技术，而这一时期的装饰纹样多为规律化的图案和写实性图案，诸如成都出土的《宴乐采桑水陆攻战纹壶》、故宫所藏的《采桑射猎宴乐攻战纹铜壶》、河南辉县出土的《宴乐射猎图刻纹铜鉴》等，构思巧妙、人物生动、场面惊心动魄，形象化地反映了当时的一些社会状况。

**漆器**　战国时期的漆器工艺取得了长足进展：山东临沂出土的漆盘、湖北随县曾侯墓出土的漆棺椁、河南信阳出土的漆乐器、湖北江陵出土的木雕彩漆器以及长沙楚墓中出土的漆器，色彩鲜艳，制作精细，有很高的艺术价值。秦代漆器精品如湖北云梦睡虎地秦墓的漆奁，正面画一妇女举杯送人，反面画相扑；漆梳的正面为长袖舞，反面为饮宴场面，二者均代表秦国漆器工艺的巨大成就。漆器工艺在汉代向高、大、精的方向发展，器上彩绘画法生动潇洒，线条利落，例如在马王堆一号汉墓出土的漆棺画，另如在朝鲜平壤南井里116号东汉墓出土的漆箧，做工精巧，上面绘有94个人物，构图宏大，形象生动，笔法纯熟。在漆器雕饰方面，宋元时期的工艺水平也达到令人惊讶的地步，其中以"剔红""戗金"最为精致。剔红是用朱漆涂于胎上，垒至数十层，然后镂雕装饰；戗金是在漆面用针剔雕出各种花纹，在刻痕中着以金箔。至于宫廷中的御器，则更为精致。同时这一时期的小型雕琢工艺也很流行，如用石、竹、木料雕琢的山石花鸟人物，精巧生动，玲珑可爱，还有在牙签上雕刻风景，着实令人惊叹。

**金银器**　秦代的工艺美术以金银器较为精美，如西安出土的云纹铜镜，做工都相当考究，尤其是陕西兴平豆马村的错金银云纹铜犀尊，充分体现了犀牛刚健强壮的特点，具有很强的艺术感染力。汉代的金银铜器工艺品就数量而言，迄今发现的以铜镜为最多，其装饰纹样较战国时期有很大的进步，但具有代表性的工艺品当首推在河北满城中山靖王墓中发现的金缕玉衣，这是一件用1000多克极细的金丝拧成金线串连2000多个玉片而成的衣物，此外错金银博山炉、鸟篆纹钟、鎏金长信宫灯等亦皆为稀世珍品。金属工艺在隋唐五代的工艺美术中也占有重要地位，如在西安南郊何家村发掘的金银器，品种繁多，装饰花纹上把传统的龙、虎、龟、凤和葡萄、莲花、卷草等纹样巧妙地加以组合变化，形成唐代特有的艺术风格。除上以外，流传及考古新发现的玛瑙、水晶、玻璃、玉石等工艺品中，亦有不少是隋唐五代工艺品中的精品。宋元时期的金银玉器在制作和造型上亦较前代有所发展，如在安庆范文虎墓、江苏吴县吕师孟墓等处出土的金银器物和今存北京北海团城的青玉瓮、白玉佛等都是这一时期金银玉器中的精品。

**丝织品**　汉代的工艺美术具有代表性的还有丝织品，如马王堆西汉墓中保存完好的衣物，新疆民丰、阿斯塔那东汉墓群出土的大批丝织物，尤其是用绛、白、宝蓝、浅驼、浅橙五色丝线织成的"延年益寿大宜子孙锦"和用绛、白、绛紫、淡蓝、油绿五种丝线织成的"万世如意锦"，堪称丝织工艺的杰作。魏晋六朝的丝织工艺亦有较大的进步，到了隋唐五代，手工业迅速发展，大大促进了工艺美术的发展。首先是丝织染绣工艺，在著名的"丝绸之路"，出土发现了许多唐代丝织遗物，如在敦煌莫高窟130窟发现的残幡，系由绞缬绢和蜡缬绢制成，做工相当精细；再如在新疆阿斯塔那地区出土的"连珠天马文锦"、蜀江锦、"狮子凤凰文锦"，以及存于日本的"四天王文锦"，都标志着丝织染绣工艺的发达。宋代在丝织工艺方面，驰名者有苏州的"宋锦"，南京的"云锦"，四川的"蜀锦"，以及因色彩图案繁简不同的大、小宋锦等名目。同时，宋时的缂丝亦有大的发展，如传世的紫地鸾鹊锦，色彩及构图都具有很高的审美价值。清代的刺绣遍布全国，驰名者有苏绣、粤绣、湘绣、蜀绣，合称"中国四大名绣"。

**瓷器** 早在先秦时已经萌芽，到汉末魏初出现了青色透明釉炻器，南北朝时称之为"瓷"。这种瓷器在江南发现最早最多，过去统称"越器"。越器的种类很多，其中的鸡头壶是一种代表性的形式，还有罐、瓶装饰出凸雕式的各种形象。此外从颜色上看，越器属单色，基本呈茶绿、淡黄、青灰等色。唐代的瓷器工艺品产量之大、品种之多也都超过了前代，大致说来，初唐以青瓷为主，盛唐白瓷有了长足进展，晚唐五代则青、白、黄、黑、酱、褐等瓷竞相争艳，同时在形制上和装饰纹样上百花齐放。唐代的三彩陶器亦以独特的风格立身于工艺之坛，唐三彩胎质较为松软，釉色大致分白、黄、绿三种，有的还有少量的蓝釉或黑釉。三彩工艺品上有意地利用釉色的变化作饰，富于华丽的效果。宋元工艺美术中最有成就的是陶瓷工艺，适应城市工商业和对外贸易的需要，特别是为宫廷玩赏享用的"官窑"，生产的高级瓷器，达到了空前的规模，瓷窑遍及全国，产品丰富多彩，风格各异，驰名天下。诸如河北曲阳定窑的"绿定"，河南禹县钧窑的"失透釉"，浙江龙泉窑的"冰纹"，江西景德镇窑的"釉里红"和厚胎白瓷，河北磁州窑黑白釉的刻瓷与画瓷，以及著名的"辽三彩"等等，在烧制技术和造型装饰艺术上都取得了极大的成就，这些工艺品既实用又给人以高度美感，其造型、色泽和装饰都是古代陶瓷工艺美术的典范。明代的瓷器工艺在元代青花瓷的基础上又有较大发展，大致分为"釉上彩"和"釉下彩"两大类。前者以景德镇瓷为代表，其特点是胎薄釉纯，色艳画美；后者是在胎坯上画花后再上釉入窑烧制。值得一提的是在明景泰年间发展起来的具有高度艺术性的民族美术工艺"景泰蓝"，这种工艺品是先用铜料制胎，再用细铜丝掐成花纹焊在胎上，成为装饰纹样的轮廓，然后用蓝釉等釉料敷涂花纹，入炉烧制，整个工序是打胎、掐丝、点蓝、烧蓝、磨光、镀金等，品种有瓶、碗、盘、灯具、罐、杯等。

## 二、建筑艺术

中国古代建筑在劳动人民和匠师的长期实践中，产生了多种多样的建筑类型：宫、殿、楼、阁、轩、榭、廊、亭、台、塔、桥以及与之相应的苑囿、坛庙、寺院、祠堂、陵墓等群体建筑。同时，作为造型艺术之一的雕塑，是雕、刻、塑三种制作方法的总称，有不附着在任何背景上、可以四面欣赏的、完全立体的圆雕和在平面上雕出凸起形象的浮雕等种类。中国古代的建筑和雕塑，有着鲜明的民族风格。

古代建筑就总体而言，其基本法式是以宫室为本位，它的结构是以横向排列的木构架为主，以土、石或砖作为台基，构架以墙身围护，上有两坡或四坡舒展开的屋顶。古代建筑在平面布局上讲究左右均齐对称，一些大型建筑和比较讲究的建筑都注意雕饰及色彩。

依据考古发掘，中国原始社会中晚期的房屋建筑，主要是半穴居式，即在地面上挖出浅穴，周围筑土为墙，然后立柱盖顶。屋顶用树枝和草覆盖，再抹一层草泥，出入有升坡和土阶，这样的文化遗址，可以西安半坡的发掘为代表。地面大型的殿堂建筑，大概出现在夏商时期，据河南偃师二里头遗迹观察，一号宫殿遗址坐落在一座大型夯土台基之上。这种形式，正是中国古老的宫殿建筑形式。

陕西岐山凤雏西周建筑遗址是一座封闭性的建筑群，它采取严格的南北中轴对称布局，以堂为中心，前有影壁、门、塾，后有室、房，左右有厢房，由房屋围成方整的外轮廓，内部形成前后两进庭院，堂与室之间由通廊将后庭隔成两个天井，堂与室、厢、房、塾用廊连接，屋顶也通过回廊连成一片。从平面看，它很像后来的"一颗印"式的居民四合院。

如果说古建筑在夏商周时期已经成型，那么在秦汉时期古建筑便臻于成熟。据陶复先生的研究，秦咸阳城宫殿一号建筑遗址整体平面当呈"凹"字形，以牛羊沟为中轴形成东西对称的布局，沟两侧的建筑之间应有飞阁、复道连接，成为二元构图的宫观形式。

汉朝建立后，也大兴土木，萧何营造未央宫，坚持"天子以四海为家，非壮丽无以重威"的观念，建造了富丽豪华的宫殿。东汉末年，佛教文化逐渐传入中国，因而宗教建筑一度成为有艺术价值建筑的主要类型。建于公元1056年的山西应县木塔，是中国现存最古老、最高大的木结构塔式建筑。佛教的寺院是群体建筑，一般依山而建，如北京西郊门头沟区的潭柘寺，寺分三路，中路为主，有牌楼、山门、天王殿、大雄宝殿、三圣殿、毗卢阁等；东路有万岁宫、太后宫等庭院式建筑；西路有戒坛及观音殿等建筑。寺外还有金元明清各代的塔群，整个建筑恢宏雄大、古朴庄重。再如位于山西洪洞县东北约十七公里霍山南麓的广胜寺，分上寺、下寺、水神庙三处，上寺中路建筑有山门、飞虹塔、天王殿、大雄宝殿、毗卢殿等，两边辅以其他建筑，寺内松柏参天，殿内佛像肃穆，体态自然，整体建筑严谨壮观。

　　**祠**　多是纪念性的建筑。如位于太原市西南25公里处的晋祠即系后人为纪念周武王次子叔虞与其母而建，晋祠依山面东，主轴线建筑为大门、水镜台、会仙桥、金人台、对越坊、献殿、鱼沼飞梁，然后是圣母殿。大殿立于石台基上，面阔七间，进深六间，重檐歇山顶，饰以雕花脊兽，殿内采用减柱法，斗拱重叠，出檐深远，如飞翼凌空，与殿前月台、石栏、梁柱互相映衬，显得宏伟美观。另有唐叔虞祠、水母楼，加上难老泉清澈流水和周柏隋槐，环境优雅，布局别致，堪称绝作。再如位于四川省眉山市的三苏祠，系纪念宋代文学家苏洵、苏轼、苏辙而建，祠内建筑有大殿、启贤堂、木假山堂、云屿楼、抱月亭、瑞莲亭、披风榭、碑亭等，格调典雅秀丽，别致诱人。

　　**庙**　为供奉祭祀的建筑。位于山东曲阜市中心的孔庙即为庙宇建筑中的杰作。孔庙大门名棂星门，门前立"金声玉振"牌坊，左右两侧有下马碑。进门为第一进院落，正中立"太和元气""至圣庙"二石坊，东西有"德侔天地""道冠古今"二木牌坊；第二道门为圣时门，院内有玉带河贯穿，三桥跨于河上，东侧有快睹门，西侧有仰高门；第三道门为弦道门，第四道门为大中门，第五道门为同文门，过同文门为奎文阁，三层、三重飞檐，四层斗拱，上覆琉璃黄瓦，工艺精巧。而后是大成门，进大成门即大成殿前院，院中间有杏坛，坛上筑方亭。大成殿为孔庙主体建筑，东西长54米，进深34米，高32米，面阔九间，重檐九脊，琉璃黄瓦覆顶，殿前檐下有10根浮雕石柱，直径一米有余，上镌双龙戏珠，衬以波涛浮云。殿前露以宽广开阔，周围有双重汉白玉石栏。孔庙共有殿堂庑阁460余间，门坊五十四座，前后共九进院落，规模巨大、辉煌璀璨，布局整洁、建筑精巧。

　　**坛**　亦为祭祀建筑，但对象是天地鬼神，北京的天坛为中国现存最大的祭坛建筑群。天坛分为南坛、北坛两大部分，南坛围墙为方形，北坛围墙为圆形，象征"天圆地方"。南坛有圜丘坛、皇穹宇，北坛有祈年殿等建筑。圜丘坛为皇帝冬至日祭天处，坛圆形二层，栏板及望柱都用汉白玉雕成，坛面铺以青石，雕凿精细，中心为圆形，外围各圈皆为扇形。祈年殿高38米，直径 30 米，为三层檐攒尖顶，上覆蓝色琉璃瓦，顶置鎏金宝顶。殿中央 4 根"龙井柱"代表四季，外围两排有柱各 12 根，分别代表 12 个月和 12 个时辰，殿内四周不用墙壁，全部为隔扇门，同时不用大梁长檩，而用 28 根巨大木柱与互相衔接的枋、脱、桷、榱支撑，可谓巧夺天工。附属建筑还有祈年门、皇乾殿、神库、神厨、宰牲亭，还有斋宫、回廊、神乐署等建筑。天坛占地面积 270 万平方米，坛内古柏参天，气氛庄严肃穆，建筑造型优美，是古代建筑中的艺术珍品。

**楼、亭、阁** 在古代建筑中的极具艺术特色，位于湖南岳阳市的岳阳楼，濒临洞庭湖，是中国江南"三大名楼"之一，其前身为三国时吴将鲁肃训练水兵的阅兵台，自唐以来，屡经兴废，现存主楼为清末重建。楼高 19 米余，三层，上为盔顶，檐角高翘，有凌空欲飞之势。此处地势高峻，鸟瞰洞庭，湖光山色，尽收眼底，为历代文人墨客所青睐。位于苏州城南的沧浪亭，初为北宋诗人苏舜钦建，取"沧浪之水清兮"句义而命名。后屡经扩建，成为名园，设计以假山为中心，环山布置建筑，登山小径曲折清幽，径旁树木葱郁，翠竹成林，亭建山顶，翼然挺立，辅以藕香水榭、闻妙香室、瑶华境等景观，别具一格，煞是迷人。位于江西南昌市西赣江边的滕王阁，原系唐太宗弟滕王李元婴建，原阁高九丈，三层，上层前楼额题"西江第一楼"。上元二年（公元 675 年）重阳节，洪州都督阎伯屿在此设宴待客，王勃于席间写下千古名篇《滕王阁序》。此阁屡毁屡建，曾重建重修约 28 次，现重建工程刚竣工。

**桥梁** 桥梁建设也是古代建筑的重要内容之一，河北赵县南汶河上的大石桥，原名安济桥，是隋朝匠师李春的杰作，桥为大跨度单孔，两端各有二小拱，全桥长 50 余米，单孔跨度为 37.47 米，似长虹卧波。从侧面观察，两小拱一大一小，大拱肩负小拱，线条异常美观，设计极为精巧。位于北京市区西南的卢沟桥，宽 7.5，全长 266 米，共 11 孔。桥身有石雕护栏，共有望柱 280 根，雕有石狮 485 个，千姿百态，极为传神，卢沟桥既是交通要道，同时也是一座观赏价值很高的桥梁。

**园林** 古代园林建筑的主要特点，是小中见大、大中有小，虚中有实、实中有虚，幽深含蓄，将山水诗画的意境与造园艺术相结合，创造出"虽由人设，宛如天开"的佳境，使自然美和艺术美达到高度的统一，苏州的拙政园和北京的颐和园是江南园林和皇家园林的典型代表。

在古代宫殿建筑中，故宫最是雄伟壮丽。这组庞大的建筑，始建于明永乐四年（公元1406年），旧称紫禁城，占地72万多平方米，周围宫墙长约3公里，四角矗立有造型优美的角楼，墙外环绕着宽达52米的护城河。紫禁城内，又分"外朝"和"内庭"两个部分。外朝由午门起至保和殿止，进午门，首先映入眼帘的是内金水桥，桥以汉白玉建成，系单孔拱券式，共5座。过河往北，经太和门，就是故宫最著名的太和、中和、保和三大殿。太和殿俗称"金銮殿"，殿高28米，面宽11间，进深5间，有盈米大柱86根，大殿雄踞于汉白玉砌成的台基上，台基四周皆为镌有云纹龙凤的望柱，中间石阶以巨型整块石料雕成，镌有蟠龙，衬以海浪流云。太和门东西两侧，各有一组建筑，东侧是皇太子读书的文华殿，收藏图书的文渊阁，供奉古代贤圣的传心殿和最高行政机构所在的内阁；西侧建筑以武英殿、南薰殿为主。入乾清门即为内庭，北面的主要建筑是皇帝办公住宿的乾清宫，明朝皇后住宿、清朝放置玉玺的交泰殿以及作为祭神之处的坤宁宫，两边分别是嫔妃居住的东六宫和西六宫，这就是人们所说的"三宫六院"。坤宁宫北，过坤宁门即进御花园，园内建有各种亭阁、假山、花坛等，规模虽然不大，但有皇家苑圃特色。出御花园往北为神武门，是故宫的北门。故宫内从乾清门起向北又分内庭东、西两路。东路建筑主要有景运门、奉先殿、九龙壁、皇极殿、斋宫、宁寿宫、花园等；西路建筑主要有养心殿、永寿宫、太极殿、含元殿、长春宫等。故宫为中国保存最完整的古建筑群，其气势之雄伟、装饰之辉煌，充分显示了中国古代匠师的高超技艺和创造才能。

在古代建筑中，最宏伟的要数长城了。长城始建于春秋战国时代，秦在原有基础上进行了大规模的修筑，以后历代均加以修整，长城东起山海关，西到嘉峪关，绵延6700公里，依山起伏，宛如巨龙盘曲，异常壮观。它不仅是中国，而且是世界上最伟大的古建筑之一。

### 三、雕塑艺术

中国古代的雕塑起源很早，但依据考古发现，流传至今的大型雕塑作品当首推秦始皇兵马俑。俑坑的陶人陶马同真人真马一样大小，共发现兵马俑七八千件。近看俑坑，眼前是生龙活虎的武士、昂首嘶鸣的战马和巨轮滚滚的战车。军阵中的武士，有的免冠束发、身穿短褐、系带扎腿、挽弓挎箭；有的头戴战盔、身披铠甲、足登黑靴、执矛秉戈。兵马俑以其服饰、甲胄和所在位置可以分为将军、军吏、材官、射士、骁骑、伍卒等类，他们一个个面容不同，神态各异。陶马个个膘肥体壮，劲健有力，衔镳张口，鬃毛分飞，造型生动，形象逼真。俯视一号俑坑，映入眼帘的是一个浩浩荡荡的军阵场面。军阵是按当时秦军的临战队形排列，前边由210件武士俑组成面朝东方、每列70人的3列横队，这是军阵的前锋；随后是步兵和战车组成的28路纵队，步兵俑披甲穿袍，战车由4匹陶马拖拉，十分壮观，这是军队的主体；南北两侧和最后，各有1列面朝外的武士俑，这是侧翼和后卫，用以防止敌人的截击和包抄。这种组织严密的军阵、充分显示了秦军"奋击百万，战车千乘"的威武场面，活现了秦始皇当年率领千军万马驰骋疆场，内平六国，外却匈奴的壮丽图景。

考古发现的汉代雕塑艺术作品以霍去病墓前的石雕最为重要，其制作年代约在元狩六年（公元前117年），现石雕尚存9件：马踏匈奴、跃马、卧马、卧虎、卧牛、卧猪、矮人、人抱熊和怪兽食羊。9件都是整石雕成，长度在2米至3米之间。其中的"马踏匈奴"雕刻是西汉历史现实的有力概括，虽然受时代所限，但整个作品还是有力地歌颂了为解除边患而斗争的英雄气概。

汉代的男女侍从陶俑，早期的身体扁平，拱手直立，下部裙裾作喇叭状，眉宇之间流露出温和善良的神情；后期的陶俑在制作上由模制发展为捏塑，造型上由扁平的身躯发展为较自然的体态，双脚直立，可以四面观赏；面部表情与全身姿态、动作都配合得非常协调。在四川汉墓中发现的陶俑，特别是歌舞俑中的那个鼓瑟高歌、表情快乐者，最能收到纯朴自然和真实的效果；一些尺寸较大的陶俑，头戴奇异的头饰和耳饰，嘴角眼角泛出轻微的笑容，标志着创作者在处理内心活动上获得很大的成功。动物俑中，如四川出土的昂首、举足、摇尾的活泼马驹，河南辉县出土的猎犬，一向为美术界所瞩目。此外，高颐墓、武氏祠的石狮，昂首、张口、吐舌，表情极具夸张的成份，是汉魏六朝这一流行题材的早期代表作。

魏晋以后，由于受佛教文化的影响，雕塑重心移到宗教题材，佛像的雕塑风靡全国，云冈石窟、龙门石窟、炳灵寺石窟、麦积山石窟、南北响堂山石窟、天龙山石窟、河北曲阳修德寺、四川成都万佛寺……留下了很难用数字统计的石刻造像。如山西大同的云冈石窟，系北魏时依山开凿，东西绵延1公里，现存较大洞窟53个，石雕造像约5万1000余个，第五窟中央的本尊坐佛，是云冈石窟佛像中最大的一个，高达17米，两腿盘坐宽约15.8米，脚长4.65米，中指长2.3米。位于洛阳城南的龙门石窟，于北魏太和十八年（公元494年）开凿，直至唐代历时400余年，现存石窟1352个，佛龛750

个，造像 9 万 7000 余尊。

宾阳洞正面方坛之上为本尊坐像，左右为二罗汉、二菩萨，五尊一组。坐佛前有两头石狮分列左右侧，左右两壁又皆一立佛，二菩萨协侍，佛及菩萨身后及头后，如一般惯例都有雕饰华丽的背光和项光。藻井为椭圆穹形，与四壁相接。中央为一两重瓣的大莲花，四周有 10 个奏乐的飞天，裳带飘扬。洞前石壁左右浮雕分上下四层，洞窟地面模仿地毯，雕出走道及莲花装饰图，整个宾阳洞的造像布局是以本尊为中心，其他各种形象及装饰互相联系，产生照应及陪衬作用，而在设计中又充分利用主从、加强与减弱的手法，突出集中到本尊身上。它的完整布局，代表着北魏末期佛教庙堂的流行样式，也说明佛教雕塑艺术的成熟。再如四川乐山大佛、太原天龙山造像等，每一躯像的洗练和完整的造型都是高度真实性和装饰性完美结合的成果。

在古代雕塑艺术品中，有许多是陵墓建设的组成部分，如南北朝时期萧绩墓石辟邪，齐武帝萧赜景安陵石兽，不仅形体庞大，而且威武勇猛的特点也很显著。最为著名的是昭陵六骏，此外，献陵前的石虎、乾陵的系列雕塑、明清时期皇帝陵墓御道两旁整齐对称排列的雕塑，均象征着墓主人的天纵上圣之尊，文治武功之业，有力地强化并丰富了整个陵苑建筑的政治主题。

陶俑是古代雕塑中的重要门类，较之汉代，南北朝时期的雕塑技术有了较大进步，面部及体态外形上也更加完整而真实。同时，陶俑的类型也增多了，有身体修长秀美的女侍、乐伎，孔武有力的武士、骑兵和侍卫，以及外族的奴仆、牛马、骆驼。陶俑中的人物形象都能从神情及姿态上见出每一类型的特点，有非常动人的表现。到了唐代，可以认为陶俑形象在相当广泛的程度上概括了当时的世俗生活，例如那些恭敬耸肩而做出谄媚笑容的卑微小人物，痴呆病态而又肥胖的贵族女子，庸俗愚蠢而又神情傲慢的猾吏，叉手而立、瞠目作吓人状的仗势欺人的恶奴，轻佻得志似乎荣耀有势的马夫等等形象，不仅活龙活现出人物的性格，而且也较为深刻地挖掘了人物的社会本质。

宋辽金元的雕塑艺术品保存在古代寺庙建筑物内的居多，除了各寺观的佛、菩萨之外，还出现了大量罗汉、金刚。同时泥塑、木雕逐渐代替了洞窟的石刻造像，其中在艺术上最有代表性的是太原晋祠圣母殿的侍女塑像，这些塑像表现了侍女们多种动态神情，源于生活又高于生活，无论面型、身材比例、眼口表情、体态动作还是衣褶飘带、发型装饰都处理得细致含蓄，取得统一和谐的艺术效果，刻画出女性贤惠可亲的性格。它如山东长清灵岩寺、洞庭东山紫金庵、江苏甪直保圣寺的罗汉塑像，神态逼真，富于表情，亦为雕塑中的佳品。

迨于明清，宗教雕塑尚可看到一些生动而有特色的创作，如北京大慧寺的二十八诸天塑像，山西太原崇善寺的千手观音，山西平遥双林寺的天王、力士、十八罗汉，陕西蓝田水陆庵的塑壁，云南筇竹寺的五百罗汉以及北京雍和宫的宗喀巴铜像，都是这一时期的优秀作品。不过，就总体而言，明清时期的大多数宗教题材作品，陷于程式化和定型化，尽管塑像外表金光灿烂、雕饰华丽，然而缺乏内在的活力。在明清雕塑领域给人耳目一新的作品是与工艺美术紧密相连的"案头摆设"小型雕塑品。这类艺术品以其制作材料而言，有木雕、泥塑、陶瓷塑、砖雕、竹雕、玉石雕、骨角牙雕和果核雕等种类。其中以福建德化瓷塑，广东石湾陶塑，浙江嘉定、江苏南京的竹刻，闽南、广东潮州的木雕和无锡、苏州、天津的泥塑最为驰名。

此外，玉石等雕琢品作为珍贵工艺品主要满足皇室贵族的需要，尤其是高级大型玉雕陈设品"玉山"，极具观赏性和美学价值，如《大禹治水青玉山子》，原材高 224 厘米，宽 94 厘米，重达 5300 多斤，造型上山石错综，气势磅礴，人物众多，情节复杂，充分表现了古代劳动人民征服自然的壮丽场景。牙雕《月曼清游册》以幅描绘了贵族妇女 12 个月的各种生活场景，以象牙雕镂人物、楼室，以玛瑙、玉石等雕饰山石器物，色调以白为主，略加施彩，格调鲜明而素雅。另外，苏州陆之冈等人的玉雕，清代的珐琅彩瓷、竹木雕刻、金属制品等亦都富有特色，具有相当高的艺术水平。

# 第二十讲　传统节日习俗

中华民族是一个古老的民族，有着 5000 多年悠久的历史，在民族历史的发展过程中，形成许多风俗独特的节日，这些节日和风俗如同一面镜子，从一个侧面反映了中国古代的传统文化，尤其是下层民众的文化状态。由于中国古代是一个小农经济的社会，所以这些节日多源于岁时农事，而且活动的范围也多限于家庭；又由于这些节日活动的目的随着时代的前进而有所发展变化，因而活动的内容也由单一而逐渐丰富，并具有多重性。此外，不少节日往往与历史人物和事件相关联，在对这些历史人物和事件的解释上因时因地产生了不少附会和传说，所以这些节日的活动内容和方式也就具有时代性和地方色彩了。如果我们再从节日的内容来观察，可以粗略地分为农事节日、庆贺节日、祭祀节日、游乐节日四类。

## 一、农事节日

中国古代是一个农业社会，古人在长期的农业生产实践中逐步地认识到季节的更替和气候变化的规律，于是把一年平分为立春、雨水、惊蛰、春分等二十四个节气，称为农事节日。

这二十四个节气系统是逐渐完备起来的，古人很早就掌握了春分、秋分、夏至、冬至这四个重要的节气，《尚书·尧典》分别把这四个节气称作"日中""宵中""日永""日短"，之所以这样称呼，是因为春分和秋分这两天昼夜长短相等，夏至和冬至这两天一个白天最长、一个白天最短。至晚到春秋时期，古人又掌握了立春、立夏、立秋、立冬四个节气，《左传·僖公五年》："凡分、至、启、闭，必书云物"，杜预注曰：分指春分秋分，至指夏至冬至，启指立春立夏，闭指立秋立冬。到汉代《淮南子》的记载中，二十四个节气的名称就和后世完全相同了。

二十四个节气都与农事有关。比如立春，它象征着春天的到来，预示着一年农事活动的开始，因而无论是帝王还是庶民都对这一节日非常重视。《礼记·月令》："立春之日，天子亲帅三公、九卿、诸侯、大夫，以迎春於东郊。还反，赏公、卿、诸侯、大夫于朝。"据《后汉书·祭祀志》记载，汉代立春还有这样的习俗："立春之日，皆青幡帻，迎春于东郭外。令一童男冒青巾，衣青衣，先在东郭外野中。迎春至者，自野中出，则迎者拜之而还。"迎春者都衣青色，是因为青色象征大地回春，万物复苏；至东郭，是古代五行学说中东方属木，色青。立春这一天，除举行隆重的迎春大典外，有的帝王还亲自扶犁耕地，表示对农事的重视。如汉代文帝、景帝就颁发诏书，称"朕亲耕为天下先"。在民间和官府，立春日还有打春牛、吃春盘的习俗，宋张世南《游宦纪闻》载："立春前一日，出土牛于鼓门之前，若晴明，自晡后达旦，倾城出观，巨室或乘轿旋绕，相传云'看牛则一岁利市'。"孟元老《东京梦华录·立春》载：立春前一天，开封府进春牛于皇宫中鞭春，鞭春完毕，又把春牛置于府前，从早到晚让府僚及过路人打，表示鞭策耕牛，辛勤耕耘。春牛最初用黄泥，后来改用黄纸，宋时有用真牛，据《皇朝岁时杂记》：立春鞭牛完毕，庶民百姓拥上，顷刻间，把牛肉分光。清代的打春依然盛行，据《帝京岁时记胜》载，立春这天，各省会、府、州要"遵制鞭春"；《燕京岁时记》称："打春即立春……立春先一日，顺天府官员至东直门外一里春场迎春。立春日，礼部呈进春山宝座，顺天府呈进春牛图，礼毕回署，引春牛而击之，曰打春。"其中提到的春山宝座是指春神的座位。在中国古代，普通农家立春日还有将泥牛、泥男泥女一起立于田头的习俗，瑶族则有以三人分别扮作牛、扶犁人和荷锄人演春耕戏的活动。唐宋时，吃春盘的风气也较盛，杜甫诗有"春日春盘细生菜"之句，苏轼也有"青蒿黄韭试春盘"的诗。陈元靓《岁时广记》卷八引《唐四时宝镜》曰："立春日，食芦菔、春饼、生菜，号春盘。"《武林旧事》载："前一日，后苑办造春盘供进，翠缕红丝，备级精巧。"清代，春盘常用芹、韭、笋组成，象征勤劳、长久、兴旺之意。此外，北方立春日还有"咬春"吃生萝卜的习惯。

在诸多的农事节日里，冬至节是颇受古人重视的。这是因为从冬至以后，日渐长、夜渐短，阳气转升，预示寒季已到极限，所以杜甫诗云："天时人事日相催，冬至阳生春又来。"在古人眼里，冬至节是个吉日，因而有庆贺的习惯。《汉书》说："冬至阳气起，君道长，故贺。"《后汉书》说："冬至前后，君子安身静体，百官绝事，不听政，择吉辰而省事。"《晋书》也记载："魏晋冬至日，受万国及百僚称贺……其仪亚于正旦。"在民间，每到这一天，人们穿新衣，全家团聚，备酒设筵，吃"冬至团"，相互庆贺，外出的人一般要返家过节，祭祀先祖。吴越一带对冬至节更为重视，有"冬至大如年""肥节瘦年"的俗谚。这一风俗，大约始于汉代，唐宋最为盛行。宋代每年冬至日车马喧闹，街巷拥挤，皇帝要接受朝贺，有些地方在这一天还相互赠送吃食，称"担冬至盘"。《豹隐纪谈》引诗曰："至节家家讲物仪，迎来送去费心机。脚钱尽处浑闲事，元物登时却再归。"说的就是这种情况。还有一些地方冬至有吃狗肉的习俗，据说也是始于汉代，汉高祖刘邦在冬至节吃了樊哙煮的狗肉，称赞味道鲜美，从此民间便有冬至吃狗肉的风俗。在台湾，每逢冬至，民间要用糯米粉捏成鸡鸭鹅猪牛羊等，用以纪念祖先。

## 二、庆贺节日

**春节** 谈到庆贺节日，最有代表性的要数春节了。春节又叫"年节"，除了藏族、白族和傣族等有本民族的年节外，其他各民族都在农历正月初一欢度新春佳节。

关于春节的由来，民间有个传说，相传在商朝第十四代天子祖乙时，节令很乱，影响农牧业生产，节令官阿衡不学无术，将责任推委与他人得罪了天神，并说只有祭祀天神才能使节令准确，于是祖乙率百官祭天，且诏令全国设台祭天。当时有个名叫万年的青年，通过测日影和漏水计时等方法定准了"二分""二至"四个节令，他认为靠祭天而使节令准确是枉然的，于是求见天子，讲清节令不准的道理，祖乙听后觉得有理，就把他留下，并筑日月阁以备测验。阿衡听说后，生怕万年制历成功，自己被遭贬罚，于是收买刺客，射伤万年。祖乙获悉此事，将阿衡处刑。事后的一天夜晚，祖乙登上日月阁，万年奏曰："现在夜交子时，旧岁已尽，新春伊始，望天子亲定节名。"祖乙说："春为岁首，就叫春节吧。"后来人们把春节称为"年"，据说就是为了纪念万年。

围绕春节，几千年来形成许许多多的风俗习惯。春节有扫尘的习俗。有人认为，早在尧舜时代，古人就有了"扫年"的习俗。扫年大概起源于古人驱除病疫的宗教仪式，《吕氏春秋》注曰："岁除日，击鼓驱疠疫鬼，谓之逐除。"后来逐渐演变为年终的卫生大扫除。据宋代吴自牧《梦粱录》载："十二月尽……士庶家不论大小家，俱洒扫门闾，去尘秽，净庭户……以祈新岁之安。"春节有贴春联的习俗，春联古称"桃符""门帖"，是贴于门框、墙壁或楹柱上的吉祥联语。

相传很久以前，在东海秀丽的度朔山有一大片桃林，林内石屋住着神荼、郁垒兄弟俩，二人力大无比，狮见低头，豹见瘫地，老虎为之守林。在二人辛勤栽培下，桃林硕果累累，尤其是挨石屋的那棵高大桃树结的桃子，分外大，格外甜，人们说它是仙桃，吃了可以延年益寿成为神仙。在山东北面的野牛岭上，有一个毒如蛇蝎、占山为王的野王子，他听说后派人喝令神荼兄弟献仙桃，兄弟俩冷笑说："这桃只送穷人不贡王。"于是野王子亲自带300人抢桃，神荼兄弟带着守林的虎迎战，结果是野王子大败而逃。后来，野王子又想了个坏主意，一天晚上，他让手下人装扮成青面獠牙、红发绿眼的鬼怪上山抢桃，神荼兄弟俩毫不畏惧，不多时把几十个鬼怪全捆起来喂了老虎。在神荼兄弟去世后，人们传说他俩上天被封为专管惩治恶鬼的神仙，那片桃林也能驱鬼避邪。因此，之后逢年过节，人们纷纷削制桃木板，画上神荼、郁垒和老虎，挂在门两边，用来驱灾压邪，谓之"桃符"。到了五代，桃符上以联语代替了图画。《宋史·蜀世家》载："孟昶命学士为题桃符，以其非工，自命笔题云：'新年纳余庆，嘉节号长春'。"这是中国最早的春联。春联由木板改为纸张是宋代之后的事，宋朝时王安石还有"千门万户曈曈日，总把新桃换旧符"的诗句。据考，春联的正式命名和改用红色纸张是在明太祖朱元璋时期。此后过年贴春联蔚然成风，清《燕京岁时记·春联》曰："自入腊以后，即有文人墨客在市肆檐下书写春联，以图润笔。祭灶之后，则渐次粘挂，千门万户，焕然一新。"

春节还有挂年画、放爆竹的习俗，年画也是由桃符发展而来的，到唐代由秦叔宝、尉迟敬德二门神的画像取代了神荼兄弟。据传说："唐太宗不豫，寝门外抛砖弄瓦，鬼魅呼号，太宗惧之，以告群臣。秦叔保出班奏曰：'愿同胡敬德戎装立门以伺。'太宗可其奏，夜果无警，命画工固二人之形像于宫掖之左右门，邪祟以息。后世沿袭，遂永为门神。"在民间，还有以钟馗作为门神贴于门首的习俗。门画作为年画，到宋代演化成为木板年画，现存最早的是画着王昭君、赵飞燕、班姬、绿珠的宋版《随朝窈窕呈倾国之芳容》的年画。传统的年画，题材多以五谷丰登、春牛婴儿、风景、花鸟等作为内容，色彩鲜明，画面热闹，到后来，郑曼陀把月历和年画合而为一，至今风靡全国。

燃放爆竹，是春节最盛行的活动。《诗经·小雅》有"庭燎晰晰"之句，"庭燎"是当时以松枝和竹子做成的用作照明的火把，"晰晰"是模仿竹竿的爆裂声，爆竹即源于此。燃放爆竹是为了惊吓和驱逐鬼怪，南北朝时梁宗懔在《荆楚岁时记》记载："正月一日，是三元之日也，鸡鸣而起，先于庭前爆竹，以辟山臊恶鬼。"相传到唐初出现了装硝爆竹，宋代"始卷纸裹火药、燃之发声"，南宋时又出现了烟花和鞭炮；再到后来，爆竹的品种越来越多，样式也不断翻新，五花八门，应有尽有。而燃放爆竹也不仅仅是为了驱鬼避邪、图取吉利，更主要的是为了增添热闹的气氛。

此外，春节期间有贴剪纸、守岁、拜年等习俗，合家欢聚一堂，除旧布新，恭贺新春。还有敲起欢乐的锣鼓舞狮子等娱乐活动，北方有包饺子的习俗，广州等地有逛花市等习俗。少数民族中，蒙古族有串包赛马的习俗，东乡族有打土块仗的习俗，满族有挂旗的习俗，彝族有摔跤、赛马的习俗，怒族有转秋、歌舞等风俗，土家族有问树、摆手堂等习俗，哈尼族有打鼓榔的活动，侗族有打侗车（芦笙会）的活动，瑶族有演耕作戏和斗牛等活动。

**元宵节**　在传统的庆贺节日中，元宵节是颇具特色的。古人常把夜称为"宵"，正月又称元月，故而称"元宵"，据文献记载，元宵节起源于西汉，吕后死后，周勃、陈平等人于公元前180年正月十五扫除诸吕，拥立刘恒为帝，所以此后每到这天晚上，刘恒微服出宫，与民同乐，以相庆贺，并将正月十五这一天定为元宵节。到隋代，元宵庆典颇为盛大，《隋书·音乐志》载："每岁正月，万国来朝，留至十五日于端门外，建国门内，绵亘八里，列为戏场，百官起棚夹路，从昏达旦，以纵观之，至晦而罢，其歌舞者，多为妇人服，鸣环佩，饰以花眊者，殆三万人。"

元宵节又称灯节。放灯是元宵节的主要活动之一，相传汉武帝时实行宵禁制度，但在正月十五这一天解除禁制，让百姓通宵燃灯，以祭祀太乙神。东汉明帝刘庄提倡佛法，敕令这天"烧灯"（燃灯），并亲自到寺院张灯祭神。南北朝时，元宵放灯蔚然成风，到唐代更是盛况空前，玄宗先天二年（公元713年）元宵节，在宫外立20丈高的灯轮，上结彩灯50 000盏，下有千余少女歌舞升平。王仁裕《开元天宝遗事·百枝灯树》载，杨贵妃的二姐"置百枝灯树，高80尺，竖之高山，上元夜点之，百里皆见，光明夺月色也"。难怪诗人崔液要吟"谁家见月能闲坐？何处闻灯不来看？"的诗句。宋代将元宵放灯著入法令，朝廷鼓励士民纵乐，放灯时间规定为五夜，京都一刀：封，火树银花，热闹非凡，灯市长达40余里，时人称"天碧银河欲下来，月华如水浸楼台"。为了吸引人们到御街观灯，朝廷还规定"凡来观灯者赐酒一杯"。到了明代，灯节活动又有发展，增设了戏曲表演，诗人何景明在《元夕怀都下之游》描述到："忆昨长安元夕来，五侯弦管上楼台。已见炬如千树列，更看灯似百花开。"明成祖迁都北京，沿袭金陵之风，灯节长达十天，王府井大街灯市口，白天列市，入夜张灯，规模盛大，彻夜喧闹。

元宵节又称上元节。道教文化崇奉天官、地官、水官三位神仙，据《岁时杂记》记载，道教认为正月十五是天官的生日，七月十五是地官的生日，十月十五是水官的生日，因此道教把每年的农历正月十五称为上元节，七月十五称为中元节，十月十五称为下元节。传说这三位神仙都在自己生日这天下凡人间来完成自己的职责，由天官赐福，地官赦罪，水官解厄。天官全名为上元一品赐福天官，所以民间会在这一天欢庆天官的生日，同时祈求好运，迎接赐福。

元宵节吃元宵也是各地的共同风俗，据传说吃元宵始于春秋时。合家吃元宵，象征着吉祥，是大团圆的标志。此外，在欢度元宵佳节中，各地还有猜灯谜、赏冰灯、踩高跷、扭秧歌等习俗。

**中秋节**　时在农历的八月十五日，中秋节起源于古代帝王的祭祀活动。古代帝王有春天祭日、秋天祭月的礼制，后来贵族官吏和文人学士也相继仿效，逐步传到民间，成为赏月和庆祝团圆的节日。

关于中秋节，流传最广的传说是"嫦娥奔月"。相传在远古时候，有个英雄名叫后羿，他拉开神弓射下九个太阳，并令最后一个太阳按时起落，为民造福。他曾向王母娘娘求得一颗长生不老、升天成仙的仙药，交给美丽善良的妻子嫦娥珍藏。后羿的门下有个人名叫逢蒙，为人奸诈贪婪，一心想得到仙药，于是在八月十五这一天，趁后羿率众外出狩猎，持剑闯入后羿的内宅，威逼嫦娥交出不死药。嫦娥在危急之时将仙药一口吞了下去，结果立刻飘离地面，飞进月宫，居住在月亮上面的广寒宫之中。嫦娥到了月宫后，异常思念丈夫，而后羿也日思夜想，期望能再见到妻子。后羿在一位仙人的指点下，于八月十五月圆之夜，摆下香案，放上嫦娥喜欢的蜜食鲜果和圆月的形状面饼，连续不断呼唤嫦娥的名字，嫦娥听到呼唤，在三更时分从月亮中飞回家中，与夫君团圆。

中秋节有两项主要习俗，一是家人围坐在一起欣赏皓月，二是吃月饼。月圆、饼圆、人团圆，人们在赏皓月和吃月饼的同时，欢庆家人的团聚。

## 三、祭祀节日

祭祀节日的主要内容是祭奠祖先亡灵、祀奉神灵天帝，借以驱灾避邪或表达哀思。在中国古代传统的节日中，这类节日居多。

**春龙节** 时在农历二月二这天前后，是二十四节气中的惊蛰节，据说冬眠的龙到了这天在隆隆的雷声中惊醒，故有二月二龙抬头的说法。民间每逢这天要到江河水畔祭祀龙神，《寿春岁时记》载："二月初二日，焚香水畔，以祭龙神。"清人《燕京岁时记》也说："二月二……今人呼为龙抬头，是日食饼者谓之龙鳞饼，食面者谓之龙须面。闺中停止针线，恐伤龙目也。"民间传说，二月二祭龙神，是为了乞求龙神按时播雨。

**社日** 古代祭祀社神的日子，社日分春社和秋社。《通天万年历》曰："立春后五戊为春社，立秋后五戊为秋社。""五戊"是指第五个戊日，汉以前只有春社，汉之后有春秋二社。相传很久以前，社神勾龙的父亲水神共工与天神打仗，碰折撑天的柱子，弄得天崩地裂，女娲炼石补好天，勾龙又把裂缝填平，于是黄帝封他为后土官，专司四面八方的土地，是谓社神。后来每到社日，人们带着米酒、社饭祭祀社神。南朝梁宗懔《荆楚岁时记》曰："社日，四邻并结综会社、牲醪，为屋于树下，先祭神，然后飨其胙。"宋吴自牧《梦粱录》卷四载："秋社日，朝廷及州县差官祭社稷于坛，盖春祈而秋报也。"筑坛祭社神，以唐宋明时最为盛行，今北京中山公园保存的社稷坛，即明清皇帝祭祀社稷神的场所。到了近代，各地的社坛大多变成土地庙或土谷祠，所祭对象为土地爷，而非勾龙。

**清明节** 时在阳历4月5日前后，清明节既是二十四节气之一，更主要的是祭奠祖先的节日，同时也是一个外出郊游的节日，所以又称踏青节。《淮南子·天文训》曰："加十五日指卯中绳，故曰春分则雷行，音比蕤宾。加十五日指乙，则清明风至，音比仲吕。"清明的前一二日是寒食，相传春秋时介之推辅佐晋文公重耳归国后，鄙视争官禄，与母亲隐居绵山（在今山西介休市），重耳烧山相逼，介之推抱树而死。为了悼念他，重耳禁止在介之推死日生火煮食，只吃冷食，以后相沿成习。清明扫墓祭奠祖先的习俗盛于唐宋，唐玄宗开元十年（公元722年）曾下令说：寒食上坟，礼经无文，近世相传，已成习俗，应当使之永为常式。白居易有诗写道："乌啼鹊噪昏乔木，清明寒食谁家哭？风吹旷野纸钱飞，古墓垒垒春草绿。"杜牧也有诗曰："清明时节雨纷纷，路上行人欲断魂。"清明扫墓主要是为了表达悼念哀思之情，所以《梦粱录》说清明这天，"官员士庶，俱出郊省坟，以尽思时之敬"。刘侗《帝京景物略》也写道："三月清明日，男女扫墓，担提尊榼，轿马后挂楮锭，粲粲然满道也。拜者、酹者、哭者、为墓除草添土者焚楮锭，次以纸钱置坟头。望中无纸钱，则孤坟矣。"清明节是我国传统的重大祭奠节日，2006 年列入第一批国家级非物质文化遗产名录。此外，清明节期间还有荡秋千、打球、拔河、放风筝等娱乐活动。

**端午节** 时在农历五月初五。关于端午节的起源，流行于吴楚两地的说法是纪念伍子胥，流行于会稽一带的说法是纪念孝女曹娥，流行于晋南一带的说法是纪念介之推，不过流传最广的说法是纪念伟大的爱国诗人屈原。屈原被放逐后，听说自己祖国的国都被秦国攻破，报国无路，痛不欲生，于公元前 278 年农历五月初五，抱石跳汨罗江殉国。传说屈原投江后，渔夫泛舟前来打捞，并拿出原为屈原准备的粽子等食物投在江中，为的是让鱼龙虾蟹吃饱不去侵害屈原；一个老医生也将一坛黄酒倒入江中，说是要药晕蛟龙水兽，以免加害屈原。此后每年这一天，人们要划船竞渡，表示救捞屈原，还吃粽子、饮黄酒、佩香囊，在门上挂艾草以避邪。这些传说和活动，表达了人们对屈原的怀念之情。但是据闻一多先生的考证和近年来的考古研究证实，端午节原是祭祀龙的节日，而祭龙礼俗的形成与原始信仰、祭祀文化、干支历法以及苍龙七宿正处南中的天象有关。

**腊日** 时在农历腊月（十二月）初八。腊，本是古代祭祀之名，《左传·僖公五年》："虞不腊矣。"晋杜预注："腊，岁终祭众神之名。"举行腊祭的这一天叫"腊日"，《说文解字》曰："冬至后三戌腊祭百神。"可见汉代的腊日是冬至后第三个戌日。到南北朝时才将农历腊月初八定为"腊八节"。佛教传入中国后，腊八这一天的活动又增加了新的内容，因为传说腊月八日是释迦牟尼得道的日子。大约到宋代，有了吃"腊八粥"的习俗，《梦粱录》载，腊月"八日，寺院谓之腊八。大刹等寺俱设五味粥，名曰'腊八粥'"。至迟在明代，民间盛行自己煮腊八粥，全家聚食，并馈送亲邻。

此外，中元节（农历七月十五）也是祭祀的节日，道教僧寺在这一天作盂兰盆斋，民间百姓则在这一天祭祀祖先，至今北方一些地区还有烧纸祭祖、送面娃、面鱼的习俗。

## 四、游乐节日

在传统节日中，有一些节日虽与祭祀、庆贺相关，但主要是通过游艺的形式进行社交活动，我们称之为游乐节日。

**上巳节** 时在农历三月上旬的第一个巳日，是古代举行"祓除畔浴"活动中最重要的节日，人们结伴去水边沐浴，称为"祓禊"，此后又增加了祭祀宴饮、曲水流觞、郊外游春等内容。三国时把上巳节日固定在农历三月初三。古人在这一天去江边洗涤污浊，被除不祥，称之为"被禊"。《论语·先进》："莫春者，春服既成，冠者五六人，童子六七人，浴乎沂、风乎舞雩，咏而归。"《后汉书·礼仪志上》："是月上巳，官民皆洁于东流水上，曰洗濯被除，去宿垢疢，为大洁。"到了后来，人们以游春玩乐取代了"被禊"，邀朋聚友，会于环曲水畔，置杯于上游，任其漂流，停于谁前，谁即取饮，谓之"曲水流觞"，尔后赋诗抒怀，尽欢而散。在唐代，三月三是官民春游的盛日，杜甫《丽人行》诗云："三月三日天气新，长安水边多丽人"，讲的就是这种情况。此外，这一天还有踏青的习俗。在少数民族，三月三日是黎族人民的谈情说爱日，是壮族人民传统的歌节，同时也是布依族的"地蚕会"，土族的"鸡蛋会"，侗族的"花炮节"，瑶族的"干巴节"。

　　**七夕节**　又名"乞巧节"或"女儿节"，时在农历七月七日。七夕为传统意义上的七姐诞，因拜祭"七姐"活动在七月七晚上举行，故名"七夕"。相传农历七月七日夜姑娘们在庭院向"七姐"织女乞求智巧，故称为"乞巧"。这个节日始于汉朝，是中国传统节日中最具浪漫色彩的一个节日，也是过去姑娘们最为重视的日子。据东晋葛洪《西京杂记》记载："汉彩女常以七月七日穿七孔针于开襟楼，俱以习之。"又据《荆楚岁时记》记载："七月七日，是夕人家妇女结彩楼穿七孔针，或以金银瑜石为针。"后来七夕节被融入牛郎织女的传说，赋予其忠贞爱情的内涵，成为一个以祈福、乞巧、爱情为主题，以牛郎织女传说为载体，以女性为主体的综合性节日。牛郎织女的爱情故事在民间广为流传。相传牛郎父母早逝，年幼时又得不到哥嫂的待见，整天与家中的老牛为伴，故称"牛郎"。后来在老牛的帮助下，牛郎与下凡人间的织女相识相爱，两人婚后生下一双儿女，日子幸福美满，过着男耕女织的平静生活。但玉帝和王母娘娘得知织女和牛郎成亲，立即差人下界捉拿织女，天神趁牛郎不在家时便抓走织女。牛郎获悉天庭来人掳走织女，便将儿女置于编篓，挑起扁担去追，眼看就要追上，王母娘娘拔下头上的金簪一划，瞬间一条浊浪滔天的银河将牛郎织女分隔两岸，从此牛郎织女终日只能泪眼盈盈，隔河遥望对泣。后来玉皇大帝和王母娘娘拗不过他们之间的真挚情感，准许他们每年七月七日相会一次。相传这一天喜鹊都要飞向天庭，在银河上为牛郎织女搭成一道跨越银河的鹊桥，后人将其称之为"鹊桥会"。之后每到农历七月初七，姑娘们就要来到花前月下，仰望星空，寻找银河上的牛郎星和织女星，乞求上天让自己也能像织女那样心灵手巧，祈祷自己也能有个称心如意的美满婚姻。久而久之，七月七日这一天就逐渐演化为汉民族的情人节。而在我国少数民族地区也有属于本民族的"情人节"，例如侗族和海南黎族的三月三、水族的六月六、彝族的火把节、布依族的查白歌节、壮族的陇端节等等。

**重阳节** 古人以六为阴数，九为阳数，农历九月初九，月日并阳，故名"重阳"。同时"九九"与"久久"谐音，所以古人以这一天为大吉大利的日子。不过，重阳正式定为节日那是在唐代。重阳节有登高、赏菊、吃花糕、插茱萸等习俗，同时这些习俗都有动人的传说。《齐人月令》载："重阳之日，必以糕酒登高眺远，为时宴之游赏，以畅秋志。酒毕采茱萸、甘菊以泛之，既醉而还。"唐代诗人王维《九月九日忆山东兄弟》写道："独在异乡为异客，每逢佳节倍思亲，遥知兄弟登高处，遍插茱萸少一人。"其他一些著名的诗人也都以诗篇记载重阳节的活动，如李白《九日登巴陵置酒望洞庭水军》、杜甫《九日》、岑参《行军九日思长安故园》、刘禹锡《九日登高》等等，当时长安一带人最常去的是位于城东南的乐游原。重阳赏菊，也在古代文人墨客中很流行。赏菊的古人，陶渊明可谓菊迷，他不仅自己赏，而且还专门种了一大园菊，邀亲朋好友来赏。他说："菊花知我心，九月九日开；客人知我意，重阳一同来。"文人赏菊，还必咏菊，比如在杜甫诗中就留下十多首重阳赏菊诗。到了清代，有些地方要在重阳前后举行菊花大会，同时举行各种各样的咏菊诗会。吃花糕插茱萸的习俗盖始于魏晋，《西京杂记》载："九月九日，佩茱萸、食蓬饵、饮菊华酒，令人长寿。"《文昌杂录》："唐岁时节物，九月九日则有茱萸，菊花酒糕。"武则天曾命令宫女采集百花，和米捣碎，蒸制花糕，赏赐群臣。据孟元老《东京梦华录》载，宋代的重阳糕相当讲究，从宋代以后，重阳糕成了亲朋好友间相互馈送、增进情谊的节令礼品。此外，人们在登高时还"折茱萸房以插头，言辟除恶气而御初寒"，这种习俗从汉魏六朝一直延续到明清。近代以来，重阳节除了保留登高赏菊等习俗外，逐渐融入尊老、敬老、爱老、助老的内容，同时成为老年人的节日。

此外，汉族北方地区还有"六月六"赶庙会，金华地区还有社日斗牛会等等。以上只是择要介绍了汉民族的一些重大节日习俗，在几千年的历史中，中国各少数民族也都形成自己别具一格的传统节日。例如苗族的跳月节就是几千年流传下来典型的游乐社交节日，黔中苗族每年正月十五日月亮最圆的时候，青年男女在山坡下较平坦的地方举行跳月节。跳场上要插上一些称为

"花树"的树枝，男青年先涌入跳场，绕花树吹笙歌舞，女青年在场面热烈时开始以歌舞相和。然后相中恋人者互相对歌，更有钟情的少女把自己的花带系在小伙的芦笙上，作为定情信物，于是其他小伙便簇拥谑趣，并向其父母报喜。整个节日载歌载舞，气氛极为欢乐。与跳月节相似的还有大理白族于农历四月廿三日举行的盛会"绕山林"，苗族地区农历三月下旬的"爬山节"，侗族地区七月廿日的"赶歌会"，仫佬族的"走坡节"以及蒙古族传统的"那达慕"大会。此外，在少数民族地区，还有青海土族的七月会，锡伯族的杜因拜专扎坤节，藏族的藏历年，珞巴族的珞巴年，大理白族的三月街，哈尼族的年收扎勒特节，傣族的泼水节，傈僳族的盍什节，拉祜族的扩塔，景颇族的目瑙，阿昌族的会街，普米族的大过年，独龙族的卡雀哇，基诺族的特毛且，布依族的六月六，侗族的花炮节，水族的端节，壮族的歌墟日，瑶族的达努节，仫佬族的依饭节，毛南族的庙节，京族的唱哈节，土家族的赶年，高山族的丰收节，以及回、维吾尔、哈萨克、乌孜别克、塔吉克、塔塔尔、柯尔克孜、撒拉、东乡、保安等少数民族共同的节日古尔邦节、开斋节和盛行于彝族、白族、纳西、布朗、佤、傈僳、基诺等南部少数民族的火把节等等。

# 第二十一讲　古代宫廷内幕

中国古代的宫廷是国君或皇帝理政和日常生活的地方，也是国家政治权力的中心。古代宫廷给人一种非常神秘的感觉，但拨开这层神秘的面纱，就会看到宫廷并不是圣洁的殿堂，而是一个以国君或皇帝为主宰、围绕最高权力无休止争斗的特殊场所。

## 一、皇位的继承

中国在史前时期，"王"位继承大概实行的是传贤制，如传说中的尧禅位于舜、舜禅位于禹。从夏代开始，这种传贤禅让制度被废除，取而代之的是世袭制。据文献记载和近年来学者关于甲骨文的研究成果，夏商两代的王位继承有传给弟、传给子、传给侄等形式，商代的继统法以"兄终弟及"为主，但从康丁至帝辛四世，均为子继父位，不再实行"兄终弟及"。周之先人古公亶父有子三人，但传位于排行老三的季历，说明这时周人虽实行子继父位，但并未明确必须传给长子。

嫡长子继承制是从周成王、周公旦时开始的，这是在充分汲取了传弟、传侄、传其他诸子的历史教训后确立的王（皇）位继承制度。从战国以后，中国历代皇帝基本上沿袭这一继承制度。这一制度的内容是：在帝王众多的妻妾中，要按照宗法等级制度的原则确立一个正妻，即皇后，称为"嫡"，其余的嫔妃统称为"庶"，庶妻中也有贵贱之分，但皇位必须由嫡妻即皇后所生的长子来继承，至于这个嫡长子贤能与否，不在考虑之内。如嫡长子早死，有子即立其子，无子再由嫡次子顺序继承。若皇后无子，才考虑庶生的皇子们，但原则是看谁的生母身份高贵就立谁，至于他是否在诸皇子中年龄最长，则不在考虑之内。这一制度用《公羊传》隐公元年中的话概括，就是"立嫡以长，不以贤；立子以贵，不以长"。以上原则基本上贯穿了战国以后中国的封建社会，当然，随着时代的变迁而略有变化。如《唐律》规定：

"嫡妻年五十以上无子者，得立庶以长，不以长者亦如之。"《唐律疏议》云：如嫡长子去世，则"立嫡孙，无嫡孙，以次立嫡子同母弟。无母弟立庶子，无庶子立嫡孙同母弟。无母弟立庶孙。曾玄以下准此"。

　　嫡长子继承制是中国漫长的封建社会皇位继统的通则，在这一制度下，无论皇嫡长子个人的情况如何，都可以得到皇位，有时连至高无上的皇帝在此通则下也束手无策。汉高祖刘邦欲废嫡长子刘盈，立戚夫人所生庶子赵王如意为太子来继承皇位，结果受到叔孙通、周昌、张良等众大臣的激烈抵制，刘邦只好认输，召来爱妃戚姬，无可奈何地说："我欲易之……难动矣。"晋惠帝基本上是个白痴，但因其为嫡长子，皇位照样由他来继承。

　　皇帝的嫡长子史称皇太子，又有皇储、储贰、储君、君嗣、殿下、世子、东宫等称谓。皇太子的废立，绝对是封建王朝的一件大事。皇帝关注它，是因为太子是他执掌江山的继承人；臣僚们关注它，是因为他们的困顿显达，系于新主人一身；后妃外戚关注它，是因为他们与太子一损俱损、一荣俱荣。因而历代王朝围绕着废立太子演出一幕幕悲喜交结、复杂激烈、有时甚至是血腥残酷的故事。

　　唐太宗李世民在废太子承乾后，欲立文德皇后所生第三子魏王泰，遭到重臣长孙无忌、褚遂良等人的反对，只好以长幼之序立晋王李治为太子；后来李世民又欲废李治而立吴王李恪为太子，再次遭到长孙无忌等人的谏阻。为了保证太子的顺利即位，诸多帝王挖空心思，绞尽脑汁，汉武帝托孤霍光，刘备托孤诸葛亮，顺治托孤索尼、鳌拜等人，咸丰托孤端华、肃顺等重臣，而朱元璋则不惜杀戮功臣以使太子登基。南朝宋文帝考虑到太子刘劭的几个弟弟势力强盛，唯恐皇位继承中酿出流血事件，于是加强太子的侍卫，使其兵力近乎皇帝禁军，结果这个太子刘劭发动兵变，反过来把苦心培植他的老父亲杀死。

　　围绕皇嗣问题，不仅皇帝煞费苦心，朝野权臣商贾也挖空心思，处心积虑。秦昭王太子安国君有20多个儿子，夏姬所生的子楚从小就被选送到赵国作人质，阳翟大贾吕不韦认为子楚"奇货可居"，便尽倾家资，投血本打通关节扶植子楚，并把与自己有了身孕的爱妾奉送给子楚。子楚立为太子后，随即继承王位，以吕不韦为相，封文信侯，食河南洛阳十万户。有史书记载，子楚的太子嬴政实际上是吕不韦之子，后来继承王位，是为中国历史上著名的秦始皇。秦始皇去世后，宦官赵高勾结丞相李斯在皇位继承上大做手脚，擅改诏书，赐死太子扶苏，立秦始皇第十八子胡亥为太子并继承皇位，赵高则自为丞相，手握实权，飞扬跋扈，竟然敢在皇帝面前"指鹿为马"。

东汉顺帝时大将梁冀，在顺帝和继位的皇太子刘炳相继去世后，一手遮天，在皇室远支中选择年仅8岁的刘缵为帝，刘缵因说梁冀是"跋扈将军"，不久便被毒死，随后梁冀又独断专行，立刘志为帝。曹魏时期，魏文帝曹丕死后，司马懿受托孤之命匡扶魏室，与其子司马师、司马昭把持朝政。司马懿死后，司马师兄弟立年仅13岁的曹丕长孙曹髦为帝，司马师短命，死后由其弟司马昭总揽大权，他不断铲除异己，且专横跋扈，篡位野心日益显露，所以做"傀儡"的魏帝曹髦气愤地对大臣说："司马昭之心，路人皆知也"。曹髦策划除掉司马昭，结果事情败露，反被司马昭杀死。延至司马炎，迁魏鼎于晋，曹魏的帝王宝座终由司马氏取而代之。北魏时期，中常侍宗爱先致太子拓跋晃忧病而死，又于公元452年刺杀太武帝拓跋焘，然后勾结诸臣秘不发丧，既不立秦王，也不立皇孙，却将与己关系甚密的南安王秘密接入宫内，拥立为帝。唐朝后期此类情况更是接二连三，穆宗、文宗、武宗、宣宗、懿宗、僖宗、昭宗均系宦官或权臣拥立。其他朝代，这种情形亦屡见不鲜。

对于皇嗣关注的程度，后宫中的嫔妃们绝不亚于皇帝或权臣。刘邦的皇后吕雉，先是苦心扶植刘盈继位，而后又立不满10岁的孙子刘恭为帝，随后又毒死刘恭，另立刘弘为帝，自己临朝称制。汉章帝的窦后自己不会生养，却嫉妒后宫的其他贵人妃子，狠毒地先后逼死宋贵人和梁贵人，并收养梁贵人所生之子刘肇，立为皇太子，自己被尊为太后。汉安帝的阎皇后自己生不出儿子，却嫉恨生子的李宫人，她心狠手辣药死李宫人，将太子刘保贬为济阴王，安帝死后，阎后假造遗诏，立刘懿为帝。明万历皇帝的郑贵妃更是丧心病狂，万历皇后不育，众嫔妃生下长子常洛、次子常溆、三子常洵，常溆幼殇，郑贵妃欲立己出之子常洵为太子，但未能得逞，于是绞尽脑汁，接二连三制造事端，著名的"梃击案"和"红丸案"就是她一手导演。清太宗的孝庄文皇后为使自己16岁的儿子福临继承皇位，拉拢欲争皇位的多尔衮以抗衡皇长子豪格，她私下与多尔衮交易，借其势力扶福临登位，而由多尔衮摄政，福临登基后，改元顺治，后来孝庄文皇后又扶立孙子玄烨继位，是为康熙皇帝。至于清末光绪、宣统二帝登基，则纯属慈禧太后一手包办。

宫廷是一个大赌场，而皇嗣继承又是倍受权臣、后妃、外戚、宦官重视的一盘赌局。在中国历史上，往往在帝王临终到太子即位之初这段时间，各类"赌徒"纷纷亮相，阴谋诡计频频出笼；巧取豪夺，机关算尽；勾心斗角，朝野不宁；刀光剑影，祸乱叠起。秦之"胡亥诈立"、汉之"巫蛊之患"、魏之"同根相煎"、晋之"八王之乱"、隋之"杨广杀父"、唐之"玄武门之变"、宋之"烛影斧声"、元之"三帝之立"、明之"靖难之役"……史不绝书。

从周初到清初，嫡长子继承一直是公开建储，预先册立。雍正以非法手段登上皇位后，认识到也切身体会到公开预立嫡长子的弊害，于是实行秘密建储的方法，即皇帝生前不公开宣布册立哪一位皇子，而是将秘密亲书准备册立皇太子的御书，封藏匣内，置于乾清宫"正大光明"匾后，等皇帝临终或死后，由众重臣一起启封，宣布密旨。雍正第四子乾隆，乾隆第十五子嘉庆，嘉庆次子道光，道光第四子咸丰均是依照此法登基的。

## 二、皇子的早期教育

中国历史上除开国皇帝外，多数皇太子生在深宫，养尊处优，未在风浪中闯荡，未经艰苦环境磨练，没有社会底层生活的体验，也很难体会皇权的来之不易。因此，历朝历代的皇帝都极为重视对皇太子的早期教育。这种早期教育从总体上讲，主要包括学文、习武、理政等几个方面。

从汉武帝罢黜百家、独尊儒术以来，中国历代封建统治者基本上是奉行儒家学说，因此儒家经典就成为皇太子学文的必读经典，历代王朝兴衰史也是皇太子学文的重要内容。此外，还要培养皇太子喜好诗文，擅长书画。诸皇子尤其是皇太子有专门的授业老师，后来称为太师、太傅、太保和少师、少傅、少保等，这些官职多由博通古今的鸿学大儒充任。给皇太子授课一般有固定的时间，据《宋史·度宗纪》载：南宋理宗要求皇太子"鸡初鸣，问安；再鸣，回宫；三鸣，往会议所参决庶事。退入讲堂，讲官讲经，次讲史。终日手不释卷。"即使在战乱险境，宫廷也不放松对皇太子的教育，例如东晋时发生苏峻之乱，京城陷落，年仅 8 岁的晋成帝身处幽厄之中，但刘超仍向他教授《孝经》和《论语》。

早在先秦时期，贵族子弟从小就学习"射御"（驾车射击）之艺，后代君王在教育子弟尚文的同时，也非常注重对子弟尤其是皇太子尚武精神的培养，让他们从小学习骑射，锻炼武功，养成一种果敢勇猛、威服天下的性格。皇子们修习武事，除了日常宫苑内的骑射练武，还要经常随皇帝狩猎和巡行边陲，切身体会耀武扬威的感觉。此外，不少皇帝或特意安排皇子监军，或径直让皇子挂帅领兵、指挥军队作战，或任军中副将从征、参与军事决策，在实践中提高军事才能。

从小参与朝政治理，是皇家对皇太子早期教育的又一个重要方面。一般说来，皇太子由于从小生在宫中，长在宫中，无治国安民的实践经验，而皇帝晚年最为担心的事，莫过于皇太子能否担负起治国重任，是否有能力驾驭天下。因此，为培养皇太子的执政才能，绝大多数的皇帝在太子到达适当年龄后要他参政议政。参政议政的方式多种多样，例如，将朝中各曹之事交由太子审批；参加朝宴会同，与重臣并列帷幄；皇帝出征或出巡，由皇太子监国，全权处理朝中诸事等等。

中国古代无论是开国皇帝还是守业皇帝，无论是明君还是昏君，无论他个人的才干德行如何，无一不希望他的继承人贤明睿德，具备雄才大略，能够把江山世世代代传下去。因而即便是荒淫无能的帝王，也十分注重对皇子人品和人格情趣的塑造。宋高宗欲在赵瑗和赵璩二皇子间选嗣，犹豫不决，于是赐给每人 10 名宫女，以考验其志趣。结果数日后赵璩 10 人皆犯，赵瑗的 10 名宫女皆为完璧，于是宋高宗择定赵瑗为太子。据《资治通鉴》第一百五十七卷记载，北齐王朝的奠基人高欢，"尝欲观诸子意识，使各治乱丝，洋（高欢次子高洋）独抽刀斩之，曰：'乱者必斩'。又各配兵四出，使都督彭乐帅甲骑伪攻之，兄澄（高欢长子高澄）等皆怖挠，洋独勒众与乐相格，乐免胄言情，犹擒之以献。"高欢认为高洋性格坚毅果敢，非优柔寡断、懦弱胆怯之辈，于是扶植高洋成为北齐文宣帝。又据《资治通鉴》第一百七十九卷记载，隋文帝杨坚将自己穷困时的衣物赐给太子杨勇，要他保持简朴的本色。他看到杨勇有一幅装饰极为华丽的铠甲，大为不悦，告诫他"古帝王未有好奢侈而能久长者，汝为储后，当以俭约为先，乃能奉承宗庙"。清康熙皇帝初立胤礽为太子，胤礽的文才武功在诸皇子中颇为突出，然性格残忍，肆意凌辱贵戚朝臣，后来更是肆恶虐众，暴戾淫乱。康熙认为若让他当政，"必至败坏我国家，戕贼我万民"，最后终于废其太子之位。

对皇太子的早期教育除了学文、习武、理政之外，还包括性教育。中国古代的宫廷中，皇子们在进入青春期以前就开始接受夫妻生活的启蒙教育。西晋时的晋惠帝司马衷近乎白痴，在 13 岁做太子的时候就结婚生子，早在司马衷大婚之前，他的父亲晋武帝司马炎就派后宫才人谢玖前往东宫，以身教导太子，让太子知道男女房帏之事。谢玖离开太子的东宫时怀孕，几年后司马衷在父母宫中见到一个孩子，晋武帝告诉他，这是他的儿子，他竟然大为奇怪：自己怎么会已经有了儿子？北魏时文成帝拓跋濬 17 岁大婚，但他 13 岁时就已经掌握了临幸宫女的技巧，次年就做了父亲。后代在宫廷之中一般设有性教育的密室，内有展示夫妻生活的"欢喜佛"塑像，多数情况下是由太监担任皇子的性启蒙教育任务。"欢喜佛"就是男女合一的佛像，表像呈互相搂抱状，佛身上设有机关，按动机关，佛就开始做爱，变化出各种动作。据《万历野获编》记载，明朝皇太子大婚之前，要由太监引领入此密室，举行给"欢喜佛"的烧香叩拜仪式。清朝皇宫还规定，小皇帝在大婚之前，必须先由宫中精选八名年龄稍长、品貌端正、有身份的宫女供小皇帝亲身实习临幸技巧。

早期教育对日后成为帝王的皇太子影响颇大，童年、少年时的所见所闻所历，对皇太子个性的形成、情操的修养、能力的提高有重要作用，因而受到皇室的普遍重视，学文、习武、理政、志趣培养、性格塑造，这一切都是为了要把皇太子培养成一个贤明的"圣君"。

### 三、帝王的起居朝会

古代帝王的日常饮食起居由一个专门机构配备专门的人员来服务。在先秦时总管王室事务的官员称"宰"或"太宰"，秦统一后皇族事务由宗正统管，唐时皇帝的日常生活由殿中监掌管。这些职官下面又各有属官，属官之下又各有一帮人。不过，能够接近皇帝的则是为数不多的宦官和宫女，由他们具体侍候皇帝的饮食起居，办理皇帝的生活琐事。

皇帝所食、所穿、所用的物品都有专门术语，比如皇帝吃饭，叫"用膳"或"进膳"。以清代为例，给皇帝做饭的厨房称"御膳房"，直属于内务府。按清代的习惯，皇帝正餐分早晚两顿，早餐一般在卯正一刻至辰正（上午 6 时至 8 时左右），晚餐一般在午正一刻至未正（中午 12 时至下午 2 时左右）。正餐之外，还有酒膳和各种小吃，无固定时间，由皇帝随意命进。饭菜进上，皇帝一般并不马上就餐，而是先看每道饭菜上试验是否有毒的小银牌变不变色，或先让贴身太监先尝一点，如果确认无毒，皇帝方才用膳。至于皇帝膳食中的用料、用水、用具及每道菜肴的烹调办法等等，也都非常讲究。

古代帝王的衣着大致分为礼服和常服两类，礼服用于祭祀、朝会，常服用于一般性场合。从西周开始，君王以冕服为朝服，即头戴垂旒的冕，身穿绘绣花纹（日、月、星、龙等）的衣裳，腰束革带。后来，皇帝的服色基本上固定为赭黄，饰龙纹。在中国古代，从服色和纹饰即可区别出帝王及不同品阶等级的官员。

古代帝王的朝会一般分为大朝和常朝两种，大朝是隆重的典礼，往往是在元旦、冬至或皇帝生日等特定的节日大会文武百官、外国使臣，这种大朝是一种仪式，一般不在这种场合处理国政。常朝是皇帝每天或间隔数天于早晨在宫殿会见有关官员、审阅奏章、宣布诏令、处理日常政务。对于藩国或外邦来访的使臣，先秦时一般采取郊劳、赐舍、朝觐、享献等礼仪，后世将这种外交礼仪逐步规范，如宋徽宗政和年间的《五礼新仪》规定：凡藩国主来朝，须遣使迎劳，藩国主以束帛授使者，行拜礼。朝见皇帝时，文武百官立于殿庭，藩国主率随从官员由有司引入皇宫，皇帝升登御榻，藩国主立于殿下，反复行拜礼，并演奏四夷来王的舞蹈，再三称"万岁"。直到清代，仍沿袭前制，要求来使多次行"三跪九叩"之礼。这种礼仪在西方人看来带有侮辱性，因此乾隆年间英国特使马戛尔尼来朝，在觐见乾隆皇帝时拒绝下跪，最后代之以屈膝礼。

## 四、后宫的嫔妃

夏、商时期的后妃制度文献记载较少，周代的后妃制度仍无定型，学术界比较一致的看法是《公羊传》成公十年注中所言"唯天子娶十二女"的记载较为可信。汉代董仲舒在《春秋繁露》中也认为后宫的理想模式是"天子立一后，一世夫人，中左右夫人、四姬、三良人"，以后宫十二人之数象征十二个月份。《三国志·魏志·后妃传》中言"《春秋说》云天子十二女"。据考，《礼记·昏义》中"古者天子后立六宫，三夫人，九嫔，二十七世妇，八十一御妻"之记载不实，系穿凿附会。秦朝建立后，嫔妃级别分为八品，宫女达千人。汉承秦制，除皇后外，嫔妃一般称夫人，汉武帝时分为十四等，还有"家人子""待诏掖庭"等称谓。王莽改制，贵妾之属增至 120 人，其后各代以此为嫔妃的常数，侍妾与宫人的数量惊人。

晋武帝灭吴后，将孙皓后宫数千人、掖庭万人纳为己有，因为人数太多，皇帝不知晚上何处所适，于是就经常乘辆羊车进入后宫，随意而行，羊车停在何处，皇帝就"幸"在此处，因此宫女竞相在自己门前洒盐水、插翠竹，以引诱羊车上门。据《南史·后妃传上》记载，南朝宋文帝曾对一个以盐水诱羊的妃子说："羊乃为汝徘徊，况于人乎！"隋炀帝的荒淫比晋文帝、宋文帝有过之而无不及，据《全唐文》第一百四十二卷李百药《请放宫人封事》载：唐太宗贞观初，"大安宫及掖庭内，无用宫人，动有数万"。唐初两次遣散隋宫美女 6000 余人，以贵、淑、德、贤四妃为夫人，后宫设六局二十司，凡190人，另有女史50余人。唐玄宗时"后宫佳丽三千人"，据《开元天宝遗事》记载，玄宗虽不乘羊车，却用蝴蝶做"向导"，"妃嫔辈争插艳花，帝亲捉粉蝶放之，随蝶所止幸之"。又据《新唐书·宦者列传上》记载："开元、天宝中，宫嫔大率至四万。"宋朝与唐朝相仿，另设宸妃之号，辽代与金代的妃号更多，明朝的妃号有贤、淑、敬、惠、顺、康、宁、昭等等，宫人名号则有宫人、选侍、才人、淑女等。明代末年，宫女多至近万人，内监多至数万人。清顺治十五年（公元1658年），顺治皇帝采纳礼官之议，乾清宫设夫人一，淑仪一，婉侍六，柔婉与芳婉皆三十；慈宁宫设贞容一，慎容二，勤侍无定数，又置女官，循明代六局一司之制。

后宫嫔妃与宫女的甄选一般来说有复杂的程序，要经过多次筛选淘汰。以明朝为例：第一步是"海选"，皇宫派遣宦官到全国各地挑选年龄在13到16岁之间的少女5000名；第二轮选拔时宦官们会把那些过于高矮胖瘦的少女淘汰；第三轮选拔中，宦官们察看每人的五官、头发、皮肤以及音色、仪态等，只要有一项不合规定，便被淘汰；第四轮宦官们用尺子细量少女的手足，考察少女的步姿与风韵，经过了这四关，留下大约1000名美女被召入宫中；第五关是这1000人入宫后，宫娥们将其分别引入密室，"探其乳，嗅其腋，扪其肌理，察其贞洁"，从中再选出300人为宫女头目；第六关是由皇帝派遣的宦官进行详细观察，考察其性情言语，判断性格是否温柔敦厚，是否具有智慧并且贤惠，从中选出50人晋级为嫔妃；第七关是由皇太后或太妃从这50人中选出3人供皇帝钦定；最后一关是由皇帝钦定一名为皇后，另外两名一般册封为贵妃，但也有被赐予金银币退回家的情形。

古代皇帝的后宫有"三宫六院"之称，以故宫的建筑为例，三宫六院是指以乾清门为界，从乾清宫以北一直到神武门，统称"内廷"，即后宫。三宫是指乾清宫、交泰殿、坤宁宫，三宫的东西两厢，各有东西"六宫"。东六宫是指延禧宫、景仁宫、承乾宫、钟粹宫、景阳宫和永和宫，西六宫是指储秀宫、翊坤宫、永寿宫、长春宫、咸福宫和启祥宫。这些宫殿即所谓的"三宫六院"，是皇帝和嫔妃们日常生活的地方。

历代皇帝能超脱声色淫乐者极少。秦始皇在咸阳附近三百里之内广建宫观复道，遍设钟楼帐幕，处处美人充斥，随时准备侍奉。据《太平广记》记载，东汉灵帝在都城的西苑兴建"裸游馆"，每年盛夏在此长夜饮宴，让"玉色轻体"的美女荡舟水面，并选14至18岁的宫女裸身与他在池中嬉水，他曾多次发感叹说："使万年如此，则为上仙矣。"北周宣帝一头扎进后宫，一二十天不出来，大臣的奏章只能通过宦官转达。唐玄宗迷恋杨贵妃，通宵达旦，一度不再早朝理政。皇帝以一人之躯而对成千上万的后妃宫女，当他投入温柔乡极尽销魂荡神之乐时，精疲力竭相应而至。自古皇帝多短命，与其过度淫荡的生活大有关系。

后宫并不是一处风平浪静的安乐窝，在色彩斑斓的宫殿帷幕后面，皇后、嫔妃乃至普通宫女之间无情的厮杀屡屡发生。汉高祖刘邦归天后，吕后对高祖宠姬戚夫人大开杀戒，砍手足、挖眼睛、熏聋耳、药哑口，置于地窖，号称"人彘"。汉成帝时召绝代佳人赵飞燕入宫，赵飞燕很快取代了许皇后的地位，但由于她未能生子，遂将妹妹赵合德推荐给成帝，但合德也未能生育，姐妹俩因此特别嫉妒别的嫔妃生子。宫女曹宫母子、妃子许美人母子先后惨死于赵氏姐妹的谗言之下，如同《汉书·外戚传下》所言，"掖廷中御幸生子者辄死，又饮药伤堕者无数"。南宋时，光宗有一次盥洗，偶见一宫女手指白皙，煞是好看，遂流露出喜爱之意，李皇后对此十分嫉妒，过几天她派人给光宗送去一个食品盒，盒里竟装的是那个宫女的双手。

后妃宫女之间的无情厮杀，表面是争宠夺爱，实质是生存竞争。后宫是美女如云，皇帝是喜新厌旧，随着时间的推移，皇帝昔日宠幸的佳人总要被身边新的美女取代。一旦失宠，别说是普通宫女和一般嫔妃，就是皇后也只能忍气吞声，无可奈何，有的甚至要被打入冷宫，在忧愤和他人的折磨下了结余生。因此，后妃中得宠的女子千方百计，使出浑身解数企求拴住皇帝的身心；未受皇宠的女子则绞尽脑汁、不惜采取卑劣的手法希冀得到皇帝的青睐。得宠者与企求青睐者在宫廷里频繁地演出了一幕幕争宠夺爱的生存竞争戏。这种竞争是无情的、残酷的，有时甚至是血淋淋的。汉武帝刘彻和表妹陈娇有"金屋藏娇"的典故，刘彻做了皇帝后，陈娇被立为皇后，宠极一时。但不久刘彻又迷上出身卑微但颇有姿色的卫子夫，陈娇急坏了，又是向母亲（刘彻之姑）哭诉，并不惜送医生九千万钱企求生子；又是出大价钱请司马相如作《长门赋》，讽劝汉武帝回心转意；又是派人抓了卫子夫的弟弟卫青，同时还乞灵于巫蛊之术诅咒情敌，然而，陈娇使出浑身解数也未能把对手驱除。此时，得宠的卫子夫乘机向武帝屡进谗言，陈娇终于被废黜皇后，幽禁于长门宫，最后忧愤而死。卫子夫取代陈娇成为皇后，但好景不长，当汉武帝移情于更年轻漂亮的王夫人、李夫人、尹婕妤、赵钩弋后，卫皇后咀嚼着"红颜未老恩先断"的苦果，最后结局比陈娇更惨，落了个悬梁自尽的下场。

在中国的历史上，也并不是每个皇帝都能随心所欲地立意中人为皇后，因为皇后的册立与废黜涉及宗法纲常制度，更涉及一批朝臣贵族的切身利益。有时候皇帝要兴废皇后很难冲破宗法礼制的束缚和朝臣的阻拦，如唐武宗欲立王贤妃、金章宗欲立李师儿就是这样。当然也有的帝王采取生米成粥或拒谏等方式，迫使臣下承认既成的现实，如汉光武帝刘秀废郭皇后、另立阴贵人，宋仁宗废郭皇后、宠幸尚美人即如此。

后宫千千万万的女人中，偶尔也有极少数的后妃能够左右皇帝，或垂帘听政，或使江山易姓。例如西汉时期的吕后，西晋时期的杨太后、贾皇后，清代的慈禧太后，等等。在后妃专政的情况下，皇帝是很难堪的，有的嗣君甚至死于后妃之手。东汉和帝以后的 11 位皇帝，即位时年龄最大的 16 岁，最小的不满周岁，这些小皇帝都捏在皇太后的手中。北魏胡太后临朝听政，始终不愿将皇权归还儿子孝明帝，孝明帝密召重臣尔朱荣进宫，企图胁迫太后还政，然大军未至，胡太后先下手毒死孝明帝，另立年仅三岁的小儿元钊为帝，自己依然专权。东晋孝武帝时，张贵人失宠，一次她趁孝武帝醉酒，指使宫婢用被子将其捂住闷死。唐中宗时，每次临朝，韦皇后都垂帘听政，许州司户参军燕钦融为此上疏，揭露韦皇后和安乐公主朋党为奸，干预朝政，淫乱后宫，韦皇后获悉后指使亲信将其杀死在殿上。中宗不满此举，韦皇后及其党羽便干脆将中宗也毒死。明嘉靖二十年（公元 1541 年）王宁妃不满世宗，指使宫女杨金英等人用帛条将世宗勒得昏死，多亏御医及时抢救才免于一死。更有甚者，唐代的武则天干脆使江山易姓，自己做起了女皇帝（公元 690 年－ 705 年在位）。

## 五、外戚与宦官

外戚与宦官是中国历史上两类非常特殊的政治人物。外戚主要是指皇帝母亲与妻妾的姻亲，宦官是指阉割净身后侍奉皇帝及后宫妻妾、皇子皇孙的男子。这两类人物由于特殊的关系与身份，经常能够接触到皇帝。

外戚与其他官僚不同，凭借与皇帝的姻亲关系，往往获得尊贵的政治地位和高人一等的特权。据王连升等先生《中国宫廷政治》一书的研究，历代皇帝对外戚的褒崇有四项通则：一是母系、妻系外戚在该皇帝登基后，立即显赫辉煌，如汉光武帝即位，即封母系樊氏、妻系郭氏；汉章帝登基，也坚持要封马氏三舅；宋太祖登基，母系杜氏承恩拜官。二是原为妻系的外戚，在老皇帝驾崩时，即成了母系外戚，这时他们往往又蒙封爵加赏，如田蚡在景帝时，只是中大夫，武帝时即以舅氏的身份为武安候和汉相。三是外戚本人荣华富贵，其子孙亦受荫庇，成为所谓的"世戚"，如两汉有"推恩"的惯例，外戚的爵位可由子孙继承，明代前期外戚也可以世封等等，这一制度直到世宗时才废除。四是不仅外戚嫡系受封，甚至旁支亦蒙封赏，如西汉末年的王音，系元后从弟，被封为安阳侯，官为大司马、车骑将军、录尚书事。历代皇太后、皇后的从父、从兄、从弟子、从兄子等受封拜官者，史不绝书。

因为有姻亲这一层关系，所以皇帝对外戚较为放心，加以重用。历史上有不少情形是当皇帝临终时，太子年纪尚小或迟钝呆滞，这时皇帝往往挑选近亲或外戚中的重臣辅佐新君，处理国事。例如汉武帝病危，遗命外戚霍光、上官桀共同辅政；晋武帝临终，遗命岳父杨骏辅政；唐太宗死前，遗命长孙皇后的哥哥长孙无忌辅政。历史上也有不少情形是皇帝用外戚统兵作战，如汉景帝任命窦婴为大将军，领兵平吴楚之乱；汉武帝以李广利为将军，统兵去西部宛地的贰师城掠取善马；另如东汉时窦宪、梁冀为大将军，西晋时羊琇累迁中护军、加散骑常侍、典禁兵，李唐时期的韦温为左羽林将军，以及北宋时期的刘美、明朝的孙继宗等等，均是以外戚之身拥有重兵。

外戚由于受到皇帝的加封和重用，往往骄横专恣，豪侈奢靡，不可一世。西汉时外戚田蚡厅堂前罗列钟鼓、树立曲旃，后庭之中娶上百妇女淫乐，各种奇珍异宝数不胜数。此人还广置宅第，竟然相中考工官署的地盘，气得汉武帝说："何不把武库占用！"东汉时外戚梁冀权重一世，其园囿不仅规模空前，而且极为豪华，梁冀夫妇常乘坐盖羽饰金的辇车游观园内，尽享人间荣华。中国历史上许多外戚恃宠仗势，把持仕途，卖官鬻爵，敲诈勒索，贪污受贿，欺压同僚，妒贤嫉能，专恣弄权，宫廷中、官场中的一切恶行，多数能与外戚沾边儿。

用阉割过的男人作为专供皇帝及其家族役使的官员是古代宫廷的又一大特色。宦官又称寺人、奄人、内臣、中宦、内侍、太监等，最初是在王宫中担任看守宫门、传达命令、侍奉起居等杂役的男子。据考，东汉以前担任宦官职责的并非全是阉人，一些士人也能任宫内之职；东汉以后宦官全部用阉人，历朝相承，遂成定制。宦官虽然职卑位贱，但由于是帝王的近侍，朝夕伴君左右，对帝王的心态和喜好一清二楚，加之小心侍奉，所以一般比外臣更容易受到帝王的宠信。王连升等先生在《中国宫廷政治》一书中认为：宦官在中国历史上成为一支举足轻重的政治力量，是出于皇权的需要，是君主独裁专断的必然结果。具体表现在三个方面：一是君主不胜其劳，故分事权于宦官；二是在皇权受到权臣的威胁时，就利用宦官夺其权、制其威，达到上下相维的政治格局；三是皇帝疏于政事，或人主童昏，从而把大权交付给宦官。

从历史上看，宦官作为一种政治力量在保卫皇权、抵御外蕃和扫平叛乱中曾经起过重要的作用。如唐代"安史之乱"后，宦官统领的神策军就是李氏王朝的一支非常重要的军事力量；广德元年（公元736年）西蕃入侵京畿，宦官鱼朝恩率兵迎奉代宗，抵御西蕃。贞元年间（公元785年—805年）十万宣武军哗变，时任监军的宦官俱文珍在平叛中起了主要作用。太监中也不乏杰出人物，例如东汉时期的著名发明家蔡伦，永平末年（公元75年）入宫为宦官，历任小黄门、中常侍兼尚方令、长乐太仆等职，他为人敦厚谨慎，关心国家利益，曾"数犯严颜"，匡弼时政。唐朝的高力士，从一流浪少年遭阉割入宫侍奉女皇武则天，他在创造"开元盛世"的过程中献良策，出大力，是中国历代太监中出类拔萃的人物。高力士还一手撮合了杨玉环与唐玄宗的旷世姻缘，是他成就了杨贵妃，也是他在马嵬坡缢死了杨贵妃。明朝时的郑和身为内官监太监，官至四品，地位仅次于司礼监，在靖难之变中，郑和为燕王朱棣立下战功。从公元1405年至1433年，他率领庞大船队七下西洋，航海足迹遍及亚、非30多个国家和地区，是中国历史上最杰出的航海家。

当然，宦官作为一种政治势力，在中国历史上留下更多的是干预朝政、专权跋扈，贪敛钱财的事例。早在春秋时期，就有宠臣易牙与寺人刁相勾结，公然违背齐桓公与管仲立公子昭为王的遗命，杀群吏而立公子无亏，迫使公子昭逃奔宋国的事例。到秦代，宦官赵高与丞相李斯合谋拥立胡亥，另立子婴为秦王。东汉中后期多由幼主临朝，政权旁落太后及外戚之手，皇帝成年后不甘心外戚专权，便依靠宦官屡屡发动政变，致使阉宦专权，苴茅分虎，布满宫闱。宦官有时竟到了手握兵权，迭相倾夺，朝野上下不敢与之抗衡的地步。东汉末年，以张让为首的十常侍宦官集团独霸朝纲，权倾天下。他怂恿昏君汉灵帝刘宏设立"西园"卖官场所，公开卖官敛财；他在汉宫西苑设"裸游馆"，专供灵帝淫乐；他僭越朝制，把自家庄园建得皇宫还高。这个奸臣把昏君哄得晕头转向，甚至口口声声称张让为父。

唐代宦官专权的情形绝不亚于东汉。据统计，唐肃宗后凡十四任皇帝，除哀帝外，其余均由宦官废立。李辅国等扶植唐代宗即位后，公然在朝廷上说：大家都按次第坐于宫中，宫外的事听老奴处决就行了。中、晚唐时期有的皇帝和朝臣想铲除专权的宦官，但均因禁兵握在宦官之手而失败，唐文宗时的"甘露之变"就是典型一例。明代有二十四衙门，由宦官把持的司礼监居于诸衙之首，系皇帝与中央行政机构衔接的中枢部位。明代宦官在军事上有监军和统帅之权，在政治上还有"批红"之权，批答奏章，传谕圣旨。特务机构锦衣卫和东厂、西厂也由宦官把握。宦官还经营皇庄、皇店，侵夺民田，搜刮钱财，控制盐茶专卖，横征暴敛，贪污中饱。例如英宗时的王振、宪宗时的汪直、武宗时的刘瑾、熹宗时的魏忠贤等等，都是气焰嚣张、权倾朝野的宦官。清朝时，慈禧太后最宠爱的贴身大太监李莲英，在清宫长达52年，是清代品位最高、权势最大、财富最多、任职时间最长的一位大宦官。

宦官多在七八岁时即受阉割，生理上介于男女之间，但一般仍要娶妻立家，养子袭封。当初净身时，被割下的阳具和睾丸由净身师存放在特备的升内，宦官多在四五十岁时，赎回自己被阉割的东西，称之为"骨肉还家"，这是宦官一生中的大喜事，因而要像娶亲一样举行隆重的迎升接升仪式。只有"骨肉还家"，宦官才有资格认祖归宗，死后才能埋进祖坟。

古代宫廷是一国政治权力的中心，最重要的人物身居宫廷，最重要的决策出自宫廷，最富丽堂皇的场所是宫廷，最险恶难测的地方也是宫廷，最神秘的场所是宫廷，最肮脏的地方也是宫廷。国之安危系于宫廷，民之安生系于宫廷，宫廷给后世留下千千万万的故事，宫廷也给后人留出无限空间的遐想。

# 第二十二讲　古人的饮食习俗

中国古代的饮食非常繁富，很难在一篇文章中说尽。本篇选择烟、酒、茶、食四类，择其要予以叙述。

## 一、烟

**烟草的传播**　目前考古发现有关吸烟的最早资料，是在墨西哥恰帕斯州帕伦克修建于公元 432 年的一座神殿的一幅浮雕上，美国学者海曼在《烟草与美洲人》一书中，以大量的证据及资料论证了烟草发源于美洲。据吴晗先生的考证，烟草传入中国的时间是在明万历（公元 1573 年—1620 年）的后期，其途径最早是由吕宋（菲律宾）先传入福建，而后南传广东、北传江浙等地。

吸烟可以刺激人们的感官和心理，因此当烟草进入中国后，便以惊人的速度传播，到明代末年已经蔚然成风。据王逋《蚓庵琐语》载："予儿时尚不识烟为何物，崇祯末，我地（浙江嘉兴）遍处栽种，虽三尺童子，莫不食烟，风俗顿改。"张介宾《景岳全书·本草部》载："而今（崇祯年间）则西南一方，无分老幼，朝夕不能间矣。予初得此物亦甚疑贰，及习服数次乃悉其功用之捷，有如是者因著性于此。"更有甚者，有一部分人吸烟成瘾，嗜烟甚于吃饭。蔡家琬《烟谱》载："予友某，贫而酷嗜烟草，谓予曰：'古云一日不再食则饥，吾尝一日一餐必无怨，若购烟无资则泪如雨下。'予笑曰：'可谓所急有甚于饭者。'"王士禛《香祖笔记》卷三载："今世公卿士大夫下逮舆隶妇女，无不嗜烟草者，田家种之连畛，颇获厚利。"

明、清两代朝廷都实行禁烟政策，但吸烟的人却与日俱增，而烟草也渐成为重要的经济作物之一。到清中叶后，从两广到东北，从胶东半岛到大西北，烟草种植遍布全国各地。福建漳州、泉州，湖南衡阳，湖北汉口，山东济宁，甘肃兰州成为烟草贸易的集散地；闽烟、衡烟、济宁烟、杭烟、蒲城烟、曲靖兰花烟、兰州水烟、山西青烟及东北的关东烟成为当时全国的名牌烟。

**吸烟的方式及用具** 中国古代烟民的吸烟方式主要是抽吸旱烟，其次有水烟、鼻烟、斗烟、雪茄烟等。

旱烟的用具一般由烟杆、烟窝、烟嘴、烟袋四部分组成，南方人的烟杆一般用竹管制成，北方人多用硬木杆掏空，长短粗细无定制；烟窝即窝状的烟斗，是存放烟丝的部分，又称烟锅，安装在烟杆的一端，多用金属制作，最常见的是用铜制作；烟嘴有用玻璃制作的，也有用玉石或金属制作的，烟嘴安装在烟杆的另一端，用来衔在口中吸烟，当然也有的贫穷者不用烟嘴，直接衔竿吸烟；烟袋用以存放烟丝，以备吸用，其质料多为布帛，也有用皮缝制或用硬木、牛角挖制。抽吸旱烟的人根据自己的经济状况和喜好对烟具很讲究，有的烟具近乎工艺品。

水烟是烟丝燃烧后烟气通过水进入口腔的一种吸烟方式，其烟具亦颇为讲究，多数用铜制，也有银制或者镀金的，有的在烟嘴管部分还镶嵌翡翠、玛瑙。当然也有用竹制的，北方的部分地区还有用羊腿骨作烟杆，两端钻孔分别安上烟斗和烟嘴，不通过水而直接抽吸者。水烟的烟斗较小，一般点燃后抽吸一两口即吹去烟灰，重新装烟，因此抽吸水烟要有火源，火源有草纸细卷、朽木或油灯等。

鼻烟不是吸入燃烧的烟气，而是用鼻直接嗅闻。鼻烟在明万历九年传入中国，其制作要比旱烟和水烟细致复杂，成本也高，使用者多是富贵人家。嗅闻鼻烟的用具是鼻烟壶，最早的鼻烟壶是仿中药瓶制作的，清代康熙年间，鼻烟壶的制作由于皇帝的喜好而得以迅速发展，其款式、风格已完全独立于古旧药瓶，经雍正、乾隆两朝，中国的鼻烟壶工艺达到相当高的水平，乾隆末年还出现了有内画的鼻烟壶。鼻烟壶以其质料不同分为珠壶、玉壶、水晶壶、琥珀壶、瓷壶、竹刻壶、木壶、葫芦壶、象牙壶、玻璃壶、珐琅壶、石壶、犀牛角壶等，其形态有柳斗、茄子、枣、瓜、蝉、鱼、龟等等，其功能不仅仅在于嗅闻鼻烟，更主要的成为用以观赏的高雅精致的工艺品了。此外，在中国古代的部分地区和人士中，还流行抽吸斗烟和雪茄烟的方式。

**吸烟与礼俗** 吸烟作为一种日常生活现象，久而久之，形成一些礼俗，在清代就有"八宜""七忌""七节""五可憎"之说，据陆耀《烟谱》载：烟有宜吃者八事：睡起宜吃，饭后宜吃，对客宜吃，作文宜吃，观书欲倦宜吃，待好友不至宜吃，胸有烦闷宜吃，案无酒肴宜吃；忌吃者七事：听琴忌吃，饲鹤忌吃，对幽兰忌吃，看梅花忌吃，祭祀忌吃，朝会忌吃，与美人昵枕忌吃；吃而宜节者亦七事：马上宜节，被里宜节，事忙宜节，囊、悭宜节，踏落叶宜节，坐芦篷船宜节，近故纸堆宜节；吃而可憎者五事：吐痰可憎，呼吸有声可憎，主人吝啬可憎，恶客贪饕可憎，取火而火久不至可憎。

在中国的一些少数民族中，对于吸烟也有许多礼俗，例如在蒙古包作客时，殷勤的主人常拿出鼻烟壶给客人嗅，或与客人交换着嗅，同时递鼻烟壶也很讲究规矩和礼节；在傣、景颇、阿昌、傈僳、德昂、爱尼、佤、拉祜等少数民族中，每逢串门、闲聊或聚会，无论男女都互相敬送嚼烟；在朝鲜族中，晚辈不宜当着老人面吸烟，不许向老人借火吸烟；到俄罗斯族人家中作客，不能随便吸烟和磕烟灰，递烟要连同烟盒递给，点烟时不能以一根火柴点燃三支烟，借火时不能拿对方已燃的烟；到拉祜族人家作客，不能光给同辈人递烟，也要向家中的老人或小孩递上，等等。

## 二、酒

**酒的制作**　中国是世界上最早酿酒的国家之一。根据考古发现，大约在五千年前的龙山文化早期，古人就开始用谷物酿酒。关于酒的始作者传说颇多，较为普遍的说法有二：一是夏禹时期的仪狄，《世本》载："仪狄始作酒醪，变五味。"《说文解字》"酒"字条释文："古者仪狄作酒醪，禹尝之而美，遂疏仪狄。"谯周《古史考》："古有醴酪，禹时仪狄作酒。"另一种传说更为广泛，即所谓杜康造酒说。杜康究竟是何时代的人，众说纷纭，但汉魏之后，杜康造酒说流传最广，连曹操在诗中还要吟诵"何以解忧，唯有杜康"（以人代酒）。事实上，酒不是一时一人所发明，它是古人在长期的生产、生活实践中逐步积累经验而制成的。中国古代造酒主要采取曲酒法和固态发酵法，酒的品种举不胜举，大致可分为四类：

第一，白酒类，白酒以其生产工艺可分为固态法白酒、液态法白酒、调香白酒和串香白酒；若以其原料划分，可分为粮食酒（高粱、大米、玉米等）、瓜干酒（红薯、白薯等）、代用原料酒（粉渣、糠酒等）；如果按香型分类，可分为浓香、清香、酱香、米香、兼香五种香型。中国的白酒无色透明，口味醇厚，香气馥郁，甘润清冽，回味悠久，著名的品牌有贵州的茅台、四川的五粮液、山西的汾酒、陕西的西凤酒、四川的泸州老窖等等。

第二，黄酒类，黄酒是中国最古老的酒种，有着四千余年的悠久历史。黄酒的品种亦很多，按照原料和酿造方法，大致可分为黍米黄酒、绍兴黄酒、红曲黄酒三类。黍米黄酒以山东即墨酒为代表，取崂山泉水酿制，酒色黑紫，浓厚醇香；绍兴黄酒久负盛名，制作程序极为严格，色泽淡黄清亮，香气浓郁，并可长期贮存，其中的加饭酒系黄酒中的上品，而陈年善酿酒则是绍兴黄酒中的绝品。此外，福建黄酒、大连黄酒、山西黄酒、兰陵黄酒、丹阳黄酒等等也都是黄酒中的精品。

第三，果酒类，果酒包括葡萄酒、白兰地酒、香槟酒、猕猴桃干酒、苹果酒、香蕉酒、桔子酒、樱桃酒等等，果香浓郁，清亮透明，醇和可口，有增进饮食、增强体质之功效。中国早年的果酒以烟台张裕葡萄酒厂的葡萄酒和黑龙江一面坡葡萄酒厂的紫梅、金梅、香梅酒最为驰名。

第四，配制酒，即用多种物质或药物与酒配制而成，其品味因配料不同而异，兼有祛病健身之功效，著名的如竹叶青酒、阿胶酒、五加皮酒、金波酒等等。

**酒具**　古人十分重视酒具，所谓"非酒器无以饮酒，饮酒之器大小有度"即此之谓。据考古发掘，中国大概在新石器时代即有陶制的古朴酒器。商周时期，青铜酒具极为盛行，有尊、爵、斗、豆、瓴、觥、卮、卣、钟、盏、觯等。汉代之后还有玉杯、海螺杯、玻璃杯及金杯和银杯、瓷杯等等。美酒佳肴，必配美器，成为古人尤其是豪族显宦人家十分讲究之事。

**酒俗**　在中国古人眼里，酒是人们表达情感、增进友谊、扩大交往、调节人际关系的最佳灵物，还有的人借酒抒怀、借酒浇愁、借酒遣兴、借酒发泄，酒成为打通社会关系的特殊通行证，其精神价值远大于物质价值。"杯小乾坤大，壶中日月长"，几千年来，酒融化于中国古人生活的各个领域，人们在酒中可以各自寻求到不同的意境，也往往通过酒达到各自不同的目的，酒的功用说不完、道不尽，让人迷恋，使人沉醉，以致形成内涵丰富的"酒文化"。但是，饮酒过度、醉生梦死、把酒问天、放浪形骸的现象在历朝历代时有发生，如西周初年周公担心康叔像殷商末代君王沉湎于酒而腐化堕落，于是以《酒诰》来诰诫康叔等。几千年来，中国的饮酒形成一种特殊的文化现象，酒与礼法习俗相融，尤其是在官场和文人雅士之中，有"无酒不成礼仪"，"有礼之会，无酒不行"的现象，十三经中的《仪礼》专门有篇《乡饮酒礼》，记载了正式场合饮酒繁缛的礼俗。

就一般情况而言，古人饮酒讲究时、序、数、令。时系指饮酒的时间，如逢年过节、出师祝捷、婚丧祭祀、迎客待宾，或逢其他喜庆之事；序系指饮酒过程中要按照天、地、鬼（祖宗）、神、长、幼、尊、卑的次序来饮酒；

数系指控制饮酒的数量，如西周时一般每饮不超过三爵，但后来就不同了，许多场合（尤其是同辈份的人相饮）是一醉方休；令则是指的是宴会上饮酒要服从酒官的指挥。

酒在上古时期，主要用于敬神祭祀，因而饮酒之前，有"酹酒"的讲究，即祝祷之后手擎杯盏，将酒先分倾三点，而后洒一弧形，形成三点一长钩的"心"字，以示心献。饮酒过程中还有干杯和迟到罚酒等讲究。此外，在一些文人雅士中间，饮酒还特别讲究情趣，如饮酒的时间一般选择在踏青、花时、清秋、新月、新绿、积雪或晚凉之际，饮酒的地点一般选择在竹林、幽馆、高楼、画舫、花下、荷亭等地方，饮酒的对象讲究豪侠、知己、故交、美人或新朋等。

**酒令** 酒令是将文化融于酒，是典型的酒文化。最初的酒令是为了维护酒宴中的礼法，是为了限制饮酒，但到了后来酒令成为宾主尽欢、佐酒助兴的手段，甚至干脆以酒令劝酒、逼酒。中国古代的酒令有一个发展演变的过程，春秋战国时期盛行"即席作歌"和"当筵歌诗"，秦汉之际主要采用席间联句、即席唱和的方式，这些方式还不是严格意义上的酒令。到唐宋时期，尤其是明清时代，作为席间游戏的酒令得以长足发展，可谓五花八门，琳琅满目。大致说来，文人雅士多以字令和诗令为酒令，字令如"字中反义令"，要求与席的每人举出一字，此字必须是由两个反义或对义的字构成，若非反义或对义即罚酒，如"斌"字，"文"与"武"意义相对；"捉"字，"手"与"足"意义相对；等等。再如"一字藏六字令"，要求将该字拆析离合，包括本字共由六个字组成，如"章"字，可拆析为"六、立、日、十、早、章"六字。其他如"五行偏旁成字令"，要求所举出的字能够加上"金、木、水、火、土"成为五个字，如"同"字，加上五行的五个字就成为"铜、桐、洞、炯、垌"等等。诗令如"某字头令"，要求每人所吟诗中，首句首字必须是某字，否则罚酒。再如"某字令"，要求每人吟诗一句，第一人所吟之诗某字在句首，第二人所吟之诗某字居二，第三人所吟之诗某字居三，依次类推，否则罚酒。有些诗令很难，是对赋诗者学识才气的考验，如小说《西湖佳话》载苏轼、秦观、黄庭坚、佛印和尚四人所行的酒令：以某花落地无声为起句，接一个与某花有关系的古人，再接一位同时代的古人，前古人间后古人一件事，后古人用唐诗两句相答，要求首尾相映，意象完整。再如《红楼梦》中贾宝玉、冯紫英、薛蟠等所行的女儿"悲、愁、喜、乐"四字诗令等等。

骰令是古人常用的一种酒令，也是较为古老的一种酒令。这种酒令以骰子为行令工具，因人因时而定，偶然性大，名目繁多，简单快速，颇受畅饮者喜欢，有"猜点令""六顺令""歌风令""长命富贵令""事事如意令""连中三元令"等方法。通令也是古人常用的一种酒令，有"猜有无""猜单双""打通关""传花"等名目。最为常见的酒令是拳令，拳令又有划拳、猜拳等称谓，这种酒令一般是双方一面出拳伸手指，随之口中要喊出出指的总数，喊准者由对方饮酒，但所喊的数字有特定的术语，如一叫"一条龙"（或一锭金、一夫当关），二叫"哥俩好"（或并蒂莲），三叫"三星照"（或三阳开泰），四叫"四喜财"（或四季发财），五叫"五魁首"（或五花骢），六叫"六六六"（或六六顺），七叫"七个巧"（或七仙女），八叫"八匹马"（或八大仙），九叫"九重天"（或九连环），十叫"全来到"（或满堂红）等。拳令的名目繁多，还有"通关拳""霸王拳""空拳""擂台拳""走马拳""连环拳""七星赶月拳""状元游街拳""一矢双雕拳""喜相逢拳"等等。

关于酒在社会生活中的功用，向春阶等先生在《酒文化·序》中作了很精彩的概括："它（酒——引者注，下同）和欢乐者结为良友，为悲伤者视为知己；它让失意者超脱，更让得意者放达；它给灰色的社会增辉，更给苦涩的人生添彩；它给寂寞者以安慰，更给孤独者以温暖；它给凡夫俗子以现实的欢愉，更给骚人墨客以惬意的诗情；它给壮士增长激情，为才子带来灵感；它既可以成为消极避世者自我保全的灵丹，也可以成为积极入世者奋发图强的妙药；它给实用主义者以物质的满足，给理想主义者以审美的温馨；它可以成为谋事求成的桥梁，也可以成为败事毁世的祸首；它既是人们涎脸的借口，也可成为坦言的粉饰；它可以使人们的理性得到回复，也可以使理性得以超越……"

翻开中华民族的历史，与酒相关的佚闻趣事、典故诗文比比皆是：殷商末代君王有沉湎于酒而失天下之传说，西周时期有周公颁布《酒诰》的记载；春秋时期楚将司马子反因酒被杀，吴王夫差醉酒释放勾践；战国时荆轲刺秦王临行借酒悲歌"风萧萧兮易水寒"；汉际高祖刘邦衣锦还乡、酣酒高歌"大风起兮云飞扬"；其他如项羽的"鸿门宴"，曹操的"煮酒论英雄"，关云长的"温酒斩华雄"，刘义隆的"以酒释仇敌"，赵匡胤的"杯酒释兵权"，阮籍的借酒避世，刘伶的裸体醉歌，石崇的杀姬劝酒，武则天的醉贬牡丹，宋江的醉题反诗，武松的景阳冈打虎等等，举不胜举。

　　至于文人墨客，更与酒结下不解之缘，因酒而留下诸多名篇佳作，诗文如邹阳、扬雄、曹植、王粲等人的《酒赋》，刘伶的《酒德颂》，曹操的《短歌行》，庚阐的《断酒戒》，陶渊明的《饮酒》，陈后主的《独酌谣》，王维的《送元二使安西》《少年行》，王翰的《凉州词》，王绩的《醉乡记》，李白的《把酒问月》《月下独酌》《悲歌行》《将进酒》，杜甫的《饮中八仙歌》，白居易的《与梦得沽酒闲饮且约后期》《何处难忘酒》《酒功赞》，欧阳修的《醉翁亭记》，黄庚的《醉时歌》，苏轼的《水调歌头·明月几时有》《酒子赋》，陆游的《钗头凤》《对酒》《三月十七日夜醉中作》《大醉梅花下走笔赋此》，皇甫湜的《醉赋》（并序），李清照的《醉花阴·九日》《声声慢·寻寻觅觅》，辛弃疾的《西江月·遣兴》《破阵子·为陈同甫赋壮词以寄之》等等。酒酣之后文人墨客还往往挥毫泼墨，如东晋王羲之酒酣挥毫而书的《兰亭集序》；草圣张旭"每大醉，呼叫狂走，乃下笔"，其遗墨《古诗四帖》笔劲墨重，极具横壮之力与豪逸之气；醉僧怀素嗜酒如命，酒酣兴发，即狂草书写，其作品"左盘右蹙如惊电，状同楚汉相攻战"；画圣吴道子"每一挥毫，必须酣饮"；而画虎名家包鼎，画龙名家陈容，更是酒不醉人笔不落；其他如范宽、郭忠恕、黄公望、钱选、吴伟、唐伯虎、郑板桥等亦均系"高阳酒徒"。

## 三、茶

　　中国是茶的故乡，云贵高原是茶的原产地。庄晚芳先生在《中国茶史散论》中认为，中国人工植茶始于周初，据今已经有二千七百多年的历史。但目前茶学界公认的人工植茶时间是西汉时期，古人开始将茶作为饮料而饮用的时间也是在西汉时期。到三国两晋时，不但民间已有饮茶的习惯，宫廷也逐渐时兴，如东吴末帝孙皓即以茶待客。

　　茶在被人们长期饮用的过程中，重视它的精神和社会功用逐步超过重视它的物质功能，于是出现了茶文化。王玲先生在《中国茶文化》一书中将这种茶文化的萌芽时期断在两晋、南北朝之际。东晋时，吴兴太守陆纳以茶代酒招待将军谢安；桓温常以简朴示人，"每宴惟下七奠柈茶果而已"；南北朝时齐武帝临死前立下遗诏，以茶为祭品，代替三牲；魏晋前期的清谈家多为酒徒，如竹林七贤，但后期的清谈家则多以茶助兴，如王濛、刘镐、王衍等等。因此，茶学界有人认为：当此之时，饮茶已不完全是以其自然使用价值为人所用，而进入精神领域，茶的"文化功能"开始表现出来。

唐代饮茶之风由南而北，愈饮愈盛，僧人坐禅以茶醒神，文人吟诗以茶助兴，民间转相效仿，遂成风俗，影响到京师和全国各地。中唐时期，被民间称之为"茶神""茶圣""茶仙"的陆羽，总结古代的茶学知识，结合自己半生的饮茶实践，写出中国第一部茶学专著《茶经》。《茶经》共十章，分为上、中、下三卷，其篇目及内容为：一之源，讲述茶的产地、土壤、气候等生长环境及茶的功能；二之具，讲述制作、加工茶叶的工具；三之造，讲述茶叶的制作过程；四之器，讲煮茶、饮茶的器皿；五之煮，讲述煮茶的程序、技术；六之饮，讲述品茶的方式方法；七之事，讲述中国的饮茶史；八之出，讲述当时的产茶盛地及各地茶叶的位次高下；九之略，讲述饮茶器具何时应完备，何时该省略何种；十之图，将上述内容绘成图，张陈于座隅。《茶经》的问世，受到民间与官方的普遍重视，同时对中国古代的茶叶学乃至饮食文化产生了很大的影响。陆羽之后，有苏廙著《仙茶传》（现存第九卷《十六汤品》）、张又新著《煎茶水记》，毛文锡撰《茶谱》，宋徽宗作《大观茶论》，蔡襄作《茶录》，朱权作《茶谱》，陆树声作《茶寮记》等，另有刘贞亮总结了茶叶的"十德"，和凝专门组织了饮茶集团"汤社"，这些著述和故事既是对《茶经》以来历代茶学的总结，也反映了宋元明清茶文化的发展情形。

**茶艺** 在中国古代茶人看来，茶与青山秀水为伴，与云雾清风为侣，乃天地间的灵物。

第一，好茶要出自好的自然环境。如巴山蜀水之间，气候温润、环境优雅、风景秀丽，唐时蜀中贡茶即上百种，著名者如蒙山茶、中峰茶、峨眉茶、青城茶、香山茶、云安茶、神泉小团等；再如太湖风景区周围亦盛产名茶，负有盛名的顾渚紫笋，其产地濒临太湖，山清水秀，既得水土之精，又兼气候之宜。其他如明代人推重的武夷山罗芥茶、歙州罗松茶、钱塘龙井茶、天台山雁荡茶、苍山大盘茶、绍兴日铸茶等等，无不出自名胜山水之间。

第二，好茶要采摘得时，制作得法。宋代以后，茶人对采茶的时间要求颇严，常以廿四节气中的惊蛰为期，至清明前为止。同时要求在晴日凌露之时采摘，这样的茶不受日晒、不失水分、不损膏脂新鲜。采茶时不用手指，只用指甲，避免汗水和手温污染茶叶。此外，要以茶芽的形状与老嫩分别品级，一芽为莲蕊，二芽称旗枪，三芽称雀舌。茶在采摘之后要精心制作，如唐时的茶饼，制作中取春芽以蒸青法杀青，然后捣为泥，以圆模拍制成饼，中间穿孔，温火焙干收藏。宋代贡茶以龙团、凤饼最为有名，其制作过分精细，以致比珠宝还难得。

第三，好茶要好水煎泡。水的优劣对茶的色、香、味影响极大，再好的茶，不得好水难得真味。这一点古人早有经验，陆羽在《茶经》、张又新在《煎茶水记》、叶清臣在《述煮茶小品》、徐献忠在《水品》、汤蠹仙在《泉谱》中多有论述。总的来说，煎泡茶的水必须强调源清、水甘、品活、质轻。古人推重的著名泉水有镇江金山西的扬子江南冷水、江西庐山的谷帘水、云南安宁的碧玉泉、山东济南的趵突泉、峨眉山金顶下的玉液泉、北京西郊玉泉山的玉泉、江苏无锡的惠山泉水等。对难于取到名水煮泡茶的地方，古人主张因地制宜"养水"，如取清风中的细雨（不使落地），取初冬树枝上的雪，储藏深埋，以备来年煎茶。

第四，饮茶要讲究茶具。古人云："工欲善其事，必先利其器"，饮茶也是这样。因为在中国古代，尤其是古代的上流社会，饮茶不仅仅是一种物质活动，而且是一种精神艺术活动。因此，唐人陆羽在《茶经》中就精心设计了烹茶、品饮的二十四种器具；明代的茶具不仅造型美，花色、质地、釉彩、窑品、图案也更为讲究；清代许多茶具不仅成为十分典雅的艺术品，而且包涵着丰富的人文精神，如清代宫廷及达官贵人家中及高档茶馆流行的盖碗茶，茶盖在上寓天，茶托在下寓地，茶碗居中寓人，一副小小茶具中包含古代哲人"天盖之、地载之、人育之"的道理。茶具中最值得一提的是紫砂陶壶了。紫砂壶起源于宋代，到明代为世人所重，一把好的紫砂壶可以抵一户中产人家的家产，几乎与黄金同价。这其中的原因，一方面是由于好紫砂壶无土气，不夺香，泡茶不失厚味，甚至注茶隔夜，暑月不馊；另一方面紫砂的自然色泽加上艺术家的创造，给人以平淡、典雅、稳重、质朴、敦厚、温和等感觉，一壶在手，既爽口暖身，又怡神暖心。紫砂壶古以宜兴、潮州、阳羡等地的特种粗砂精制而成者驰名，今以许四海制作的"海春壶""佛手壶"等享誉中外。

第五，烹制要得法。古时烹制茶水颇多讲究，唐代以前主要是用煮茶法，将研碎的茶饼直接放在釜中烹煮，烧煮中有一沸、二沸、三沸的讲究。宋元时多用点茶法，先将茶饼碾碎置于碗中，而后以微沸初漾之水冲点入碗，继以茶筅用力搅拌打击，使之水茶交融，渐起沫饽，直至沫饽洁白，堆积如雪。明清至今多用泡茶法，冲泡的方法因茶的品种不同而有异，但在公众场合，一般不用自泡自饮的小壶，而是用至少能斟五、六碗（杯）的茶壶，先在壶中冲泡，而后由壶巡注入碗（杯）。此外还有毛茶法、点花茶法等等。

第六，品饮要讲究。品茗不同于饮酒，饮酒求得是气氛热烈，品茗求得是气氛清幽，因此品茗过程中不可狂呼乱舞。古人将饮茶看作一种艺术，尤其是文人墨客品饮还十分讲究环境，如在花间月下优雅的茶肆，最好还有琴声相伴。品饮中要突出一个"品"字，细细地品，慢慢地品，不仅要品出味道来，还要品出一种精神来，进入一种境界里。

**茶道**　中国茶道的核心是儒家的中庸思想，追求和谐与平静。这种精神贯穿于茶具制作、茶汤烹制及品茶的全过程。比如茶具，造型不以奇特、古怪取胜，而是以典雅、平稳、和谐为原则；茶汤烹制无论是煮茶法，还是点茶法或泡茶法，都讲究"均分"，由壶注碗（杯）要巡还几轮，茶汤的浓淡要均匀，每碗（杯）茶汤的多寡要一致；品饮更讲究和谐平静的氛围，常见有酗酒打闹的，却不见品茶翻脸者，品饮中和声细雨，侃侃而谈，在细细品味茶香的过程中，达到沟通情感、增进友谊的目的。酒给人情绪带来的是激发冲动，而茶给人的却是平静清醒，这种平静与清醒的情绪极容易在品茗者之间创造一种安定和谐的气氛，这是一种友善的人文精神，也是叫中国茶道的精神内涵。

中国的茶道也融汇了佛教、儒家和道家的观念，历史上有"茶禅一味"之说，古代茶人中确有一些看破红尘、消极避世的人，因而把品茗作为消遣出世的方式之一。但就中国茶道的主流来说，其格调是清醒、达观、热情、欢快与和善。同时，古代多数茶人还把品茗视为养廉、励志、雅志的手段，刘贞亮曾总结出茶之"十德"，还明确提出"以茶可交友""以茶可养廉""以茶可雅志""以茶利礼仁"的观点；陆羽在制作茶具的过程中便融入儒家思想，如他所造的茶釜，不论长宽薄厚都有讲究，所谓"方其耳以令正""广其缘以务远""长其脐以守中"，即寓儒家治国之理；宋人有幅《审安老人茶具图》，图中 12 件茶具，每件都冠以职官的名称，如烘茶焙笼称之为"韦鸿胪"、茶槌称之为"木待制"等，形象地体现了以茶明礼的观念，同时也充分反映出茶道入世的精神。

中国茶道还十分注重茶礼。大概在南北朝时茶已用于祭礼，唐代之后，朝廷皆以茶祭宗庙、荐社稷，《宋史》《辽史》的"礼志"部分，随处可见"行茶"的记载。元代德辉的《百丈清规》、明代丘溶的《家常礼节》等书中对出入茶寮的规矩及民间茶礼都有详细的记载。此外，诸如朝廷会试的茶礼、寺院的茶宴、婚嫁中的茶礼、平素居家待客的饮茶都有一套礼仪规范，有时简直到了令人不胜其烦的地步。不过就总体而言，茶礼所表现的文化内涵是秩序、和敬与友谊。这一传统一直延续至今，例如每年新春，国家及省部级等机关都要举行茶话会。

## 四、食

中国是一个美食国度。相传中国烹饪的始祖是殷商时代的伊尹，据《史记·殷本纪》载，伊尹背负炊具，用烹饪和至味的道理说服成汤，使成汤得以治理天下，《吕氏春秋·本味篇》亦记载了这个故事，并叙述了商汤时的烹饪情况。依据考古发现，中国在夏、商、周三代，食物的品种已较为丰富，烹饪技术有了相当的发展，饮食文化已初步形成。到了汉代，饮食已发展为一个独立的行业，当时已掌握了炖、炒、煎、煮、酱、腌、炙等烹调方法，与食品相关的酿酒、酱园、屠宰、油盐等场所也有很大的发展。张骞通西域后，引进了胡麻、西瓜、菠菜、胡萝卜、茴香、芹菜、胡蒜、胡葱等数十种菜肴品种和佐料，使得中国饮食在数量、质量、结构上都有了新的发展。

魏晋南北朝时期是一个动乱的年代，但同时也是民族大融合的时期，这就使中国的饮食及其饮食文化进入一个交流融汇的新时期。据当时的重要文献《齐民要术》记载，粮食作物有黍、豆等 10 余种，蔬菜有近 20 种，果品有枣桃等十七八种。各种调料的制作方法也是五花八门，如制作酱就有 10 多种方法，制作醋则多达 21 种方法。至于各种菜肴及其烹调方法，在该书的第七、八卷中也有详细记载。

宋代是中国饮食史上的一个昌盛时期，尤其是东京汴梁（今河南开封）的酒楼饭店、食馆摊点蜂攒蚁聚，比比皆是，用孟元老《东京梦华录·序》中的话，那是"集四海之珍奇，皆归市易；会寰区之异味，悉在庖厨"。南宋京城临安（今杭州），士人竞相吃喝，奢靡腐化成风，吴自牧的《梦粱录》收罗了临安各大饭庄菜单 335 款，又据《武林旧事》载：南宋末期，临安赫赫有名的酒楼有 29 家，"从食"项中即介绍了玲珑双条等 41 种食品，"凉水"项中即介绍了荔枝膏水等 80 余种，"糕"项中即介绍了重阳糕等 19 种。当时烹调的方法有烧、烤、煎、炸、蒸、煮、炖、浇、麻、腊等十多种，而且出现了"看盘"这一餐饮业特殊服务，只要顾客临门，便延请入座端上"看盘"，遍问点什么酒菜，而后一一唱念报与厨房。

明清时期，中国的烹饪由丰富多彩的实践上升到成熟的理论，其标志是袁枚《随园食单》的出现，该书记录了中国从 14 世纪到 18 世纪流行的 326 种食品，包括须知、戒、海鲜、江鲜、特牲、杂牲、羽族、水族有鳞、杂素菜、小菜、点心、饭粥单（类）等十四部分，书中还明确提出要讲究加工、讲究配料、讲究烹调、讲究火候、讲究色香味、讲究形器、讲究上菜进食的次序等理论。

中国幅员广阔，地区间的环境、物产、资源、气候等自然条件差别很大，这是形成各地饮食品种和口味习惯的主要原因，如南方人喜食米，北方人多吃面，高寒地区人嗜咸，江浙一带嗜甜，川湘一带喜辣，山西人好醋等。同时，各大菜系的形成也与政治、经济、文化及宗教信仰等因素有关。大约从春秋战国时期开始，中国已有南北风味的大致区分，《周礼·天官·膳夫》《礼记·内则》所记载的周代"八珍"是典型的北方菜，而《楚辞·招魂》所述及的菜肴则可以认为是南方菜的代表。辽阔的幅员、不同的地理环境、漫长的历史使中国形成独具特色的六大菜系，其中的苏、粤、川、鲁为四大地方菜系。

**苏菜**  其发祥地是苏州和稍后的扬州和杭州。苏菜以精工细作著称，其特点是选料力求鲜活鲜嫩；刀工精细，通过排、堆、叠、围、摆、覆六种技法，制成颇具艺术特色佳肴；烹饪中注重火候，擅长炖、焖、煨、蒸、烧、炒，尤精于泥煨和叉烧；调味强调本味，注重调汤，讲究口味清鲜，咸甜得宜；色泽上讲究鲜艳悦目，浓淡相宜。蟹黄狮子头、蟹黄燕窝、虾羹鱼翅、西湖糖醋鱼、鲜藕肉夹、莲子鸭羹等都是苏系名菜，此外，苏式点心和小吃亦很精美。

**粤菜**  是以广东风味菜肴为代表。其特点是用料广，品种多，肴奇馔异，鸟虫兽蛇皆可入馔；口味讲求清、鲜、爽、滑，清中求鲜，淡中取味，爽而不生，滑而不俗，有香松软肥浓五滋、酸甜苦辣咸鲜六味之美；配菜力求丰富，四季皆以嫩绿甘脆的蔬菜为佐料，并按时令以香花、水果入菜；烹调技法以熬、泡、焗最为见长，并以汤类、煲类、粥品和点心驰名；此外粤菜中的诸多调料也颇具独特风味，如蚝油、果汁、白卤水、沙茶酱、咖喱粉、鱼露、果皮等。

**川菜**  其发祥地为号称"天府之国"的四川盆地。四川盆地雾多、湿气重，因而川菜以重油重味，调味多样而著称，故有"食在中国、味在四川"之说。川菜的特点是取料广博、调味多变，如自贡的井盐、内江的白糖、德阳的酱油、保宁的醋、忠州的腐乳、郫县的豆瓣、永川的豆豉、南充的冬菜、涪陵的榨菜、叙府的芽菜、新繁的泡辣椒、金堂的海椒以及茂汶的花椒等，其味道有家常味、鱼香味、红油味、陈皮味、椒麻味、椒盐味、酱香味、五香味、咸鲜味、糖醋味、姜汁味、蒜泥味、咸甜味、糊辣味、酸辣味等等，尤以麻辣味和怪味见长；川菜菜式宽广，适用于不同档次的消费。此外四川的小吃亦丰富多样，驰名中外，如漳茶鸭子、怪味鸡、麻辣牛头肉、酱兔肉、汤圆、担担面等。

**鲁菜** 发端于春秋战国时期的齐国和鲁国，经历朝历代的发展完善成为北方菜的代表，也成为宫廷御馔珍馐的重要组成部分。鲁菜以丰盛高贵著称，其特点是用料讲究，善于以海参、燕窝、鲍鱼、鱼翅等高档原料做出厚味大菜；烹调技法以"爆"和"㸆"更为独到，同时善于以汤调味，善于以葱调味，其中以葱爆锅、以汤溅锅成为鲁菜烹调中的独特技法。

**素菜** 素菜作为一个菜系，主要是受道教和佛教的影响。道教虽不戒肉食，但倡导饮食应多食鲜蔬野果和花卉；佛教则戒杀生，戒食荤，全吃素食。素菜首先在佛寺和道观中盛行，其后在民间和宫廷也都占一席之位。北魏贾思勰的《齐民要术》特辟"素食"专辑，并介绍了 11 种素食的做法。宋代出现专门的素食店，吴自牧在《梦粱录》中，收集临安素菜单 36 款，素糕点 26 种。素菜系主要以绿菜、果品、菇类、植物油为原料，豆制品在其中占很大的比重。

**清真菜** 清真菜主要是在信奉伊斯兰教的民族中流行，如回族、维吾尔族、东乡族等。伊斯兰教禁食猪、狗、马、驴、骡肉和无鳞鱼，主要以牛、羊肉菜为主，中国南方的清真食店菜目中，鸡、鸭、鹅的比重也很大。清真菜的名馔有全羊席和烤全羊，其他如涮羊肉、烤羊肉串、油爆或水爆肚仁、羊肉抓饭等都是这一菜系的美食。此外，北方的羊肉水饺、牛（羊）肉泡馍、牛（羊）肉杂碎汤、黄米豆沙软糕，南方的萨奇马、蛋糕、核桃酥等也都是清真菜系的名菜。

除上述六大菜系外，中国饮食还逐渐形成特色明显、影响较大的八大风味，即浙、沪、闽、皖、湘、鄂、豫、秦八大风味，它们在烹饪原料的选择、烹调方法、口味食俗等方面都形成自己鲜明的特色。

**习俗与礼仪** 追索中国古代的饮食习俗，从新石器时代起黄河流域与长江流域就大致形成两种不同的饮食习惯，黄河流域以粟为主，长江流域以稻为主。大约从春秋战国时期开始，黄河流域及以北地区逐渐以小麦取代了粟而成为主粮。就食物结构而言，古人是以黍、稷、麦、菽（豆）、稻"五谷"和熟食为主，讲究五味调和，并且是以素食为主，肉食为辅。

中国上古时期的饮食制度是采取两餐制，第一餐称饔，又叫朝食，在日出之后；第二餐称飧，又叫哺食，在中时（下午四时左右）。之后，逐渐实行早、午、晚三餐制。当然，有些地方随不同季节和生产的需要，在有的季节仍采用两餐制。此外，在漫长的岁月里，中国还形成独具特色的节日食俗，如过春节北方大多吃饺子，南方吃年糕；农历正月十五元宵节北方吃元宵，南方吃汤圆；在清明节前一天的寒食节，人们为了纪念春秋时的介子推而避忌烧火吃冷食；在农历五月初五的端午节，为悼念屈原而吃粽子；在农历七月初七的乞巧节，妇女为向织女乞巧而吃小巧玲珑的各色果品；在农历八月十五的中秋节，为祭月和团圆而吃月饼；在农历九月初九的重阳节，要登高赏菊吃重阳糕；在农历十二月初八的腊八节，受古代腊祭影响并为纪念佛祖释迦牟尼"成道"而食腊八粥等。

古代的饮食礼仪是在饮食习俗的基础上形成的，饮食活动是礼仪产生的一个重要源头，所以《礼记·礼运》曰："夫礼之初，始诸饮食。其燔黍捭豚，污尊而抔饮，蒉桴而土鼓，犹若可以致其敬于鬼神。"礼源于饮食活动，又反过来约束饮食活动，兹援引《礼记·曲礼》中的一些记载以见一斑：

（布）席南乡北乡，以西方为上；东乡西乡，以南方为上。

尊客之前不叱狗，让食不唾。

侍坐于君子，若有告者曰："少间"愿有复也，则左右屏而待。毋侧听，毋噭应，毋淫视，毋怠荒。

侍坐于长者，屦不上于堂，解屦不敢当阶，就屦，跪而举之，屏于侧。

凡进食之礼，左殽右胾，食居人之左，羹居人之右。脍炙处外，醯酱处内，葱渫处末，酒浆处右。以脯脩置者，左朐右末。

侍食于长者，主人亲馈，则拜而食；主人不亲馈，则不拜而食。共食不饱，共饭不泽手。毋抟饭，毋放饭，毋流歠。毋咤食，毋啮骨，毋反鱼肉，毋投与狗骨。毋固获，毋扬饭。饭黍毋以箸。毋嚃羹，毋絮羹，毋刺齿，毋歠醢。客絮羹，主人辞不能亨。客歠醢，主人辞以窭。濡肉齿决，乾肉不齿决。毋嘬炙。

卒食，客自前跪，彻饭齐以授相者，主人兴辞于客，然后客坐。侍饮于长者，酒进则起，拜受于尊所。长者辞，少者反席而饮。长者举未釂，少者不敢饮。长者赐，少者、贱者不敢辞。

长期以来，中国形成一整套饮食礼仪规矩，从饮食的地点、请柬、迎宾、座次，到入席、上菜、进食、敬酒、离席等等都有讲究，且越到后来越发展到苛细烦琐的地步，其宗旨是要维护长幼有序、上下有礼、贵贱不相逾的礼仪制度。时至如今，举行宴会或宴请他人仍然十分讲究，有一套繁琐的礼仪，而且各地还有鲜明的"地方特色"，近年来有人甚至还归纳出中国式饭局120条"潜规则"。

# 第二十三讲　古人的休闲娱乐

　　闲情娱乐自古以来就是达官贵族和文人墨客的一种生活方式，当然民间也自有其消闲娱乐的方式，只不过不像上层社会那么丰富多彩。就一般情况而言，中国古代社会上层人士的消闲娱乐是因其有闲暇，因而生闲兴、出闲情，往高雅说是一种怡神养性、蕴含文化意味和审美情趣的生活方式，而广大民众的消闲娱乐则多是在紧张劳动之余的一种身心放松。

## 一、琴棋书画

　　**琴**　是中国古乐器之一，音域宽广，音色深沉，琴声悠扬，在先秦时期是雅乐的代表乐器。2016 年在湖北枣阳郭家庙出土曾国春秋早期的琴，距今已有 2700 多年，系目前考古发现的最早古琴。周朝时，琴除用于郊庙祭祀、朝会、典礼等雅乐外，也盛兴于民间，《诗经·小雅·鹿鸣》"我有嘉宾，鼓瑟鼓琴"、《诗经·周南·关雎》"窈窕淑女，琴瑟友之"、《诗经·郑风·女曰鸡鸣》"琴瑟在御，莫不静好"等是为例证。

　　古琴的款式繁多，造型优美，依据琴体的项、腰形制的不同而有所区分，传说有伏羲式、仲尼式、连珠式、落霞式、灵机式、蕉叶式、列子式、伶官式、神农式、响泉式、凤势式、师旷式、亚额式、钟离式（鹤鸣秋月琴）、剑式等，最著名的九霄环佩就是伏羲式。其外形结构一般长约三尺六寸五，象征一年 365 天；面圆底扁，象征天地；琴身与凤身相应（一说与人身相应）有头、颈、肩、腰、尾、足。起初的古琴只有 5 根弦，内合金、木、水、火、土五行，外合宫、商、角、徵、羽五音，传说周朝时文王、武王增加文、武二弦以象征君臣之合恩，故其后琴弦定制为从琴面外向内由粗及细缚弦 7 根。

　　在诸多的乐器中琴声集中体现着"和"，因而深受王侯将相、文人墨客的喜爱。中国历史上有许多关于名琴的传说，如伏羲的"龙吟"、黄帝的

"清角"、齐桓公的"钟"、楚庄王的"绕梁"、司马相如的"绿绮"、白居易的"玉磬"等等，文人士大夫更是寄情于琴，代代相传，衍生出许多关于琴的故事，使琴具有高贵的属性。典型的事例如春秋时俞伯牙鼓瑶琴而遇"知音"，因此荀子在《乐论》中说："君子以钟鼓道志，以琴瑟乐心。"班固在《白虎通》中说："琴者，禁也。所以禁淫邪，正人心也。"桓谭也说："琴之音禁也，君子守以自禁也。"蔡邕在《琴操》中说："昔伏羲氏作琴，所以御邪辟，防心淫，以修身理性，反其天真也。"嵇康认为："琴诗自乐，远游可珍……长寄灵岳，怡志养神。"琴成为仁人志士高尚情操的象征，成为一个高洁脱俗的化身，成为一种闲情的物质载体，因此王维"独坐幽篁里，弹琴复长啸"，常建"江上调玉琴，一弦清一心"，就连宋代大儒朱熹也十分强调琴的修身养性功效，他在《紫阳琴铭》中认为，琴可以"养君中和之正性，禁尔忿欲之邪心"。

据有关文献记载，现存世的琴谱有130多部、琴歌300余首、琴曲3360多首，2003年中国古琴入选世界文化遗产，2006年古琴被列入中国非物质文化遗产名录。

**棋** 是古人消闲的一种重要方式。棋的种类很多，但中国古代的棋可以围棋和象棋为代表，春秋时期下棋通称为"博弈"。围棋大约产生于4000年前，原始的围棋棋盘道数较少，三国时仍以17道棋盘为主，唐以后普遍使用19道棋盘。一幅围棋，是一个浓缩的宇宙，象征着人们生活的空间。汉代班固说："局必方正，象地则也；道必正直，神明德也；棋有黑白，阴阳分也；骈罗列布，效天文也；四象既陈，行之在人，盖王政也。"围棋与战争之理相通，是古代贵族教育子弟的有效手段，所以汉代的马融在《围棋赋》中说："略观围棋兮，法于用兵；三尺之局兮，为战斗场；陈聚士卒兮，两敌相当；拙者无功兮，弱者先亡。"棋理犹如治国之理，所以元代叶颙说："坐阅几输赢，历观迭兴衰，古今豪杰辈，谋略正类棋。"早在三国时期，围棋比赛就经常举行，同九品中正制一致，围棋手的等级也分成9等，南北朝梁武帝时评定棋手等级，能入品的有278人，可见棋风之盛。唐代棋艺臻于完善，王积薪提出"不得贪胜、入界宜缓、攻彼顾我、弃子争先、舍小就大、逢危须弃、慎勿轻速、动须相应、彼强自保、势孤取和"围棋十诀，成为后世一致推崇的围棋战略战术指导原则。宋代的刘仲甫著《棋诀》，更为具体地阐述了围棋的理论。明末至清中叶，过百龄、周懒予、黄龙士、徐星友、范西屏、施襄夏、周小松、陈子仙等相继成为棋艺高超的国手。

象棋由先秦时的"博"演化而来，最初双方各执 3 枚棋子，分为一枭（主将）五散。一直到唐代或唐以后，象才出现在象棋中。北宋时棋子中出现炮，同时也出现了纵横十一路的棋盘和各执十六子的棋戏，但棋子中帅、相、兵的名称可能到明朝时才出现。象棋的棋局棋子都有一定的象征意义，极富中国特色，对弈双方各执的 16 个棋子分别名为将（帅）、士、象（相）、马、车、炮、卒（兵），其开局布阵、行棋步骤、威力及歼敌方法各不相同。一盘棋就是一方天地，每个棋子都有自己的行为规范，例如马走日、象走田、车行直线、炮打隔山子等，各自都在规则之内行进，博弈双方运用规则调兵遣将，克敌制胜。象棋博弈暗含着丰富的人生哲理，例如"红先黑后"讲的是象棋规矩，暗含着日常生活中的礼让；"落子无悔"暗含着做人做事的态度，"一招不慎、满盘皆输"暗含着凡事谨慎、稳中求胜的处世原则，"丢卒保车"暗含着顾全大局、不可因小失大，而"马怕蹩脚""炮勿轻发""将忌暴露"等则寓意保全自身的道理。

玩棋是一种高度集中的脑力劳动，但同时也是一种身心方面的休闲消遣。风和日煦，清泉林石，品碗清茶，摇把扇子，摆盘棋对弈，优哉游哉。对弈者在棋盘上遍尝酸甜苦辣，悉心体验人生和社会，对弈中将成败荣辱得失品味多了，也就看轻看淡了现实社会中的功名利禄，这就是古人所以以棋为消遣对象的精神文化内涵。

**书** 汉字有其先天的艺术细胞，这是因为汉字是表意文字体系，而"象形"又是汉字形成时期主要的造字方法。就字体而言，甲骨文是我们已经知道的最早的较为成熟的文字，之后有商周时期的金文（大篆）、秦汉时期的小篆与隶书，又有汉魏之后出现的楷书、草书和行书。

书法作为一门陶冶性灵、表达审美情感的艺术，在魏晋时期形成一个高峰，其代表人物是晋代的王羲之。他博采众长，一改汉魏以来的质朴书风，书写出一种妍美流便的新体，《兰亭集序》即其代表作。南北朝时期，南方文人的书法以流美为能，北方则以方严为尚，尤其是北魏时的魏碑体态风格对后世影响较大。唐代书法家辈出，如李阳冰以篆书驰名，张旭、怀素以草书著名，初唐时期有欧阳询、虞世南、褚遂良、薛稷四大家；开元以后，颜真卿开创了正而不拘、庄而不险、奇伟秀拔、法度从容的新风格；中唐末期的柳公权专主瘦挺，其书法骨力遒劲，结体严紧，他与颜真卿的书法被称为"颜筋柳骨"，成为后世楷模。宋代书法名家继续涌现，苏轼的书法肉丰骨劲，藏巧于拙；黄庭坚的书法以侧险为势，横逸为功，变化无端；米芾的书法结体常常左倾右斜，率性任意挥洒。元明时期，赵孟頫的书法结体妍丽，祝允明、文徵明、董其昌等人以行草见长。清代盛行碑书之学，出现了邓石如这样的篆籀大家和一批隶书名家，篆刻到了清代也异军突起，如邓石如、赵之谦、吴昌硕等人同时也是篆刻名家。

书为心画。尤其是魏晋南北朝之后，诸多文人研文习墨，将书法作为遣兴抒情的重要手段。如唐代张旭与怀素的书法有"颠张醉素"之称；宋代米芾经常玩忽公事，沉浸到书画中作"逍遥游"，将不甘失落和韬晦放荡的心态倾泻在书法作品之中；再如岳飞奋笔疾书"还我河山"，郑板桥挥毫而就"难得糊涂"等，都是性灵的写照。不仅是文人，就是历朝历代的皇帝权臣也在闲暇之际研习书法，借以遣兴或抒写性灵。书法讲究韵味，任情恣性，松静自然，虚实开合，纵横有象，浑然天成，出神入化。早在晋朝时文人墨客即追求书法的"韵味"，南北朝时谢赫将"气韵"列为书画"六法"之首，五代时荆浩谈论书画特别强调"韵味"，之后历朝历代都将"神韵"成为评论书法优劣必不可少的条件。"韵"不仅是指书法作品表面的行云流水、挥洒自如，更是指书法作品内涵的精神抒泄和情操寄寓。

**画**　中国古代绘画具有悠久的历史，早在六七千年前的新石器时代，古人就在陶器上绘制动植物纹样和人形图案。从长沙陈家大山出土的《凤夔搏斗画》和马王堆出土的《人物御龙》帛画来看，战国时期已经形成以线条为主要造型手段的绘画传统。

中国画约略可以分为人物、山水、界画、花卉、禽鸟、走兽、虫鱼等画科，有工笔、写意、钩勒、没骨、设色、水墨等技法，有壁画、屏幛、卷轴、册页、扇面等画幅形式。人物画成熟于战国时期，山水画在魏晋时期已出现，花鸟画在隋唐时期也出现，水墨画在五代两宋时期也随之盛行。在画风上，元代渐趋写意，明清更侧重达意畅神。此外，中国画由于受佛教、基督教艺术的影响，强调"外师造化，中得心源"，要求"意存笔先，画尽意在"，力求以形写神，形神兼备。

在中国画史上，名家辈出，如魏晋时的曹不兴、卫协、顾恺之，南朝时的宗炳、陆探微、张僧繇，隋代的展子虔，唐代的阎立本、李思训、吴道子、张萱、王维、曹霸、韩滉、戴嵩、周昉、边鸾，五代时的刁光胤、关仝、贯休、黄筌、顾闳中、董源、徐熙、巨然，宋代的范中立、苏轼、米芾、张择端、赵佶、王希孟、李唐、刘松年、马远、夏圭，元代的赵孟頫、黄公望、吴镇、倪瓒、王蒙，明代的沈周、唐寅、文徵明、仇英、徐渭、董其昌、陈洪绶，清代的朱耷、石涛、金农、郑燮、任颐、吴昌硕等。

古人之所以将练习书画作为休闲娱乐的一种方式，绝不仅仅是因为这是打发闲暇时光的一种高雅行为，更在于书画可以修身养性、怡情养志。练习书画可以让人凝神专注，富有情趣，儒雅温厚，稳健练达，横竖撇捺书写的是人生走笔，笔端画卷在将一切烦恼忧愁、恩怨不快化作一缕轻烟消失得杳无踪影。书画还是增添生活乐趣的载体，可以促使人健康长寿，黄匡《瓯北医话》载："学书用于养心愈疾，君子乐之"，何乔《心术篇》曰："书者，抒也，散也。抒胸中气，散心中郁也。故书家每得以无疾而寿"。古今书画家大多长寿，其主要原因是书画活动对人的身心健康在心理方面和生理方面能起到全面的调节锻炼作用，因而是一种美妙的养生之道。

## 二、体育游戏

中国古代的体育活动与游戏项目是伴随着社会经济、政治、文化的发展而日益丰富多彩的，最初的体育活动则是从为谋生而进行的狩猎活动中脱胎出来的，如跑步、跳跃、投掷、攀援、角力、游泳、射箭等等。古代体育及游戏项目繁多，现择其要叙述如下：

**举重**  古代的举重最初称扛鼎、翘举，后来还包括举石。由于举重是锻炼体力、建立武功的重要条件，所以为历朝历代所重视。据史载，战国时秦武王对当时的一些著名的大力士如任鄙、乌获、孟说等人均委以高官；汉代朝廷设有"鼎官"，并有"武力鼎士"的称号。从唐代起设立武举，举重正式列为武考科目，一直延续到清代。"扛鼎"是用双手将鼎举起，《史记·项羽本纪》载："籍长八尺余，力能扛鼎。""翘关"又称拓关，是以双手举起城门拴，《列子·说符》载："孔子之劲，能拓国门之关"。民间多流行举石担和举石锁，武场考试之石则按重量分号，规定"石必离地一尺"，"自膝至腹及负石以走"。

**摔跤**  是一项古老的竞力和竞技运动。相传远古时期"其民两两三三，头戴牛角而相抵"，这种运动在民间颇为流传，称为蚩尤戏，西周时期称为"角力"，秦统一中国后称"角抵"，秦二世曾在甘泉宫"作角抵俳优之观"。角抵年年曾变，内容日趋丰富，表现人与兽斗是角抵戏的典型套路，汉代的"角抵戏"规模盛况空前。《汉书·武帝纪》载："元封三年在，作角抵戏，三百里内皆（来）观。"1974年山东临沂金雀山九号汉墓出土一幅彩绘帛画，画面有三人，其中两人下颌高扬，怒目逼视，手臂伸张，跃跃欲角，画面左侧立一人，拱袖肃立，大概是裁判。三国时又称角抵为相扑，唐代每年元宵节和中元节被定为角抵期，角抵同时也是宫廷娱乐的一个重要项目。宋代又称角抵为"争交"，临安（今杭州）护国寺南高峰的露台就是南宋时期"争交"高手比赛的场地，时有"露台争交"之称。从宋代起，女子也公开参加相扑比赛，元、明、清三代相沿成风。摔跤是勇敢和力量的象征，唐、宋、明、清一直是大型盛典和民间赛会的竞技项目，发展至近代则成为一项国际性的体育比赛项目。

**蹴鞠** 汉朝之前称为"蹋鞠"，"蹴"有用脚蹴、踏、踢的意思，"鞠"最早系外包皮革、内实棉毛或米糠的球。"蹴鞠"就是以脚蹴、踏、踢皮球的活动，类似今日的足球。战国时期此项活动颇为盛行，据《战国策·齐策》记载，齐国首都"临淄之中七万户……甚富而实，其民无不吹竽、鼓瑟、击筑、弹琴、斗鸡、走犬、六博、蹋鞠者"。《史记·扁鹊仓公列传》记载：西汉时的项处是一个踢球不要命的人，因迷恋"蹴鞠"，虽患重病仍不遵医嘱继续外出蹴鞠，结果不治身亡。西汉时还出现了专门论述足球的《蹴鞠新书》，《汉书·艺文志》将其列入兵书类。汉初长安宫苑内有"蹴城"，三国时曹操也喜欢蹴鞠运动，据《三国志》载："孔桂字叔林，晓博弈、蹴鞠，太祖爱之，每在左右。"唐代的蹴鞠运动有较大发展，一改以毛纠结的方法而为充气皮球，并设置两个球门由两队交争竞逐。宋朝的太祖、太宗均喜好蹴鞠，宫廷中设有球队，常在盛会时出场表演。宋徽宗时，高俅因擅长踢球而讨得皇上喜欢，竟然因此作了高官。明代两队交相决胜的蹴鞠比赛逞衰落之势，代之以多人踢球的游戏，清代蹴鞠更逞衰落，乾隆时把蹴鞠与滑冰结合起来，出现了"冰上蹴鞠"新项目。清代中叶以后，随着西方现代足球的传入，传统的蹴鞠活动基本上被现代足球所取代，而踢毽子作为"蹴鞠之遗事"得以继承与发展。2006 年，蹴鞠作为非物质文化遗产列入第一批国家级非物质文化遗产名录。

**马球** 是骑在马上持棍击球的一项运动。此项运动最晚出现在东汉时期，三国时称"击鞠"，唐代称"击球""打球"，是一项颇为盛行的宫廷体育活动。三国时曹植的《名都篇》中有诗曰："连翩击鞠壤，巧捷惟万端"。马球运动在唐、宋、元三代非常盛行，至清代始湮没，主要流行于军队和宫廷贵族中。马球运动十分激烈，中场开球后，双方驰马争击，场外击鼓奏乐助威，球门两旁各竖锦旗，场面气势颇为壮阔，因而韩愈有"筑场千步平如削""击鼓腾腾树赤旗"的诗句，陕西乾县章怀太子墓中的壁画"马球图"也生动再现了当时赛场角逐的情景。唐代的女子也参与和喜好马球运动，不过多是骑在驴背上持杖击球。古代的马球赛场除设在军队驻地外，大多设在京城，如唐代的毬场亭、宋代的大明殿、元代的常武殿、明代的东苑等。2008 年，马球经国务院批准列入第二批国家级非物质文化遗产名录。

**竞渡**　流行于南方水乡的一种水上竞赛项目。传说此项运动起源于纪念爱国诗人屈原。屈原因遭谗言，于农历五月五日自投汨罗江而死，当地百姓担心水下蛟龙吞没他的尸体，将粽子投入江中，并竞划龙舟驱逐蛟龙。此事在后世渐成风俗，每年端午节南方各地举行声势浩大的龙舟竞渡。比赛时岸上站满观众；锣鼓喧天，江上指挥以旗鼓为令，摇旗呐喊，龙舟上的众人合力竞划，舟行如飞，优胜者可得到犒赏。早期的竞渡在东吴一带是为了纪念伍子胥，在越地则是为了纪念勾践，后来竞渡运动也在北方的一些地区流行，不过纪念成分越来越少，体育竞赛色彩越来越浓了。

**体操**　古代的体操与医疗保健相结合，"导引"是其中最早的一种。《庄子·刻意》曰："吹呴呼吸，吐故纳新，熊经鸟申，为寿而已矣。此道引之士，养形之人，彭祖寿考者之所好也。"庄子所讲的"吹呴呼吸，吐故纳新"是呼吸运动，目的在于强身健体。1973 年 12 月湖南长沙马王堆西汉墓中出土的帛画《导引图》，以图画的方式形象地再现了古代导引的各种姿势。相传汉魏之际的华佗，他在古代导引的基础上，模仿虎、鹿、熊、猿、鸟五种禽兽的动作，创造出一种名为"五禽戏"的保健体操，南朝陶弘景《养性延命录》收有《华佗五禽戏诀》。到宋代，又出现了一种名为"八段锦"的体操，"八段"是指全套八个动作，流传过程中分为南、北两派，南派多为坐式，以柔为主，又称"文八段"；北派多为立式，以刚为特色，又称"武八段"。明代王圻《三才图会》所取"八段锦修真图"为叩齿集神、撼天柱、舌搅漱咽、摩肾堂、单关辘轳、双关辘轳、托天按顶、钩攀八幅图，并有要领解说。明朝时又出现了一种称为"易筋经"的体操，清代王祖源《内功图说》中载有"易筋经十二势"，并配有图解。

**骑射**　是与古代游牧、狩猎、战争有着密切关系、带有军事性质的体育活动。骑，是指赛马，如战国时孙膑帮助齐国将领田忌取得赛马胜利即典型一例；射指射箭，据史载，早在殷商时期，学校就将射术作为主要课程，西周时"射"作为"六艺"之一，并结合当时的礼治规定了"射礼"。春秋战国时，楚国大夫养由基有"百步穿杨"的美誉，魏国还制定了"习射令"。后来骑与射多合二为一，如战国末期赵武灵王吸收北方胡人的经验，进行军事改革，建立骑兵部队。汉时朝廷专设掌骑射训练的官吏，称"射声校尉"，武帝时李广留下"射石饮羽"的佳话，三国时吕布有"辕门射戟"的精湛射术，唐时皇帝校阅部队多有骑射表演。直到清代，八旗兵仍要自幼演习弓马。魏晋南北朝时期，还涌现出诸如李波小妹这样射艺高强的巾帼英雄，唐代宫廷的嫔妃也常参加骑射打猎，民间还流行端午节"射粉团"的游戏。宋代北方边境先后组织了"弓箭社""巡社""射水弩社"等组织。此外，契丹每年三月三有"射木兔"的活动，女真族有"射柳"的习惯，蒙古族有"射草狗"的风俗。在民间，还有"射鸽子""射月子""射绸""射香火"等骑射比赛形式。

**投壶** 春秋战国时期流行于贵族宴席上的一种娱乐活动。古代士大夫会在宴饮场所以酒壶象征箭靶，在离壶一定距离处将矢（常以柘枝或棘条）投入壶内，中者为胜，负者罚酒。投壶前和投壶中有一套繁琐的礼节，并伴有鼓乐。投壶虽是一种游戏，但颇受古人的重视，儒家经典《礼记》中有一篇专讲"投壶之礼"，宋代司马光在《投壶新格》中也说："投壶可以治心，可以修身，可以为国，可以观人。"

**陆博** 又称六博。博本是古代棋局的一种，其用具包括六箸十二棋。据洪兴祖《楚辞补注》引《古博经》曰，这一游戏的规则是："二人相对坐向局，局分为十二道，两头当中名为水。用棋十二枚，古法六白六黑，又用鱼二枚置于水中，其掷采以琼为之。二人互掷采行棋，棋行到处即竖之，名为骁棋，即入水食鱼，亦名牵鱼。每牵一鱼获二筹，翻一鱼获二筹。"后来"博"的形式起了变化，由棋局而演化为专指掷采以定胜负输赢的赌局了。

**五木** 古代博戏用具，因系木制的五子，故名五木，后世也有用石、玉、象牙或骨制的。据宋程大昌《演繁露》载，五木的形状两头尖，能够转跃；中间两面平广可以镂采，其中一面涂墨画犊，一面涂白画雉。投子时最高采称为卢，五子皆黑；次称雉，四黑一白；再次称枭或犍。后世将五木截去两头尖端，蹙长为方，由两面成为六面，类似于骰子。

**骰子** 又称投子、色子，古代赌具。传说系曹魏时曹植所制，取投掷之义，故名投子。投子以木、竹削制，后有用玉、骨或象牙制作的。有人认为骰子系从五木演化而来，其形状为正方，六面分别刻"幺二三四五六"之数，除四数为红色，余皆为黑色。后世将骰子改制为牙牌，全副 32 扇（张），四人游戏，每人 8 张。明代又将牙牌改为骨制，后来的"牌九"之戏即由此演变而来。当时还有一种马吊游戏，开始用于行酒令，后演变成为麻将牌。

除上而外，古代还流行斗牛、斗鸡、斗鸭、斗蟋蟀、斗草、猜谜、划拳等游戏和钩强（拔河）、木射、冰嬉、游泳、踢毽子、放风筝等体育活动。

### 三、歌舞戏剧

舞蹈是远古人类创造出来的最早的艺术形式，中国迄今已知最早的造型记录是马家窑文化类型青海陶盆内壁的组舞彩绘。早期的舞蹈除娱神驱灾外，还肩负有娱人和宣教作用。

**巫舞**　古代巫师用以迎神娱神的舞蹈。《国语·楚语》认为起源于少昊时代，商周时期巫舞盛行，除以巫舞降神外，还以之求雨。史载汤曾舞雩求雨，周袭其风，凡逢大旱则使巫师舞雩。两晋南北朝时，宗教迷信与娱乐活动密切结合，女巫也与女乐一样以色艺娱人，舞雩求雨的情况则已罕见，而巫舞主要代之以用来驱邪、驱鬼、驱瘟、招魂，唐以后巫舞流入民间，俗称"跳大神"。

**傩舞**　此舞原是一种模拟人兽角斗的舞蹈，后来演变为禳鬼驱疫的仪礼舞。其功能主要是祈神安鬼，逐祟除疫。周代宫廷每逢岁除，辄行大傩仪式，由方相领头，率百隶蒙皮执戈扬盾而舞，汉代宫廷傩舞在腊日前一天举行，选10岁以上、12岁以下中黄门子弟120人，赤帻皂制，唱驱鬼词，傩舞者扮作方相氏（古代民间普遍信仰的驱疫避邪神祇）与十二兽舞，喧呼行进，绕宫殿三周，最后持火炬将鬼疫送出端门。后代沿袭汉代仪式而略有变化。

**雅舞**　系历代帝王用于祭祀天地、宗庙及朝贺、宴享等大典的乐舞。雅舞分文、武两大类，文舞歌颂文德，舞者左手执筋，右手秉翟；武舞歌颂武功，舞者手执盾牌、玉斧。雅舞相传系周公旦制定，以后历代王朝循例制礼作乐时皆有增删修订，使歌词内容更适合于歌颂本朝的文德武功，如唐武德九年（公元626年）制成的"大唐雅乐"即典型一例。

**六舞**　又称"六乐"，传说是周公旦整理修饰黄帝、尧、舜、禹、汤、武六代先王乐舞而用于周代贵族祭祀的六个舞乐。其名为：云门、咸池、大韶、大夏、大濩、大武。前四个属于"文舞"，表现唐、虞、夏以禅让得天下；后两个属于"武舞"，体现商、周以武功得天下。六舞是周代礼乐制度的重要组成部分，以后历代王朝奉之为典范。舞队的人数和乐悬也有严格的级别规定，如天子用八佾，诸侯六佾，大夫四佾，士二佾。

**优舞**　是一种以滑稽歌舞娱乐的舞蹈。舞者称优人，多是侏儒。其特点是在供贵族或统治者笑乐时，寄托讽谏之意。传说夏桀时即有优舞。春秋时晋国的优施、楚国的优孟，秦朝的优旃，汉朝的郭舍人，都是著名的优人。优舞在汉初更为盛行，既娱人也娱神，经魏晋南北朝，到隋文帝时以其非正典而罢之，但到唐代仍有进贡"矮奴"的情形。

**伎舞** 系女伎表演的乐舞。史载女伎乐舞始于夏启宫廷，商纣时更盛。春秋战国时，赵女善弹唱，秦娥善箫，郑姬善舞，中山女子善瑟。秦统一六国后，美人充盈后宫，促使女伎乐舞融汇交流。到汉朝时，女伎乐舞逐渐形成中国舞蹈艺术的主流，如戚夫人、赵飞燕、翁须等皆因舞艺高超而受君王所宠。魏晋至唐，皇帝后宫、贵族府第、达官家宅，女伎盈门，歌舞不休，如绿珠的婀娜舞姿，潘妃的金莲舞步，张净婉的轻盈舞态，孙荆玉的反腰衔簪，杨贵妃的婆娑风韵，谢阿蛮的凌波飘逸，均为文人墨客津津乐道。宋以后，理学兴盛，瓦舍兴起，女伎乐舞日趋衰微。

除上而外，汉代民间流行盘鼓舞、鞞舞，魏晋时流行白纻舞、明君舞、鸲鹆舞、前溪舞，南北朝时流行兰陵王入阵曲、踏谣娘、清商乐，隋唐时流行九部乐，唐代宫廷盛行坐部伎、立部伎、队舞，教坊盛行健舞、软舞，民间流行杨柳枝，宋代流行转踏、采莲队舞、舞判。宋之前，民间还盛行踏歌群舞，宋元明清民间流行讶鼓、舞鲍老、村田乐、秧歌舞、花鼓灯舞等，少数民族地区亦各有精彩的舞蹈流行。

**戏剧** 是一种融说唱、歌舞、演奏等为一体的综合性艺术。先秦时期的《诗经》和《楚辞》即歌舞的歌词，汉乐府中的诗歌是配合乐器歌唱的，南北朝时形成的"大曲"是以一支曲子反复演唱叙述一个完整的故事，隋唐时期形成的"俗讲"是以边讲边唱的方式叙述佛经故事和世俗故事，而晚唐时期流行的"参军戏"已分出参军与苍鹘等脚色，北宋中叶产生的"诸宫调"则根据故事情节的需要选用不同的曲子来演唱。宋代杂剧与金代院本可以认为是中国最早的戏剧形式，脚色增至四五人，又有规定的演出程序，但表演仍以滑稽为主。元杂剧的出现标志着中国戏剧的成熟，这种戏剧一般规定每本四折，各用不同的宫调，通过念唱及动作表演一个完整的故事，演员的脚色分为正末、正旦、外末、冲末、外旦、搽旦、净等，元杂剧的代表作是关汉卿的《窦娥冤》和王实甫的《西厢记》。

宋元时期，在南方还产生了由村坊小戏演变而来的南戏。南戏的开头多介绍剧情梗概或剧作意图，称为"家门大意"。正戏从第二场开始，场次划分以主要脚色生、旦上场下场为界，并穿插净、丑、末插科打诨的情节。南戏的脚色有生、旦、净、丑、外、末、贴七种，《张协状元》是现能见到的最早的南戏剧本，元末高则诚所作《琵琶记》是南戏的代表作。

明代的传奇戏曲是在南戏的基础上吸收了杂剧的优点而形成的新体系，其唱腔主要有弋阳腔、余姚腔、海盐腔、昆山腔四种。尤其是昆山腔（又称昆腔、昆曲）流丽悠远、委婉动听，集南北曲之大成，巧妙搭配各种宫调，伴奏乐器也配置得当，使曲牌联套体的结构方法更加富有表现力，其脚色行当也从南戏的七种发展为十二种，演员通过念、唱、做、打各种艺术手段塑造人物形象、表现剧情。明代传奇的代表作是汤显祖的《牡丹亭》和梁辰鱼的《浣纱记》。

明代上至宫廷、下到村镇，都有频繁的戏曲演出，宫廷演出更是规模宏大，许多显贵家庭往往私蓄"家班"。进入清代后，戏曲的地方色彩越来越浓，除弋阳腔系和昆腔腔系外，各地还形成梆子腔系、皮黄腔系、弦索腔系、乱弹腔系等等，并形成花部（各种地方戏）与雅部（昆曲）争胜的格局。乾隆初年京城剧坛出现了昆曲与京腔（由弋阳腔演变而来）的竞争，结果是弋阳腔被引进宫廷，之后又有秦腔演员魏长生进京，四大徽班（三庆、四喜、和春、春台）进京，最终取得花雅之争的胜利。到道光年间，徽、汉二调进一步融合，并吸收弋、昆各腔之长，发展成为日后的京剧。京剧以二黄、西皮为主要声腔，吹打曲牌则多取自昆曲。

京剧的脚色行当大致可分为生（男性正面主要人物，又可分为扮演中、老年的老生，扮演青、少年的小生，扮演青、壮年的武生等）、旦（女性人物，可细分为扮演中、青年主要脚色、俗称青衣的正旦，扮演滑稽或奸刁的丑旦，扮演老年脚色的老旦，扮演天真活泼或放浪泼辣青年脚色的花旦，扮演勇武善打脚色的武旦等）、净（性格或像貌有特异之点的男性人物，俗称花脸）、末（老生行当的次要脚色）、丑（幽默滑稽，心地善良或奸诈刁恶、悭吝卑鄙的男性脚色，俗称三花脸）、外（老年男性次要脚色）以及扮演士兵、夫役等随从人员的"龙套"，扮演杂差一类人物的"杂"等等。上述脚色行当各有一套表演程式，在唱、念、做、打上各具特色，脸谱、服饰、道具也各不相同。其他剧种在脚色行当、化装道具等方面与京剧大同小异。

## 四、曲艺杂技

曲艺是说唱艺术的总称，一般以叙述为主，代言为辅，具有一人扮演多种角色的特点。中国古代曲艺多与民间音乐、各地方言相结合，演员人数较少，道具也简单，但形式却丰富多样。

**说话**　唐宋时期说唱艺术的一种。说话即讲故事，大致包括小说、谈经、讲史、说诨话、合生等形式。其中讲史又称平话，对后世曲艺影响较大，其话本多用近乎当时的口语，如《五代史平话》等，后发展为演义。

**转变**　唐代说唱艺术的一种。"转"是指说唱，变是指变易文体。其说唱的底本称"变文"，内容多为历史传说、民间故事、宗教故事等。转变在边说边唱时多辅以图画，对后世的词话、鼓词、弹词有较大影响。

**诸宫调**　宋、金、元时期说唱艺术的一种。诸宫调取同一宫调的若干曲牌联成短套，首尾一韵；再用不同宫调的许多短套联成数万言的长篇，杂以道白，并用琵琶等乐器伴奏。如金人的《刘知远》、董解元的《西厢记》、王伯成的《天宝遗事》等，这种形式对元杂剧有较大的影响。

**大鼓**　由一人自击鼓、板演唱，一至数人用三弦等乐器伴奏，主要流行在于北方各省市，兼及长江、珠江流域的部分地区。曲目以短篇居多，也有兼唱中长篇的。因流行地区和伴奏乐器及唱腔的不同分为京韵大鼓、西河大鼓、京东大鼓、东北大鼓、山东大鼓、上党大鼓、湖北大鼓、广西大鼓等等。

**走唱**　由演员边说边唱边舞，是带有歌舞色彩的说唱形式。如西南诸省的"车灯"、湖北的"三棒鼓"、东北的"二人转"、西北的"二人台"等。有的曲种表演者虽作人物扮演，但仍以叙事者身份演唱故事，也有的曲种还有他人帮腔。走唱的唱词一般为七字句。

**数来宝**　由一人或两人说唱，用竹板或系以铜铃的牛髀骨打拍。常用的句式为可以断开的"三三"六字句或"四三"七字句，其第二、四、六句均可换韵。这种曲艺的产生是艺人沿街说唱，见景生情，即兴编词，后来进入小型娱乐场时，说唱的内容、句式、节奏、押韵均有所变化，逐渐演变为快板，并在北方地区广为流行。

**相声**　一般认为系在清同治年间由民间笑话演变而成，相声有北京天桥、天津劝业场和南京夫子庙三大发源地，分为北派与南派，这种曲艺形式以说、学、逗、唱为主要艺术手段，以引人发笑为艺术特色，表演形式有单口相声、对口相声、群口相声等。相声擅长讽刺，语言幽默诙谐，是一种源于生活、扎根于民间、深受群众欢迎的曲艺表演艺术形式。

中国古代曲艺的形式丰富多彩，影响较大、流传较广的还有弹词、琴书、单弦、评书、评话、道情、滩簧、河南坠子、快板、莲花落、双簧等，这些曲艺都来自民间，其形式为老百姓喜闻乐见，是唐代以后中国老百姓消闲娱乐的主要形式之一。

西汉时期，杂技作为一种较为成熟的表演艺术登上历史舞台。元封三年（公元前108年）春，汉武帝在长安平乐观举行了盛大的百戏演出，当时的杂技项目有爬竿、走大绳、钻火圈、手技抛剑、弄丸、倒立以及吞刀、吐火、屠人、杀马等幻术。1969年济南无影山还出土了西汉杂技俑。东汉时期杂技又有长足发展，这在东汉壁画、砖刻、石刻画像及张衡的《西京赋》等文献实物材料中均有丰富的记载和反映。北魏时期，洛阳庙会盛行"辟邪狮子"，即后来的狮子舞；东晋时期的"神龟抃舞""桂树白雪"，刘宋时期的"凤凰衔书"，齐梁时期的"天台山伎""文康胡舞"等都是以虚幻为主的杂技节目。

盛唐时期，杂技称为散乐，虽不属官方所定的十部乐中，杂技节目仍很流行。唐玄宗时，大型的宴乐活动常以大规模的舞马、逗牛、驯象等杂技为压轴戏。当时杂技高手辈出，顶竿的王大娘、耍剑的公孙大娘、叠罗汉的石大胡等等均为时人称道。宋代以后，瓦市、勾栏等游乐场所兴起，艺人们组成专业行当"社火"，在瓦市中大显身手，如赵喜、姚润的"杂耍"，杜七圣的杀人复活幻术，任小三、李外宁的傀儡，林遇仙的"撮弄"幻术等等，久负盛名。当时还有许多被称为"路岐"的艺人，入不了勾栏，则走村串巷，沿街练摊。

明清时期，杂技艺人的社会地位极为低下，在艰难困苦的环境中，艺人们苦练技艺，不断提高技能。明代盛行的钻地圈、踢毽子、蹬技、绳技、变戏法就是驰名中外的节目。清代幻术艺人李赛儿擅长杂技，其幻术"九连环"达到出神入化的地步。清代杂技艺人有不少流浪出国，从同治年间起，欧、美、日的杂技团体也相继来访，传统的中国杂技艺术吸收融合了外来的优秀技艺，形成独特风格的中国现代杂技，如变戏法、顶技、蹬技、飞叉、晃板、耍花坛、爬竿、转碟、水火流星、猴戏等等项目，不仅受到中国民众的欢迎，而且在世界曲艺舞台上也占有一席之位。

# 第二十四讲　古代的江湖文化

汉语中的"江湖"本意指长江和洞庭湖，是一个地理概念，后来泛指自然界的江河湖泊。与地理概念相对应，在中国古代社会上也衍生出一个介于官方和民间、不接受官衙掌控而适性所为的"江湖"，这个"江湖"是一个人文概念。"江湖"中有三教九流的人物、五花八门的组织、稀奇古怪的语言、形形色色的方术，还有相对稳定的原则与规矩。"江湖"作为古代社会的一个组成部分，既与社会的其他部分发生着千丝万缕的联系，又相对独立于正统社会。"江湖"所形成的文化与正统的庙堂文化相对立，具有隐秘性、零散性、游动性、寄生性、潜规则、一定的反社会性等特点。

## 一、江湖上的各类人群

中国古代闯荡江湖的人物大致可以分为侠士、艺人、强盗与土匪、术士与骗子以及乞丐等几种类型，行走在江湖上的人物多数具有一技之长，多数是以走乡串户、游动不定的方式在社会上谋生。

**侠士**　古代文献中对江湖上这类人物有游侠、义侠、豪侠、剑侠、隐侠、僧侠等多种称谓，司马迁在《史记》中专门有《游侠列传》，班固的《汉书》中也有《游侠传》。侠士的产生有着较为复杂的社会背景，大致形成于春秋战国时期。春秋战国时期，诸侯权贵养士之风盛行，使得侠士在政治舞台上频频亮相，如曹沫（为鲁庄公劫持齐桓公）、豫让（为晋国智襄子行刺赵襄子）、专诸（为吴国公子光行刺吴王僚）、聂政（为韩国严遂行刺丞相侠累）、荆轲（为燕太子丹行刺秦王）等等都是著名的侠士。这些身怀勇力和武艺的侠士，崇尚节义，不图富贵，舍身报恩，他们并不考虑自己为之献身的事情是否正义，而是抱定"士为知己者死"的信条，出生入死，虽殒身而不恤。

两汉时期，尚侠之风仍盛，如西汉时的汲黯、剧孟、郭解、郑当世，东汉时的袁绍、袁术、张邈等，都以任侠自喜，且引以为荣。不过两汉后期的侠不同于先秦时期的侠，其特点是与各级地方豪门士族相结合，如同荀悦在《前汉纪》卷十所言，成为"立气势，作威福，结私交，以立疆于世者"，蜕变为称霸一方的地方恶势力，以致屡屡对皇权构成威胁，迫使汉王朝的统治者不得不数次采取大规模的行动，集中解决豪侠恶势力的问题。

魏晋南北朝时期侠士的情况较为复杂，一部分武侠轻财重义、施爱尚气，如汉魏间的四大名侠孙宾硕、祝公道、杨阿若、鲍出，北魏的裴庆孙等；一部分武侠豪暴凌弱、放纵末流，如北齐高乾、高昂兄弟等。这一时期的武侠还有一个鲜明的特点，就是拉帮结派，带有明显的政治色彩，如三国时魏国的许褚，北魏的薛修义，北齐的李愍，东晋末年的司马文思，南朝梁、陈时期的留异等等。

隋唐时期，上流社会尚侠之风愈演愈烈，豪门贵族、文人墨客、纨绔子弟多以任侠为荣，成群结队，纵恣不羁，自命不凡，浮奢绮靡，游侠成为贵族文化的重要内容，成为一种时尚的标志和消遣的方式。侠在唐代的上流社会被扭曲得面目全非，几近痞子。倒是民间有一些武侠保持了古时游侠的作风，轻死重节，仗义行侠，打抱不平，可谓"马踏江湖，举杯歌一曲；仗剑天涯，轻笑情仇怨。"所以李白在《侠客行》中夸赞与信陵君结交的侠士侯嬴、朱亥"千秋二壮士，烜赫大梁城；纵死侠骨香，不惭世上英"，借他人故事，浇自己块垒。

侠到宋代，又为之一变，其出身多来自平民，其价值观念更多的渗入为朋友两肋插刀的江湖义气。多数武侠行为的性质，既不像先秦时专诸、聂政、荆轲等带有政治色彩，也不似汉代郭解、剧孟等带有社会性质，而多是一种朋友间的个人行为，例如宋代刘斧《青琐高议》中描绘的发生在宋仁宗庆历年间武侠孙立为好友洗耻而找恶霸张本算账的事例，再如苏轼《方子山传》中所述的侠士方子山等等。值得一提的是，宋代武术普遍渗入平民百姓的日常生活之中，还有专门靠武术表演为生的人，平民百姓中也有不少人会使枪弄棒或懂得几路拳脚，而比武打擂台成为一种常见的武术比赛形式，武术中的套路在这一时期得到长足发展。据《宋史·兵志》记载，这一时期的"使拳""使棒"有名目繁多的套路技术，被后世尊为"少林寺中兴之祖"的秋月禅师白玉峰就有多达170余套拳术。从宋代开始，中华大地纷纷涌现出一个以师徒关系为纽带，纵向传授武术套路的群体——武林。武林中技艺精湛的人士被称为武林高手。宋以前，武侠一般喜欢天马行空，独往独来；宋之后，多数武侠时兴结拜，看重结义，或路见不平，拔刀相助；或视官府为敌，结义造反；也有一些武侠流入绿林，或聚啸山林，打家劫舍，为非作歹；或占山为王，劫富济贫，除暴安良；另有一些武侠被官府招安，成为官府的鹰犬爪牙。成书于清代嘉庆年间的长篇武侠小说《三侠五义》，演绎的就是北宋仁宗年间侠士们除暴安良、诛强助弱的故事。

**艺人** 在江湖上闯荡的艺人有"五花八门"之说，江湖上的五花一般是指金菊花（卖茶女）、木棉花（江湖郎中）、水仙花（歌妓）、火棘花（杂耍艺人）、土牛花（脚夫）五种行当；八门系指巾门（星相、测字、风水）、皮门（行医卖药）、彩门（戏法魔术）、挂门（即瓜门，耍枪弄棒、打把式卖艺）、评门（评书、大鼓、相声、说唱）、团门（走街卖唱、行乞）、调门（扎彩、鼓吹、杠房）、柳门（梨园戏班）。以近世郑州老坟岗一带存在过的江湖行当为例，有人归纳为8大类、10小股、128个捻子、256个分支和360个杂巴地（不入流的小寡门）。多数艺人四处奔波，没有固定的卖艺场所，或在街头巷尾，或在商埠码头。他们凭着自己手中或口中的"绝活"，吸引观众和听客。以其所操艺业的不同，大致可分为文艺人与武艺人两类，文艺人以动口为主，包括说书、说相声、口技、唱戏曲、唱大鼓、竹板等等；武艺人以动手为主，包括变戏法、耍杂技、耍猴、打把式等等。

江湖上称说书艺人叫"团柴的"，其使用的道具多是一桌一凳、一扇一木，还有一块手巾。开说之前，总要来几句开场白，再说一套赞词，然后才书归正传。说书中讲究善使"扣子"，"扣子"就是悬念，有碎、小、大、连环之分。"扣子"运用得好，就绘声绘色，引人入胜，听众才乐意掏钱。说相声在江湖上被称作"团春"，单口相声叫"单春"，双人相声叫"双春"，听众隔帐而听的叫"暗春"，相声艺人需具备说、唱、逗、学等功夫，要说得绘声绘色，唱得字正腔圆，逗得幽默诙谐，学得惟妙惟肖。说相声特别讲究"抖包袱"，即能够使听众不时地捧腹大笑。唱戏曲在江湖上称"柳门"，唱大鼓的在江湖上称"柳海轰的"，二者的共同要求是演艺人员要模样好、嗓音纯、口齿清。元代以后，演唱杂剧、传奇等戏曲还特别讲究念、唱、做、打，其动作及武打都有固定的程式。至于口技与竹板，则讲究抑扬顿挫，活灵活现。

变戏法在江湖上称"彩立子"，卖戏法的称"挑厨供的"，两者都属于杂技行当。常见的戏法有：五子夺魁、滴水成冰、火内套彩、口中喷火、八仙过海、九龙闹海、吞宝剑铁球、罗圈当当、大变酒席、破扇还原、寿桃寿面、海底捞月等等。卖戏法首先要以戏法吸引观众，而后凭着三寸不烂之舌把戏法吹得天花乱坠，使观众动心，而后出卖印好的戏法法门，并能翻口成倍长价，或以假乱真。江湖上称上述卖戏法的行为为"前棚""后棚"功夫。靠武术在江湖上生活的人叫"打把势"的，其中替人看门护院的称"支"，护驾保镖的称"拉"，教场子的称"戳"，拉场子占地方卖武的称"点"；得名师传教、有真功夫的称"尖挂子"；唬外行、只能打套路的称"里腥挂子"，既打把势卖艺又卖狗皮膏药的在江湖上称"挑将汉儿的"。

**强盗与土匪** 强盗在中国由来已久，春秋时期的柳下跖，时人即称其为盗跖，后来的一些强盗奉其为祖师爷。强盗中的大多数是一些聚啸山林湖泊、专门打家劫舍、鱼肉良民百姓的江湖人，近现代称其为土匪。土匪出没的地带多是交通不便、地形复杂、远离官府的地方，例如中华人民共和国成立前的湘西、东北地区的深山老林。土匪的活动方式主要是选择有钱的人家打家劫舍（江湖上称"砸窑"），绑架人质勒索钱财（即绑票），强行打入某一行业参与管理并从中分利（江湖上称"吃票"），兼并另一股土匪或接受对方的招安（江湖上称"靠窑"），还有报复伤害自家弟兄的仇人，严惩自己内部的叛徒，救助另一股土匪等方式。

土匪内部一般都要严格的管理制度，以近代关东与内蒙古一带的肆虐的土匪组织为例，内部形成一套"四梁八柱"管理体系。"四梁八柱"是由负责内务管理的"里四梁"和负责对外行动的"外四梁"八个土匪机构（头目）构成。"里四梁"中的头一梁称为炮头，其余三梁分别称为翻垛、粮台、插千；"外四梁"中的第一梁称为秧子房，其余三梁分别称为水香、花舌子、铁锁。这八个土匪机构（头目）分工明确，职责清晰，《智取威虎山》中座山雕手下的"八大金刚"可能就是沿袭了这种管理体系。此外，有些土匪组织也有休闲的假期，如北方的土匪一般到秋末冬初之际，换上短枪，分钱散去，悄悄回家与亲人团聚，到来年春天再集中。若是无家可归，便去找姘头或去嫖娼逍遥。

**术士与骗子** 走江湖的术士靠眼"眼观六路"，靠嘴"坑蒙拐骗"，所以要"以江为眼，以湖为口"。所谓眼就是要见啥人、说啥话、用啥货，所谓口是指口若悬河，能说得天花乱坠，还能随时应变。眼有贼眼、千里眼、夜行眼之称，口有海口、刀口、血口之谓。江湖上的术士多是一些没有真本事的骗子。过去有"三场半门坎"之说，"三场"是指吹嘘自身的"吹场"，诱人上钩的"进场"，敲诈对方的"宰场"；"半门坎"则是指骗宰钱财后溜之乎也的"退场"。术士的组成形形色色，有为人相面相骨的相士，有给人算生辰八字的算命先生，有断人吉凶、预测福祸的扶乩先生、测字先生、圆光先生，有替人测看宅基墓地的风水先生，有驱鬼弄神、镇妖降邪、消灾避祸的巫婆神汉，还有包治百病的江湖郎中。

江湖骗子不像江湖术士要靠自己的行当来做掩护，而是赤裸裸地用骗术诈人钱财。骗子有跑单帮的，有结伙而行的。其骗术形形色色，门类方方面面，有拐卖妇女儿童的"老渣"，设赌骗人钱财的"老月"，调包换物的"小贩"，装贫扮惨、软缠硬磨、讨人钱财的"拨子"乞丐等等。骗子也要有能耐、会骗人，比如小贩要行骗，首先是物色对象，这在江湖上称"把点"；其次是判断能否骗成，称"把杆"；然后是"抛苏"，即假戏真做，使对方信以为真；再然后是"亮托"，即捧出真样品让对方看；最后是"换托"，即使用调包计换成假货。

**乞丐** 乞丐是指以乞讨谋生的人，又称"叫花子"或"要饭的"。乞丐的结构十分复杂，既有真乞丐，也有假乞丐。真乞丐中有的属于家庭破败、贫病交加、完全失去生活依靠的人；有的因为肢体残障，失去了劳动能力；有的属于鳏寡无依或孤苦弃儿，只得靠乞讨赖以为生，他们因基本生存条件的丧失而处于社会的最底层。但是也有为数不少的假乞丐：一些游手好闲的惰民，好逸恶劳，好吃懒做，不愿靠自己的辛勤劳动谋生，甘心沦为乞丐；一些地痞流氓、无赖流贼不是把乞讨作为生存方式，而是作为一种生活方式，是他们追求物质利益和生活目标的一种手段。

这里要特别谈一下"丐帮"，丐帮号称天下第一大帮会，巅峰时期会员人数突破千万，其分支机构遍布关内关外、大江南北，其管理方式类似当今的社团管理架构。丐帮中位阶分明，帮主、副帮主之下有九袋长老等职位。野史和小说中著名的丐帮帮主如唐朝时首代帮主庄义方、北宋年间的萧峰、南宋的洪七公、元朝的史火龙、明朝的解风等等。丐帮一般是有组织、有目标地行动，往往还采取集体行动、协同索要的方式。乞丐的组织在江湖上称"杆上的"，帮主坐享其成，自己不去讨要，乞丐中最难缠、最厉害的是那些小姑娘、老太婆，江湖上称她们为"女拨子"。"丐帮"的余毒一直流传至今，有的农民在冬闲无事之时，全村成群结伙地外出乞讨，将乞讨当作维持长期稳定生活的一种方式，当城管问及乞丐"你需要救助吗"时，几乎所有的乞丐回答是不需要。在杭州和其他一些城市街头，还惊现使用支付宝和微信扫码方式乞讨的情形。

### 二、江湖上的各类组织

大致说来，江湖人物在先秦两汉时期多是个人行为，汉末之后多是组织行为，有些江湖人物看上去独往独来，游离于社会，实际上他并没有游离于江湖上那个社会组织。

**武林** 宋代以后，武术成为平民大众日常生活的内容，民间武术团体纷纷涌现，据《宋史·兵志》载，在宋真宗时期出现的"弓箭社"到元祐八年（公元1093年）达588个，到宣和七年（公元1125年）这类组织的人数增加到24万。据《武林旧事》卷三记载，南宋时期民间武术团体又纷纷结社，如当时临安有专练相扑的"角抵社"，专练射箭的"锦标社"，专练棍棒的"英略社"等。此外，寺庙道观也有武术团体，如少林寺的武术在当时就名震天下。武林中的门派森严，一般是以师徒关系为纽带，以传授某种或某几种套路为内容，以秘密的纵向传授为方法。武林中师徒世系如同家谱，是用以区分武侠间彼此远近亲疏的尺度。武林组织有多种划分方法，有以山川将拳术分为武当、峨眉、少林等派；有以功力的重心所在将太极、形意、八卦分为内家，将少林等多种拳术分为外家；还有以地域特点区别拳种门派，如民间素有"南拳北腿"之说，一般认为南派以拳法见长，刚硬有力，讲究小部位动作，北派以腿法见长，舒展大方，跃扑激烈。

不同的拳路套数是划分武林门派的重要依据，如少林拳相传为达摩大师所创，他在"活身法"的基础上又创编了"罗汉十八手"。少林拳套路紧凑，攻防严密，招式多变，具有先发制人、以刚克柔、以动制静的特征。少林拳在流传过程中形成诸多拳路门派，有人将潭腿、花拳、洪拳、通臂拳、地趟拳、番子拳归为少林拳门类，也有称龙拳、虎拳、豹拳、蛇拳、鹤拳为南派少林精华五拳。再如内家拳，相传为宋代武当山道士张三丰创立，在流传过程中也形成众多门派，有人将太极拳、八卦拳、形意拳为内家拳的三大门类。内家拳主于御敌，以练气为本，其特点是以静制动，例如属于内家拳之一的"六合八法拳"（相传为道士陈抟在华山云台观时所创），即讲究体合于心、心合于意、意合于气、气合于神、神合于动、动合于空"六合"和行气集神、骨劲内敛、化象模仿、圆通策应、顶悬虚空、往来反复、静定守虚、隐现藏机"八法"。武林中各门派之间虽然壁垒森严，拳术密不传外，但事实上各门派之间也相互取长补短，渗透融合，推陈出新，各门派除了练就拳术外，还要有选择地精通剑术、枪术、射术、棍术等所谓的"十八般武艺"。

**秘密教派** 中国古代除佛、道、伊斯兰等为官府认可的宗教外，还有一些是受官府敌视和压制、在民间秘密组成的教派。中国古代的农民起义往往借助秘密教派收拢人心，例如东汉末年张角兄弟组织的太平道，这一教派在张角的号令下，民众纷纷揭竿而起，在十几年间发展到几十万人。他们头扎黄巾，呼喊着"苍天已死，黄天当立，岁在甲子，天下大吉"的口号，成为中国历史上第一次由江湖组织发动的农民起义——黄巾起义，对东汉朝廷的统治产生了巨大的冲击。黄巾起义虽然最终以失败告终，但东汉名存实亡的局面也不可挽回，最终导致三国分立。之后，又有张陵及其后代张衡、张鲁创立五斗米道，又称鬼道，后来发展为政教合一的社会组织，雄踞巴蜀30年之久。

隋唐时期，民间秘密教派更是大规模发展，其中从波斯传入中国的摩尼教（又称明教）有极其严格的清规戒律，这一教派从宋代起在江湖上广为流传，尤其是在江苏、江西、福建、浙江一带，几乎每一乡村都有号称"魔头"的摩尼教首领，其组织严密有序，其成员互助互援，以致在宋徽宗时爆发了利用摩尼教的方腊起义。

宋以后道教分裂出太一、混元、全真、净明、清微等派别，多数不被官府认可，但长期在江湖上流传。南宋初年在江浙一带出现的佛教派别白莲社和白莲宗，到了元代成为鼎盛一时，与佛教、道教三分天下的白莲教。白莲教徒在元末参与起义，到明朝遭官府禁止，之后成为明清时期在江湖上势力与影响最大的民间秘密教派。

清朝康熙年间，山东单县刘佐臣正式创立八卦教，教徒要把"真空家乡，无生老母"八字写于白绢，供于暗室，每晚诵读。教派之内，等级森严，教徒之间则以隐语和暗号联络，同门教徒有患相救，有难相死，一张嘴吃遍天下。清代光绪年间，山东青州人王觉一又创立一贯道，宣扬"万教归一"。王觉一传教主位给刘清虚，刘传路中一，路传张光璧，张光璧自称济公活佛转世，在全国范围内建立起一个庞大的、等级森严的江湖组织，七七事变后，张光璧投靠日寇，将大汉奸褚民谊、周佛海、王揖唐等拉入一贯道，1947年张光璧死后，其妻与姜分为两派继续进行传道活动。

中国封建社会最后的、同时也是最大的农民起义太平天国运动也具有浓厚的秘密宗教色彩。洪秀全在接触了西方基督教以后创立了"拜上帝会"，排斥佛教、道教等正统宗教，以上帝为独一真神，认为天堂有大小两种，大天堂在天上，"是灵魂归荣上帝享福之天堂"；小天堂在人间，"是肉身归荣上帝荣光之天堂"，也就是太平天国。洪秀全自称上帝次子，耶稣胞弟，由上帝派遣下凡作救世主。1851 年起义后，太平天国以恢复上帝纲常为号召，声讨不敬上帝的清朝统治者的罪行，举凡军政大事、日常行政，莫不以上帝为名而行，朝中军中经常的宗教活动有每日祈祷、礼拜日祈祷等等，还通过"讲道理"的活动向军民宣传宗教和政治。

秘密教派的发展往往非常迅速，任其发展可能会危及当朝的政权甚至取而代之，所以历代统治者往往把这些秘密教派视为"邪教"，都特别重视对秘密教派的严厉打击。

**帮会** 帮会由民间结社发展演变而来，到明清时期发展为黑社会性质的江湖组织。帮会较秘密教派尚武色彩要浓，匪气盗味要重，但二者作为江湖上的两大势力，在组织结构上有相同之处，如名称、宗旨、入教入会仪式、职务职掌、帮规戒律、辈分规矩、联络手段等等。中国历史上影响较大的帮会主要有洪门天地会、哥老会、青红帮。

天地会的宗旨是反清复明，口号是"明大复心一"，倒着念就是"一心复大明"。传说天地会为郑成功所创，开山祖师叫洪英，会内成员名义上不讲尊卑辈份，实际上还是等级严明，首领称大哥、大总理，二首领称二哥、香主。入会有一套隆重的仪式，入会后发给称作"宝"的证书，并接受严格的训练。天地会有《三十六誓》《二十一则》《十八律书》《十禁》《十条》《十款》《议戒十条》及《十刑》等规矩，会员宣誓时歃血为盟，违犯规矩依律处置。天地会有联络暗号，如"见人伸三指，口称五点二十一（洪）"，即表明是自己人。

哥老会俗名"咳皮"，在四川、云南、贵州一带称"袍哥"，原是天地会中的一支，清末发展为洪门系统最大的帮会，民国时期演变为江湖上瞩目的黑社会组织。哥老会起初对会员资格要求极严，会员需三代人都没做过坏事方可入会，必须讲义气、扶正气、兄弟相亲、患难与共，并能打抱不平，保一方安宁。哥老会下各组织均有字号旗帜，分别冠以"仁、义、礼、智、信"等，其中以"仁"字旗为最高，以下依次低一辈。哥老会内又有清水袍哥和浑水袍哥之分，清水袍哥多是由社会贤达组成，虽人在江湖，但绝少匪气；浑水袍哥则武夫居多，以劫富济贫之名，行打家劫舍之实，有些浑水袍哥是地地道道的土匪。哥老会内有十条戒律，违者由龙头老大临时在"茶馆"召集会议，视情节与性质分别给以挂黑牌（名誉处罚）、赔礼道歉、矮举（跪地认错改过）、传堂训诫、跑转转头（向在场的人一一磕头）、搁袍哥、放河灯（将奸夫淫妇四肢钉在门板上，放入河中任其漂流）、草坝场（极刑，龙头老大将匕首交给犯事者逼其自杀，且必须胸、心、腹对穿，三刀六眼；或者自己挖坑跳下去活埋）。此外，哥老会成员外出还有一些暗号和隐语。

青红帮中的青帮，起初是清政府办漕运时运河流域水手们的互助组织，咸丰三年（公元 1853 年）海运取代漕运，上万人失业，这些无业游民组成一个以贩卖私盐、拦路打劫为生的江湖组织——安清帮，其活动范围由苏北、皖北发展到苏南、浙江、华北地区，而后发展到大半个中国，其势力足与天地会相当。青帮的帮主称"老头子"，组织上设三堂六部，三堂即翁佑堂、钱保堂、潘安堂，系以青帮三祖姓名命名；六部是司劝人入帮之职的传道部，司接待外帮人员和介绍入帮人员之职的引见部，司管理入会凭证之职的掌布部，另有掌管印信的用印部，掌管礼仪的司礼部，专门稽查会员违章犯规的监察部。新成员加入青帮有一套繁琐的香堂仪式，帮内辈分严明，有十大帮规和《十要》《十禁》《十戒》《家法十条》《传道十条》等，并有各种酷刑。红帮即洪帮，亦即洪门天地会。红帮原以反清复明为宗旨，后来逐渐蜕化，到清末及民国时期，成为一个以经济利益为主的江湖黑社会组织，且与青帮渐趋一致，合流而为青红帮。

此外，旧中国的帮会之中还有从民间秘密教派演变而来的大刀会、红枪会等等。帮会作为江湖上的一类组织，有打抱不平、劫富济贫等积极的一面，但更多的情况是干一些危害社会的事，例如贩卖人口与毒品，倒卖军火，绑架勒索，庇护私商，强行垄断某地的某一行业（如设赌场、开妓院、占码头），包揽事件，包做人（秘密杀人）等等。

**绿林** 从魏晋南北朝开始，一些武士武侠流向绿林。《隋书·麦铁杖列传》载，隋初侠士麦铁杖，虽然目不识丁，但身怀绝技，勇武有力，又好交游、重信义，是当时有名的绿林好汉。《旧唐书·刘弘基列传》载，隋末武士刘弘基，亡命江湖，成为名震一时的盗马贼。《新唐书·李栖筠列传》载，唐肃宗、代宗之际苏州豪士方清流浪江湖，后占山为王，拥众数万。绿林中鱼龙混杂，泥沙俱下，既有侠肝义胆的勇士、除暴安良的好汉，也有为非作歹的盗匪、鱼肉百姓的草寇。就其活动的地带而言，多是港汊交错、山深林密、地形复杂、地势险要的湖泊山脉，如闽西汀州地区，浙西建德一带，湘鄂接壤处的洞庭湖、洪湖，闽粤赣交会处的虔州地区，东北的长白山，西北的陕甘宁一带，山东东平的梁山泊等等。

绿林中的人较武林中的人具有更浓重的江湖习气，盟誓仪式是绿林中的普遍现象，有歃血盟誓，有拜神盟誓，有对天盟誓，还有断物盟誓。一旦盟誓，终身约束，荣辱与共，休戚相关，虽非同年同月同日生，但愿同年同月同日死，其亲密程度胜过亲兄弟。取绰号诨名也是绿林中的一个普遍现象，如《后汉书·朱俊列传》载："自黄巾贼后，复有黑山、黄龙、白波、左校、郭大贤、于氐根、青牛角、张白骑、刘石、左髭丈八、平汉、大计、司隶、掾哉、雷公、浮云、飞燕、白雀、杨凤、于毒、五鹿、李大目、白绕、畦固、苦哂之徒，并起山谷闲，不可胜数。"宋代以后绿林中的人更是以诨名绰号代表身份或作为标识，如小说《水浒传》中所描写的 108 条好汉，人人都有诨名绰号。绿林中还流行的一种习气是文身刺字，文身是一种古老的习俗，原本是图腾崇拜，后人以文身刺字凑美，但绿林人中的文身刺字，多是用来显示勇武，并据以标识身份。

### 三、江湖的言语文化

在江湖上混日子的人都必须学会一套术语，即人们通常所指的"黑话"，这些"黑话"在江湖上称之为"切口"，又叫"春点"。江湖上除了通行的术语外，各个行当还有一套专门的术语，这些术语对于吃江湖饭的各类人士来说至关重要，因而江湖上流传着一句顺口溜，叫做"宁给一锭金，不给一句春"，这里的"春"就是"春点"，即江湖术语。最为典型的是土匪之间联络或见面时的"盘道"，必须用黑话对答，例如人们所熟悉的京剧《智取威虎山》中杨子荣面见座山雕时的对话：

座山雕突然发问："天王盖地虎！"
杨子荣答："宝塔镇河妖！"
问："脸红什么？"
答："精神焕发！"
问："怎么又黄了？"
答："防冷涂的蜡！"

江湖"黑话"是江湖上各种组织保护和发展自身的重要手段，它除了可以起到本组织成员之间的互相联络外，还可以区别究竟是组织内的人还是组织外的人。如洪门天地会将入会称作入圈、出世、拜正，称会员为香、豪杰、洪员，称集会为开抬、放马，称官兵为猛风，称官府为对头，称双刀为桥板，称银钱为瓜子等等。再如青帮把师父叫老头子、前人，拜师叫孝祖，徒弟叫弟老，晚辈叫小爷们，审讯叫闲话，杀死叫放掉等等。帮会黑话与其活动地区的方言也有关系，如当今香港黑社会组织三合会把枪叫做狗，电话叫轮，刀叫青，父亲叫天牌，母亲叫地牌，妓女叫斜牌，警探叫车，黑社会人物叫老衬、羊牯，男友叫条仔，女友叫条女，打劫叫老笠，入狱叫入册，坐牢叫受把，打架叫开片，流血叫爆江，吸毒叫啤灰等。

江湖上有一些各地通行的隐语，现主要依据曲彦斌《中国民间隐语行话》一书所收集整理的资料择要介绍如下：

**人物隐语** 男人（天牌）、女人（地牌、草儿、利市）、小孩（尖桩子）、土匪（混子、码子）、妓女（笑果儿）、夫（跑外的、天牌、上壳子）、妻（底板子、才字头）、官（灰的瓢巴、点字头）、兵（花鹞子、灰狗子）、爷（老掌局）、父（日宫、老根子）、母（月宫、老底子）、兄弟（并肩子）、子孙（晚辈子、低多万）、师父（老教子、老元良）、徒弟（徒垦、孝点子）、乞丐（赶孙、流巴生）、书生（孔孙子、笔管子）、富人（肉旦孙）、穷人（念水孙）、菩萨（尊老、西国点子、哑子）、死人（绷嘴子、歪鼻子）、孕妇（双身子）、弟兄（饼肩子）、自己人（熟麦子）、傻子（钻念子、台炮）、洪门会员（左玄）、美女（亮果）、丑女（念果）、乡下人（土地孙、千张子）、老妇人（苍果、苍利）、新会员（新丁贵人）等。

**肢体隐语** 头（脏点子、枣木子）、脸（盘儿）、麻脸（菊花盘儿）、脸丑（盘儿念）、脸美（盘儿尖、盘儿足）、眼（招落、招子）、鼻（闻罗）、耳（顺风、听罗）、牙（柴吊子、扁锯子）、口（樱桃、是非子）、手（爪子、五爪龙、托罩子）、脚（金刚子、立定子）、胡须（五柳子、雁尾子）、男阳（软硬棒子、金星子、攀条子）、女阴（合子皮、攀子）、乳（球子、高山）、拳头（瓜子）、肚皮（登子）等。

**器械隐语** 枪（手铳子、牲口、叫炉、喷筒）、矛（长挑）、花枪（苗子）、炮（大喷子、轰天）、机关枪（快上快、麻蜂窝）、盒子枪（牛腿子、蹄子）、大刀（片子）、小刀（青子、狮子）、棍棒（蟠龙）、剑（桥板、绉纱）、火药（狗粪）、枪弹（种子、米子）等。

**行业隐语** 赌场（呼芦窑子、鸾窑）、酒店（玉窑子、火山窑子）、烟馆（靠薰窑子）、妓院（花果窑子）、菜饭馆（抬头窑子、上垦窑子）、茶馆（青水窑子、青莲窑子）、药店（苦水窑子）、肉店（白瓜窑子）、生意人

（哈郎子、朝阳子）、老板（掌柜的、朝阳）、行窃（老合、跑青花、吃老西）、赌头（鸾街头）、唱戏（吃天王饭的、梨园子、彩行）、卖艺（卦子行）、相面（巾子行）、人贩（吃渣子饭）、旅馆（来往窑子、寝头行）、拉皮条（带马、马贩子）、典当（高柜子、长生库）、卖膏药（边汉）、洗澡（麻划子、闹海）、剃头（麻绸子、推青子）、刮面（钩盘儿）、修脚（扦皮、掌活）等。

**建筑隐语**　城（园子）、房（窑子）、衙门（威武窑子）、庙（古子）、山寨（天窑子）、监牢（书房）、桥（锅子、空心子、张心子）、墓（乱点子、丁子）、塔（锥子、绝子、钻天子）、土地庙（当坊古子）、城隍庙（阎王古子）等。

**生活用品隐语**　桌（平托子）、椅（靠背子）、床（板台子）、炕（土台子）、箱（方盒子、铃铛子）、面盆（金盘子）、扇（湾月、朴子、清风子）、锅（大老黑）、碗（撒捺子、莲花）、茶壶（清炊子、动青子、本杖）、酒壶（火山炊子、玉宝、载）、烟土（生姜子、黑泥块子）、烟枪（薰筒子）、短衫（靠身儿）、马褂（四脚子、四不相）、裤子（登空）、长袍（大蓬、长叶子）、帽子（顶壳）、鞋（踹壳、踢土）、袜子（臭筒）、眼镜（对光子）、腰带（五条子）、雨伞（开花子、遮漏子、雨淋子）、书（册头子）、笔（毛扫子、毛锥子）、灯（亮子）、手杖（老像）、票子（嚣头）、金（黄恳子、黄货）、银（白恳子、槽子）、麻将（竹林子、方城子）等。

**行为隐语**　坐牢（进书房）、吃官司（看书）、犯案（落马、遭事）、旅行（游闻游闻）、回家（倒回、回窑堂、马里）、走路（踹线）、吃茶（押淋子、敏黄莲子）、抽鸦片（靠薰、吞云）、吃饭（收粉子、上啃、耕沙）、饮酒（班火三子）、放火（扯红旗、挂上）、写信（描朵子）、送信（扎朵子）、坐船（跟底子、上飘子、搭平）、坐车（上滚子）、对分钱（南北开巴）、交媾（压列子、跨合子、拿攀）、摸乳（采珠子）、拦路抢劫（卡梁子、张梁子、打鹧鸪）、贩卖人口（换子孙、开条子）、行窃（跑早花、跑日光、掏灯花）、被捉（搭摘、跌了）、事急（风紧）、速逃（风紧拉花、海踹）、分散（开花、花）、吵嘴（打草子、抬扛子）、评理（摆阵头）、出手（出马）、金兰结义（遥叩洪义堂、跪倒爬起）、还人劫物（还槽、归槽）、送钱去（上血）、弄钱（挖血）、仁义行为（劲河子）、报信（放笼）、躲避（避风、躲雨）、剁鸡头（斩凤凰）、好榜样（传代子）、弄个明白（齐这把草）、送他的命（做了他、成他的仙）、执行死刑（做了子孙官）、买通官司（打通场）、打死（打歪了）、守秘密（封缸）等。

**数目隐语** 一（留、旦底）、二（月、雨道子）、三（汪、横川子）、四（者）、五（中、满把子）、六（神、撇子）、七（星、捏子）、八（张、哈子）、九（爱、钩子）、十（足、全伸子）、百（配、尺）、千（梗、干）、老大（拐子）、老二（来子）、老三（香炉脚子）、十五（足中）、二十（月足）、五十六（中神）、几岁（几丈）、几年（几个太岁）等。

除上文外，在各地通行的江湖隐语中，还涉及饮食、衣物、动物、姓氏、疾病、天文地理等等各个方面。另外，在闽粤及南洋一带通行的隐语与内地也不尽相同。

## 四、江湖的精神文化

闯荡江湖的人不一定要遵守朝廷官衙的规矩，但一定要奉行本行业的规矩。首先，行业不同，规矩不尽相同，例如武林规矩和秘密教派的规矩就不尽相同。其次，同一行当因派别不同而规矩不尽相同，例如同是秘密教派，此派与彼派的规矩就不尽相同。最后，江湖上的规矩不是一成不变，而是随着时代的推移和情势的变化有所增删调改。江湖上的人物三教九流，行当不同，层次不同，出身及所处环境也不同，所以各自的行为准则也不可能整齐划一。当然，也有一些相对通行的规矩和准则，例如要尊敬师长，不可以下犯上，更不得与师父交手反目；要讲究武德，先礼后兵，与人交手要一对一，公平决斗，不得仗势欺人，不得多人攻击一人；非生死大仇不得使用挖眼、击其下阴等卑劣手段，不得暗算，若有私仇只对本人，不得欺凌其家属子女等等。若不守这些江湖规矩，就会被行内人士蔑视并共同抵制，甚至可能触犯众怒，共同击之。限于篇幅，兹以侠士精神文化为例：

**守信重诺** 这是侠士和江湖上其他大多数人士遵循的基本行为准则。早在2000多年前的西汉时期，司马迁在《史记·游侠列传》中就把侠士的这种精神概括为"其言必信，其行必果，已诺必诚"三句话，这也成为历代侠士及江湖豪杰共同恪守的准则。西楚霸王项羽手下大将季布，早年是著名游侠，楚人有谚曰："得黄金百，不如得季布一诺"。据唐人李冗《独异志》记载，唐朝大历年间，万年尉侯彝好侠尚义，一次他因藏匿官府通缉的要犯而被御史审讯，侯彝受尽酷刑，纵死不肯吐露，原因就是他"已然诺其人"。又据宋代刘斧的《青琐高议·王寂传》记载，汾州邑人王寂，"不妄然诺，尤重信义。里人云：'得千金不如得寂之一诺。'其为乡间信重如此"。这种重然诺、守信义的品格成为中国民众伦理价值观念中所推崇的美德，也成为中国民众衡量某一个人人品的起码标准。

**注重名节** 名节即名誉、气节、操守。古时不仅江湖侠士崇尚和注重名誉气节，就是朝野的仁人志士也十分注重名誉、气节和操守。周初的伯夷、叔齐"义不食周粟，隐于首阳山"，孟子的"富贵不能淫，贫贱不能移，威武不能屈"，汉朝的苏武牧羊，陶渊明的"不为五斗米折腰"，于谦的"名节重泰山，利欲轻鸿毛"，文天祥的"人生自古谁无死，留取丹心照汗青"，谭嗣同的"我自横刀向天笑，去留肝胆两昆仑"，朱自清宁可饿死不吃美国的救济粮，讲的都是做人要坚守气节，注重名誉和操守。

**恩仇必报** 中国有句古话，叫做"受人滴水之恩，当涌泉相报"，这也是武侠和江湖豪杰的信条之一。受人恩惠，知遇之恩或物质之恩都要加倍相报，甚至不惜自己的性命去报答，所以中国又有一句古话，叫做"士为知己者死"，如春秋战国时期的几大侠客就是这样。有恩要报，有仇更要报，如西汉后期南阳大侠原涉，任谷口县令，后叔父被茂陵秦氏杀害，遂辞官复仇，而后亡命江湖，成为豪霸一方的豪侠。再如东汉末年，时任司隶校尉的李暠借机报复，除掉了曾经查办过他但已离职的金城太守苏谦，其子苏不韦为父复仇，倾家荡产招募剑客，挖地道直达仇人李暠的卧室，杀其爱妾及幼子，又掘李父之坟，断其头而祭父。江湖上冤冤相报，代代相传，血雨腥风，变本加厉，狭隘的恩仇必报理念根深蒂固，根本不会去考虑正义与否。

**重义轻利（命）** 在江湖上，拜把子、结弟兄的现象比比皆是，一旦结义，胜似同胞兄弟，为结拜弟兄可以承担任何义务，别说是经济利益了，就是丢了性命也在所不惜。因此江湖上流传着这样几句话："不是同年同月同日生，但愿同年同月同日死""有福共享，有难同当""为朋友两肋插刀"。这种轻生重交、同荣共辱、生死相托、休戚相关的江湖义气成为侠士好汉的行为准则，例如在民间广为流传的刘备、关羽、张飞"桃园三结义"的故事，以及发生在清代同治年间绿林好汉张文祥刺杀新任两江总督马新贻等等，都是这种江湖义气的典型例证。在江湖上，只要是讲"义气"的人，就值得交往和尊重，而其所做事情的对错与合法与否并不重要。

**见义勇为** 在江湖上真正称得上豪杰大侠名号的人士，常常是路见不平之事，便立即萌生一种打抱不平、除恶安良的情绪，绝不袖手旁观。他们常常站在处于低弱孤寡地位的受害者一边，伸张正义，主持公道，成为那些贪官、恶霸、豪强、衙内等奸恶淫暴之徒的对头。这种现象，史不绝书，例如春秋战国时期的弦高犒师、程婴救孤等等；文学作品中更是屡见不鲜，例如展示江湖文化的名著《水浒传》中的鲁提辖拳打镇关西、武松醉打蒋门神等等，可谓路见不平一声吼，该出手时就出手。见义勇为作为豪杰侠士的行为准则，不仅在江湖被视为应有的义举，而且在社会上，尤其在民间得到极大的推崇，以致古代诸多平民百姓在遭受凌辱伤害之时，不是去寻求官府的保护，而是企求挺身而出、打抱不平的侠士出现。

江湖文化作为中国古代社会的一种独特的文化现象，有俗也有雅，有糟粕也有精华，有一些江湖精神文化潜移默化，已经深深地融入我们民族的血脉之中，渗透到国人的心灵深处。应当指出的是：当着我们在阅读古史和文学作品时，或者谈论江湖文化和侠士精神时，切莫忘记即使是那些值得称道和欣赏的侠义精神，也不应当不加分析地盲目推崇，因为在这些精神文化中，或多或少、或轻或重带有狭隘和盲动的成分，许多情况下是只讲帮派、不论对错，只重义气、不论是非。另一方面，毋庸讳言，我们当今的社会不仅缺失守信重诺、见义勇为精神，而且也淡漠了注重名节、重义轻利的文化。

## 五、产生"江湖"的根源

"江湖"的形成是一个非常复杂的问题，既有客观因素，也有主观因素，既有表层原因，又有深层原因，兹择其要阐释如下。

封建官僚制度的弊端是产生"江湖"的制度根源。古代在江湖上有些名气的人往往是想进入官场但很难融入这个官僚体制的人，或者是看透官场、厌恶官场而退隐江湖的人，也有一些是在官场混得不好或混不下去转而走向江湖的人。总之，绝大多数江湖名人是由于仕途不得志才奔走江湖。之所以发生这些情况，很大的原因是陈腐的封建官吏制度。两汉时期实施"察举"与"征辟"的选人用人制度，察举是由地方长官在所辖区内随时考察、选取人才，推荐给中央以备录取；征是皇帝征聘社会知名人士到朝廷充任要职，辟是中央宰相级或地方政府刺史级的官僚可以征聘属吏，然后向朝廷推荐。这些制度在实施的过程中就慢慢地变了味，成为任人唯亲和卖官鬻爵。魏晋南北朝实施"九品中正制"，但晋代以后，中正的职权把握在大小豪门士族手中，九品中正制也就逐渐转化为巩固门阀特权的工具，以致形成后来的"上品无寒门，下品无士族"的局面。隋朝废除了九品中正制，之后一直到清朝实行科举考试制度来选取人才，由于科举考试注重的是文化知识，到了明代变成模式呆板、格调僵化的"八股取士"，不少真正有实践能力的人士就被挡在官场的门外。加之官场尔虞我诈、勾心斗角、争权夺位的险恶环境，所以有为数不少的人士看透了这种陈腐的官僚制度，退出官场走向江湖。

　　不平等与不公正是产生"江湖"的社会根源。中国古代社会是一个等级森严的社会，人与人的关系是依附于土地占有和人身依附的等级关系。周朝实行世袭制和分封制，天子之下有公、侯、伯、子、男、庶民百姓，战国时秦国为奖励军功就专设 20 等爵，等级分明。秦汉之后在皇帝之下有三公九卿，其后官职分九品，人分为三六九等，即便是服饰衣着也彰显着尊卑贵贱、不同等级。以官吏而言，古代在衙门里做事的人分为官、僚、吏，官是正职，僚是副职，吏是办事员，官与僚是"国家干部"，吏是官府中的"服役人员"，到明清时期，吏既无正常的晋升渠道，又往往没有俸禄，为了养家糊口，就经常滥用体制力量在体制外谋取私利，甚至与江湖势力勾结共同为非作歹，《水浒传》中就描写了为数不少的"吏"投奔水泊梁山。再以庶民而言，也有良民和贱民之分，贱民即奴婢，既不可以和良民通婚，更不可能出仕做官，处于社会的最底层。此外，官员犯罪可以通过"请""赎""官当"等形式减免，而庶民百姓就完全不同了。至于"公正"，社会制度就对庶民百姓就更不公平了，不仅权利不平等，而且机会不平等、分配不平等，规则也不公平。权利不平等使得富贵者世代相袭，卑贱者很难摆脱当牛做马的境地；机会不平等使得少数人能够巧取豪夺，贪婪掠夺财富，多数人则望尘莫及；分配不公平和不合理使得富者愈富、贫者愈贫，贫富两极分化；而规则的不公平则使得官员的权力可以寻租，权钱可以交易，庶民百姓永无出头之日。这些不平等与不公正迫使处于社会底层的一些民众只有通过奔走江湖这条路才能找回一点人格尊严、才能改善一些窘迫的生活境遇。

　　贫富差距过大是产生"江湖"的经济根源。从理论上讲，适当的贫富差距是社会发展的动力因素，但贫富差距太大就是严重的社会问题了。财富具有吸金效应，贫富差距太大，必然造成富者更富，贫者更贫。这种现象不仅容易引发人们对社会的不满情绪，滋生仇富心理和仇官心理，加深对官府的不信任，致使社会心理失衡，而且会影响社会秩序，加剧不同利益群体之间的矛盾，诱发违法犯罪活动，恶化社会治安形势，同时还会影响社会结构，容易导致社会结构失衡甚至畸形化发展，激化阶层矛盾，甚至会造成社会对立与冲突动荡。黄巢起义就喊出"天补均平"的口号、北宋王小波与李顺起义喊出"吾疾贫富不均，今为汝等均之"的口号、南宋钟相与杨幺起义喊出"等贵贱，均贫富"的口号就是活生生的例证。中国素有不患贫而患不均、光脚不怕穿鞋的观念，当一个社会中有人腰缠万贯、挥金如土、奢靡腐化，有人却饥寒交迫、流离失所、疲于奔命时，那么这种由于贫富不均形成的社会现象就必然导致一些人为了谋生而奔走江湖，脱离原来的土地和原有的社会秩序，或仗义行侠，或聚啸山林，或结帮成群，或卖艺谋生，或乞讨行骗，成为浪迹天涯的游民或结伙成为称霸一方的势力。

生存焦虑是产生"江湖"的心理根源。杜向阳在《江湖文化与文化认同：潜规则盛行的文化心理机制》一文中阐述了生存焦虑是产生江湖文化心理根源的问题，他认为：游民是创造江湖文化的主体，其根本心理特征就是"生存焦虑"。脱序的游民游荡于城市和乡村，他们失去了土地，没有恒产，今日还有酒肉吃，明日可能就横尸街头。危险不仅来自食物短缺和居无定所，还有统治阶级的律法和围捕，有产阶级的不仁甚至迫害以及游民群体内部的竞争和自相残杀。这种焦虑与生存密切相关，对游民的行为产生了深远的影响。同时，江湖文化的诸多特征都与生存焦虑有关，例如江湖文化崇尚结拜、建立团伙和人情关系网络，实际上是为了获得自己的安全感和归属感，缓解生存焦虑。此外，江湖文化崇尚暴力和追求财富也源于生存焦虑，因为内心深处的不安全感时刻处于生存焦虑中，使得这种焦虑成为一种内驱力，驱动江湖游民以暴力的手段去追求财富，只有掌握了足够强大的暴力和足够的财富，才能保障生存，缓解焦虑，给自己带来安全感。

# 第二十五讲　古代的卜卦相巫

在中国古代文化中，有一些是落后、愚昧的东西，如卜筮、算卦、相面、看风水、巫术等等，这些用以推断命运、预测吉凶或降神弄鬼的做法，带有浓重的迷信色彩。这些迷信文化之所以能够产生与流传，既在于有人迷、有人信，迷则信、信则迷；也在于有些迷信文化与科学沾边，如相面就与中医传统诊法中的"望"相关。当然，最主要的原因还是生产力不发达，人们在认识上有局限。

古代文献中有不少阐述和记载迷信文化的书籍。《汉书·艺文志》将这些书籍统称之为"数术"，分为天文、历谱、五行、蓍龟、杂占、形法六类，共 109 种，2528 卷。其中天文书 21 种，是关于日月星云之占，所谓"观乎天文，以察时变"，后来的星命学源于此；历谱书 18 种，是关于时历推算、吉隆凶厄的预测；五行书 31 种，是按阴阳五行相生相克来推算吉凶；蓍龟书 15 种，是以占蓍卜龟来推测天下万事的吉凶，后代由此派生出占签、占卦、占棋、占牌、金钱卜等等方术；杂占书 18 种，依据占梦、气象、禽兽、变怪等推断吉凶；形法书 6 种，包括测地形、相面、看风水等内容。这些书籍中的"天文"和"历谱"，记载的是我们的先人长期观察大自然的经验总结，即便是"五行、蓍龟、杂占、形法"之类的书籍，也不可一概否定，其中或多或少含有一些科学的成分。

## 一、占卜算卦

占卜是古人预测吉凶祸福的重要手段。上古时期由于生产力水平低下，科学不发达，人们十分迷信。殷商时期的甲骨文就是记录当时占卜的文辞，因而又称之为甲骨卜辞。从出土的甲骨文看，殷商时期占卜所涉及的领域相当广泛，凡征伐、狩猎、畜牧、农事、疾病、灾异、祭祀、居住等等大事、小事都要用占卜的形式来问一问吉凶。

**卜筮**　先秦时期的占卜，以卜和筮两种方式最为流行。用龟甲兽骨占卜称为卜，其方法是先在龟甲兽骨的背面凿孔（但不穿透），然后将火放入孔内灼烧，最后根据灼烧后正面的裂纹来判断吉凶；用蓍草占卜称为筮，其方法是将一定数量的蓍草分组，根据分组后余数的多寡奇偶推断吉凶。《尚书·洪范》云："汝则有大疑，谋及卜筮。"意即如有疑虑，则以卜筮的方式决断。《易经·系辞上传》亦云，君子将有行为举措，都要求神问卜，"其受命也如向，无有远近幽深，遂知来物。非天下之至精，其孰能与于此！"卜筮之风盛行于商周，官府中专门设有掌管占卜的官吏，先秦史籍中对占卜的记载也比比皆是，如《尚书·洛诰》："我卜河朔黎水。我乃卜涧水东、瀍水西，惟洛食。我又卜瀍水东，亦惟洛食"。这是记载周公为营造洛邑反复占卜；《左传·宣公三年》："成王定鼎于郏鄏，卜世三十，卜年七百。"这是用占卜的方式来预测传国的世数；又《左传·昭公三年》："谚曰：'非宅是卜，惟邻是卜'，二三子先卜邻矣，违卜不祥。"这是用占卜的方式来选择邻居。

当然，先秦时期也有不相信占卜结果的，或者说是为了达到某种目的而不顾及占卜结果的。据《论衡·卜筮》载："武王伐纣，卜筮之逆，占曰：'大凶'。太公推蓍蹈龟而曰：'枯骨死草，何知而凶？'"随着时代的推移，占卜的官方色彩逐渐淡漠，到了汉代卜筮逐渐不为官办，而代之以民间的"卜工"。《后汉书·董宣传》云："（公孙）丹新造居宅，而卜工以为当有死者。"再到中古时期，卜卦则主要盛行于民间。

**八卦**　所谓"卦"，最初可能只是一种记事符号，上古以结绳和书契记事，如以"—"代表一大结，以"— —"代表两小结。文字产生后，这种象征意义的契刻因为不能与语言结合，逐渐被文字代替，后演化为标记蓍筮的符号。八卦中"☰、☷、☳、☴、☵、☲、☶、☱"八个符号，起初分别象征天、地、雷、风、水、火、山、泽等自然现象，用为八卦后分别称乾、坤、震、巽、坎、离、艮、兑，亦即卦名。八卦自迭或互迭又形成六十四卦，自迭后卦名不变，互迭后取一新卦名。六十四卦中每一卦画都由六行横道组成，每一行叫一爻，一长横道"—"叫阳爻，二短横道"— —"叫阴爻。卦画由下而上排列，第一爻称"初"，第六爻称"上"，其余由下而上依次称二、三、四、五，这些卦画无实际意义，只是一些符号，与抽签的号码差不多，是为占筮时揲蓍数策而设的。每一卦都由卦画、卦名、卦辞、爻辞四部分组成。卦画即上面提到的六行横道，标题即卦名，它有时总括全卦的内容，有时选取卦辞中的常见词，有时两者兼而有之，若标题与卦辞开头重复，即可省去标题，如"艮"卦等。卦辞在初爻之前较为简单，一般作说明题义之用；爻辞是各卦的主要内容，是关于占筮内容、结果的记录，或是作者的理论与说明。

**星占**　这是根据星变（如日食、彗星出现）、星行（如岁星、荧惑在二十八宿中的运行）和星的分野（如扬州为牛宿与女宿的分野，荆州为翼宿与轸宿的分野）来推断吉凶祸福的一种占卜。先秦古籍中，有许多关于星占的记录。《国语·晋语四》"董因迎公于河。公问焉，曰：'吾其济乎？'对曰：'岁在大梁，将集天行。元年始受，实沈之星也。实沈之墟，晋人是居，所以兴也'。"这里"岁在大梁"就是指岁星运行；"实沈之墟，晋人是居"就是指实沈星的分野。

星占中还有一种比照岁星（木星）在十二种星宿间的运行，按照干支推算某月某日吉凶的占卜术。如《淮南子·天文训》云："太阴在寅，朱鸟在卯，勾陈在子，玄武在戌，白虎在酉，苍龙在辰。寅为建，卯为除，辰为满，巳为平，主生；午为定，未为执，主陷；申为破，主衡；酉为危，主杓；戌为成，主少德；亥为收，主大德；子为开，主太岁；丑为闭，主太阴。"意思是当太阴位于寅辰之时，朱鸟运行到卯辰，勾陈星位于子辰，玄武位于戌辰，白虎位于酉辰，苍龙位于辰辰。太阴运行到寅辰时，这个月是建月，运行到卯辰时，这个月是除月，运行到辰辰时，这个月是满月，运行到巳辰时，这个月是平月，主宰着万物的生长发育；太阴运行到午辰时，这个月是定月，运行到未辰时，这个月是执月，主宰陷损；太阴运行到申辰时，这个月是破月，衡星来主管万物；太阴运行到酉辰时，这个月是危月，斗杓主管万物；太阴运行到戌辰时，这个月是成月，主管少德；太阴运行到亥辰时，这个月是收月，主宰大德；太阴运行到子辰时，这个月是开月，由太岁主事；太阴运行到丑辰时，这个月是闭月，由太阴主宰。这种占卜方法又称为"建除"，系根据天象来占测人事吉凶祸福的方法。古代术数家以为天文中的十二辰，分别象征人事上的建、除、满、平、定、执、破、危、成、收、开、闭十二种情况。在西方占星学上，黄道十二星座是宇宙方位的代名词，一个人出生时，各星体落入黄道上的位置，说明了一个人的先天性格及天赋。黄道十二星座象征心理层面，反映出一个人行为的表现方式，依次为白羊座、金牛座、双子座、巨蟹座、狮子座、处女座、天秤座、天蝎座、射手座、摩羯座、水瓶座、双鱼座。

**梦占**　这是依据梦中兆象推测吉凶征兆的一种占卜方法。如《诗经·小雅·斯干》写太卜占梦云："吉梦维何？维熊维罴，男子之祥；维虺维蛇，女子之祥。"《无羊》一诗云："牧人乃梦，众维鱼矣，旐维旟矣，大人占之；众维鱼矣，实维丰年；旐维旟矣，室家溱溱。"意即梦熊罴预兆生男，梦虺蛇预兆生女，梦鱼群预兆丰年，梦旗帜预兆家室旺盛。《诗经·小雅·正月》还有"召彼故老，讯之占梦"的记载，民间亦有梦豺狼或棺材预兆发财，梦水火预兆事业兴旺，梦小孩预兆办事中遇德行低劣的"小人"，梦脏物屎尿预兆不吉利等等之说。古人很重视梦占，早在周代官府即设专人掌圆梦，并有专门的梦占理论，如《周礼·春官宗伯》云："占梦，掌其岁时观天地之会，辨阴阳之气，以日月星辰占六梦之吉凶：一曰正梦、二曰噩梦、三曰思梦、四曰寤梦、五曰喜梦、六曰惧梦"等等。东汉时班固在《汉书·艺文志》中就认为："众占非一，而梦为大"。鉴于梦的内容复杂，故梦兆迷信也复杂异常，解释梦兆用类比推理之法，只要类比得体，推理合乎常理，美梦可以释成凶兆，噩梦也可说成吉兆。春秋时期，随着梦占、梦的日益复杂，甚至将日食之兆、星辰运行等因素结合在一起解释。圆梦所依据的理论基础，是五行相成相克理论。

**抽签** 抽签与占卜一样，是古代民间预测吉凶祸福的一种方式。沿袭至今，寺庙、道观、民间甚至网络都有求签问卜的形式。就其所问内容而言，有问财运之得失，有问学业之升滞，有问健康状况及寿命，有问官运是否亨通，有问恋爱、婚姻、家庭等等，对抽到签的解释具有强烈的主观臆测成分，带有浓厚的神秘色彩。就其形式而言，抽签有多种类型，最常见的方式一般是抽签者先面向佛、神塑像烧香磕头，然后合掌注目佛神塑像，在心里默念祈求的事项与目的，而后从签筒中任意抽一根签出来（有些是用摇签的方式），最后由解签人根据签上的文字或图画进行解读。抓阄类似抽签。

## 二、看相看风水

看相是由占卜派生出来，《荀子·非相》云："相人，古之人无有也，学者不道也。"可见相人之术产生较晚，而看风水（即堪舆）则产生的较早，当不晚于西周时期。看相是根据客观物体的外部形状来测度吉凶祸福，这种行为虽有极大的迷信、非科学的成份，但也不能一概否定排斥，因为它并非完全胡编乱说，而是与自然环境和传统医学有一定的联系，含有一些科学的因素，并且是以长时期形成的传统民间风俗观为其基础的。

**看风水** 其基本内容是在选择宅基及墓地前要察看地形、风向、山水，合宜者因地而得福禄，不合宜者因地而遭祸殃，上古时称此为"堪舆"，后世称之为"相地术"，专营此道的职业者称"风水先生"。殷商时期，即有用龟甲占卜居处的记载，如殷墟出土的甲骨文中有"贞，作大邑于唐土""庚午卜，丙贞，王昜作邑"等卜辞。西周时期，官方营建都邑，一般都要"看风水"。《尚书·召诰》载："成王在丰，欲宅洛邑，使召公先相宅。"又云："太保朝至于洛，卜宅，厥既得卜，则经营。"相传战国时大诗人屈原写过《卜居》的诗篇，《周易》中的"坤""升""涣""屯""随""颐""革"等卦辞中都有卜居的记载，而《云梦睡虎地秦简·日书》中"梦""门"两部分，则基本上属于卜居之文，十分强调屋宇、门、井、圈棚、路的方位吉凶。

战国末年这种卜居现象十分普遍，尤其是燕、齐一带的方士，以阴阳五行附会人事，使得迷信禁忌之风愈刮愈烈。方士们认为，人的姓氏分宫、商、角、徵、羽五行，即所谓五姓，在选择居室或墓地时，必须注意方位、时日的阴阳五行属性，以与五姓相配合。《葬历》云："葬避九空地臽及日之刚柔、月之奇耦。日吉无害，刚柔相得，奇耦相应，乃为吉良；不合此历，转为凶恶。"《相冢书》亦云："山望之如却月形或如覆舟，葬之出富贵；山望之如鸡栖，葬之灭门；山有重叠，望之如鼓吹楼，葬之连州二千石。"

据《晋书·羊祜传》载，晋代有个风水先生曾对大臣羊祜说，他家的祖坟有帝王之气，若将这风水破坏，就会绝后。羊祜为避免皇帝因此怀疑自己，遂破坏了祖坟的风水。风水先生看后说破坏的不彻底，"犹出折臂三公"，结果是羊祜后来"堕马折臂，位至公而无子"。风水先生还故弄玄虚地加上一些专门名称，如上面提到的鸡栖、连伞，就是指地形如同鸡鸟栖卧和地形如撑开的雨伞相连。此外，诸如青龙、白虎、玄武藏头、苍龙无足等等，名称五花八门，应有尽有。

古代帝王对看风水也深信不疑，不仅在定都建殿过程中要察看地形风水，而且在选择墓葬时也要反复踏勘，以期帝王之气永存，如唐时的昭陵、乾陵，明代的十三陵等。更有甚者，还有采取挖祖坟的方式来断其"王气"、坏其"风水"，如明末李自成起义，崇祯皇帝就派人去陕西米脂毁李自成的祖坟，而起义军攻下凤阳后，也焚毁了朱家的皇陵。

大约到战国末年有人将察看地形风水、选时择日、考寻吉凶等内容撰作成书，相传有《宅经》2卷，《汉书·艺文志》载有《宫宅地形》20卷，《堪舆金匮》14卷；《隋书·经籍志》载有《宅吉凶论》3卷，《相宅图》8

卷；《旧唐书·经籍志》有《五姓宅经》2卷，《葬经》3卷，《葬书地脉经》1卷；《宋史·艺文志》中有《相宅经》《宅体经》《九星修造吉凶歌》《黄帝八宅经》等书各1卷；敦煌写本伯3865号文书有《宅经》残卷，明代则有《阳宅十书》。清以来，此类书随处可见，民间流传的各种本子不计其数。但后世风水先生最推崇的是传为青乌先生（可能系汉代人）所作的《相冢书》和依托晋朝郭璞之名所作的《青囊经》。

**相骨相体相面** 看相从先秦起就有专门的称谓，叫做相人。据《左传·文公元年》载：文公元年春，周天子派遣内史叔服参加葬礼，公孙敖听说他会给人看相，就请他给自己的两个儿子看相，叔服看后对公孙敖说："谷可以祭祀供养您，难可以安葬您，谷的下巴丰满，后嗣必然在鲁国昌大。"可见当时已根据骨骼形状来猜度未来的情形。

到战国末年出现了四大相术家，即《荀子·非相》中提到的许负、唐举、邓通、条侯。许负是个善相术的老妇人，至汉初仍活着，汉高祖封她为鸣雌侯，楚汉相争期间，魏王豹纳薄姬为侧室，许负预言薄姬是天子之母，魏王豹大喜，于是背叛刘邦，联合项羽争夺取天下，结果被汉将曹参灭国，薄姬被刘邦收纳为妾，生下了儿子刘恒，是为日后的汉文帝。《史记·周勃世家》对许负也有介绍，惜其相术不传，但民间却出现了许多假托许负之名的《相书》。又据《史记·张丞相列传》载："韦丞相贤者，鲁人也。以读书术为吏，至大鸿胪，有相工相之，当至丞相。有男四人，使相工相之，至第二子，其名玄成。相工曰：'此子贵，当封。'韦丞相言曰：'我即为丞相，有长子，是安从得之？'后竟为丞相，病死，而长子有罪论，不得嗣，而立玄成。"

东汉之时颇重相骨，王充《论衡·骨相》篇说："案骨节之法，察皮肤之理，以审人之性命。"《后汉书·班超传》云："相者指曰：生燕颔虎颈，飞而食肉，此万里侯相也。"意即班超下巴骨节如燕颔，是王侯将相之相。

魏晋南北朝时期颇为强调相体形，曹植《相论》曰："世人固有身瘠而志立，体小而名高者，于圣则否，是以尧眉八彩，舜目重瞳，禹耳参漏，文王四乳。"这里强调的是贵人奇形。再如梁陶弘景《相经序》云："盖性命之著乎形骨，吉凶之表乎气貌。"

到隋唐之际道士袁天罡的相术赫赫有名，民间传说他相眼相颈，预言百发百中，最典型的就是他给武则天看相了。据《太平广记》卷七十六引《感定录》云："则天时在怀抱，衣男子衣服，乳母抱至，天纲举目一视，大惊曰：

'龙睛凤颈，贵之极也。若是女，当为天下主。'"后来武则天果真做了女皇。

相术是通过观察人的形貌以预言命运的方术，关于相术的书籍，《汉书·艺文志》载有《相人》24 卷，《隋书·经籍志》载有《相书》46 卷，《相经要录》2 卷。现在所看到的最早的相术书籍可能是敦煌发现的唐人《相书》写本，民间广为流传是传说系北宋陈抟所撰的《麻衣神相》和明代袁柳庄的《柳庄相法》，综合各书的内容，古人大致是采取如下一些方法相体相面的。

看相之人往往略通一些中医的知识和穴位，如面部的额头称"庭"、眉心的印堂穴部称"阙"、眼部称"命门"、鼻部称"天中"等，敦煌《相书·相色发面图看吉凶厄法》认为，面部呈现黄色是大吉大利，若是呈现黑、白、青、赤四色，则不吉利，要倒霉。例如：

> 天中发黄色至印堂，必迁官，百事了，吉。
> 命门有黑气，必死；黄色，长命。
> 白色挟阙、庭，必哭泣。
> 人中青黑色，必病，至重不死。
> 赤色青色交于庭中，主卒（猝）死。

由此看来，相面观色虽然有浓厚的迷信色彩，但也有一定的中医依据，有一定的科学道理，这可能是相面观色为什么能够被世人接受，从而得以流行主要原因。再如：

> 凡人面润泽，富。
> 肾病，两唇俱肿，脾白，戊己日死。
> 肺病，颊赤，目肿，心赤，丙丁日死。

除观色外，有相发的，如：

> 凡人发长乌细润，富。
> 发如青丝者贵。
> 发盖额，薄相，复贫。

还有相额、相眉、相臂、相足的，如：

凡人额，欲得方，如甲字，封侯。

额中多毛者，注贫。

双眉过两目者，有道术，贵。

眉头相连，孤单；眉浅者，贫。

人臂无节，骨阔，得官。

足心下有黑子，大贵。

手相如同面相，是相术家的主要观察部位。如：

手如绵囊，富；十指骨阔无节，富。

掌厚，富；掌中薄，贱。

手中如涂血，富。

凡人手长，上有毛，多筋脉，短命。

掌中有田纹，封刺史，女为郡君。

掌中有三卯纹，男女大富贵。

掌中有囚者，大凶。

掌中有日纹，男富，女侠四夫。

手掌及手纹与健康有着密切的关系，从周代起，古人即开始注重对手相的观察，到汉代王充所著述的《骨相篇》，对手纹作出初步的理论探索，此后汉代王符作《相列篇》、三国张仲远作《月波洞中记》、隋代来和作《相经》等都对手纹即望诊多有探讨，唐宋以后，对手相的研究一直未曾中断，但相术家越来越偏离了治病望诊之道，而与升官发财、推算人的命运结合在一体了。

**算命**  算命首先是由于古人相信人有不同的命运。命运，既包括人一生之中的"命"，也包括人生中某一阶段的"运气"。先秦诸子中，孔子是相信人有不同命运的，《论语·颜渊》中说："死生有命，富贵在天。"说自己"五十而知天命"（《论语·为政》），并认为"不知命无以为君子也"（《论语·尧曰》）。列子也信命，他的《力命篇》认定天下一切事都是命中注定的。庄子也信命，他说："知其不可奈何，而安之若命。"（《庄子·人间世》）先秦诸子中似乎只有墨子不信命，于是他作有《非命篇》。汉代诸子中，淮南子、杨雄等人都信命，就连号称唯物主义思想家的王充也信命，认为"凡人遇偶及遭累害，皆由命也"。这些相信天命的观念成为算命之风兴起的思想理论基础，同时占卜术、看相术及各种方术的发展也为算命之风的兴起提供了条件。

到了唐代，李虚中以人的出生年、月、日、时，五行生克及盛衰等推算吉凶、贵贱、寿夭，在当时产生很大影响。其后有托名鬼谷子撰、李虚中注的《李虚中命书》三卷。此外，南宋的徐端叔、元代的俞竹心、清代的陈素庵亦都是著名的"算命先生"。算命术究竟起源何时，高国藩先生在《中国民俗探微》一书中认为，真正的算命术起源于唐代，成熟于宋代，并认为开创期以唐敦煌写本《推十二时人命相属法》为标志，成熟期则以宋代算命大师徐子平的四柱八字法（俗称看八字）为标志。

所谓"推十二时人命相属法"是以十二时辰对十二生肖，依据属相列出条文来给人算命。即以子、丑、寅、卯、辰、巳、午、未、申、酉、戌、亥对鼠、牛、虎、兔、龙、蛇、马、羊、猴、鸡、狗、猪，然后说出宜穿什么，禁忌什么，患病服何药以及危难的时期。兹举一例，以见端倪：

寅生虎，相人命属东方青帝。子曰：料白米三石二十一代。宜著青衣，有病宜服青药。大厄寅申之年，小厄正月、七月。不得吊死、问病，一生不宜共申生人同财。

所谓"看八字"是以每一个人出生的年、月、日、时为四柱，每一柱由一个天干和一个地支组成，年干和年支组成年柱，月干和月支组成月柱，日干和日支组成日柱，时干和时支组成时柱，一共四柱八个字，如甲子年、丙申月、辛丑日、壬寅时等。算命者认为生辰八个字决定着一个人的命运和婚配，同时以五行相生相克关系来推算人的命运好坏。这种方法具体说来是先推演排列出年、月、日、时的干支八字，如戊辰（年）、乙卯（月）、庚戌（日）、戊子（时），然后推算大运、小运、流年和命宫，再以出生日的天干作为论命的出发点，将八字化成金、木、水、火、土五行，并根据五行相生相克的关系，进行具体的分析推论，最后得出关于一个人的富贵贫贱、吉凶荣枯、寿夭时运、疾病宜忌等等。算命者认为人的出生时间之所以能够反映人的命运，在于"四柱八字"不是单纯的时间概念，而是属于构成人体的气血基本物质，生命只有在适宜的环境中才能得以生存和发展，适者生存，不适者被淘汰，迫使生命的发展朝着与自然环境相适应的唯一方向发展。四柱八字法以八字中的生克制化关系推测人生命运，这套算命方法的社会影响尤为广泛，以至于八字法又称为"子平法"。此外，还有"推九宫行年"的算命方法，即以八卦为八宫，加上中央，共为九宫，此法是以年为生命的单位，来推测人生中某些年份的吉凶祸福。

### 三、符咒与巫术

**符咒**　又称符、符箓、神符。据《周礼·地官·掌节》记载，周代已有将写有籀篆文的竹木片或金属片用作出入门的凭证，称为"符节"，当然，不能简单地将这种符节视为后来的符咒，但具有迷信色彩符的雏形，当不晚于战国时期即出现。据《史记·孟荀列传》记述，邹衍"称引天地剖判以来，五德转移，治各有宜，而符应若兹"。这里的"五德"即金、木、水、火、土五行，符应即天降的祥瑞与人事的感应。而到了秦代，出现了用以预兆吉凶的符验现象，史称"秦谶"。"谶"是将要应验的预言、预兆。西汉中叶，董仲舒建立了以阴阳五行、天人感应为基础的神学思想体系，之后，便形成统治西汉末年直至东汉时期社会意识形态的谶纬神学。西汉末年，刘秀等人竞相以谶纬作为取得帝位的合法依据，而王莽为了夺取政权，便说他在未央宫前得到"铜符帛图"，向世人宣称他是"真命天子"。上述观念与行为，给后来宗教派别及民间符咒的产生奠定了基础。

真正意义上的符咒应当出现在东汉时期。据史载，东汉顺帝时的张陵号称天师，教民信奉黄老之道，常以符咒治病，有病者使饮符水即愈，著有效验，从者甚众。张陵是道教的创始人，道教的符咒分为"符"与"咒"两个部分，符是道士蓄意将甲骨文、金文、籀篆文与草书屈作合并而成的古怪神秘的文书，咒是四、五、七言歌谣及赋体的转化。画符念咒给人治病，多是出家道士所为。这种现象盛行于汉魏南北朝及隋唐，《隋书·经籍志》著录符咒书籍共 17 部，计 103 卷。当时凡入道教的人士，都要举行接受符箓的宗教仪式，并须遵循严格的道规。《隋书·经籍志》称："其受道之法，初受《五千文箓》，次受《三洞箓》，次受《洞玄箓》，次受《上清箓》，箓皆素书，纪诸天曹官属佐史之名有多少。又有诸符，错在其间，文章诡怪，世所不识。受者必先洁斋，然后赍金环一，并诸赘币，以见于师。师受其赘，以箓授之，乃剖金环，各持其半，云以为约。弟子得箓，缄而佩之。"到唐代，接受道箓的人依然颇为众多，《太平广记》卷 26 云：唐高宗时，"二京受道箓者，文武中外男女子弟千余人。所得金帛，并修宫观。"

使用符箓的目的，主要是为了去病强身、趋吉避凶、祛鬼驱邪。符法的种类很多，如隋唐时期民间的符有吞符、护身符、带符、符印、宅符、门符、床符、树符、墓穴符、挂符，还有道士自用的乘云符、隐形符等等。现在所能见到的最早的符咒，是吐鲁番出土文书中的一件南北朝时期的西域符咒。这条符咒出自阿斯塔那303号墓，原件为黄纸，图文均用朱书，分为两部分，第一部分是"符"，即上方带有"黄"字的图画，画着一个右手持三叉戟、左手亦持物（不详）的怪模怪样的人；第二部分是"咒"，全文是：

天帝神前，泣（?）煞百子死鬼，斩后必道鬼
不得来近，护令（?）若颜（?）上，急急如律令也。

道教士讲究画符念咒，佛教徒亦作符诵咒，敦煌写本伯3874《观世音及世尊符印十二通及神咒》、伯3835背面《佛说大轮金刚总持陀罗尼法》即其例，此外还有《九天玄女咒》《四方金刚咒》等等。无论是道士的符咒，还是佛徒的符咒，其符画都是胡编乱画的图形，谁也不知道符画究竟表示什么意思，因而俗语有"鬼画符"之说。符咒自汉代产生一直沿及明清，获取了历朝历代无数官吏庶民、善男信女的笃信，这是中国一种特有的文化现象，它根深蒂固，融汇渗透到中华民族的传统文化之中。

**招魂** 古人认为，人是由灵魂和躯体两部分构成的，灵魂可以离开躯体，活人的魂是生魂，死人的魂是亡灵。人死之后，虽然躯体腐烂，但灵魂还在四处飘荡，并可能祸害活人，因此要招回灵魂，使之返归躯体。活人的灵魂也可能脱离躯体游荡，尤其是重病之人和行将死亡的人，其灵魂更容易被掠去，因而也要采取招魂的方式，使生魂返归其体。如《楚辞·招魂》中，宋玉反复召唤"魂兮归来，君无下此幽都些"，"魂兮归来，入修门些"，"魂兮归来，反故居些"，目的就是招屈原那在外飘荡的生魂返归其体，延年益寿。杜甫曾在战乱中逃命，惊魂甫定，巧遇老友孙宰，他在《彭衙行》一诗中叙到，孙宰当夜"暖汤濯我足，剪纸招我魂"。民间传说，客死在他乡的魂魄，找不到归途。这个魂魄就会像他的尸体一样停留在异乡，受着无穷无尽的凄苦。他也不能享受香烟的奉祀、食物的供养和经文的超度。这个孤魂就会成为一个最悲惨的饿鬼，永远轮回于异地，长久地漂泊，没有投胎转生的希望，即所谓的"孤魂野鬼"。除非他的家人替他"招魂"，使他听到那企望他的声

音，他才能够循着声音归来。死者的尸体安排就绪之后，就要举行招魂仪式。

为死者招魂，上古时期主要采取"复"这种形式。据《仪礼》《礼记》的有关篇章记载，"复"的程序大致为：更服（招魂者在行仪式前更换庄重的服装）、荷衣（将死者的衣裳搭于左肩）、设阶（为招魂者设置上房的阶梯）、升屋（招魂者从房屋的东翼登上屋顶）、呼号挥衣（向北方呼唤死者的名字，同时挥动死者的衣裳召唤）、投衣（将招魂的衣服转身向南投下）、降屋（从房屋的西北翼下来）、衣尸（将招魂的衣服覆盖在死者身上），至此招魂仪式方告结束。此外，汉族的一些地区丧葬时还要用"招魂幡"开路。招魂仪式除上面谈到的以衣招魂、以幡招魂外，还有用鸡（或鸡蛋）招魂，以矢等武器招魂，以蒲、茅、兰草等草类招魂，还有如杜甫《彭衙行》叙述的以剪纸招魂等等。

**巫术** 巫术是一种幻想按照某种程式做出超自然的神秘力量，从而实现对客体加以控制的行为，能够熟练演示这一行为的人称为巫师。这是一种很古老的方术，巫师也是一个很古老的官职。有人将中国古代巫师产生的时间一直推到母系社会，不过至晚到殷商时期巫师之官的地位已很显眼，巫术也非常盛行，那些掌龟卜蓍占的人就是职业性的巫师。两周时期，巫术更为盛行，巫师被称作"巫祝""巫史""巫咸"等等，其中女巫专称"巫"，男巫专称"觋"。先秦时期巫师对政治及社会的参与是很广泛的，手中掌有预卜军政大事成败的权利；秦汉以来，巫术或渐堕落，或成为统治者庸俗的帮凶，被用来愚弄欺诈老百姓，或成为劣政与内讧的牺牲品，如西汉时期著名的"巫蛊之祸"，即是引发一场死伤数万人的大惨案。

汉武帝沉迷女色，后宫有多位佳人先后失宠，为重新获得帝王的恩宠，多位后宫嫔妃邀请女巫入宫，试图以巫术达到目标，同时对其所嫉妒者便施以巫蛊之术（即巫术诅咒及用木偶人埋地下），一时间后宫迷乱。女巫来到宫中，在每间屋里都埋上木偶人，进行祭祀。因而后宫嫔妃相互妒忌争吵，轮番告发对方诅咒皇帝、大逆不道。武帝大怒，将被告发的人处死，后宫妃嫔、宫女以及受牵连的大臣共杀了数百人。汉武帝晚年多病，疑为左右人巫蛊所致，有一次白天小睡，梦见有好几千木偶人手持棍棒想要袭击他，霍然惊醒，从此感到身体不舒服，精神恍惚。大臣江充与太子刘据有嫌隙，害怕汉武帝去世后被刘据诛杀，便定下奸谋，说汉武帝的病是因为有巫术蛊作祟造成的。于是汉武帝派江充为使者，负责查处巫蛊案。江充率人进入宫中，直至宫禁深处，事先命人在一些地方洒上血污，挖地找蛊，并向汉武帝谗言：

"在太子宫中找出的木头人最多，还有写在丝帛上的文字，内容大逆不道，应当奏闻陛下。"太子刘据得悉后非常害怕，听从少傅石德之言，派门客冒充皇帝使者，逮捕并杀死江充等人。随后派使者假传圣旨，发动兵变，结果被汉武帝击败，凡是跟随刘据发兵谋反的，一律按谋反罪灭族，从京师长安、三辅地区到各郡国，因此而死伤的先后有数万人。

魏晋以下直至明清，法律对有碍政治的巫术严加禁止，对玩弄巫术有损皇权的巫师更是严惩不贷，处罚极重。至于民间以替人驱鬼治病、扶乩降神、上供还愿的巫术，统治者持不提倡、放任自流的态度。民间的巫婆神汉，扮演着人鬼之间"使者"的角色。如苗族的鬼师，号称能过阴（走阴界）通鬼；景颇族的"迷堆"，谎言能用咒语的形式将人的愿望告诉鬼，同时把鬼的旨意传达给人；傈僳族的"尼扒"也说是可以直通鬼神。巫师为什么能直通鬼神？一种说法是巫师系天上下凡，所以生来就有通鬼神的本领；另一种说法是巫师在作法时阴魂附体，使人体与鬼神合二为一。

此外，民间有一些巫婆神汉传说能间接与鬼神相通，其方法是借助一定的法器（工具），例如羌族的端公在驱鬼时用竹帽、神棍、师刀等法器，达斡尔族的萨满经常使用神帽、神衣、神鼓、念珠等法器；还有一些巫婆神汉则是通过歌舞、动物（祭品）、服食药料、饮酒喝水等荒诞不经的手段来与鬼神相通。

## 四、鬼神与禁忌

认为人死之后化为鬼魂是古代中国颇为普遍的一种观念，从先秦到明清，从国都到穷乡僻壤，从达官贵族到庶民百姓，这种观念源远流长，极其广泛，以致形成一种普遍的文化现象，而且对古代社会的政治、哲学、文学艺术产生了很大的影响。从现有资料看，鬼魂观念发轫于原始时代，到殷商时期，鬼魂观念与祖灵、上帝观念融合为一体，并打上明显的宗法烙印。武丁以后，祖先的鬼魂披上"帝"（或上帝）的外衣，并以宗庙、祭祀、占卜的方式频频出现。到西周和春秋战国时期，在丧葬、祭祀、招魂等方面已经形成一套完整的礼仪规范，因而鬼魂观由原来的自然属性转化为兼有社会属性。之后，佛教的三界六道、生死轮回、善恶报应，尤其是地狱之说，道教的幽冥世界、五方鬼帝及冥吏鬼使等等，使得鬼魂游荡山川，笼罩大地，无处不在，无时不有，在人们面前若隐若现出一个阴森恐怖的幽冥世界。

**幽冥世界** 幽冥世界后来称为阴界，是鬼魂所享的"地盘"。从典籍记载和考古资料来看，远古先民观念里的阴界在西北方昆仑山及附近地区。《山海经》佚文及《荆楚岁时记》说这个世界的主宰者是神荼、郁垒，《神异经·东南荒经》说是尺郭，亦有说是宗布神和后土的。但据周明《论上古冥界神话》的考察，远古时代阴界的统治者是西王母。大约到战国时代，古人阴界观念为之一变，阴界的方位由西而东，由山上到地下，由昆仑山一带转到泰山周围，而阴界的主宰者也由西王母变为泰山府君。在这个阴界中有一套完整的官吏体系，对众鬼用"户籍"制度进行管理。此外还有地狱之说，目的在于警示活人要奉行众善，莫作诸恶，以免死后遭大苦痛，受大劫难。

佛教在汉朝传入中国后，经魏晋南北朝至唐而隆盛。佛教有一套庞杂的地狱说法，并有根本地狱、近边地狱、孤独地狱、十八层地狱之别，其中以十八层地狱对后世影响最大，兹以《十八层泥犁经》的叙次排列十八层地狱如下：泥犁、刀山、沸沙、沸屎、黑身、火车、镬汤、铁床、盖山、寒冰、剥皮、畜生、刀兵、铁磨、磔刑、铁筋（册）、蛆虫、烊（烧）铜。也有传说十八层地狱的第一层是拔舌地狱，第二层是剪刀地狱，第三层是铁树地狱，第四层是孽镜地狱，第五层是蒸笼地狱，第六层是铜柱地狱，第七层是刀山地狱，第八层是冰山地狱，第九层是油锅地狱，第十层是牛坑地狱，第十一层是石压地狱，第十二层是舂臼地狱，第十三层是血池地狱，第十四层是枉死地狱，第十五层磔刑地狱，第十六层是火山地狱，第十七层是石磨地狱，第十八层是刀锯地狱。地狱之中以阎王为首，属下有十八个判官，分管十八层地狱，另有牛头、马面、夜叉、罗刹等诸多鬼卒，司刑罚之事。其中牛头、马面负责在地狱巡逻，访捕逃跑的罪人；夜叉、罗刹负责在各地狱施行刑法。在民间还传说阎王属下有黑、白二无常，专门负责勾魂；有鬼吏孟婆，职司灌迷魂汤。十八层地狱是以受罪时间的长短与罪行等级轻重而排列，十八层地狱的"层"不是指空间的上下，而是在于时间和刑法上不同，尤其在时间之上。其第一狱以人间三千七百五十年为一日，三十日为一月，十二月为一年，罪鬼须于此狱服刑一万年，即人间的一百三十五亿年；其第二狱以人间七千五百年为一日，罪鬼须于此狱服刑须经两万年，即人间的五百四十亿年。其后各狱之刑期，均以前一狱之刑期为基数递增两番。

道教在自己的发展中，也建立起一套冥官体系和说法，以东岳大帝为阴曹地府的主宰，属下七十二司（或说七十五司、七十六司）分掌阴界诸事务，而阎罗王置为东岳大帝的僚属。此外，又有"酆都大帝""五方鬼帝"之说，并在四川丰都的罗丰山营造了著名的"鬼国幽都"，今天我们旅游所看到的丰都"鬼城"便是在此基础上发展起来的。道教的地狱世界有四层血湖地狱、九层九幽地狱、十八层泰山地狱、二十四层酆都地狱、三十六层女青地狱等。

一说道教地狱的主宰者是酆都大帝,位居冥司神灵之最高位,为天下鬼魂之宗。道教同时尊太乙救苦天尊为地狱教主,其角色大致相当于佛教中的地藏王菩萨。《道教灵验记》记载,太乙救苦天尊端坐九色莲花座,头上环绕九色神光,放射万丈光芒,周围有九头口吐火焰的狮子簇拥宝座,众多真人、金刚、力士、金童玉女侍卫身旁。

**鬼事禁忌** 有关鬼事禁忌在古代各民族、各地区相当普遍。如在清明节和中元节这两个鬼节,民间传说野鬼四处游荡,并在人间找替身投胎,因而这两天许多地区禁止小孩出门,民间更以鬼节生育为大忌,谓为鬼投胎,或称鬼孩。再如有的地方还有夜间行路忌吹口哨,否则将有恶鬼跟踪等禁忌。但在诸多的鬼事禁忌中,以丧葬活动中的禁忌表现得最为突出。例如在服丧期间,守丧者禁演奏、忌听音乐、忌性交、忌穿艳丽服装、忌叫死者姓名、忌触摸死者的衣物,其他人忌与守丧的寡妇、鳏夫相处来往等,这些禁忌习俗实际上是活人因对鬼魂亡灵的敬重和恐惧而采取的一些自我约束、消极设防的手段。

**驱鬼** 驱鬼是对鬼采取强制性的驱赶、劾杀、镇压。但古人又认为,鬼可以分为恶鬼和善鬼,一般说来自家祖先的鬼魂属于善鬼,对善鬼是不能采取强制驱除措施的。最早关于驱鬼活动的记载可在甲骨文中找到例证,如"祺"字(后世作"魌"),甲骨文中象征驱鬼者所戴面具。另1986年在四川广汉三星堆商代祭祀坑中发现的金属面具,许多专家推测是仿面具制作的驱邪灵物。又据典籍记载,周代的驱鬼活动定期举行,每年三次,分别在季春三月、仲秋八月、仲冬十二月。后代各民族也都举行定期驱鬼活动,具体时间虽不尽相同,但多数一年举行一次。在古代驱鬼活动中,所使用的工具或手段也不尽相同,大致说来是采取模拟性的驱赶、追杀动作,并使用命令式的驱赶、劾杀咒语。道教兴起后,采取了一种新的驱鬼手段——符箓,将画符与念咒相结合,这成为后世沿袭不衰的主动驱鬼手段。此外,中国古代还采取了其他一些驱鬼手段,如傩俗,这种方法产生的较早,是一种集体定期驱鬼的习俗。再如门神,这是一种用挂贴门神来驱鬼的习俗,最早有名有姓的门神是神荼和郁垒,东汉以后民间以武将勇士为门神,如汉代的成庆,唐代的秦琼、尉迟恭。明清及近代民间还以韩信、马超、马岱、赵云、赵公明、魏征、薛仁贵、杨延昭、穆桂英、岳飞等人为神。但在众多门神中，以唐代开始的钟馗驱鬼习俗影响最为深远。

## 五、祭 祀

《左传·成公十三年》曰："国之大事，在祀与戎"，意即国家的大事，在于祭祀和战争，由此足见祭祀在古代所处的地位了。古人对鬼魂亡灵的祭祀主要基于三方面的考虑：一是表示对死者的缅怀，二是害怕鬼魂作祟，三是祈望得到亡灵的庇佑。关于鬼魂亡灵作祟，在殷商时期的甲骨卜辞中随处可见。古人认为鬼魂亡灵可以庇佑活人，《尚书·多士》记载周人之所以能够克殷，周公旦认为是"我有周佑命，将天明威，致王罚，敕殷命，终于帝"。意思就是我们周国佑助天命，奉行上天的明威，执行王者的诛罚，上天宣告殷的国祚终结于纣王。所以后世民间要设神龛供奉祖先的亡灵。

祭祖祀鬼仪式在殷商时期就很完备，从时间上来讲，一般以旬为单位，每旬十日依天干为序；祭品方面以动物的活体为主，同时还用活人，据胡厚宣先生从甲骨卜辞中的统计，商代共用人祭 1 万 3052 人，另外还有 1145 条卜辞未记人数，即都以 1 人计算，全部杀人祭祀，至少亦当用 1 万 4197 人。周代在祭祖仪式中有立"尸"风俗，通常是把死者的嫡孙立为"尸"，以象征死者。祭品种类亦较殷商也丰富，宫廷祭祀活动还有专门的主祭人员，对此《周礼》中有详细的记载。后代的祭祀仪式，或简或繁，基本承袭《礼记》的路数。如唐《开元礼》所载的次序为：筮日、斋戒、设位陈器、省牲视濯、出主、就位设馔、蟠炉炭、拭手拭爵、奠爵、读祝、祝减迹减授主人受福、亚献终献，礼毕纳主、焚祝版。到宋代的朱熹，依据《礼记》总结出一套更为规范的祭祀仪式。

祭祀又分公祭和私祭。公祭是以国家（或氏族、部落）牵头组织的活动，祭祀对象是本民族的始祖，如历朝历代的"封禅"或祭黄帝陵；私祭是以家庭（或家族）为单位的活动，祭祀对象是家庭或家族的祖先。从祭祀的地点看，又有墓祭和庙祭的分别。墓祭又称墓祀、上坟、扫墓等，祭祀的时间在上古有春夏秋冬四时之祭的规矩，后来逐渐形成上元节（农历正月十五）、中元节（农历七月十五）、下元节（农历十月十五）、春节、清明节五个相对固定的祭祀节日，尤其是清明节祭祀成为后世的定例。庙祭是在宗庙、祖庙、祢庙里举行的大型祭祀活动，参加的人员较多，礼仪也较为复杂。据《左传·襄公十二年》记载："凡诸侯之丧，异姓临于外，同姓于宗庙，同宗于祖庙，同族于祢庙。"明清之后，渐渐统称为"祠堂"。

此外，对新近死亡者祭祀，汉族还有周年祭、百日祭、忌日祭和做七（从人死后第七日开始分"一七""二七"到"七七"）的讲究，一些少数民族（如蒙古族、满族、赫哲族等）也很注重"做七"。祭祀不同于上述巫术鬼神活动，虽有祈求祖先赐福祛害、保佑后代的迷信色彩，但是更多的意蕴在于悼亡报恩。

# 第二十六讲　古代的文化交流

　　中华民族有着悠久的历史，勤劳智慧的各族人民创造了灿烂辉煌的古代文化，在中华民族漫长的发展史上，一方面各民族的文化互相融合、互相渗透，另一方面也与世界各国的民族文化发生了较为广泛的交流；一方面中国传统文化向外输出，另一方面也引进和吸收了世界各民族的文化。古代中外文化的交流不仅增进了中国与世界各国人民的友谊，更使中华民族传统文化的影响不断扩大，同时也促进了本民族发展。

## 一、与东亚诸国的文化交流

　　中国与朝鲜是唇齿相依的邻邦，自古以来在文化上就有密切的联系。《尚书》《史记》等文献有殷商末年箕子率人避居朝鲜、西周时封箕子为朝鲜侯的记载，这一广为流传的旧事不免带有传说的色彩，但据朝鲜古墓葬的考古发现，这一旧事不是没有可能性的。战国时期，中原地区干戈四起，邻近朝鲜的燕赵之地，有许多人为避战乱而浮海到朝鲜；三国时期，在朝鲜半岛中部以南地区的辰韩部落中，有一部分中国人即当年避乱流亡到朝鲜的燕赵华夏人的后裔。东汉建安时期，朝鲜的百济国王迎中国的公孙康之女为妃；公元4世纪，百济国博士高兴以汉文修成百济国史《书记》，这说明之前汉字即输入百济；南朝梁武帝时，百济国遣使者来访；7世纪中叶，百济还派人来中国唐朝留学，这些文化交流都得到了百济墓葬的考古印证。

　　古代朝鲜的高句丽从建国初就使用汉文修撰本国典籍，十六国时期，符坚遣使偕僧人顺道等送佛像，经文至高句丽；唐初，高祖派使者到高句丽传播道教；贞观十七年（公元643年），高句丽大将盖苏文奏请遣使于唐，再求以道教训国人；7世纪中叶，高句丽也派人来中国留学。从高句丽墓葬的考古发现来看，其壁画题材多为青龙、白虎、朱雀、玄武，并有伏羲、女娲和驾鹤仙人王子乔等画像，与中国古代绘画一脉相承。

古代朝鲜的新罗国，早在中国南北朝时期即以汉文修撰国史，八世纪中叶，新罗太学监确定《论语》《孝经》为必修课，《礼记》《周易》《左传》等等为选修课；公元 837 年，新罗在中国的留学生达 216 人之多。而新罗文武王《答唐行军总管薛仁贵书》，堪称朝鲜古代汉文的典范。此外，新罗僧人圆测，曾从唐僧玄奘受业，为玄奘得力助手；新罗僧乔觉在中国九华山圆寂，因其状似佛经中的地藏菩萨，而使九华山形成盛大的香火地，纳入中国佛教四大名山之列。

中国的造纸法约在公元 4 世纪初即传入朝鲜，10 世纪以后的高句丽和李氏朝鲜时期，生产的纸质越来越好，反过来向中国出口纸张，并向中国输出《大藏经》等经典和大量其他书籍。之后，活字印刷术和火药也传入朝鲜，元朝时棉花从中国移植到高句丽，栽种成功，并向中国反销。在医学方面，李氏朝鲜学者于公元 1610 年撰成的《东医宝鉴》，对汉族医学作出了不可磨灭的贡献。另一方面，朝鲜的优秀文化也不断传入中国，如精致的手工艺品和优美的歌舞音乐等，尤其是朝鲜的歌舞音乐，从南北朝时期传入中国后，到隋唐时期成为中国宫廷音乐的重要内容。

中国与日本的文化交流也是源远流长，两国一衣带水，早在战国时期，燕国与日本即有来往，秦灭燕，燕有一部分人逃亡日本，据《史记》《汉书》《后汉书》《三国志》《十洲记》等诸多史籍记载，秦始皇时徐福奉命带领三千童男童女东渡，寻求不死之药，最后居留在日本岛上，同时把秦代文明也带到那里。其后徐福在日本被尊为农耕神、蚕桑神和医药神，日本纪念徐福的祭祀活动历千年而不衰，还一些日本人认为自己是徐福的后裔，例如日本前首相羽田孜就称自己是徐福的后裔。徐福是否东渡到日本学术界尚有不同的观点，但可以确定地说，至迟在公元 57 年中日两国官方即开始往来。这一年，位于九州的邪马台国派使者到中国接受东汉王朝的册封，之后两国开始了频繁的交往。

日本约在公元 1 世纪中期传入汉字。公元 284 年，朝鲜古代百济学者王仁到日本献《论语》10 卷、《千字文》1 卷。五世纪初，日本大和朝廷又在百济的汉人中招聘优秀工匠，之后，倭王赞、珍、济、兴、武多次遣使向中国南朝政权朝贡，请求授予封号，并带回南朝所赠的汉织、吴织。隋唐时期是中日古代文化交流的鼎盛时期，公元 7 世纪初的 10 余年间，日本 4 次遣使访问中国，从中国引进佛教，并对儒学、道教和其他诸子百家之说采取兼容并蓄的方针。有唐一代，日本正式遣使至唐共 12 次，使团初期有 200 余人，后来扩大到 550 人左右，先后有 120 余名留学生和学问僧来唐学习，其中多人长期居留中国，如阿部仲麻吕（汉名晁衡），在唐供职长达 40 余年，官至"左散骑常侍、安南都护"，他的汉学造诣颇深，与李白、王维交谊甚厚。其他如高向玄理、桔逸势、道慈、僧里、南渊清安、吉备真备、玄昉、空海等都是学有成就的日本人。此间，唐朝使节、僧侣、商人等也去日本传授先进文化，如擅长文字音韵的袁晋卿、皇甫东朝等，尤其是扬州龙兴寺高僧鉴真一行，不仅带去了大批佛经、佛像、文物、典籍，还将中国的书画艺术、建筑、医药、农作知识带给日本，对日本文化的发展产生了较大的影响。

公元 645 年，日本大化革新的策划人中大兄皇子（即后来的天智天皇）和中臣镰足拜留学中国的南渊清安、高向玄理等人为师，积极学习隋唐的封建制度及唐太宗为政牧民的措施经验，仿唐设二官八省制、国、君、里制和班田制，并在意识形态领域以儒家思想为出发点。而在公元 701 年，日本开始祭孔。到奈良时代，日本的学术、技术、音乐、绘画、雕刻、建筑及有关服饰器皿、生活方式一切仿唐，贵族阶层尤其醉心于唐朝文化。中国理学从 12 世纪末至 13 世纪初传入日本，到 17 世纪初，江户幕府大力推崇儒学，使之成为日本的官学，五代将军德川纲吉还向重臣亲授《四书》《孝经》等儒家经典。日本在 1690 年还建成孔子圣堂。

中日古代文化交流从总体看，以宋代为界，大致可以分为两个历史时期，前期日本大量输入模仿中国文化，后期日本文化逐渐对中国发生逆影响。如日本书法艺术大家空海和尚的墨迹在中国封建社会中后期广泛流传，曾被收入中国书法名家选集之中；绘有山水人物的日本折扇、软屏颇受中国民众的喜爱，在市场上畅销；日本的民族绘画大和绘也受到中国人的青睐，锋利的日本刀剑大量销往中国；原为中国发明的漆制工艺传入日本后得到独特的发展，其中螺钿工艺品到了宋代反向中国输出，乃至作为礼品赠送给宋朝皇帝。此外，日本妥善保存了中国大量的古籍，使其免遭兵火之祸，中国曾多次遣人去日本抄写亡佚书籍，日本亦派人前来献书。

## 二、与东南亚诸国的文化交流

亚洲中南半岛的北部与中国山水相连，南洋群岛与中国大陆隔海相望，而菲律宾与台湾仅隔着巴士海峡。2000 多年来，中国与东南亚诸国有着友好交往的悠久历史。

大约在 5000 年前，越南与中国的巴蜀地区就有了共同的文化，传说尧宅南交，舜南巡狩，对方来聘，有"越裳献雉"的记载。公元前214年，秦始皇在越南置象郡，公元前111年，汉武帝平南越，置九郡，其中的交趾、九真、日南三郡皆届今越南。越南史籍有"岭南文风始二守焉"的记载，"二守"是指西汉元始元年汉中人锡光任交趾太守，东汉建武五年南阳人任延为九真太守，锡、任二守任职期间，教民牛耕种植、铸造铁具，宣扬礼义，制定婚娶礼法及衣着式样。东汉初年第一批交趾贡使八名，留学洛阳；东汉后期造纸术传入交趾，交趾人利用这一方法，制造出质地优良的蜜香纸；三国时交趾选送技艺精良的两千余名工匠到吴都建业；唐代安南上贡的翡翠、珠玑、珊瑚树等皆为珍稀名贵之物，而安南的丝也成为唐王朝的重要岁收；宋代中越两国的贸易有"大纲""小纲"之说，大纲是在朝贡形式下的官方贸易，小纲是两国接壤地带的民间贸易；元代中越屡屡争战，经济贸易、文化交流远逊于唐宋；明初列安南为"不征之国"，越方也"奉正朔"，先后曾七十九次遣使入贡，永乐年间郑和下西洋，首站即占城（今归仁）；明代有不少越南人在中国居住，著名的建筑设计师阮安即其中之一，公元1406年明成祖开始营建北京城，阮安负责总设计，重点营建紫禁城和皇城；清代中越贸易达到一个新的高潮，分为陆、水、海三路，交易额有时一次即达数万两银子。此外，在宗教、语言文字、姓氏、历法、音乐戏剧、文学、数学、医药、建筑及科举、官制等许多方面，越南都深受中国的影响。另一方面，越南先进的造纸、造船、丝织等技术又反馈到中国，而北宋真宗时从越南传入的占城稻，不仅在江浙地区迅速推广，而且传到了北方。

中国与老挝的往来大约始于三国。孙吴曾"遣适从事南宣国化"，并称老挝为"堂明"或"道明"，公元227年，堂明曾遣使来贡。据考证，老挝古时曾称文单国，唐朝时文单国四次来朝，其中一次由王子率领，一次由副王率领，唐王朝均以厚礼相待。元顺帝时，老挝遣侄那赛赏象马来朝，元还在老挝设置机构，以示羁縻（即来去自由、互不干涉）。明朝时，两国交往甚多，从公元1400到1613年，老挝来使34次，中国回使9次。清朝时，亦对老挝采取羁縻政策，中老两国的贸易十分可观，中国的马帮商队用铜锡器、绸缎、瓷器、烟叶、盐等日常用品，换回老挝的象牙、犀角、鹿茸、孔雀毛等土特产和棉花，老挝的边民也来中国用林产品换回各种物品。此外，在语言、历法、文学、宗教等方面，老挝深受中国文化的影响，如古典长篇小说《三国演义》在老挝的一些城镇几乎家喻户晓。

中国与柬埔寨的交往，可以追溯到东汉章帝元和元年（公元84年），三国时期柬埔寨扶南王数次遣使与东吴通好，东吴亦派宣化从事朱应、中郎康泰回访扶南，并长期居留扶南。扶南的音乐亦从此时传入中国，在吴都建业的乐署回荡。南朝萧梁时期中柬之间交往的领域从政治经济扩大到宗教文化方面，梁武帝在京城专门设立"扶南馆"，作为扶南使者的下榻和扶南高僧译经的场所；梁陈之际僧伽婆罗、曼陀罗、拘那陀罗等僧先后到中国弘扬佛法，译经多，影响甚大。中柬两国的朝贡贸易，亦有很久的历史，早期贡品仅限于琉璃珍宝、奇禽异兽、佛像香料等，回赐品多为绫绸等物；民间贸易在唐和北宋时期主要集中在交州和广州，南宋后多在泉州进行，明初实行海禁，但对柬贸易仍照常进行。此外在柬埔寨吴哥王朝鼎盛时代，元朝使团随员周达观在访柬之后，写成《真腊风土记》一书，据实记录了吴哥市场的中国特产及繁荣情景，书中还提及中国商人娶柬埔寨妇女为妻等事。

中国与泰国的文化交流凭借着发源于云南的湄公河，在先秦时即有交流。但大量的文化交流是在唐以后，尤其是元明清时期。元朝时，随着海运交通的进步，元世祖遣使赴泰，泰国亦遣使来访，共约 12 次之多。明朝曾向泰国阿瑜陀耶王朝的使臣颁诏、赐印、赠礼，泰国也平均两年一次向中国遣使；中国也设立四夷馆以培训外语翻译人才，万历六年（公元 1578 年），暹罗馆内一次即招收马应坤等 12 人为学员，学习泰文以备录用，而暹罗也曾派人到中国的国子监留学。清朝时泰国仍循例向中国朝贡。比官方交往更为重要的是两国的民间交往，除了贸易往来，明清两代还有大批闽粤籍移民迁徙泰国，制造瓷器、度量衡器、铜铁器等技术，种植胡椒、甘蔗等技术，手工艺、中医、文学、戏剧、大乘佛教等等都在泰国产生了较大的影响。以语言为例，泰语从汉语中借用的词汇量，约占 3/10 以上。

缅甸的居民，多是史前时期中国西南部先民的后裔。现在缅甸人称中国是"胞波"或"端南"，意即同胞和亲戚。秦及西汉时期，中缅两国的交往主要是民间贸易。东汉永宁二年（公元 121 年），汉安帝封缅甸掸国王雍由调为汉大都尉，这是目前所见资料中最早的中国授予缅甸国王官职的记载。三国时期诸葛亮南征，把汉族先进的农耕技术传授给西南各少数民族，随即又传入缅甸，因而缅甸人民特别敬重诸葛亮，境内建有诸葛亮的武侯庙，瓦族还称诸葛亮为"阿公"。缅甸堪称印中佛教传播的桥梁，公元 1 世纪印度高僧迦叶摩腾和竺法兰即取道缅甸前来中国，7 世纪后密教由印度传入中国，也是经由缅甸，缅甸盛兴的上座部佛教经典也传入中国。唐时称缅甸为骠国，骠国当时受南诏的控制，骠国的音乐对唐代乐律的制定产生了重要的作用，通过献乐，骠国获取了外交上的胜利，使南诏解除了对其的威胁。宋时缅甸被称为蒲甘，蒲甘通过大理地方政权与宋廷发生交往，此间，蒲甘建立了中国式的佛塔，留下酷似唐宋人作品的壁画。元时中缅曾屡次发生战争，战争虽使两国人民蒙受灾难，但另一方面促进了文化交流，如中国的历法此间在缅甸广为流行，而缅甸新年的泼水节风俗，也随之盛行于中国云南边境地区。明朝设有缅甸馆，并聘请缅籍人为教师，用缅汉对照的词典作课本，列为法定的《华夷译语》第二编。缅甸的宝石，自古以来就是输入中国的主要商品，其玉佛传入中国者不计其数，诸如五台山、峨眉山、上海五佛寺的著名大玉佛，都是缅甸佛教徒的赠品。此外，在清朝与缅甸的交流中，两国都互相引进了大量的蔬菜果木和手工艺品及其制造技术。

据可靠的史籍记载，中国与菲律宾的文化交流不晚于宋代，公元982年，麻逸国（今菲律宾民都洛岛一带）载宝货曾到广州海岸。两国古代频繁的交往开始于元，鼎盛于明清，在汪大渊的《岛夷志略》一书中记述了菲律宾麻逸、苏禄等地的风土人情，并描述了当地居民崇尚来华的社会风气。明朝永乐年间，郑和曾三次遣使访问菲律宾诸国，1417年菲律宾苏禄东王访华结束，归国途中病逝于德州，明成祖命令以王礼相葬，并亲为碑文。值得注意的是，在菲律宾众多的民族中，大多数与中国华南地区的民族有血缘关系，继史前的移居，唐代以来中国人又逐渐移居菲律宾沿海地区，明代有不少华人在菲律宾内地定居，16世纪末，大批华人定居马尼拉。华人移居菲律宾后，多与当地妇女通婚。同时，唐代以后有不少菲律宾人移居台湾和大陆，例如1731年在德州守侯苏禄东王墓陵的王子后裔加入了中国籍，后分为温、安二姓。在中菲文化交流中，中国的陶瓷占有重要地位，多种蔬菜果类的种植技术、手工业、冶金、采矿、航海、印刷等多种技术也在菲律宾广为传播，菲律宾的语言、建筑、戏剧音乐以及衣着、饮食、亲属称谓、婚俗等也深受中国的影响。

中国历代都有移民前往印度尼西亚，移民多为男性，他们与当地妇女通婚，使土生华人日益增多。隋朝时高僧义净曾在苏门答腊地区居留十余年，郑和下西洋亦途径印度尼西亚，对印尼佛教和伊斯兰教的传播起到很大的作用。长期的民间交往促进了两国的文化交流，印度尼西亚的语言、钱币、乐器、建筑、烹饪、婚俗、节俗及生产技术深受中国文化的影响。同时，中国文化也受到印度尼西亚的影响，如闽南客家方言中便有不少印尼语借词，而印尼的苏木、沉香、丁香、槟榔、檀香、肉豆蔻等大量药材源源不断地输入中国，大大丰富了中医宝库。

此外，从汉代开始，中国与马来西亚、文莱等东南亚国家的文化交流也日益增多。

### 三、与南亚次大陆诸国的文化交流

中古以后的中国文化受到印度文化的巨大影响，其中最为重要的是佛教文化，其次是科学技术。佛教传入中国，大约是在西汉末年以后，到隋唐达到全盛时期，尤其是玄奘孤征十七年，历程五万余里，从印度取经归来，然后大规模的翻译，并著《大唐西域记》，成为中印文化交流史上的一段佳话。宋初亦曾派人赴印取经，建立译经院和印经院，延请天竺和尚。佛教在中国广为流传，但也发生倒流情形，如《佛祖历代通载》卷十三载：永嘉玄觉禅师"著《证道歌》一篇，梵僧传归天竺，彼皆钦仰，目为东土大乘经"。在科技方面，中国古代天文学中的"浑天说"与婆罗门的"金胎说"一脉相承，《三国志·魏书》中关于华佗的妙手奇术与东汉恒、灵之世所译的佛典《捺女耆域因缘经》里的故事如出一辙，此外，中国数学中的百进法和倍进法也受印度的影响。

中国和尼泊尔的文化交流也是源远流长，相传尼泊尔原来是个湖泊，后文殊师利从中国来劈开南山，放走湖水，此地人民才得以繁衍生息。这一生动的传说，反映了中尼两国人民悠久的情谊。公元406年，中国高僧法显去尼泊尔寻访释迦牟尼的故乡和诞生地，两年后尼泊尔佛陀跋陀罗应邀来长安弘法，后在建业（今南京）道场寺翻译了大量佛经。中尼边境有二十余个山口可作为通道，从遥远的古代，两国边民就跨过这些山口互相进行贸易交流。中尼的官方交往始于唐代，贞观年间文成公主入藏嫁与松赞干布，尼泊尔国王也将赤贞公主嫁给松赞干布，进而形成"吐蕃尼婆罗道"这条国际通道。公元643年，唐太宗遣使赴印，走此通道访问了加德满都，四年后尼泊尔遣使入唐，双方建立友好关系。宋元时期，不少中国僧人曾去尼泊尔游学梵文，研习佛教，尼泊尔也有许多工匠来中国，其中阿尼哥曾在中国逗留40余年，不仅参与建造了许多佛塔、寺院、祠祀和道观，还为汉藏两族培养了许多工匠，元朝授予他光禄大夫、大司徒兼领将作院，秩比丞相。明清两代，随着两国交往的频繁，中国的纸、花生、马铃薯、荔枝等传入尼泊尔，尼泊尔的菠菜、酢菜、胡芥等植物也传入中国，清代还有大批尼泊尔工商人士在西藏定居。

中国古代对斯里兰卡的称谓有三四十种，较为常见的称谓是"师子国"和"锡兰"等。两国的正式交往以4世纪90年代师子国国王优婆罗帝沙一世派遣沙门昙摩携玉佛来访为序，之后几乎历代都有使臣前来，而中国亦多次遣使访问斯里兰卡，其中元代有2次，明代有5次，双方交流的主要内容围绕着佛教。两国沙门的往来更是史不绝书，其中师子国僧人不空，舶主竺难提对中国佛教的发展做出了杰出的贡献，不空圆寂后朝廷竟为之休朝三日。此外，斯里兰卡的雕塑、绘画对中国的影响很大，如东晋义熙年间师子国所送的一尊玉石佛像，形制奇特，以致使人疑为天工。

## 四、与西亚及阿拉伯诸国的文化交流

土耳其人的祖先原是居于中国北方的突厥人。南北朝时，西魏遣酒泉胡安诸盘陀出使突厥，后将长乐公主嫁给突厥第一位可汗阿史那土门，后来北周武帝娶突厥木杵可汗女为妻，隋朝时义成公主又嫁与突厥处罗可汗。唐初有不少名将系突厥籍，武德贞观之际，突厥南下唐境者达数10万人，被安置在旧夏州、代州等地；贞观初年，唐太宗又使去突厥的8万余口汉人重返家园。当时唐与突厥的贸易主要在西北边境，以内地丝绢换取突厥的良种马。公元14世纪，奥斯曼土耳其在小亚细亚建国，宋代称之为"芦眉国"，明代称之为"鲁迷"国。奥斯曼王朝鼎盛时期，苏丹苏里曼一世曾5次遣使来中国通好，来华的使臣、商人、传教士均受到中国官府的礼遇和保护。土耳其传教士阿里·阿克巴尔还著有《中国纪行》一书，中国官府也曾派员到伊斯坦布尔留学，研习伊斯兰神学和其他科学。

汉武帝时为了消除边患，在使用武力的同时也运用外交手腕联络大月氏和西域诸国共同抗击匈奴，公元138年，张骞负命出使西域，途中被匈奴扣留，11年后才逃回来，他翻越崇山峻岭，到达中亚，历访大宛、康居等国，又辗转来到大月氏，虽然未能达到联合西域诸国共同攻击匈奴之目的，但把多年来在西域所掌握的详情带了回来。不久，张骞再次出使，携带中国的特产赠与西域各国，带回了西域丰富的物产，与西域诸国建立了友好关系，打开了中国通向中亚以西广阔地域的通道，逐渐形成了一条贸易古道，这就是闻名世界的丝绸之路。

丝绸之路东起古都长安，西穿河西走廊，直达西域的门户敦煌，然后分南北两道伸入西域：南道顺塔里木河以南的通路，取道鄯善（今新疆若羌）、经于阗（今新疆和田），抵达莎车，然后西越葱岭（帕米尔高原和喀喇昆仑山脉），至法扎巴德（今阿富汗境内）折向木鹿城（今独联体土库曼加盟共和国马里）；北道出玉门关，沿塔里木河北面的通道，途径龟兹（今新疆库车附近）、疏勒（今新疆喀什），西越葱岭，穿大宛（今中亚费尔干纳地区）、过康居（今撒马尔罕附近），抵达木鹿城与南路汇合。然后迤逦前行，抵达里海东南的和椟城（今伊朗达姆甘），再经阿蛮（今伊朗哈马丹）到达两河流域，从巴格达东南的古城斯宾北上，最后到达终点地中海沿岸的商埠安条克（今土耳其安塔基亚）。丝绸之路横穿亚洲大陆腹地，全长 7000 多公里，古代伊朗在开拓和维系这条国际通道的过程中做出了重要的贡献。

西汉时期的伊朗是西亚地区强大的国家，中国称之为"安息"和"波斯"。凭借着丝绸之路，两国历代均有频繁的来往，伊朗的宗教、科技、果木及种植技术相继传入中国，中国的蚕丝、造纸术、印刷术、指南针、瓷器及医药医学等也传入伊朗，两国的商品物产、语言文字、文化艺术也得到广泛的交流。如伊朗的绘画受中国工笔画和水墨画的影响非常明显，琵琶、竹笛等古乐器也是从中国引进；而中国古代的"马球"游戏、唢呐扬琴、元明时期的一些乐曲都来自波斯。再如，波斯语的一些词汇早在汉代就陆续传入中国，元朝时这种语言的地位仅次于蒙语和汉语，杭州的歌手能用波斯语演唱中国诗词，至于中国穆斯林在宗教活动中使用波斯语的情况就更为普遍；另外随着两国的文化交流，汉语中的一些词汇也进入波斯语，如"船""茶叶""钞票"等。

地处欧、亚、非三大洲联结部位的阿拉伯与中国的交往至迟在公元 1 世纪末，西汉王朝曾遣使条支，公元 97 年班超遣使大秦（罗马），再次到条支；公元 651 年，阿拉伯第三代哈里发奥斯曼遣使中国，官方正式通好。八世纪之后，阿拉伯人取代犹太人、波斯人、印度人在海上的优势，因而通过海路来中国的阿拉伯人渐超过陆路，他们多侨居广州、泉州及江浙沿海港埠，有些人与汉族通婚，定居中国。如唐宣宗大中二年（公元 848 年），阿拉伯人李彦升进士及第，足见其对中国文化造诣之深。宋代一些阿拉伯的船主经常代表国王向宋廷馈赠礼物，因而官方对阿拉伯商人亦更加宽厚。元时寓居泉州的阿拉伯人尤其受倚重，蒲寿庚几代人居住中国，专卖船舶之利达 30 年，元世祖还曾任命其为福建行省长官。

在中阿的文化交流中，中国的手工艺器物备受阿拉伯人的赞誉，并为阿拉伯人广泛使用。后来，中国的造纸术、火药、指南针西传阿拉伯，对阿拉伯世界产生了重大影响。元代阿拉伯文化东传，其中的天文、历法、医药、数学等对中国文化也产生了重大影响，据统计，传入中国的有天文图、仪器4件，历学天文书7种96部，数学书4种47部，占星占卜书6种等。元朝曾设回回司天监，用阿拉伯、波斯传来的方法观测天象，作为制定历法的依据，忽必烈曾专设广惠司，掌管回回医药，而希腊欧几里得的《几何》原本，亦可能在元代由阿拉伯文转译为汉文。之后的郑和七次下西洋，后三次均到过阿拉伯半岛，对中阿文化交流起到重要的推动作用。

### 五、与欧、美、非洲诸国的文化交流

沿着丝绸之路，中国从汉代就开始了与欧洲一些国家的交往。公元97年，班超命部将甘英出使大秦（即罗马帝国）通聘，甘英到达波斯湾边，望洋兴叹而归，虽未能到达大秦，但通过此行了解到沿途各国的地理状况和风俗人情，为之后的中西文化交流提供了有利的条件。早在此之前，中国的丝绸已由波斯人转运到欧洲地中海沿岸地区，丝绸在西方最初值比黄金，当罗马末期执政官恺撒衣着绸袍出现在剧场时，被认为是奢侈至极，罗马城内专设中国丝绸市场，仕女争穿绸衣。同时，罗马的宝石、黄金、琥珀、珊瑚因丝绸贸易也传入中国。

据《后汉书》记载，桓帝延熹九年（公元166年），有一自称秦王安敦所遣的使者前来通聘，并呈献象牙、犀角等物，近人考证安敦即罗马皇帝马可·奥里略·安东尼。两国交往，不限于陆路，公元226年，罗马商人秦论从水路来到交趾，交趾太守将其送至建业谒见吴帝孙权；公元284年，罗马又遣使者与中国通好，之后两国几乎历代皆有使臣往来。公元五世纪，基督教的景教一派传入中国，公元635年，东罗马的景教士到长安传教，唐太宗为之建寺立院，3年之后，寺院落成，景教徒络绎而来，景教遂正式在中国传播。此间中国的造纸术先传到阿拉伯，而后由北非的摩尔人传入西班牙，1189年传入法国，1276年传入意大利，十四与十五世纪末年又分别传入德国与英国。此外，印刷术、火药、指南针也直接或间接传入欧洲，中国的算盘也在14世纪传入俄国和波兰等国。

13世纪中叶，意大利旅行家马可·波罗跟随父、叔来到中国，并于1265年见到元世祖忽必烈，他在元朝宫廷供职17年，其足迹远至云南、四川、福州，所著《游记》一书真实地记载了中国的政治文化、风土人情，对于西方了解中国的文明起到了极大的作用，而他本身的活动也播下了西方文化的种子。明代中叶以后，一些天主教士来华活动，到明末清初，中国有13个省设

立了天主教堂，信教人数到 17 世纪中叶增加至 15 万人。传教士也带来西方
先进的科学技术，其中意大利的利玛窦、龙华民、熊三拔、艾儒略、罗雅谷、
利类思，瑞士的邓玉函，德国的汤若望，比利时的南怀仁等，对传播西方先
进的自然科学做出了杰出的贡献。此间，西洋乐器及音乐、西洋画及其技巧、
欧式建筑及其风格亦在中国广为传播，对中国文化发生了较大的影响，汉语
中出现了拉丁化拼音，拉丁文被应用于国际交往事务中。另一方面，郑和
下西洋的宝船引起欧洲船舶商的瞩目，宣德瓷器和成化瓷器风靡欧洲。18
世纪，中国的儒家学说及其他经典，由传教士传入欧洲诸国的知识界和上
流社会，引起法、德等国许多资产阶级启蒙大师的极大热情，伏尔泰曾说：
"作为一个哲学家，要知道世界上发生的事，就必须首先注视东方，东方是
一切学术的摇篮，西方的一切都是由此而来。"此外，中国的文学也引起欧
洲的注意，中国的园林艺术、山水人物画也对欧洲的建筑和绘画产生了较大
的影响。

　　中国与美洲的文化交流始于何时？这一问题多年来有不少国内外学者提
出各种各样的推断，据可靠的史料记载，16 世纪中叶西班牙殖民主义者征服
了墨西哥和菲律宾后，西属美洲与中国便有了正式的交往，而菲律宾则是双
方交往的中转站和基地。从闽粤口岸经菲律宾的马尼拉和墨西哥的阿卡普尔
科到西班牙的塞维尔这条"大商帆船贸易"航线，成为中国与美洲联系的主
渠道，大量的中国丝绸、亚麻布、棉布、陶瓷品、工艺品、农产品等从这条
航线运抵美洲，换回美洲大量的银币和番薯、玉米、马铃薯等农作物，这些
农作物起到了部分改变中国粮食生产布局，增加产量的重大作用，而数亿枚
美洲银币的流入，对于调整和发展中国的货币结构与制度也具有重大的意义。
此外，从公元 1585 年中国首批商船驶抵墨西哥，不久在墨西哥城便出现了美
洲大陆上的第一条唐人街。

　　在人类文化曙光时期，尼罗河文明和黄河文明交相辉映，其中埃及是中
国与非洲文化交流的重要国家之一。早在中国与罗马帝国的海上贸易中埃及
即成为它的中转站，而远在此之前，中国的丝绸等货物就辗转贩运到北非，
公元前 1 世纪埃及托勒密王朝女王克莉奥帕特拉衣着的华贵绸袍便是以中国
丝绸制作而成的。至迟到 7 世纪，中国的提花机和瓷器也传入埃及。公元
751 年，随同征西节度使高仙芝远征的杜环在唐兵与大食（阿拉伯帝国）的
战争中被俘，12 年后辗转从海路回到中国，写成《经行记》一书，其中记载
了许多关于非洲国家的情况。与杜环同时被俘的一些中国工匠将造纸术传授

给阿拉伯人，之后便传入埃及。唐代以前中国传入非洲的货物主要是丝绸及纺织技术，埃及等国传入中国的主要是琉璃及制作技术；唐宋以来中国的瓷器和钱币大量涌入非洲，而非洲的象牙、犀角、香料也大量流入中国。上述文化交流，在东非海岸的考古发掘中得到充分证明。明代郑和7次下西洋，后4次都曾到达东非海岸，向当时的肯尼亚、索马里等地的居民赠送中国的瓷器、漆器、丝绸、茶叶等，并从非洲带回麒麟（斑马）和花福鹿（长颈鹿）。公元13世纪后期，中国的火药传到非洲，埃及人把原料硝石称之为"中国雪"；与此同时，埃及的天文学、地理学等科学及炼糖技术也传入中国。

从中、非之间的官方交往来看，至迟可以追溯到北宋时期。公元976年一位非洲黑人随阿拉伯使节来访；公元1071年和1083年，东非层檀国的使者两次前来"报聘"，双方还互赠礼品；据马可·波罗的记载，元世祖忽必烈曾遣使访问马达加斯加岛。此外，中、非的文化交流还涉及桑给巴尔、索马里、肯尼亚、摩洛哥等东非、北非沿海国家。但自从15世纪中叶欧洲殖民主义者入侵非洲，中国古代和非洲国家的文化交流基本中断。

## 六、中外文化交流的特点

总结数千年来中外文化交流的经验，宏观地把握数千年来中外文化交流史，我们可以发现它具有以下一些特点：

第一，以友好往来为基本取向。数千年来，中国同世界各国发生了较为广泛的交往，在这些交往中，无论是大型的还是零星的，无论是官方的还是民间的，基本上是和平友好，有来有往。但毋庸讳言，在交往的过程中，也伴随着一些战争和掠夺，有外邦入侵，也有中国官府的对外征伐，战争也往往带来文化交流的机会，战争的过程也同时是文化交流的过程。不过，就总体而言，中外文化交流是在友好往来的状态下进行的。

第二，宗教是文化交流的重要方面。宗教是人与自然、人与社会相互关系在意识形态中的一种特殊的、虚幻的反映，它富于调和性、重超越、重和平，因而在民族和国家之间的正式交往中往往容易以宗教文化的交流为先导和作为重要内容，在中外文化交流史上，无论是佛教、伊斯兰教、基督教的传入还是儒教、道教的输出都具有这种特点，而且不少教徒往往本身又具有较高的自然科学水平，伴随着传教也自然地传播了各国先进的科学技术，因而宗教就更容易成为文化交流的重要内容。

第三，中国古代文化对世界产生了巨大影响。中华民族是勤劳、智慧的民族，在漫长的历史过程中形成的儒教礼仪、儒家思想对东亚、东南亚以及18世纪以后的西方世界产生了极为深远的影响，其中的一些内容至今为一些东方国家所沿袭和应用；中国的造纸术、火药、印刷术、指南针四大发明对推动世界历史的进步起到了重大作用，而丝绸、瓷器、武术、中医等对世界也产生了重大影响。中华民族对世界文化做出了杰出的贡献。

第四，中国古代文化的输出大于引进。在数千年的中外文化交流史上，中国既是文化的输出者，也是文化的引进者；一方面向世界各国输出自己的传统文化，一方面引进世界各国丰富的文化，但就总体而言，中国文化的输出大于引进。从世界文化的角度来讲，各个国家文化的输出和引进同样重要；但就一个民族、一个国家的发展来说，引进就重于输出了。

第五，中国古代文化在对外输出及交流中经历了一个发展、鼎盛、衰落的过程。这一过程大致与中国古代社会的发展取相同步伐，汉以前随着生产力的提高，中国逐步与周边和近邻发生交往；两汉时期这种交往得到长足进展，唐代是中外文化交流的鼎盛时期。而从明代中叶以后，中国文化渐趋低落，尤其是清代中叶至鸦片战争前，清朝政府采取闭关锁国的政策，大大扼制了中外文化交流。而当西方殖民主义者用中国古代科学技术装备起来的军舰大炮轰开中国国门、再度进行中西文化交流时，中国传统文化尤其是科学技术已经处于明显的劣势状态了。

# 后 记

中华民族具有 5000 多年连绵不断的文明历史，创造了博大精深的中华传统文化。一个国家和一个民族的强盛，总是以文化兴盛为支撑，中华民族的伟大复兴需要以中华文化发展繁荣为条件。中华优秀传统文化的当代价值在于：它是社会主义核心价值观的思想源泉，是加强公民道德建设的文化资源，是提升中华民族文化自信的有力支撑，是增强国家治理能力的坚实基础，同时也是为构建人类命运共同体提供中国智慧。

本书的撰写目的在于使读者了解中国的传统文化，懂得中国古代文化的基本知识，传承和弘扬中华优秀传统文化，增强国家文化的软实力。写作中力求做到讲清楚中华传统文化的历史渊源、发展脉络、独特价值和鲜明特色，使读者能够较为系统地了解中华传统文化的基本知识，加深对中国传统文化的理解，从中能够看成败、鉴得失、知兴替，明廉耻、懂荣辱、辨是非，拓宽知识领域，夯实文化底蕴，提升文化自信心。

本书系在作者 1997 年巴蜀书社出版的《中国的传统文化》一书的基础上进行了较大的增、删、调、改而成，此次修改更加突出了知识性、系统性和通俗性。全书共 26 讲，分别从中华民族的形成与发展、古人的姓名字号、汉字的渊源嬗变、民间俗语的特征与智慧、书籍的类型及其演变、古代的天文地理历律、古代的行政区划与职官科举、古代的婚姻家庭制度、古代的礼仪规范、古代的法律制度、古代的科学技术、中华医学气功、儒学源流、佛教世界、道教境域、古典文学、史学典籍、古代的书法绘画、古代的造型艺术、传统节日习俗、古代宫廷内幕、古人的饮食习俗、古人的休闲娱乐、古代的江湖文化、古代的卜卦相巫和古代的文化交流等角度较为全面和系统地介绍了中国传统文化中最为基本的知识。

本书在撰写过程中借鉴和参考了诸多专家学者的研究成果，书中没有采取脚注的形式予以标注，其原因一是因为凡属整句话直接引用，本书在正文中都已标明出处；二是有些内容系综合参考多家之言，并非某一著述的一家之言，所以未予一一标注，但无论如何，在此要对各篇内容所涉及借鉴和参考的专家学者表示深深的谢意。

本书在编校过程中，艾文婷、欧阳正航等编辑付出了艰辛的劳动，纠正了本书中诸多笔误和硬伤，本书在出版过程中，得到出版社负责人尹树东、阚明旗等先生的大力支持，在此一并表示诚挚的谢意。

刘　斌

2020 年冬至

**图书在版编目（ＣＩＰ）数据**

中华传统文化知识廿六讲/刘斌著. —北京：中国政法大学出版社，2021.4
ISBN 978-7-5620-9921-5

Ⅰ. ①中… Ⅱ. ①刘… Ⅲ. ①中华文化－通俗读物 Ⅳ. ①K203-49

中国版本图书馆CIP数据核字(2021)第068674号

--------------------------------------------------------------------------------

| | |
|---|---|
| 出　版　者 | 中国政法大学出版社 |
| 地　　　址 | 北京市海淀区西土城路 25 号 |
| 邮寄地址 | 北京 100088 信箱 8034 分箱　邮编 100088 |
| 网　　　址 | http://www.cuplpress.com (网络实名：中国政法大学出版社) |
| 电　　　话 | 010-58908435(第一编辑部) 58908334(邮购部) |
| 承　　　印 | 保定市中画美凯印刷有限公司 |
| 开　　　本 | 720mm×960mm　1/16 |
| 印　　　张 | 21.75 |
| 字　　　数 | 368 千字 |
| 版　　　次 | 2021 年 4 月第 1 版 |
| 印　　　次 | 2021 年 4 月第 1 次印刷 |
| 印　　　数 | 1～5000 册 |
| 定　　　价 | 69.00 元 |